欧亚历史文化文库

总策划 张余胜

兰州大学出版社

东北亚史地论集

丛书主编 余太山

李健才 著

图书在版编目(CIP)数据

东北亚史地论集 / 李健才著. —兰州:兰州大学
出版社,2010.8
(欧亚历史文化文库/余太山主编)
ISBN 978-7-311-03517-4

Ⅰ.①东… Ⅱ.①李… Ⅲ.①历史地理—东北亚—文
集 Ⅳ.①K931.06-53

中国版本图书馆 CIP 数据核字(2010)第 153830 号

总 策 划 张余胜
_____

书   名 东北亚史地论集
丛书主编 余太山
作   者 李健才 著
出版发行 兰州大学出版社 (地址:兰州市天水南路 222 号 730000)
电   话 0931-8912613(总编办公室)   0931-8617156(营销中心)
          0931-8914298(读者服务部)
网   址 http://www.onbook.com.cn
电子信箱 press@lzu.edu.cn
印   刷 兰州人民印刷厂
开   本 700 mm×1000 mm 1/16
印   张 24.75
字   数 339 千
版   次 2010 年 9 月第 1 版
印   次 2013 年 8 月第 2 次印刷
书   号 ISBN 978-7-311-03517-4
定   价 73.00 元
_____

(图书若有破损、缺页、掉页可随时与本社联系)
淘宝网邮购地址:http://lzup.taobaq.com

出版说明

　　随着20世纪以来联系地、整体地看待世界和事物的系统科学理念的深入人心，人文社会学科也出现了整合的趋势，熔东北亚、北亚、中亚和中、东欧历史文化研究于一炉的内陆欧亚学于是应运而生。时至今日，内陆欧亚学研究取得的成果已成为人类不可多得的宝贵财富。

　　当下，日益高涨的全球化和区域化呼声，既要求世界范围内的广泛合作，也强调区域内的协调发展。我国作为内陆欧亚的大国之一，加之20世纪末欧亚大陆桥再度开通，深入开展内陆欧亚历史文化的研究已是责无旁贷；而为改革开放的深入和中国特色社会主义建设创造有利周边环境的需要，亦使得内陆欧亚历史文化研究的现实意义更为突出和迫切。因此，将针对古代活动于内陆欧亚这一广泛区域的诸民族的历史文化研究成果呈现给广大的读者，不仅是实现当今该地区各国共赢的历史基础，也是这一地区各族人民共同进步与发展的需求。

　　甘肃作为古代西北丝绸之路的必经之地与重要组

1

成部分,历史上曾经是草原文明与农耕文明交汇的锋面,是多民族历史文化交融的历史舞台,世界几大文明(希腊—罗马文明、阿拉伯—波斯文明、印度文明和中华文明)在此交汇、碰撞,域内多民族文化在此融合。同时,甘肃也是现代欧亚大陆桥的必经之地与重要组成部分,是现代内陆欧亚商贸流通、文化交流的主要通道。

基于上述考虑,甘肃省新闻出版局将这套《欧亚历史文化文库》确定为2009—2012年重点出版项目,依此展开甘版图书的品牌建设,确实是既有眼光,亦有气魄的。

丛书主编余太山先生出于对自己耕耘了大半辈子的学科的热爱与执著,联络、组织这个领域国内外的知名专家和学者,把他们的研究成果呈现给了各位读者,其兢兢业业、如临如履的工作态度,令人感动。谨在此表示我们的谢意。

出版《欧亚历史文化文库》这样一套书,对于我们这样一个立足学术与教育出版的出版社来说,既是机遇,也是挑战。我们本着重点图书重点做的原则,严格于每一个环节和过程,力争不负作者、对得起读者。

我们更希望通过这套丛书的出版,使我们的学术出版在这个领域里与学界的发展相偕相伴,这是我们的理想,是我们的不懈追求。当然,我们最根本的目的,是向读者提交一份出色的答卷。

我们期待着读者的回声。

总 序

　　本文库所称"欧亚"(Eurasia)是指内陆欧亚,这是一个地理概念。其范围大致东起黑龙江、松花江流域,西抵多瑙河、伏尔加河流域,具体而言除中欧和东欧外,主要包括我国东三省、内蒙古自治区、新疆维吾尔自治区,以及蒙古高原、西伯利亚、哈萨克斯坦、乌兹别克斯坦、吉尔吉斯斯坦、土库曼斯坦、塔吉克斯坦、阿富汗斯坦、巴基斯坦和西北印度。其核心地带即所谓欧亚草原(Eurasian Steppes)。

　　内陆欧亚历史文化研究的对象主要是历史上活动于欧亚草原及其周邻地区(我国甘肃、宁夏、青海、西藏,以及小亚、伊朗、阿拉伯、印度、日本、朝鲜及至西欧、北非等地)的诸民族本身,及其与世界其他地区在经济、政治、文化各方面的交流和交涉。由于内陆欧亚自然地理环境的特殊性,其历史文化呈现出鲜明的特色。

　　内陆欧亚历史文化研究是世界历史文化研究中不可或缺的组成部分,东亚、西亚、南亚以及欧洲、美洲历史文化上的许多疑难问题,都必须通过加强内陆欧亚历史文化的研究,特别是将内陆欧亚历史文化视做一个整

1

体加以研究,才能获得确解。

中国作为内陆欧亚的大国,其历史进程从一开始就和内陆欧亚有千丝万缕的联系。我们只要注意到历代王朝的创建者中有一半以上有内陆欧亚渊源就不难理解这一点了。可以说,今后中国史研究要有大的突破,在很大程度上有待于内陆欧亚史研究的进展。

古代内陆欧亚对于古代中外关系史的发展具有不同寻常的意义。古代中国与位于它东北、西北和北方,乃至西北次大陆的国家和地区的关系,无疑是古代中外关系史最主要的篇章,而只有通过研究内陆欧亚史,才能真正把握之。

内陆欧亚历史文化研究既饶有学术趣味,也是加深睦邻关系,为改革开放和建设有中国特色的社会主义创造有利周边环境的需要,因而亦具有重要的现实政治意义。由此可见,我国深入开展内陆欧亚历史文化的研究责无旁贷。

为了联合全国内陆欧亚学的研究力量,更好地建设和发展内陆欧亚学这一新学科,繁荣社会主义文化,适应打造学术精品的战略要求,在深思熟虑和广泛征求意见后,我们决定编辑出版这套《欧亚历史文化文库》。

本文库所收大别为三类:一,研究专著;二,译著;三,知识性丛书。其中,研究专著旨在收辑有关诸课题的各种研究成果;译著旨在介绍国外学术界高质量的研究专著;知识性丛书收辑有关的通俗读物。不言而喻,这三类著作对于一个学科的发展都是不可或缺的。

构建和发展中国的内陆欧亚学,任重道远。衷心希望全国各族学者共同努力,一起推进内陆欧亚研究的发展。愿本文库有蓬勃的生命力,拥有越来越多的作者和读者。

最后,甘肃省新闻出版局支持这一文库编辑出版,确实需要眼光和魄力,特此致敬、致谢。

余太山

2010 年 6 月 30 日

目录

4

5

明清东北

8

9

夫余、高句丽与渤海

1　夫余的疆域和王城

　　夫余后来亦书扶余,是我国东北地区的古老居民,属濊貊族系统。约在西汉初建国[1],公元494年灭亡,历经汉、魏、两晋、北魏等朝代,长达700年之久。夫余王国在汉代归玄菟郡管辖,汉末、三国初改属辽东公孙氏;晋时由驻在襄平(今辽阳市)的东夷校尉管理。夫余和中原历代王朝的关系密切,贡使往来频繁。搞清夫余的疆域和王城,对研究我国统一疆域的形成、东北各民族的历史发展,探讨夫余文物的分布等,都是有益的。

　　汉、魏时代的夫余疆域,在《三国志》和《后汉书》的夫余传中都有比较详细而明确的记载。《三国志·夫余传》谓:"夫余在长城之北,去玄菟千里,南与高句丽、东与挹娄、西与鲜卑接,北有弱水,方可二千里。……多山陵、广泽,于东夷之域最平敞。土地宜五谷,不生五果。"《后汉书·夫余传》关于夫余的疆域四至和《三国志·夫余传》的记载相同,并谓夫余"在玄菟北千里。……地方二千里,本濊地也"。

　　夫余"在玄菟北千里",是指在第三玄菟郡郡治之北千里。《三国志·吴志·孙权传》裴注引《吴书》谓"玄菟郡在辽东北,相去二百里",此即指第三玄菟郡的郡治所在地。辽东即今辽阳,汉代200里,约当今140里。辽阳之北140里之地,当今沈阳市附近的上柏官屯汉代古

〔1〕夫余之名,始见于《史记·货殖列传》,从《史记》的起讫年代(从远古到西汉武帝元狩元年即公元前122年),可知早在公元前122年和汉武帝平朝鲜置四郡(公元前108年)以前,在燕的北部已有夫余。《后汉书·挹娄传》载:"自汉兴以后,臣属夫余。"

城[1]。汉、魏时代的千里,约当今700里,则夫余初期的王城当在今沈阳市之北700里处求之,正当今吉林省中部一带。有的把夫余的地理位置推定在今黑龙江省境内的松、嫩或呼、嫩平原,与夫余"在玄菟北千里"即今700里的记载不符。

东汉末,公孙度称雄辽东,"时句丽、鲜卑强,度以夫余在二虏之间,妻以宗女"[2],联合夫余以对抗高句丽和鲜卑。如把汉、魏时代的夫余推定在今黑龙江省的松、嫩或呼、嫩平原,则夫余当在高句丽和鲜卑之北,和"夫余在二虏(句丽、鲜卑)之间"的记载不符。东汉安帝建光元年(公元121年),高句丽军围攻玄菟城时,"夫余王遣子与州郡并力讨破之"[3]。正始中,"幽州刺史毌丘俭讨句丽,遣玄菟太守王颀诣夫余,位居遣大加郊迎,供军粮"[4]。从这些记载也可以推知,汉、魏时代的夫余也不会远在今黑龙江省的松、嫩或呼、嫩平原。

两汉交替之际,高句丽乘机向西扩张,高句丽琉璃王三十三年(公元14年)秋八月,"西伐梁貊,灭其国,进兵袭取汉高句丽县"[5]。梁貊即梁水之貊,梁水即今太子河,梁貊当在今太子河上游。高句丽县在今辽宁省新宾县老城附近的汉代古城。东汉末,中原战乱,高句丽乘机数侵辽东、玄菟二郡[6]。由此可知,两汉时期,夫余南与高句丽接界之地,约在今浑河、辉发河上游的分水岭一带。

夫余"东与挹娄"接界之地,当在今张广才岭。据《三国志·魏志·东夷传》挹娄条载,"挹娄在夫余东北千余里,滨大海,南与北沃沮接,未知其北所极","其土地多山险","土气寒,剧于夫余"。可知,挹娄在夫余的东北千余里(约当今700余里),北沃沮(今吉林省延边珲春等地)的北部,正当今东北的东北部山区。又据《张建章墓志》云:

---

[1]陈连开:《唐代辽东若干地名考释》,见《社会科学辑刊》1981年3期。〔日〕白鸟库吉等:《满洲历史地理》第1卷,第96-98页。

[2]《三国志》卷30,《魏志·东夷传·夫余》。

[3]《后汉书》卷5,《孝安帝本纪》五,建光元年冬十二月条。《后汉书》卷85,《东夷传·高句丽》。

[4]《三国志》卷30,《魏志·东夷传·夫余》。

[5]《三国史记》卷13,《高句丽本纪》第一,琉璃王。

[6]《三国志》卷30,《魏志·东夷传·高句丽》。

"明年秋杪,达忽汗州,州即挹娄故地。"[1]明年,即唐文宗太和八年(公元834年)。忽汗州即今牡丹江流域的宁安县东京城。这就是说,挹娄在今张广才岭以东到海的广大地区,其中心当在今牡丹江流域。如把夫余的北界推定在黑龙江,其居地在今松、嫩或呼、嫩平原,既和夫余"在玄菟北千里","挹娄在夫余东北千余里"的记载不符,也和"土气寒,剧于夫余"的记载不符。

东汉时,鲜卑游牧于今西喇木伦河、洮儿河以及北至大兴安岭的北部,嫩江流域以西之间。檀石槐"东却夫余"[2],鲜卑东进到什么地方虽不清楚,但东汉时,正是夫余的强盛时代。因此,这时的鲜卑不会东进到夫余的内地——今农安以东一带。从夫余在东晋永和二年(公元346年)"西徙近燕"后的王城在今农安(详见后述)的历史记载,可以推知夫余"西与鲜卑接"界之地约在今吉林省白城地区。

夫余"北有弱水",有的认为这里所说的弱水指今黑龙江[3],也有的认为指今东流松花江即第一松花江[4]。我认为这两种看法都有片面性。因为,如把弱水推定在今黑龙江,虽然和挹娄"北极弱水"的记载相符,但和夫余"北有弱水"的记载不符;如把弱水推定在今东流松花江,虽然和夫余"北有弱水"的记载相符,但和挹娄"北极弱水"的记载有矛盾。因此,《后汉书·夫余传》和《晋书·肃慎传》所说的弱水,决不是仅仅指今黑龙江或东流松花江,而应指今东流松花江和黑龙江下游(和东流松花江合流后的一段)而言。古代把今嫩江、东流松花江和黑龙江下游看做一条河流,这从北魏时代的难河所包括的河流范围也可得到证实。北魏时代的难河,不仅仅指今嫩江和第一松花江,而且

〔1〕徐自强:《张建章墓志》,见《文献》1979年2期。
〔2〕《后汉书》卷90,《鲜卑传》。
〔3〕[日]白鸟库吉:《弱水考》,见《史学杂志》第7编,第11号。张博泉:《夫余史地丛说》,见《社会科学辑刊》1981年6期。
〔4〕[日]池内宏:《夫余考》,见《满鲜地理历史研究报告》第13册,第84页。冯家昇:《述肃慎系之民族》,见《禹贡半月刊》3卷,7期。

还包括今黑龙江下游[1]。夫余"北有弱水",是指弱水的西段,即今东流松花江的西段。据《魏书·勿吉传》所载勿吉使臣赴北魏的路线、日程推定,约当今黑龙江省的通河以西。挹娄"北极弱水",是指弱水的东段,约当今通河以东的第一松花江和黑龙江下游。

西晋以后,夫余频遭邻近各族的侵袭,国势日趋衰落。西晋太康六年(公元285年),慕容廆破夫余,"其王依虑自杀,子弟走保沃沮"[2]。太康七年,在西晋的援助下,打败慕容廆军,才得以复国。东晋时,高句丽和前燕、后燕争夺辽东、玄菟二郡地。东晋永和二年(公元346年),夫余"西徙近燕",故《晋书·夫余传》云:夫余"南接鲜卑"。高句丽好太王时期,夫余故地又被高句丽所占据,一部分夫余人逃亡,北渡那河(今嫩江、第一松花江)。所以,汉、魏时代的夫余是在弱水之南,而东晋以后,夫余人的一部分逃亡到那河即弱水以北地区。到北魏时,勿吉强大起来,从夫余的东北部不断向南进攻。当高句丽南下进攻百济、无暇北顾之际,在北魏孝文帝延兴(公元471—476年)以前,勿吉乘机"破高句丽十落"[3]。后来勿吉大举南下,"夫余为勿吉所逐"[4]。公元494年(北魏太和十八年,高句丽文咨明王三年),夫余王率妻孥逃亡到高句丽[5],勿吉进入夫余故地,夫余遂亡。

据《资治通鉴·晋纪》载:"初,夫余居于鹿山,为百济(当为高句丽之误)所侵,部落衰散,西徙近燕。"西徙的年代在东晋永和二年(公元346年)以前[6]。可知,夫余的王城有初期和后期之分。池内宏认为夫余前期的王城在今黑龙江省阿勒楚喀(今阿城),鹿山在阿勒楚喀附近的某一山,后期的王城在今农安[7]。金毓黻先生认为夫余前期的王

---

〔1〕《魏书》卷100,《乌洛侯国》载:"其国西北有完水,东北流合于难水,其地小水皆注入难。东入于海。"《魏书》卷100,《勿吉传》载:"乘船泝难河西上,至太泝河。"《太平寰宇记》卷199载:"难水即那河,东入于海。"

〔2〕《晋书》卷97,《夫余传》。

〔3〕《魏书》卷100,《勿吉传》。

〔4〕《魏书》卷100,《高句丽传》。

〔5〕《三国史记》卷19,《高句丽本纪》第七,文咨明王三年二月条。

〔6〕《资治通鉴》卷97,《晋纪》十九,东晋穆帝永和二年正月条。

〔7〕〔日〕池内宏:《夫余考》,见《满鲜地理历史研究报告》第13册,第80—84页。

城在今农安,而后期的王城在今辽宁省昌图县北 40 里的四面城[1]。我认为夫余西徙后的王城在今农安,西徙前的王城在今农安以东的吉林市龙潭山、东团山一带。

为搞清夫余前期王城的位置,应先搞清夫余后期王城的位置。《新唐书·渤海传》载:"扶余故地为扶余府,常屯劲兵捍契丹。"渤海"扶余府"即夫余故地。据《辽史·地理志》东京道通州条:"通州安远军节度,本扶余国王城,渤海号扶余城,太祖改龙州,圣宗更今名。保宁七年(公元 975 年),以黄龙府叛人燕颇余党千余户置,升节度。"又据同书龙州黄龙府条:"在渤海扶余府。太祖平渤海还,至此崩。有黄龙见,更名。保宁七年,军将燕颇叛,府废。开泰九年,迁城于东北,以宗州、檀州汉户一千复置。"有的根据《辽史·地理志》这两条记载,认为辽初的黄龙府在通州,此即夫余国的后期王城;复置的黄龙府在通州的东北,即今农安县城,是辽代后期的黄龙府,不是夫余国的后期王城。这恐怕是对上述两条记载的误断。

综合分析这两条记载可知,辽初的黄龙府因燕颇起义而废掉,保宁七年(公元 975 年)迁到通州(今吉林省四平市的一面城[2]),仍名龙州黄龙府。到辽圣宗时,国力强盛,又向北扩张,于开泰九年(公元 1020 年)迁城于东北(通州的东北),复置黄龙府,即又迁回原地(今农安),所以才称为复置。为避免地名的重复,在公元 1020 年迁城的同时,遂将南迁的龙州黄龙府改名为通州。由此可知,辽代黄龙府最初和最后都在今农安县城。这就是渤海的"扶余府",夫余国后期的王城所在地。西徙近燕以前的夫余王城——鹿山,应在今农安以东,而不应在今农安以北等地求之。

西徙前的夫余,正当汉、魏时期,是夫余比较强盛的时代。夫余和汉、魏的关系密切,贡使往来频繁,受汉文化的影响较深。所以,夫余前期王城的所在地,应有相当于汉、魏时代的丰富文化遗存。从"初,夫

---

〔1〕金毓黻:《东北通史》上编,第 168 页(1981 年社会科学战线杂志社翻印本)。
〔2〕郭毅生:《辽代东京道的通州与安州城址的考察》,见《社会科学战线》1978 年 3 期。

余居于鹿山",以及"已杀,尸之国南山上"〔1〕等记载来看,夫余前期的王城应是山城,或王城附近有山。吉林市是农安以东古代文化遗迹、遗物最丰富的地方。汉代的文化遗存,以龙潭山、东团山城,以及龙潭山车站到东团山之间的铁路两侧和东团山南麓的南城子为最多。曾出土过汉代五铢钱,汉代白铜镜残片,汉代三角形铜镞,汉代灰色细泥陶耳杯,汉代陶灶、陶甑、印有五铢钱和王莽货泉花纹的陶片,以及带有"长"字的灰色瓦当残块(当为汉代"长乐未央"瓦当的残部)等。此外,还出土过一些带有北方民族特点的文物,以及高句丽样式的红色绳纹、方格纹板瓦,渤海手指压纹板瓦,辽、金兽面瓦当,宋代铜钱等。〔2〕1973年,吉林市文物主管部门在吉林东团山南麓的南城子曾清理发掘出许多石器时代、汉代、高句丽、渤海以及辽、金时代的文物。〔3〕

从龙潭山城和东团山城及其附近的汉代文物,以及山城的规模和险要的地理形势〔4〕来看,决非一般汉代县城的规模可比。高句丽的王都国内城周长5里,丸都山城周长14里(包括利用自然山势部分),而龙潭山城周长亦约5里,东团山南麓的南城子现仅存南墙和东墙的一部分。这里正当今沈阳市附近(第三玄菟郡的郡治)之北700里(当汉代千里),应是玄菟郡辖下的夫余故地,即夫余前期王城的所在地。池内宏以阿勒楚喀(今阿城)为夫余西徙前的王城所在地〔5〕,但那里还没有发现相当于汉、魏时代的古城和遗物,也和"在玄菟北千里"的距离,以及"西徙近燕"的东西方向不符。过去,因龙潭山城、东团山城(在龙潭山南3里)、九站南山城(在龙潭山北20里松花江西岸)都曾出土过高句丽样式的红色绳纹、方格纹板瓦,便推定为高句丽山城,这也是不全面的。因为从龙潭山、东团山及其附近出土的汉代文物来看,龙潭山城和龙潭山车站一带,东团山城及其南麓的南城子,绝不是高句丽在公

〔1〕《三国志》卷30,《魏志·东夷传·夫余》。
〔2〕李文信:《吉林市附近之史迹及遗物》,见《历史与考古》第1号(1946年)。李文信:《吉林龙潭山遗迹报告》(一)、(二)、(三),见《满洲史学》第1卷第2号、第3号,第2卷第2号。
〔3〕吉林市博物馆编:《吉林史迹》第10-14页,吉林人民出版社1984年版。
〔4〕康家兴:《吉林市龙潭山的山城和水牢》,见1957年《吉林省文物工作通讯》。
〔5〕〔日〕池内宏:《夫余考》,见《满鲜地理历史研究报告》第13册,第80-84页。

元 346 年或 410 年进占夫余故地以后所筑,而应是汉、魏时代的建筑遗址,高句丽进占夫余故地以后,仅加以修筑和沿用而已。现在把夫余前期的王城推定在今吉林市龙潭山城或东团山城及其南麓的南城子,不但和"初,夫余居于鹿山……西徙近燕"等文献记载相符,而且还和"盖本涉貊之地,而夫余王其中"[1]的记载相符。

---

[1]《三国志》卷 30,《魏志·东夷传·夫余》。

2 北夫余、东夫余、
豆莫娄的由来

据《好太王碑》和朝鲜《三国史记》以及《三国遗事》的记载,夫余
(亦书扶余)又称北夫余、东夫余。我国史书只有夫余、北夫余,而没有
东夫余。关于夫余、东夫余以及北夫余之裔的豆莫娄(达末娄)的由来
和地理位置的问题,中、外史学界的看法各有不同。

为了便于探讨北夫余、东夫余的由来和地理位置的问题,应首先搞
清夫余的由来和地理位置。

夫余王国是东明[1]从"北夷索离[2]国"南逃到涉地建立的。从
"夫余国……本涉地也",以及东明由北而南过"掩㴲水","因至夫余而
王之焉"[3]的记载,可以证实"涉即夫余二字之合音"[4],涉即扶余,这
就是夫余名称的由来。

从夫余之名始见于《史记·货殖列传》,以及《后汉书·挹娄传》所
谓挹娄"自汉兴已后,臣属夫余"的记载,可以推知夫余建国的时间,最
晚当在西汉初,即公元前3世纪初。这一夫余就是《三国志·魏志·
东夷传》和《后汉书·东夷传》所说的夫余。关于《夫余的疆域和王
城》,因拙稿已经发表[5],故不详述。汉、魏以来,夫余的疆域在今第一
松花江之南,吉林省的中部(吉、长、白城、四平地区)一带。夫余前期
的王城在今吉林市龙潭山和东团山的古城遗址,其后"西徙近燕",迁

---

[1]《梁书·高句骊传》载:"东明本北夷囊离王之子。"
[2]鱼豢:《魏略》书橐离。王充:《论衡·吉验篇》书囊离。《后汉书·东夷传》作索离。《梁
书·高句骊传》书囊离。百衲本作高离。
[3]《后汉书·东夷传·夫余》。
[4]何秋涛:《周书王会篇浅释》卷下。
[5]见《社会科学战线》1982年4期。

到今农安,而夫余(扶余)又称北夫余、东夫余。

《好太王碑》和集安《牟头娄冢墨书》[1]皆谓高句丽的始祖邹牟(朱蒙)"出自北夫余",而《魏书》高句丽传和百济传则皆谓"出于夫余"[2],《三国史记》[3]和《三国遗事》[4]又皆谓出自"东扶余"。究以何说为是,就必须弄清北夫余、东夫余的由来及其与夫余的关系。

《三国史记》高句丽本纪和《三国遗事》卷1,关于北夫余、东夫余建国的神话传说,不但和其他文献记载有矛盾,而且也有自相矛盾之处(见后述)。尤其《三国遗事》关于这些神话传说的记载,更是矛盾百出。因此,有的认为"皆荒诞不经,不足取信"[5]。对这些神话传说,虽不应完全否定,但也不应完全信以为真。在引用时,需要和其他文献史料对比研究,经过去伪存真的考证以后,才能引以为据,不能贸然把民间传说当做真实史料,否则不免以讹传讹。

2.1　北夫余即汉初以来的夫余

关于北夫余的由来有两种说法:一是认为"北夷索离国"即北夫余,二是认为北夫余就是神爵三年(公元前59年)在"讫升骨城"建立的北夫余。我认为北夫余即汉初以来的夫余。

《三国遗事》谓"北扶余王解夫娄"建立东夫余[6],而《三国史记》则谓"扶余王解夫娄"建立东夫余[7]。《好太王碑》谓:高句丽始祖邹牟(朱蒙)"出自北夫余",而《魏书》高句丽传和百济传则皆谓"高句丽者出于夫余"。《三国史记》百济本纪第一又谓"朱蒙自北扶余逃难"。

---

〔1〕集安下羊鱼头北山麓《牟头娄冢墨书》载:"河泊(伯)之孙,日月之子,好太圣王元出北夫余。"

〔2〕《魏书·百济传》载:北魏孝文帝延兴二年(公元472年),百济王余庆遣使上表曰:"臣与高句丽源出夫余。"

〔3〕《三国史记》卷13,《高句丽本纪》第一,始祖东明圣王条。

〔4〕《三国遗事》卷1,高句丽条。

〔5〕《新增东国舆地胜览》卷6,京畿条。

〔6〕《三国遗事》卷1,《东扶余》。

〔7〕《三国史记》卷13,《高句丽本纪》第一,始祖东明圣王。

11

这些都说明北夫余即夫余,二者并无区别。

又据《三国史记》高句丽本纪,有时称夫余为北夫余。如:高句丽琉璃王二十九年(公元 10 年)夏六月,"矛川上有黑蛙与赤蛙群斗,黑蛙不胜,死。议者曰:黑,北方之色,北扶余破灭之征也"。接着又说,琉璃王三十二年(公元 13 年)冬十一月,"扶余人来侵……扶余军大败"[1]。大武神王四年(公元 21 年)冬十二月,"大王北伐扶余"。大武神王五年(公元 22 年),"王进军于扶余国南",夫余王带素被杀[2]。从"北扶余破灭之征也"和"扶余军大败",夫余王带素被杀,可知这里所说的北夫余即夫余,夫余王带素亦即北夫余王带素。从《后汉书·高句丽传》所谓"北与夫余接"的记载可以推知,因扶余在高句丽之北,故亦称北夫余。从前述夫余即北夫余,出自北夷索离(即橐离、槀离)国的记载,说明索离国不是北夫余,而是北夫余的先世和故乡。《三国遗事》卷 1,所谓西汉宣帝神爵三年(公元前 59 年)"天帝(解慕漱)降于讫升骨城"建立北夫余的传说,不但和《魏书·高句丽传》所说的朱蒙(邹牟)由夫余南下,经过一条大水,到纥升骨城(今辽宁省桓仁县五女山城)建国的传说有矛盾,也和上述北夫余名称的由来不符。据《三国史记》的记载,高句丽的始祖朱蒙在公元前 37 年建国时,是 22 岁[3],而公元前 59 年建立北夫余的年代,正是朱蒙(邹牟)降生的年代。又据《三国遗事》卷 1,高句丽条注引坛君记云:"夫娄[4]与朱蒙异母兄弟也。"这都说明朱蒙是在北夫余的第一代王解慕漱时诞生的。但《三国史记》[5]和《三国遗事》[6]又皆谓:朱蒙(邹牟)是在东夫余王金蛙时,由河伯之女、名柳花者所生。《三国遗事》卷 1,北夫余条云:"东明帝继北扶余而兴,立都于卒本川,为卒本扶余,即高句丽之始

---

〔1〕《三国史记》卷 13,《高句丽本纪》第一,琉璃王。
〔2〕《三国史记》卷 14,《高句丽本纪》第二,大武神王。
〔3〕《三国史记》卷 13,《高句丽本纪》第一,始祖东明圣王。
〔4〕夫娄即解夫娄,为北夫余的第一代王解慕漱之子,金蛙为解夫娄之子。
〔5〕《三国史记》卷 13,《高句丽本纪》第一,始祖东明圣王。
〔6〕《三国遗事》卷 1,《高句丽》。

祖。"而《三国遗事》高句丽条和《三国史记》[1]又皆谓朱蒙（即邹牟、东明）出自东夫余。由此可知,《三国史记》和《三国遗事》关于朱蒙诞生的年代和北夫余在"讫升骨城"建国的传说,矛盾百出,不足取信。从朱蒙诞生的年代（公元前59年）,和在"讫升骨城"（即纥升骨城,在今辽宁省桓仁县五女山城）建立卒本夫余（高句丽）的记载来看,《三国遗事》传说中的北夫余,可能即朱蒙在纥升骨城建立的卒本夫余。这一扶余可能因在南夫余（百济）[2]之北而名北夫余。因此,《好太王碑》所说的邹牟（朱蒙）王"出自北夫余"的北夫余,绝不是《三国遗事》所说的神爵三年（公元前59年）,在纥升骨城建立的北夫余,而应是公元前3世纪（西汉初）,由索离国南逃到涉地建国的夫余。这一夫余,在《三国史记》高句丽本纪中亦称北夫余或东夫余。

2.2　东夫余亦即汉初以来的夫余

关于东夫余也有不同看法,有的学者认为东夫余是北夫余王解夫娄逃到东海之滨的迦叶原地方建立的国家。也有学者认为东夫余是西晋太康六年（公元285年）,慕容廆破夫余,"其王依虑自杀,子弟走保沃沮"[3]时建立的国家。我认为东夫余亦即汉初以来的夫余,而不是在夫余之外又有东夫余。

《三国史记》和《三国遗事》所说的东夫余就是夫余的例子有:

《三国史记》卷13,《高句丽本纪》第一,始祖东明圣王条的记载谓高句丽的始祖朱蒙（邹牟）是在东夫余王金蛙时,由于其长子带素的谗言,朱蒙被迫南逃。而《三国史记》高句丽本纪的另一条记载则谓夫余王带素,而无东字。如琉璃王二十八年（公元9年）秋八月,夫余王带素遣使至高句丽,要求高句丽王臣服时,琉璃王子无恤面责其使说:

---

〔1〕《三国史记》卷13,《高句丽本纪》第一,始祖东明圣王。

〔2〕《三国史记》卷37,杂志六,地理四,百济:"自卒本扶余至慰礼城,立都称王……国号南扶余"。

〔3〕《晋书》卷97,《四夷传·夫余》。

"我先祖（朱蒙）神灵之孙，贤而多才，大王（带素）妬害，谗之父王（金蛙），辱之以牧马，故不安而出。"同一事实，一说东夫余王金蛙，一说夫余王金蛙。《三国史记》[1]和《三国遗事》[2]说，高句丽者出自东夫余，而《魏书》高句丽传和百济传则皆谓高句丽者"出于夫余"。又如东明圣王十四年（公元前24年）秋八月，"王母柳花薨于东扶余，其王金蛙以太后礼葬之，遂立神庙。冬十月，遣使扶余馈方物，以报其德"[3]。在同一条记载里，一书东夫余，一书夫余。高句丽太祖大王六十九年冬十月，"王幸扶余，祀太后庙"[4]，而太后庙在东夫余。又如《三国史记》卷13，高句丽本纪，始祖东明圣王条，既云朱蒙出自东夫余，而另一条记载又云"王子类利自扶余与其母逃归"，"初，朱蒙在扶余，娶礼氏女，有娠，朱蒙归后乃生，是为类利"。由上述可知，东夫余即夫余，而不是在夫余之外又有东夫余。这可能是《好太王碑》只有北夫余、东夫余，而没有夫余，中国史书只有夫余、北夫余，而没有东夫余的原因。所谓东夫余可能是由于夫余"西徙近燕"以后，就把西徙前的夫余，即汉初以来的夫余叫东夫余。

据《三国史记》和《三国遗事》的记载，东夫余是从北夫余分出来的，是在北夫余（亦即夫余）王解夫娄时，约当公元前1世纪，即西汉后期[5]，逃到东海之滨的迦叶原地方建立的国家。但这一传说，和下述其他文献记载不符。所谓东海之滨的地方，正是北沃沮和东沃沮之地。东明王（朱蒙、邹牟）十年（公元前28年），"王命扶尉猒伐北沃沮，灭之，以其地为城邑"[6]。《三国志·魏志·高句丽传》谓："高句丽国人有气力，习战斗，沃沮、东涉皆属焉。"《后汉书·东沃沮传》谓东沃沮"臣属句骊"。《三国志·魏志·高句丽传》和《后汉书·高句丽传》皆

---

〔1〕《三国史记》卷13，《高句丽本纪》第一，始祖东明圣王。

〔2〕《三国遗事》卷1，《高句丽》。

〔3〕《三国史记》卷13，《高句丽本纪》第一，始祖东明圣王。

〔4〕《三国史记》卷15，《高句丽本纪》第三，太祖大王。

〔5〕据《三国遗事》卷1，北夫余条载：北夫余是在公元前59年建立的。第一代王为解慕漱，第二代王为解夫娄，第三代王为金蛙。据《三国史记》卷13载，《高句丽本纪》第一，始祖东明圣王十四年（公元前24年）正是金蛙为王时，据此推定解夫娄建立东夫余当在公元前24年以前。

〔6〕《三国史记》卷13，《高句丽本纪》第一，始祖东明圣王。

谓高句丽"东与沃沮,北与夫余接"。这些记载都没有涉及东夫余。如果公元前1世纪,即西汉后期,在东海之滨建立东夫余时,高句丽应为"东与东扶余接"。尤其从上述东夫余即夫余的记载可知,《三国史记》和《三国遗事》关于在东海之滨建立的神话传说并不足为据。

日本池内宏[1]和岛田好[2]均认为东夫余是在西晋太康六年,即公元285年,前燕慕容廆破夫余,"其王依虑自杀,子弟走保沃沮"[3],即逃到北沃沮时建立的。曹魏正始六年(公元245年),毌丘俭遣玄菟太守王颀追击高句丽王位宫(东川王),位宫奔东(南)沃沮,为王颀军所追,复奔北沃沮,"北沃沮一名置沟娄,去南沃沮(东沃沮)八百余里"[4]。这些记载说明,在公元285年以前,只有北沃沮、东沃沮(南沃沮)之名,还没有东夫余之名。这就是在公元285年以前,在沃沮即北沃沮还没有建立东夫余的证明。因此,日本池内宏和岛田好把东夫余的建立推定在公元285年,夫余王族"子弟走保沃沮"时建立的。到公元410年,被高句丽好太王征服[5],建国长达125年而亡。岛田好认为《好太王碑》中的"卖勾余民"的余民,即东夫余民之略,"王躬率往讨,军到余城"的余城,即东夫余城之略[6]。但这一看法,和前述东夫余即夫余的文献记载不符。夫余王族的一部分"子弟走保沃沮"是事实,但在沃沮即北沃沮建立东夫余之事则不见于文献记载。《三国史记》和《三国遗事》所说的在东海之滨的迦叶原地方建立的东夫余,又和文献记载不符(见前述)。

由上述可知,北夫余、东夫余即夫余的别称,这就是出现高句丽者

〔1〕〔日〕池内宏:《夫余考》,见《满鲜地理历史研究报告》第13册,第90—95页。

〔2〕〔日〕岛田好:《东扶余的位置和高句丽的开国传说》,见《青丘学丛》第16号,昭和九年(1934年)五月。

〔3〕《晋书》卷97,《四夷传·夫余》。

〔4〕《三国志》卷30,《魏志·东夷传·北沃沮》。

〔5〕《好太王碑》。

〔6〕〔日〕岛田好:《东扶余的位置和高句丽的开国传说》,见《青丘学丛》第16号,昭和九年(1934年)五月。

"出自北夫余"[1]、"出于夫余"[2]、出自"东扶余"[3]等不同记载的原因,也是前述夫余王带素有时称东夫余王和北夫余王的原因。如果不加考证核实,便以《三国史记》和《三国遗事》为根据,把北夫余推定在纥升骨城(今辽宁省桓仁县五女山城),把东夫余推定在东海之滨,不但和文献记载不符,也无法理解高句丽者"出自北夫余"、"出于夫余"、出自"东扶余"的不同记载,也不能理解上述夫余即北夫余、东夫余的记载。

2.3 豆莫娄的由来

豆莫娄之名始见于《魏书·豆莫娄传》,豆莫娄即《魏书·勿吉传》的大莫卢,《新唐书·流鬼传》的达末娄。《魏书·豆莫娄传》谓豆莫娄:"旧北扶余也。"《新唐书·流鬼传》谓:"达末娄自言北扶余之裔。"这两条记载明确地指出了豆莫娄的族源是北扶余。豆莫娄在什么时候从北扶余分出来的?在什么地方建立的?豆莫娄的住地是否即北扶余的所在地?这是史学界还有争论的问题。

2.3.1 豆莫娄是在什么时候建立的?

有的学者认为豆莫娄是北夫余(夫余)在公元494年为勿吉所逐,夫余有的降于高句丽,有的"北退而为豆莫娄国焉"[4] 有的学者认为是在"高句丽大武神王无恤五年(公元22年)破东夫余"后,东夫余的一部分人北渡那河建立的。[5] 我认为从豆莫娄之名始见《魏书·豆莫娄传》的记载可知,豆莫娄当是在公元410年,东夫余(即夫余、北夫余,而不是所谓在东海之滨的东夫余)被高句丽好太王占领以后,东夫余(北夫余或夫余)的一部分人北渡那河建立的。

《魏书·勿吉传》在"明年夏入贡"条下,有明年即太和十年(公元

[1]《好太王碑》。
[2]《魏书·高句丽传》。
[3]《三国史记》卷13,《高句丽本纪》第一,始祖东明圣王。《三国遗事》卷1,《高句丽》。
[4] 冯家昇:《豆莫娄国考》,见《禹贡半月刊》7卷,1、2、3合期。
[5] 张博泉:《〈魏书·豆莫娄传〉中的几个问题》,见《黑龙江文物丛刊》1982年2期。

486 年）"其（勿吉）傍有大莫卢国……前后各遣使朝献"的记载,而大莫卢国即豆莫娄国。可见豆莫娄不是在公元 494 年夫余被勿吉所逐以后建立的,而是早在公元 486 年以前就已有大莫卢国即豆莫娄国的存在。公元 494 年,夫余为勿吉所逐,有夫余南下投降高句丽的记载[1],而没有"北退而为豆莫娄国"的记载。因此,所谓夫余为勿吉所逐,"北退而为豆莫娄国"的推论,和"高丽（高句丽）灭其国,遗人度（渡）那河因居之[2]的文献记载不符。

高句丽大武神王（无恤）五年（公元 22 年）,"王进军于扶余国南"[3],打败夫余王带素的进攻,夫余王带素被杀。夫余的一部人有的逃亡[4],有的投降[5]。但这次战争,"虽杀其王,未灭其国"[6]。这就是《魏书·高句丽传》所说的莫末（无恤、大武神王）"乃征夫余,夫余大败,遂统属焉"的记载。从高句丽太祖大王六十九年（公元 121 年）冬十月,"王幸扶余,祀太后庙,存问百姓穷困者,赐物有差"[7]的记载,可以证实夫余曾一度归高句丽统属。高句丽太祖大王六十九年（公元 121 年）十一月,从扶余归来后,"王以遂成统军国事"[8],十二月,"王率马韩、秽貊一万余骑,进围玄菟城,扶余王遣子尉仇台,领兵二万,与汉兵并力拒战"[9],打败高句丽军的进攻。太祖大王七十年（公元 122 年）,"王与马韩、秽貊侵辽东,扶余王遣兵救破之"[10]。东汉末,公孙度称雄辽东,"时句丽、鲜卑强,度以夫余在二虏之间,妻以宗女"[11],联合夫余以对抗高句丽和鲜卑。魏正始（公元 241—249 年）中,"幽州刺

---

〔1〕《三国史记》卷 19,《高句丽本纪》第七,文咨明王三年二月"扶余王及妻孥,以国来降"。
〔2〕《新唐书·流鬼传》。
〔3〕《三国史记》卷 14,《高句丽本纪》第二,大武神王五年。
〔4〕《三国史记》卷 14,《高句丽本纪》第二,大武神王五年。
〔5〕《三国史记》卷 14,《高句丽本纪》第二,大武神王五年。
〔6〕《三国史记》卷 14,《高句丽本纪》第二,大武神王五年。
〔7〕《三国史记》卷 15,《高句丽本纪》第三,太祖大王六十九年冬十月。
〔8〕《三国史记》卷 15,《高句丽本纪》第三,太祖大王六十九年冬十月。
〔9〕《三国史记》卷 15,《高句丽本纪》第三,太祖大王六十九年十一月。
〔10〕《三国史记》卷 15,《高句丽本纪》第三,太祖大王七十年。
〔11〕《三国志·魏志·夫余传》。

史册丘俭讨句丽,遣玄菟太守王颀诣夫余,位居遣大加郊迎,供军粮"[1]。这就是《好太王碑》所说的东夫余(夫余)"中叛不贡,王躬率往讨"的原因。大武神王五年(公元22年)的战争,是在夫余国的南部进行的,这次战后,高句丽并没有乘胜北进,深入扶余内地灭其国,这和汉代的夫余"其国殷富,自先世以来,未尝破坏"[2]的记载相符。高句丽在公元22年打败扶余以后,主要是向辽东、玄菟一带扩张势力。如大武神王九年(公元26年)冬十月,"王亲征盖马国,杀其王……以其地为郡县"[3]。东汉末,中原战乱,高句丽乘机数侵辽东、玄菟二郡。[4] 由此可知,公元22年以后,高句丽主要是在辽东、玄菟一带进行战争,并没有深入扶余内地,因而也就没有迫使夫余北渡那河建立豆莫国的可能。

大武神王五年(公元22年)打败的夫余,就是汉以来的夫余,这一夫余如前所述,亦称北夫余、东夫余,但不是《三国史记》和《三国遗事》卷1传说中的北夫余、东夫余。

关于达末娄即豆莫娄的由来,《新唐书·流鬼传》说得很清楚,"达末娄自言北扶余之裔,高丽〔高句丽〕灭其国,遗人度(渡)那河因居之"。从历史的记载来看,高句丽对夫余最大的一次战争是高句丽好太王二十年,即公元410年对东夫余(夫余)所发动的一次大规模的战争。据《好太王碑》的记载,这次战争,"凡所攻破城六十四,村一千四百"。在高句丽好太王时代,领土大为扩张,侵占扶余土地、村镇之多是空前的。从此以后,高句丽主要是向南发展,进攻百济,对夫余也没有大的战争。公元410年以后,高句丽的疆域空前扩大。公元435年,北魏世祖派李敖册高句丽长寿王时[5],访知高句丽的疆域:"辽东南一千余里,东至栅城,南至小海,北至旧扶余,民户三倍于前魏时。其地东

---

〔1〕《三国志·魏志·夫余传》。
〔2〕《三国志·魏志·夫余传》裴注引《魏略》。
〔3〕《三国史记》卷14,《高句丽本纪》第二,大武神王。
〔4〕《三国志·魏志·高句丽传》。
〔5〕《三国史记》卷18,《高句丽本纪》第六,长寿王二十三年(公元435年)夏六月。

西二千里，南北一千余里。"[1]所谓"北至旧夫余"，说明汉、魏以来的夫余领土已被高句丽占据，否则不能称旧夫余，而称夫余。《魏书·勿吉传》载"勿吉国，在高句丽北"，而不说在夫余北，这和"高丽灭其国"[2]的记载相符。又从贾耽《古今郡国志》所谓"渤海国南海、鸭绿、扶余、栅城四府，并是高丽旧地也"[3]的记载可知，夫余、栅城已被高句丽占据。从有关记载来看，所谓"高丽灭其国"，除公元410年，高句丽好太王发动的对东夫余（夫余、北夫余）的大规模战争以外，还没有任何一次战争，像这样大规模地深入夫余内地。因此推定，东夫余（北夫余、夫余）的被占领，以及夫余人北渡那河建立豆莫娄一事，当在公元410年，好太王所发动的对东夫余（北夫余、夫余）的战争以后出现的。从豆莫娄之名始见于《魏书·豆莫娄传》的记载，也可以证实豆莫娄是在公元410年以后出现的。

北魏高宗太安三年（公元457年），还有"于阗、扶余等五十余国各遣使朝献"[4]的记载，说明公元410年的战争以后，夫余并没有完全灭亡。勿吉强大起来以后，"夫余为勿吉所逐"[5]，公元494年（北魏太和十八年，高句丽文咨明王三年），夫余王率妻孥投降到高句丽[6]，勿吉进入夫余故地，夫余灭亡。从此以后，夫余之名不见于史册。

2.3.2　豆莫娄的疆域四至

关于豆莫娄的位置，更是众说纷纭。丁谦谓：豆莫娄在今乌苏里江以东之地。[7] 白鸟库吉谓：在黑龙江、松花江合流点以北的黑龙江流域。[8] 津田左右吉认为在今哈尔滨对岸附近。[9] 张伯英引屠寄的

---

〔1〕《魏书·高句丽传》。
〔2〕《新唐书·流鬼传》。
〔3〕《三国史记》卷37，地理四，引贾耽：《古今郡国志》。
〔4〕《魏书》卷5，《北魏高宗文成帝本纪》，太安三年十二月。
〔5〕《魏书·高句丽传》。
〔6〕《三国史记》卷19，《高句丽本纪》第七，文咨明王三年二月。
〔7〕丁谦：《魏书外国传地理考证》。
〔8〕〔日〕白鸟库吉：《东胡民族考》，见《史学杂志》第23编，第261－262页。
〔9〕〔日〕津田左右吉：《勿吉考》，见《满鲜地理历史研究报告》第一册。

《黑龙江图说》的看法,认为在齐齐哈尔、布特哈、呼兰、绥化等地。[1] 冯家昇认为豆莫娄的四至,"东到海(冯认为指今黑龙江),西到失韦,西南到达姤、室韦,南为勿吉,北不详。以今之墨尔根(一作嫩江城)似为豆莫娄之中心"[2]。和田清认为在今呼兰河流域。[3]《中国历史地理图集》第四册,第17-18图,南北朝时期全图,以今东流松花江以北呼、嫩平原为豆莫娄居地。今以后说为是。

推定豆莫娄位置的文献根据是:

《魏书·豆莫娄传》的开头五句说豆莫娄"在勿吉国北千里,去洛六千里,旧北扶余也。在失韦之东,东至海"。

《新唐书·流鬼传》谓:"达末娄自言北扶余之裔,高丽灭其国,遗人度那河因居之。"

由上述可知,欲搞清豆莫娄的地理位置,应首先搞清勿吉、失韦的位置和那河为当今哪一条河流。

据《魏书·勿吉传》谓:勿吉的中心,自太鲁水(今洮儿河)"又东北行十八日到其国"。从今洮儿河经今嫩江下游和第一松花江顺流而下,东北行十八日到勿吉的中心。又从"其(勿吉)傍有大莫卢国"的记载可以推知,勿吉南下以前的中心约当今依兰、哈尔滨以东一带。大莫卢即豆莫娄当在其西,即今呼兰河流域。

豆莫娄在"失韦之东,东至海"。失韦在今嫩江上游[4],则豆莫娄当在今嫩江上游以东。从勿吉"傍有大莫卢国",以及当时勿吉的地理位置可知,所谓豆莫娄"东至海"的记载,当指东至今第一松花江和鄂霍次克海。

汉、魏时代的弱水,即北魏时代的难河,亦即唐代的那河。但那河指今嫩江、第一松花江,而弱水、难河还包括今黑龙江下游[5]。夫余被

---

〔1〕张伯英:《黑龙江志稿》卷1,地理沿革。

〔2〕冯家昇:《豆莫娄国考》,见《禹贡半月刊》7卷,1、2、3合期。

〔3〕和田清:《东亚史论薮》,第501页注⑯。

〔4〕失韦国的位置:从"刃水又北行五日到其国(失韦)。有大水从北而来,广四里余,名㮈水(今嫩江)"。《魏书·失韦传》。

〔5〕详见本书《松花江名称的演变》。

高句丽灭亡后,一部分人北渡那河建立豆莫娄[1],则豆莫娄当在今嫩江下游和第一松花江以北和第一松花江以西一带。

综上所述,豆莫娄当在今嫩江上游以东,嫩江下游和第一松花江以北和第一松花江下游以西的呼、嫩平原一带。

2.3.3　豆莫娄和北夫余

有的认为"豆莫娄实由度洛离(索离、橐离)音转而来",因此认为"北魏的豆莫娄即汉之索离、晋之寇莫汗"[2]。但据《新唐书·流鬼传》载:"达末娄,自言北扶余之裔,高丽灭其国,遗人度那河因居之。"这里明确指出达末娄即豆莫娄,是在高句丽灭掉北夫余以后,北夫余即夫余的一部分人北渡那河,回到夫余即北夫余的故乡,索离(橐离)故地建立的,而不是由汉之索离、晋之寇莫汗发展起来的。这里所说的北夫余,即《好太王碑》所说的邹牟(朱蒙)"出自北夫余"的北夫余,亦即《后汉书·夫余传》所说的夫余,而不是《三国遗事》卷1的北夫余条中所说的北夫余。《魏书·豆莫娄传》所谓豆莫娄"旧北扶余也",是指族源而说的,不是指地域而说的。豆莫娄的地理位置(见前述)和汉、魏时代夫余的地理位置(见前述)不同。两者相同的记载是:

《三国志·魏志·夫余传》谓:"方可二千里,户八万,其民土著,有宫室、仓库、牢狱。多山陵广泽,于东夷之域最平敞。土宜五谷,不生五果。……国有故城名濊城,盖本濊貊之地。"

《魏书·豆莫娄传》谓:"方可二千里,其人土著,有宫室、仓库。多山陵广泽,于东夷之域最为平敞。地宜五谷,不生五果。……或言本秽貊之地也"。

正如有的说:"《魏书·豆莫娄传》十之九袭取《三国志》文而成,其为《三国志》所无者,不过开首五句。"[3]而开头几句(见前述),正是夫余和豆莫娄地理位置不同的证明。开头五句以下所书相同者仅是传统的习俗和生活方式,都不涉及两者的地理位置问题。因此,不能以开头

---

[1]《新唐书·流鬼传》。

[2]张博泉:《〈魏书·豆莫娄传〉中的几个问题》,见《黑龙江文物丛刊》1982年2期。

[3]冯家昇:《豆莫娄国考》,见《禹贡半月刊》7卷,1、2、3合期。

五句以下所书相同者,为汉、魏时代的夫余和豆莫娄两者地理位置相同的根据。如前述,豆莫娄在今第一松花江以北的呼、嫩平原,而汉、魏以来的夫余(北夫余),则在今第一松花江以南的吉林省的中部。

据载大莫卢即豆莫娄等曾遣使向北魏朝贡[1] 到北齐后主高纬时,大莫娄(豆莫娄)于公元567年(北齐后主高纬天统三年)和569年(天统五年)先后两次入贡。[2] 直到唐玄宗开元十二年(公元724年)还有"达莫娄大首领诺皆诸来朝,并授折冲,放还藩"[3]的记载。从此以后,不再见于史册。由此可知,豆莫娄从5世纪初到8世纪初,建国达3个世纪之久。

---

〔1〕《魏书》卷100,《勿吉传》。
〔2〕《魏书》卷100,《勿吉传》。
〔3〕《魏书》卷100,《勿吉传》。

3 再论北夫余、东夫余
即夫余的问题

夫余亦书扶余,夫余之外还有北夫余、东夫余等名称。夫余之名始见于公元前 1 世纪的《史记·货殖列传》,北夫余、东夫余之名则始见于公元 414 年建立的《好太王碑》。关于北夫余和东夫余的问题,是中外史学界尚未搞清和有争论的问题。有的认为北夫余即在夫余北部的北夷橐离(亦书索离、橐离、囊离)国,东夫余是在夫余的东部,即在东海之滨建立的国家。笔者认为北夫余和东夫余即夫余的别称,不是在夫余的北部和东部还有所谓北夫余和东夫余。过去拙稿[1]已略有论述,为了进一步阐明北夫余、东夫余即夫余的问题,今再补充论述如下。

3.1 北夫余即夫余,不是北夷橐离国

《好太王碑》云:高句丽的始祖邹牟(亦书朱蒙、东明、中牟)[2]"出自北夫余","南下,路由夫余奄利大水","然后造渡,于沸流谷忽本西城山上而建都焉"。有的学者认为《好太王碑》"把北夫余和夫余区别成不同的国家"。"从北夫余向夫余南下的传说来看,知北夫余是位于夫余北方的国家,而与夫余在一定时期共存",并认为"北夷的橐离国是夫余北部的国家,可以解释为北夫余","北夫余即橐离国的别称"。"北夫余是分出夫余和高句丽的国家,而且高句丽的起源并不是夫余,

---

[1]拙著《北夫余、东夫余、豆莫娄的由来》,载《东北史研究》1983 年第 1 期;见《东北史地考略》,第 27 - 32 页。

[2]《好太王碑》为邹牟;《魏书·高句丽传》为朱蒙;《三国遗事》卷 1,北夫余为东明;《三国史记》卷 13,《高句丽本纪》,琉璃王二十八年秋八月为东明;《三国史记》卷 6,《新罗本纪》,大武王十年为中牟。

·欧·亚·历·史·文·化·文·库·

而是北夫余"。[1] 这些看法值得进一步讨论。

笔者认为,从中、朝古代文献记载来看,北夫余即夫余,而不是在夫余北部的北夷橐离国。

第一,从文献记载来看,北夫余即夫余的别称,而不是北夷橐离国的别称。

公元414年,由高句丽王室建立的《好太王碑》云:高句丽的始祖邹牟(朱蒙)"出自北夫余"。《牟头娄冢墨书》亦云:邹牟"元出北夫余"[2]。这是关于高句丽起源问题较为重要而可靠的记载。此外,较为可靠的记载就是公元551—554年由北齐魏收撰成的《魏书·高句丽传》。其后的《梁书》、《周书》、《隋书》、《北史》中的高句丽传,皆云:"高句丽者,出于夫余。"特别是472年,百济盖卤王(余庆)遣使朝魏上表所说的"臣与高句丽源出夫余"[3],都说明夫余即北夫余,二者并无区别。12世纪,由金富轼撰成的《三国史记》和一然撰成的《三国遗事》亦载北夫余即夫余。《三国遗事》中的"北扶余王解夫娄"[4],《三国史记》则称为夫余王解夫娄[5]。在《三国史记》中,北夫余亦称夫余的例子很多。如《三国史记》中的《百济本纪》始祖温祚王条云:朱蒙(邹牟)"自北扶余逃难,至卒本扶余",又云"其世系与高句丽同出扶余"。同书《高句丽本纪》始祖东明圣王十九年(公元前19年)四月条云:"王子类利自扶余与其母逃归,王喜之,立为太子。"《三国遗事》云:"东明帝(邹牟、朱蒙)继北扶余而兴,立都于卒本川,为卒本扶余,即高句丽之始祖。"很明显,这里所说的夫余即北夫余,二者并无区别。又《三国史记》引《通典》云:"朱蒙以建昭二年(公元前37年),自北扶余东南行,渡普述水,至纥升骨城居焉,号曰高句丽,以高为氏。"又引《古

〔1〕李云铎译,顾铭学校:《高句丽的起源》,载《东北亚历史与考古信息》1984年第4期(译自朝鲜《高句丽史研究》,1967年)。

〔2〕集安下羊鱼头北山麓《牟头娄冢墨书》,见〔日〕池内宏:《通沟》。〔日〕武田幸男著,刘力译:《牟头娄一族与高句丽王权》,载《东北亚历史与考古信息》1981年第4期。《集安县文物志》,第122 – 127页,载《冉牟墓书题记》。

〔3〕《魏书·百济传》延兴二年;《三国史记》卷25,百济本纪三,盖卤王十八年。

〔4〕《三国遗事》卷1,东扶余和高句丽。

〔5〕《三国史记》卷13,《高句丽本纪》一,始祖东明圣王。

记》云:"朱蒙自夫余逃难,至卒本,则纥升骨城,卒本似一处也。"[1]这些记载都证实,北夫余即夫余,并不是在夫余之北又有北夫余。所谓北夫余是指在高句丽的北部,而不是在夫余的北部而说的。如高句丽琉璃王二十九年(公元10年)夏六月,"矛川上有黑蛙与赤蛙群斗,黑蛙不胜,死。议者曰:黑,北方之色,北扶余破灭之征也"。接着又说,琉璃王三十二年(公元13年)冬十一月,"扶余人来侵……扶余军大败"[2]。大武神王四年(公元21年)冬十二月,"大王北伐扶余"。大武神王五年(公元22年),"王进军于扶余国南",夫余王带素被杀[3]。从"北扶余破灭之征也"和"扶余军大败",夫余王带素被杀,可证这里所说的北夫余即在高句丽北部的夫余,而不是在夫余之北的北夷橐离国。又从《后汉书·高句丽传》所谓高句丽"北与夫余接"的记载可知,因夫余在高句丽之北,故高句丽人亦称为北夫余。在夫余之北者称北夷橐离国,而不称北夫余。有的认为"北夷的橐离国是夫余北部的国家,可以解释为北夫余",这样解释和文献记载并不相符。

又所谓夫余和高句丽都是出自北夫余即北夷橐离国,更难以令人信服。关于夫余的起源问题,东汉王充的《论衡·吉验篇》和魏鱼豢的《魏略》以及《后汉书·东夷传·夫余国》这些较早的文献记载都明确指出夫余出自北夷橐(槀、索)离国,而不是出自北夫余。关于高句丽的起源问题,《魏书·高句丽传》等史书皆云:"高句丽者,出于夫余。"《梁书·高句骊传》云:北夷橐(槀)离王子东明,"至夫余而王焉,其后,支别为句骊种也"。明确指出夫余出自北夷橐离国,高句丽出自夫余,而不是夫余和高句丽都是出自北夫余即北夷橐离国。如前所述,最早见于文献记载的是夫余,而不是北夫余和东夫余。高句丽者有"出于夫余"、"出自北夫余"、"出自东夫余"的记载,而绝无出自北夷橐离国的记载。因此,在公元前1世纪建国的高句丽"出于北夫余"的记载是正确可靠的。这一夫余即《好太王碑》所说的北夫余。如前述,因为夫

---

〔1〕《三国史记》卷37,杂志六,地理四,高句丽。
〔2〕《三国史记》卷13,《高句丽本纪》一,琉璃王。
〔3〕《三国史记》卷14,《高句丽本纪》二,大武神王。

余在高句丽之北,所以高句丽也称之为北夫余,而不是在夫余之北才称为北夫余。

第二,从旧北夫余即夫余、北夫余城亦称夫余城的记载也可以证实北夫余即夫余。

《魏书·豆莫娄国传》所谓豆莫娄"旧北扶余也",是指豆莫娄从原来的北夫余分出来的。亦即《新唐书·流鬼传》所说的达末娄(即豆莫娄)"自言北扶余之裔,高丽灭其国,遗人渡那河,因居之"。所谓豆莫娄"旧北扶余也",或达末娄"自言北扶余之裔",不是指豆莫娄之居地(在松花江和黑龙江合流以北,东到海一带)即旧北夫余或北夷橐离国之地,而是指族源而说的,就是说豆莫娄是从北夫余分出来的,是北夫余的后裔。从高句丽改名为高丽,以及豆莫娄的出现,均从南北朝的记载可知,所谓"高丽灭其国",即《好太王碑》所说的好太王二十年(公元410年),往讨东夫余的战争。好太王攻占了东夫余即北夫余或夫余(见后述)的大片领土以后,东夫余即夫余的一部分人,渡那河建立了豆莫娄。唐代所说的那河指今嫩江和东流松花江[1]。所谓渡那河,只能是北渡那河,在那河以南,即今吉、长地区,即汉、魏以来的夫余亦即北夫余故地。这也证实东夫余不在东海之滨或北沃沮一带,而在那河以南一带。好太王攻占东夫余的大片领土以后,到公元435年时,高句丽的领土大为扩张,"北至旧扶余,民户三倍于前魏时"[2]。很明显这里所谓旧扶余即《魏书·豆莫娄国传》中所说的"旧北扶余也"。因夫余的领土大部已被高句丽占据,故称为旧夫余或旧北夫余。好太王以后,高句丽的北界已不是"北与夫余接"[3],而是北与勿吉接[4],或"北邻靺鞨"[5]。靺鞨即粟末部"与高丽接,依粟末水以居"[6],粟末水即

---

〔1〕拙著《东北史地考略》,第132—133页。
〔2〕《魏书·高句丽传》;《三国史记》卷18,高句丽本纪六,长寿王二十三年夏六月。
〔3〕《后汉书·东夷传·高句丽》。
〔4〕《魏书·勿吉传》:"勿吉国,在高句丽北。"
〔5〕《周书·高丽传》。
〔6〕《新唐书·黑水靺鞨传》。

今第二松花江（北流松花江），粟末靺鞨在高句丽（高丽）夫余城的西北[1]。唐代高丽（即高句丽）的夫余城，亦称北夫余城[2]，在粟末靺鞨的东南。这一高句丽的夫余城亦即北夫余城，就是在公元410年，被好太王占领的夫余前期王城，亦即夫余初居鹿山的王城。在今吉林市龙潭山到东团山一带，不但有汉代文物，而且还有高句丽红色绳纹和方格纹板瓦块，龙潭山高句丽山城，是高句丽防御靺鞨南下的北边军事重镇[3]。从上述旧北夫余即旧夫余，北夫余城亦即夫余城的记载可知，北夫余即夫余，并不是在夫余之北又有北夫余，北夫余不是北夷橐离国。

3.2 东夫余即夫余或北夫余，
不在东海之滨

关于东夫余的问题，是史学界尚未搞清和还有待进一步探讨的问题。史学界一般都是根据《三国史记》和《三国遗事》中关于东夫余建国的神话传说，认为东夫余是从夫余或北夫余分出来的，是在夫余的东部，即东海之滨或太白山（今长白山）南、鸭绿江上游一带建立的国家，并认为高句丽的始祖邹牟（朱蒙）就是从这一东夫余南下，到卒本（忽本）之地建立了卒本扶余即高句丽国。也有的认为东夫余是在西晋太康六年（公元285年），慕容廆破夫余，"其王依虑自杀，子弟走保沃沮"[4]时，在北沃沮建立的国家，认为《好太王碑》中的"卖勾余民"即东夫余之略[5]。卖勾即罗勾亦即北沃沮。但夫余被慕容廆袭破后，第二年（公元286年），在西晋的援助下，又得以复国[6]，并没有在北沃沮

---

〔1〕《太平寰宇记》卷71，燕州条引隋《北番风俗记》：粟末靺鞨"自扶余城西北，举部落向关内附"。

〔2〕《三国史记》卷37，地理志："北扶余城州。"

〔3〕拙稿《唐代高丽长城和夫余城》，载《民族研究》1991年第4期。

〔4〕《晋书·四夷传·夫余国》。

〔5〕〔日〕池内宏：《夫余考》，载《满鲜地理历史研究报告》第13册，第90-95页；〔日〕岛田好：《东扶余的位置和高句丽的开国传说》，载《青丘学丛》第16号，昭和九年（1934年）五月。

〔6〕《晋书·慕容廆载记》。

建立东夫余,这在《晋书·慕容廆载记》有明确记载。《后汉书·高句骊传》和《三国志·魏书·高句丽传》皆谓高句丽"东与沃沮"接。汉、魏时代,北沃沮一带,先后归汉代玄菟郡和高句丽领有。好太王二十年(公元410年),并没有征讨南、北沃沮一带。《好太王碑》中的"卖勾余民"和"东海贾"的守墓烟户,都是旧民,即原有守墓烟户,不是在好太王二十年,从东海之滨的南、北沃沮一带新掠来的人口。以旧民为守墓烟户者占三分之一,以新掠来的韩秽(百济)人口为守墓烟户者占三分之二。[1] 以"卖勾余民"和"东海贾"的旧民为守墓烟户,正说明东海之滨的南、北沃沮一带为高句丽旧有领土,好太王二十年,并没有征讨这一带。

上述有关东夫余的推定,一是来自神话传说,一是来自后人的主观推论,这两个所谓东夫余,实际上并不存在,在东海之滨并找不到东夫余立足之地。有的以《好太王碑》中的东夫余,来肯定传说中的东夫余,但《好太王碑》中的东夫余就是夫余或北夫余,而不是神话传说中在东海之滨或太白山一带的东夫余。

第一,东海之滨或太白山一带并不存在东夫余。

据《三国史记》和《三国遗事》关于东夫余的建国传说,东夫余是在公元前1世纪以前,从夫余东迁到东海之滨建立的国家。如前所述,夫余即北夫余,最晚当在西汉初建国。[2] 西汉时代,正是夫余兴起之时,当时夫余周围各部族,如西部的乌桓、东部的挹娄(臣属夫余)、北部的橐离、南部的涉貊,都比较分散、弱小,还未形成一个较大的部落联盟,并没有进攻夫余和迫使新兴起的夫余东迁的可能和记载。在西汉和东汉时代的夫余,"其国殷富,自先世以来,未尝破坏"[3]。在这种情况下,夫余不会有被迫东迁的可能。高句丽建国后,在大武神王五年(公元22年),虽曾打败过夫余,并杀其王带素,但并未灭其国。[4] 东汉时

---

〔1〕王健群:《好太王碑研究》,第191-197页。

〔2〕《史记·货殖列传》;《后汉书·东夷传·夫余国》。

〔3〕《三国志·魏书·夫余传》裴注引《魏略》。

〔4〕《三国史记》卷14,《高句丽本纪》二,大武神王五年。

代的鲜卑檀石槐虽曾"东却夫余"[1]，但这两次战争都是在传说中的东夫余建国以后的事，和迫使夫余东迁无关。据《三国遗事》卷1，东夫余条谓："北扶余王解夫娄之相阿兰弗，梦，天帝降而谓曰：'将使吾子孙立国于此，汝其避之。'"在注文中云"谓东明将兴之兆也"，而不是说东夫余王解夫娄将兴之兆也。从注文中可知，所谓夫余东迁建立东夫余的传说，可能是高句丽的始祖邹牟（朱蒙、东明）南下到卒本川建立高句丽国的神话传说。后人把两者混为一谈，误传为北夫余即夫余王解夫娄东迁到东海之滨建立东夫余之事。《三国史记》中的东夫余国内有太白山（今长白山）、鸭绿江等地名，这一带，早在西汉末、东汉初，已被高句丽占领，而且这些山川名称是从唐代才开始出现的。在西汉时，即传说中的东夫余建国时，还没有这些地名，说明东夫余建国的神话传说，不是西汉当时人留下来的传说，而是后人留下来的传说。传说中的东夫余和高句丽都是从北夫余即夫余分出来的，而且传说中的东夫余和高句丽建国之地，都在东海之滨。沸流王松让和高句丽的琉璃王皆自称"寡人僻在海隅"[2]。因此，所谓夫余王解夫娄东迁到东海之滨建立东夫余的传说，当即高句丽的始祖邹牟（朱蒙）南（或记东南）逃到卒本川建立卒本夫余（即高句丽）的传说。

从文献记载来看，东海之滨并不存在东夫余。《三国遗事》和《三国史记》中所说的东扶余在东海之滨，即南、北沃沮和不耐涉，或太白山南、鸭绿江一带。正当今朝鲜东北部的沿海和今吉林省东部的延边一带。这一带，在汉、魏时代，先归汉玄菟郡，后改归乐浪郡东部都尉管辖，其后，又被高句丽征服，"臣属高句丽"[3]。高句丽从东明王到太祖王先后统一了太白山南北，以及南、北沃沮，即今朝鲜东北部沿海一

---

〔1〕《后汉书·鲜卑传》。
〔2〕《三国史记》卷13，《高句丽本纪》，始祖东明圣王元年和琉璃王二十八年八月。
〔3〕《三国志·魏书·高句丽传》；同书《沃沮传》；《后汉书·东夷传·沃沮》；《三国志·魏书·乌丸鲜卑东夷传》"涉汉末更属高句丽"；《后汉书·东夷传·涉》："建武六年，省都尉官，遂弃领东地，悉封其渠帅为县侯，皆岁时朝贺。"

带[1]。高句丽闵中王四年(公元 47 年)秋九月,东海人高朱利献鲸鱼目。太祖王五十五年(公元 107 年)冬十月,东海谷守献朱豹。东川王十九年(公元 245 年)春三月,东海人献美女。这都说明东海一带已是高句丽的领地。

曹魏正始六年(公元 245 年),毌丘俭遣玄菟太守王颀追击高句丽的东川王,当时的东川王先逃到南沃沮,后又逃到北沃沮。王颀率军追击,"过沃沮千有余里,至肃慎氏南界"[2]。从曹魏军在南、北沃沮追击东川王的事实可知,东海之滨的南、北沃沮,当时属高句丽辖境。当正始六年,王颀率军追击东川王时,"乐浪太守刘茂,带方太守弓遵,以岭东涉属句丽,兴师伐之,不耐侯等举邑降。其八年(公元 247 年),诣阙朝谒。二郡有军征赋调,供给役使,遇之如民"[3]。其后,东海之滨的南北沃沮、不耐涉等,又被高句丽占领。《三国志·魏书·东夷传·高句丽》和《后汉书·高句丽传》皆谓:高句丽"东与沃沮、北与夫余接"。又《三国志·魏书·东夷传·挹娄》谓:挹娄"南与北沃沮接",而不是高句丽东与东夫余接,挹娄南与东夫余接。又据《魏书·高句丽传》载:北魏时,高句丽的疆域"东至栅城"。公元 98 年,高句丽太祖王"东巡栅城"。公元 102 年,"遣使安抚栅城"[4]。高句丽山上王二十一年(公元 217 年)八月,"汉平州人夏瑶,以百姓一千家来投,王纳之,安置栅城"[5]。栅城即渤海的东京龙原府,在今珲春境内。栅城之地,即北沃沮之地,故亦书高句丽"东与沃沮接"[6]。这一带,早在高句丽东明王十年(公元前 28 年),就有"伐北沃沮,以其地为城邑"[7]的记载。这一记载虽有难以置信之处,但从太祖王四年(公元 56 年),"伐东沃沮,取其地为城邑",以及太祖王四十六年(公元 98 年),太祖王"东巡

---

〔1〕《三国志·魏书·高句丽传》;《后汉书·东夷传·高句丽》;《后汉书·东夷传·沃沮》;《三国史记·高句丽本纪》,从东明圣王到太祖王各条。
〔2〕《三国志·魏书·东夷传·沃沮》;《三国志·魏书·毌丘俭传》。
〔3〕《三国志·魏书·东夷传·涉》。
〔4〕《三国史记》卷 15,《高句丽本纪》三,太祖王四十六年三月,五十年八月。
〔5〕《三国史记》卷 16,《高句丽本纪》四,山上王。
〔6〕《后汉书·东夷传·高句丽》;《南史·东夷传·高句丽》;《梁书·东夷传·高句丽》。
〔7〕《三国史记》卷 13,《高句丽本纪》一,始祖东明圣王十年。

栅城"的记载来看,最晚在公元 56 年或 98 年,即东汉时代,东沃沮和北沃沮已归高句丽领有。从上述高句丽的疆域和"东与沃沮接",或"东至栅城"的记载来看,公元 410 年,好太王征讨的东夫余不在东海之滨的沃沮之地或太白山(今长白山)、鸭绿江上游一带,在东海之滨和太白山一带,从未见东夫余的有关记载。如果东扶余在东海之滨或太白山一带,则高句丽的疆域当为"东至旧东扶余"或"东至东扶余",而不是"东至栅城"或"东与沃沮接"。

夫余国在西晋"武帝时,频来朝贡",至西晋太康六年(公元 285 年),慕容廆破夫余,"其王依虑自杀,子弟走保沃沮"[1],而不是夫余子弟走保东夫余。如果早在西汉时代,在东海之滨或北沃沮建立东夫余时,在公元 410 年,好太王攻占东夫余之前,则夫余子弟不可能走保沃沮,而不走保东夫余。这一史实,也是在东海之滨的南、北沃沮一带,并没有建立过东夫余的明证。

第二,东夫余即夫余或北夫余。

《好太王碑》中的东夫余和《三国史记》传说中的东夫余不同。如上述,传说中的东夫余并不存在。《好太王碑》中的东夫余就是原来的夫余和北夫余的别称。两者不能混同,不辨明这一点,必然误入迷途,无法理解文献记载的一些历史事实。证明《好太王碑》中的东夫余即北夫余和夫余的例子有:

在《三国史记》和《三国遗事》中的夫余王解夫娄、金蛙、带素亦称北夫余王、东夫余王。如《三国史记》中的"扶余王解夫娄",在《三国遗事》中又称"北扶余王解夫娄",而解夫娄又是东迁到东海之滨的第一代东夫余王。[2] 第二代东夫余王金蛙亦称夫余王。如《三国史记》东明圣王十四年(公元前 24 年)秋八月,"王(朱蒙)母柳花薨于东扶余,其王金蛙以太后礼葬之,遂立神庙。冬十月,遣使扶余馈方物,以报其德"。在这一记载中,东夫余亦书夫余。从"王母柳花薨于东扶余"和

---

〔1〕《晋书·四夷传·夫余国》;《晋书·慕容廆载记》。
〔2〕《三国史记》卷 13,《高句丽本纪》,始祖东明圣王;《三国遗事》卷 1,东扶余。

《好太王碑》中的邹牟（朱蒙）"出自北夫余"的记载可知，东夫余即夫余，亦即北夫余。东夫余的第三代王带素[1]，也称夫余王[2]。邹牟（朱蒙）就是由东夫余王金蛙的长子带素的妒害[3]，从东夫余出逃的，而《好太王碑》和《三国史记》、《三国遗事》又皆云：邹牟从北扶余逃难，至卒本（忽本）之地建国[4]。可见《好太王碑》中的北夫余，即东夫余，《三国史记》中的东夫余即北夫余和夫余。

第三，好太王攻占的东夫余，正是夫余即北夫余故地。

高句丽和前燕、后燕争夺辽东、玄菟两郡取得胜利以后，乘夫余西迁，部落衰散之际，好太王二十年（公元 410 年），以"东夫余旧是邹牟王属民，中叛不贡"[5]为借口，便大举进攻东夫余。有的认为《三国史记》高句丽本纪，东明圣王十年（公元前 28 年），"命扶尉猒伐北沃沮，灭之，以其地为城邑"的记载，和"东夫余旧是邹牟王属民"的碑文相符，因此，认为东夫余当在东海之滨的北沃沮一带。但如前述，东海之滨的北沃沮一带，既无东夫余，也无"中叛不贡"的记载。所谓"东夫余旧是邹牟王属民"，并非事实。夫余臣属高句丽是在高句丽大武神王（无恤）五年（公元 22 年）[6]以后之事，而不是在邹牟王（东明圣王）时代。到高句丽太祖大王六十九年（公元 121 年）十二月，"王率马韩、秽貊一万余骑，进围玄菟城，扶余王遗子尉仇台，领兵二万，与汉兵并力拒战"[7]，打败高句丽军的进攻。太祖王七十年（公元 122 年），"王与马

---

〔1〕《三国史记》卷 13，《高句丽本纪》一，东明圣王：东扶余王金蛙长子带素。

〔2〕《三国史记》卷 13，琉璃王二十八年秋八月，"扶余王带素"；同书，大武神王五年，"扶余王带素被杀"。

〔3〕《三国史记》卷 13，琉璃王二十八年秋八月，"扶余王带素"；同书，大武神王五年，"扶余王带素被杀"。

〔4〕《好太王碑》邹牟"出自北夫余"；《三国史记》卷 23，《百济本纪》一，始祖温祚王条云：朱蒙"自北扶余逃难，至卒本扶余"；《三国遗事》卷 1，北扶余条云："东明帝自北扶余而兴，立都于卒本川。"

〔5〕《好太王碑》。

〔6〕《魏书·高句丽传》：莫来（即无恤、大武神王）"乃征夫余，夫余大败，遂统属焉"；《三国史记》卷 14，高句丽本纪二，大武神王五年。

〔7〕《三国史记》卷 15，《高句丽本纪》三，太祖大王六十九年十一月。

韩、秽貊侵辽东,扶余王遣兵救破之"[1]。东汉末,公孙度称雄辽东,"时句丽、鲜卑强,度以夫余在二房之间。妻以宗女"[2],联合夫余以对抗高句丽和鲜卑。魏正始(公元241—249年)中,"幽州刺史毌丘俭讨句丽,遣玄菟太守王颀诣夫余,位居遣大加郊迎,供军粮"[3]。这就是《好太王碑》所说的东夫余(夫余)"中叛不贡,王躬率往讨"的原因和借口。《好太王碑》中所说的东夫余,不在东海之滨,而是在高句丽和鲜卑之间的夫余,这一夫余亦称北夫余、东夫余。好太王攻占了东夫余的许多城镇和村落[4]以后,派遣的镇守官员,不是东夫余守事,而是"北夫余守事"[5]。公元410年,好太王攻占东夫余以后,高句丽的疆域大为扩张,这时高句丽的北部边界是"北至旧夫余"。所谓"旧夫余",说明夫余已被高句丽好太王攻占,故称为旧夫余或旧北夫余。从唐代高丽长城的东北端在今吉林省德惠县境内第二松花江南岸,和高丽扶余城(亦称北扶城)在今吉林市龙潭山高句丽山城的方位来看[6],公元410年,好太王征讨的东夫余,不在东海之滨,正是在以今吉林市为中心的汉、魏时代以来的夫余(北夫余)故地。这是好太王征讨的东夫余即夫余和北夫余的又一明证。

第四,东夫余名称的由来。

东夫余之名始见于公元414年建立的《好太王碑》。东夫余之名的出现,当和夫余的西迁有关。东晋穆帝永和二年(公元346年)正月:"初,夫余居于鹿山,为百济所侵,部落衰散,西徙近燕。"[7]从慕容皝于晋成帝咸康三年(公元337年)自称燕王(前燕)可知,夫余从鹿山(夫余前期王城)西迁的年代,当在公元337年建立前燕以后,和公元346年以前这段时间。从当时夫余、高句丽、百济三者的地理位置,以

---

[1]《三国史记》卷15,《高句丽本纪》三,太祖大王七十年。
[2]《三国志·魏书·夫余传》。
[3]《三国志·魏书·夫余传》。
[4]《好太王碑》。
[5]《牟头娄冢墨书》。
[6]拙稿《唐代高丽长城和夫余城》,载《民族研究》1991年第4期。
[7]《资治通鉴》卷97,《晋纪》十九,东晋穆帝永和二年正月。

·欧·亚·历·史·文·化·文·库·

及文献记载来看,"为百济所侵",当为有误。因此,有的认为当为高句丽或伯咄所侵之误。但在公元 346 年以前,高句丽或伯咄都没有入侵夫余的记载,只有鲜卑慕容廆西晋太康六年(公元 285 年)[1],和前燕慕容皝在东晋永和二年(公元 346 年)[2],发起两次进攻夫余的战争,给夫余以重大打击,夫余王城(前期王城)被摧毁,数万人口被掠走,夫余"部落衰散,西徙近燕",在前、后燕的庇护下,以今农安为中心(后期王城)[3],勉强维持到 5 世纪末。

公元 346 年,夫余西迁后,出现了两个夫余,一是原来以鹿山为前期王城(今吉林市龙潭山到东团山之间)的夫余,二是西迁后,以今农安为后期王城(即渤海夫余府、辽代黄龙府)的夫余。为了区别这两个夫余,便将初居鹿山的夫余称为东夫余,这一东夫余不是在汉、魏以来夫余(鹿山夫余)之东,而是在西迁后的夫余之东,故称为东夫余。此即原来初居鹿山的夫余,亦即北夫余。西迁后的夫余,仍称为夫余,而不称西夫余。西迁后的夫余,在公元 410 年,好太王攻占东夫余以后,直到公元 457 年,还和于阗等 50 余国各遣使向北魏朝献。[4] 直到公元 494 年,"夫余为勿吉所逐"[5],夫余王率妻孥逃亡到高句丽才灭亡[6]。西迁后的夫余,从公元 346 年到公元 494 年,存国达 148 年。由此可知,公元 410 年,好太王攻占的东夫余,是以鹿山为王城的夫余,即后来所说的东夫余,而不是西迁后,以今农安为王城的夫余,所以《好太王碑》云:高句丽"出自北夫余",而好太王二十年(公元 410 年)征讨或占领的是东夫余。因为夫余西迁后,留在东部的夫余即北夫余,当时已改称东夫余,所以《好太王碑》所说的好太王二十年征讨的东夫余正是汉、魏以来的夫余,这一夫余,因在高句丽之北,故亦称为北夫余。

由上述可知,北夫余、东夫余即夫余的别称,不是在夫余之北和东,

〔1〕《晋书·四夷传·夫余国》;《晋书·慕容廆载记》。
〔2〕《资治通鉴》卷 97,东晋穆帝永和二年正月;《晋书·慕容皝载记》为永和三年。
〔3〕《辽史·地理志》东京道通州和龙州黄龙府条;拙著《东北史地考略》,第 22－25 页。
〔4〕《魏书》卷 5,《北魏高宗文成帝本纪》,太安三年十二月。
〔5〕《魏书·高句丽传》。
〔6〕《三国史记》卷 19,《高句丽本纪》七,文咨明王三年二月。

还有北夫余和东夫余。只有这样理解夫余,北夫余、东夫余的问题,才能正确解释文献所载以下几个问题:

第一,高句丽的始祖邹牟(朱蒙),有"出于夫余"、"出自北夫余"、"出自东夫余"的不同记载,这些记载,不是哪一记载正确与否的问题,而是北夫余、东夫余即夫余的别称问题。

第二,夫余王解夫娄、金蛙、带素亦称北夫余王和东夫余王。不理解北夫余、东夫余即夫余的别称问题,便认为文献记载的混乱。

第三,公元410年,好太王征讨的东夫余,从前述所攻占的领土和所派遣的镇守官员来看,实属汉、魏以来居于鹿山的夫余,而不是传说中的在东海之滨的东夫余。如不正确认识北夫余、东夫余即夫余的别称问题,便主观地把东夫余推定在东海之滨或北沃沮、太白山等高句丽辖境内。

有的认为《三国史记》和《三国遗事》有的地方"把北夫余、夫余、东夫余等与高句丽的关系弄得非常模糊,所以对北夫余就抓不住头绪"[1]。笔者认为不是上述文献记载"弄得非常模糊"和"抓不住头绪",而是没有正确理解文献所载北夫余、东夫余即夫余的别称问题,才把一些问题弄得模糊不清。

---

〔1〕李云铎译、顾铭学校:《高句丽的起源》,载《东北亚历史与考古信息》1984年第4期(译自朝鲜《高句丽史研究》,1967年)。

4 三论北夫余、东夫余
即夫余的问题

夫余亦书扶余。关于夫余、北夫余、东夫余的问题,中外史学界意见分歧,众说纷纭。笔者在已发表的两篇论文中[1],认为北夫余、东夫余即夫余,不是在夫余之外还有北夫余和东夫余。今再重新提出探讨的目的是抛砖引玉,希望通过争论,能够澄清一些问题,获得正确认识。不当之处,请大家指正。

4.1 北夫余即夫余,不是在夫余之外
还有一个北夫余

《好太王碑》云:高句丽的始祖邹牟(亦书朱蒙、东明)"出自北夫余"。《冉牟墓墨书》云:邹牟"元出北夫余"[2]。这是关于高句丽起源最为重要而可靠的记载。但在《魏书·高句丽传》、《梁书·东夷传·高句骊》、《周书·高丽传》、《隋书·高丽传》、《北史·高句丽传》中则均云:"高句丽者,出于夫余。"特别是百济王余庆,在延兴三年(公元472年)遣使朝魏上表云:"臣与高句丽源出夫余。"[3]《好太王碑》和《魏书·高句丽传》等有关上述记载都是最为可靠的史料,是推定北夫余即夫余的可靠材料。《三国史记》中的"扶余王解夫娄",在《三国遗事》中则称为"北扶余王解大娄"。在《三国史记》中,北夫余王亦称夫

---

〔1〕李健才:《东北史地考略》第25－33页;《东北史地考略》(续集)第1－14页。

〔2〕《集安县文物志》第124页,《冉牟墓墨书》。

〔3〕《魏书·百济传》;《北史·百济传》;《三国史记》卷25,《百济本纪》第三,盖卤王十八年(公元472年)。

余王的例子很多。如《三国史记》百济本纪,始祖温祚王条云:朱蒙(邹牟)"自北扶余逃难,至卒本扶余",又云"其世系与高句丽同出扶余"。同书高句丽本纪,始祖东明圣王十九年(公元前19年)四月条云:"王子类利自扶余与其母逃归,王喜之,立为太子。"《三国遗事》云:"东明帝(邹牟、朱蒙)继北扶余而兴,立都于卒本川,为卒本扶余,即高句丽之始祖。"很明显,以上所说的北夫余即夫余,二者是指同一个夫余。又据《三国史记》卷37引《通典》云:"朱蒙,以建昭二年(公元前37年),自北扶余东南行,渡普述水,至纥升骨城居焉,号曰高句丽,以高为氏。"又引《古记》云:"朱蒙自扶余逃难,至卒本,则纥升骨城,卒本似一处也。"这些记载都说明北夫余即夫余,而不是在夫余之北,还有一个北夫余。

所谓北夫余(北扶余)是指在高句丽之北,而不是在夫余之北而说的。《三国史记》卷13载:高句丽琉璃王二十九年夏六月"黑,北方之色,北扶余破灭之征也"。同书卷14,琉璃王三十二年冬十一月,"扶余人来侵……扶余军大败"。大武神王四年冬十二月,"大王北伐扶余"。大武神王五年(公元22年),"王进军于扶余国南",夫余王带素被杀。从"北扶余破灭之征也"和"扶余军大败",夫余王带素被杀,可以证实这里所说的北夫余即在高句丽北部的夫余,这和《三国志·魏书·东夷传》所载夫余"南与高句丽"接,高句丽"北与夫余接"的记载相符。这都证实,北夫余即夫余,是在高句丽之北,而不是在夫余之北还有一个北夫余。

汉、魏时代,高句丽"北与夫余接"。但到东晋、南北朝时,即公元410年和494年,东夫余和"西徙近燕"的夫余,先后为高句丽和勿吉灭亡[1]。所以《魏书·高句丽传》和《北史·高句丽传》均载:高句丽"北至旧夫余"。有的学者认为旧是对新而言,旧指北夫余,新指东夫余,

---

〔1〕《好太王碑》;《新唐书·流鬼传》;《魏书·高句丽传》;《三国史记》卷19,《高句丽本纪》七,文咨明王三年二月条。

并认为东夫余王城在今辽宁省西丰县的城子山山城。[1] 笔者认为所谓旧夫余或旧北夫余，是因为公元410年和494年，东夫余和西迁的夫余已经灭亡，故在公元494年以后修撰的史书称夫余为旧夫余或旧北夫余。随着北方各族的兴衰和迁移，高句丽的北界，也由汉、魏时代的"北与夫余接"，到南北朝时改为"北至旧夫余"。到隋、唐时代，勿吉（后称靺鞨）兴起，大举南下，进入夫余故地，其中的粟末部居最南，已经进入粟末水（今第二松花江）流域[2]，进占粟末水以北的夫余故地，和占据东夫余即夫余东部之地的高句丽隔江对峙，所以这时高句丽的北界亦书北至勿吉[3]，或"北邻靺鞨"[4]。从高句丽北界的变化可知，旧夫余即原来的夫余，旧北夫余即北夫余，亦即夫余。高句丽始祖邹牟（朱蒙）有"出自北夫余"和"出于夫余"的不同记载，不是哪一记载正确与否的问题，而是说明北夫余即夫余的问题。

4.2　东夫余即西迁夫余之东的夫余，亦即以夫余前期王城为中心的夫余

东夫余之名，始见于公元414年建立的《好太王碑》，后来又见于12和13世纪，即宋、元时期撰成的《三国史记》和《三国遗事》，但东夫余之名，不见于中国史书的记载。关于东夫余的问题，是中外史学界还有争论和有待进一步探讨的问题。

笔者认为东夫余之名的出现，当和夫余的西迁有关。东晋永和二年（公元346年）正月，"初，夫余居于鹿山，为百济所侵，部落衰散，西徙近燕，而不设备"[5]。从文献所载，当时夫余、高句丽、百济的方位和国内外情况来看，这里所说的"为百济所侵"是错误的，但有的认为当

---

〔1〕周向永：《东夫余及相关问题的初步探索》，载《全国首届高句丽学术研讨会》，第95－104页。

〔2〕《新唐书·黑水靺鞨传》。

〔3〕《魏书·勿吉传》："勿吉国，在高句丽北。"

〔4〕《周书·高句丽传》。

〔5〕《资治通鉴》卷97，《晋纪》十九，东晋穆帝永和二年正月。

为"高句丽所侵之误"。笔者认为这一看法也是错误的。因为公元346年前后,正是高句丽连遭前、后燕侵袭之时。公元342年,前燕慕容皝大举进攻高句丽,丸都被毁,宫室被烧[1]。公元400年,后燕进攻辽东,"拔新城、南苏二城,开境七百余里,徙五千余而还"[2]。公元346年前后的高句丽,既无力,也无暇进攻夫余,同时在公元346年以前,也没有高句丽进攻夫余的记载。据载,夫余西徙近燕原因,实为前燕所侵[3]而引起的。夫余西迁之地,即夫余后期的王城,亦即后来渤海的夫余府和辽代黄龙府之地,在今农安[4]。夫余迁都到今农安以后,直到公元494年,才被勿吉所逐而灭亡[5]。公元405年,高句丽和前、后燕争夺辽东、玄菟两郡获胜[6]后,在"辽东、玄菟等数十城,皆置官司以相统摄"[7]。高句丽占据辽东以后,乘夫余西迁后,部落衰散,而无设备之机,好太王二十年(公元410年),便以"东夫余旧是邹牟王属民,中叛不贡"[8]为借口,大举攻占东夫余。所谓"中叛不贡",有各种不同解释,笔者认为当指公元346年,夫余西迁后,依附于慕容燕,和高句丽中断了来往,长达60余年(公元346—410年)之久。《好太王碑》中所说攻占的东夫余即指原北夫余的东部亦即指在西迁夫余之东的夫余。这一看法的根据是《新唐书·流鬼传》云:"达末娄自言北扶余之裔。高丽(即高句丽)灭其国,遗人度(渡)那河,因居之,或曰他漏河。东北流入黑水。"从"高丽灭其国"可确证是指高句丽好太王二十年(公元410年)攻占东夫余的问题。一部分东夫余人渡那河(那河或曰他漏河,指今第一松花江)居住,建立达末娄即豆莫娄国。《魏书·豆莫娄国传》云:豆莫娄国"旧北扶余也"。《新唐书·流鬼传》云:"达末娄自言北扶余之裔。"这是东夫余即北夫余、旧北夫余的可靠证明。由此

---

〔1〕《三国史记》卷18,《高句丽本纪》,故国原王十二年条。

〔2〕《资治通鉴》卷111,安帝隆安四年二月丙申。

〔3〕《晋书·慕容皝载记》。

〔4〕李健才:《东北史地考略》第17—25页。

〔5〕《魏书·高句丽传》;《三国史记》卷19,《高句丽本纪》七,文咨明王三年二月。

〔6〕《资治通鉴》卷114,《晋纪》七三六,安帝义熙元年正月戊申条。

〔7〕《周书·高句丽传》。

〔8〕《好太王碑》。

·欧·亚·历·史·文·化·文·库·

可知,东夫余是他称,而北夫余则是自称。所谓旧北夫余,是因北夫余即夫余已经灭亡,故云旧北夫余或旧夫余。还有,好太王攻占东夫余以后,派遣到该地的镇守官员是"北夫余守事"[1]。好太王任命年头娄为"北夫余守事"。这是以东夫余即北夫余的根据之一。

《好太王碑》中所说的"军到余城,而举国骇服"。这一余城,即北夫余王城,亦即夫余"初,居于鹿山"的夫余前期王城。这一看法的根据是:公元410年,高句丽好太王攻占东夫余城后,高句丽又沿用,成为高句丽北部边防重镇——夫余城。到公元668年,唐派"李勣等拔高丽(高句丽)扶余城"。在这一高句丽的夫余城条下,胡三省注云:"扶余国之故墟,故城存其名。"可证高句丽的夫余城,即"扶余国之故墟",亦即夫余前期的王城。

推定夫余前期王城在今吉林市龙潭山、龙潭山车站、东团山一带的根据是:这里是西团山文化(青铜时代文化)的遗迹、遗物分布最为密集、最丰富的地区。同时,这里还有汉代夫余和东晋以后高句丽时代的遗迹、遗物。今吉林市龙潭山、龙潭山车站、东团山一带,是长城以北,汉代文物最丰富的地区。从西团山文化和汉代文化分布的密集和丰富情况来看,这里当是古代经济文化的中心。在今吉林市龙潭山、东团山南部的帽儿山一带,已发掘出土大批汉代夫余人的木椁墓。这和夫余人死后"尸之国南山上",以及"有椁无棺"[2]的记载相符。今吉林泡子沿遗址的上层和榆树老河深中层墓葬出土的文物,即汉代夫余的遗物。把夫余前期王城推定在今吉林市龙潭山、龙潭山车站、东团山一带的根据,因为拙著中已有论述[3],不再赘述。

夫余在公元346年,"西徙近燕"后,夫余一分为二,一是以夫余前期王城为中心的夫余,即东夫余,二是西迁到今农安,以夫余后期王城为中心的夫余。公元410年,高句丽好太王攻占的是东夫余。公元494年,勿吉攻占的是西迁到今农安一带的夫余。《好太王碑》云:高句

〔1〕《集安县文物志》第125页,《冉牟墓墨书》。
〔2〕《三国志·魏书·东夷传·夫余》。
〔3〕李健才:《东北史地考略》第17-25页;《东北史地考略》(续集)第99-111页。

40

丽始祖邹牟"出自北夫余",而不说"出自东夫余",因为邹牟王时,夫余即北夫余还没有一分二,还没有东夫余之名,所以《好太王碑》云:邹牟王"出自北夫余"。《好太王碑》又云:好太王二十年(公元410年),攻占东夫余,而不是说攻占夫余或北夫余,因为好太王当时攻占的不是夫余的全部,而是夫余的一部分,即东夫余,并不包括西迁的夫余。由此可知,《好太王碑》所云:邹牟王"出自北夫余",公元410年攻占的是"东夫余",是非常确切可靠和符合历史实际的。

《三国史记》卷1和《三国遗事》卷1,皆云高句丽始祖东明(即邹牟、朱蒙)出自"东扶余"。但在《三国遗事》卷1"北扶余"条又云:"东明帝继北扶余而兴,立都于卒本川,为卒本扶余,即高句丽之始祖。"这都说明把东夫余看做北夫余的问题,二者是一个夫余。从这个意义上来说,说东明出于东夫余也不是错误,但从东夫余出现的年代来说,还是《好太王碑》所云,邹牟"出自北夫余"的记载更符合历史实际,更为可靠。

4.3 东夫余是不是在东海之滨或北沃沮的问题

有的认为东夫余是在东海之滨或北沃沮建立的,但论据并不可靠,其说难以令人信服。

主张东夫余在东海之滨者提出的论据是:《三国史记》卷1始祖东明圣王条:"扶余王解夫娄……其相阿兰弗曰,日者天降我曰,将使吾子孙立国于此,汝其避之。东海之滨有地,号曰迦叶原,土壤膏腴,宜五谷,可都也。阿兰弗遂劝王移都于彼,国号东扶余。"《三国遗事》卷1,纪异,"东扶余"条亦载:"北扶余王解夫娄之相阿兰弗,梦天帝降而谓曰:将使吾子孙立国于此,汝其避之。东海之滨,有地名迦叶原,土壤膏腴,宜立王都。阿兰弗劝王移都于彼,国号东扶余。"关于东夫余建国的神话传说,两者记载相同,唯一云夫余王解夫娄,一云北夫余王解夫娄。这也是夫余即北夫余,二者并无区别的明证。

·欧·亚·历·史·文·化·文·库·

笔者认为上述记载所说的东夫余,是在汉代,解夫娄王从北夫余即夫余,移都于东海之滨的迦叶原地方建立的,这是根据神话传说推定的。是"扶余王(或云北扶余王)解夫娄之相阿兰弗,梦天帝降"而说的话,不能以梦中所见天帝下凡而说的话当成史实,作为推定东夫余在东海之滨建国的根据。

也有的学者根据《晋书·慕容廆载记》的记载,认为东夫余是在西晋太康六年(公元285年),鲜卑慕容廆破夫余,"其王依虑自杀,子弟走保沃沮"时,在北沃沮建立的。[1] 笔者认为这是对原文的片面理解而作出的错误结论。请看原文是怎样记载的,《晋书·慕容廆载记》云:慕容廆"又率众东伐扶余,扶余王依虑自杀,廆夷其国城,驱万余人而归。东夷校尉何龛遣督护贾沉将迎立依虑之子(即依罗)为王,廆遣其将孙丁率骑邀之,沉力战,斩丁,遂复扶余之国"。《晋书·四夷传·夫余国》云:"至太康六年(公元285年),为慕容廆所袭破,其王依虑自杀,子弟走保沃沮。""明年(公元286年),夫余后王依罗(依虑之子)遣诣龛,求率见人还复旧国,仍请援。龛上列,遣督邮贾沉以兵送之,廆又要之於路,沉与战,大败,廆众退,[依]罗得复国。"这两处记载明确指出公元285年,夫余被慕容廆袭破后,"子弟走保沃沮",即逃到沃沮避难。但在第二年即公元286年,在西晋的援助下又迁回原地复国,而不是在北沃沮建立东夫余,在北沃沮也找不到东夫余国立足之地。

由上述可知,所谓在东海之滨的迦叶原地方或北沃沮之地,建立东夫余的根据,一是来自神话传说,一是来自后人对原记载的片面理解,并无可靠的根据。因此,在东海之滨或北沃沮一带,找不到东夫余在这里建国的记载,这里并不存在所谓的东夫余。

夫余在两汉时代,"其国殷富,自先世以来,未尝破坏"[2]。两汉时代,夫余周边各族还未发展壮大起来,还没有一种力量威胁到夫余迁都的问题。高句丽大武神王五年(公元22年),虽曾打败夫余,并杀其王

---

〔1〕〔日〕池内宏:《扶余考》,载《满鲜地理历史研究报告》第13册第90-95页;〔日〕岛田好:《东扶余的位置和高句丽的开国传说》,载《青立学丛》第16号,昭和九年(1934年)五月。

〔2〕《三国南·魏书·东夷传·夫余》裴注引《魏略》;《魏略辑本》。

带素,但并未灭其国。[1] 东汉时代,鲜卑檀石槐虽曾"东却夫余"[2],但并未威胁到夫余迁都的问题。在两汉时代,夫余也没有迁都的任何记载。东海之滨或北沃沮一带,在汉、魏时代,先后归汉代玄菟郡和乐浪郡东部都尉管辖。其后,这一带又被高句丽征服。沃沮因"其土迫小,介于大国之间,遂臣属句骊"[3]。高句丽从东明王到太祖王,先后统一了太白山南北,以及南、北沃沮,即今朝鲜东北部沿海和今延边一带,[4]在这里并无有关东夫余的记载。

高句丽闵中王四年(公元47年)秋九月,东海人高朱利献鲸鱼目。太祖王五十五年(公元107年)冬十月,东海谷守献朱豹。东川王十九年(公元245年)春三月,东海人献美女。这都说明汉、魏时代,东海之滨已归属高句丽,并不存在东夫余的问题。

曹魏正始六年(公元245年)毌丘俭遣玄菟太守王顾追击高句丽的东川王,当时的东川王先逃到南沃沮,后又逃到北沃沮,王顾率军追击"过沃沮千有余里,至肃慎氏南界"[5]。曹魏军在南、北沃沮追击东川王的过程中,并未见有早在解夫娄王时迁都到东海之滨的东夫余。《三国志·魏书·东夷传·挹娄》载:挹娄"南与北沃沮接",而不是南与东夫余接。《魏书·高句丽传》载:北魏时,高句丽"东至栅城",即北沃沮一带,而不是东至东夫余。从两汉到南北朝,东海之滨、南北沃沮一带,除前述神话传说和后人的误断外,并无东夫余的任何记载,这是在东海之滨、北沃沮一带,并不存在东夫余的明证。

有的以《好太王碑》中的东夫余,来肯定传说中的东夫余。但《好太王碑》中的东夫余,是指西迁夫余之东的夫余,即以夫余前期王城为中心的夫余,亦即北夫余。《好太王碑》中的东夫余和传说中的东夫余,两者不能混同。一是历史事实,具体存在于历史上;一是神话传说

---

〔1〕《三国史记》卷14,《高句丽本纪》二,大武神王五年条。

〔2〕《后汉书·鲜卑传》。

〔3〕《后汉书·东夷传·沃沮》。

〔4〕《三国史记》卷13-15,《高句丽本纪》一至三,从东明王到太祖王各条;《三国志·魏书·高句丽传》;《后汉书·东夷传·高句丽》;《后汉书·东夷传·沃沮》。

〔5〕《三国志·魏书·东夷传·沃沮》;《三国志·魏书·毌丘俭传》。

或后人的误断,实际并不存在。不辨明这一点,这无法正确理解文献记载的一些历史事实。证明《好太王碑》中的东夫余即北夫余和夫余的根据,除前述《新唐书·流鬼传》和《魏书·豆莫娄国传》外,还有在《三国史记》和《三国遗事》中,夫余王解夫娄、金蛙、带素,亦书北夫余王或东夫余王。邹牟(朱蒙、东明)有"出自北夫余"、"出于夫余"、"出自东扶余"的不同记载,这不是哪一记载正确与否的问题,也不是记载混乱的问题,而是北夫余、东夫余即夫余的问题。《三国史记》卷 1,始祖东明圣王十四年(公元前 24 年)秋八月条云:"王母柳花薨於东扶余。"同书十九年(公元前 19 年)夏四月条云:"王子类利自扶余与其母逃归。王喜之,立为太子。"都可证实东夫余即北夫余、夫余,三者是同一个夫余,而不是三个不同的夫余。即北夫余不是指在夫余北部,而是指在高句丽北部的夫余而说的,东夫余不是指在夫余的东部还有另一个夫余,而是指夫余即扶余西迁后出现的名称,即指以夫余前期王城为中心的夫余,因在西迁夫余之东,故称东夫余(东扶余),即指在夫余前期王城所在地的夫余。

有的学者认为《三国史记》和《三国遗事》"把北夫余、夫余、东夫余等与高句丽的关系,弄得非常模糊,所以对北夫余就抓不住头绪"[1]笔者认为不是《三国史记》和《三国遗事》把夫余、北夫余、东夫余"弄得非常模糊"和"抓不住头绪",而是有的没有正确理解文献所载北夫余、东夫余即夫余别称的问题。

---

〔1〕李云铎译、顾铭学校:《高句丽的起源》,载《东北亚历史与考古信息》1984 年第 4 期(译自朝鲜李址麟等执笔的《高句丽史研究》,1967 年)。

5 高句丽的都城和疆域

关于高句丽建都和迁都之地,中外史学界一般均认为初都纥升骨城(今辽宁省桓仁县五女山城),继迁都到国内(今吉林省集安县城)、尉那岩城,即后来的丸都城(今集安县城西北五里的山城子),最后又迁都到平壤。近年来,有人对上述殆已成定论的通说提出异议,是否如此,实有再度探讨的必要。

5.1 纥升骨城

关于高句丽建国立都之地,较为可靠的记载应当首推高句丽的《好太王碑》,其次是中国的《魏书·高句丽传》,此外还有朝鲜的《三国史记》等文献记载。

《好太王碑》云:邹牟(朱蒙)"出自北夫余","命驾巡车南下,路由夫余奄利大水","然后造渡,於沸流谷忽,本西城山上而建都焉"。

《魏书·高句丽传》云"高句丽者,出於夫余",后来"弃夫余,东南走,朱蒙遂至普述水","至纥升骨城,遂居焉。号曰高句丽,因以为氏焉"。

《三国史记》卷13,始祖东明圣王条则云:高句丽"出自东夫余","朱蒙行至毛屯谷(《魏书》云行至普述水)遇三人。……与之俱至卒本川(《魏书》云至纥升骨城)。观其土壤肥美,山河险固,遂欲都焉。而未遑作宫室,但结庐于沸流水上居之,国号高句丽,因以高为氏(一云朱蒙至卒本扶余,王无子,见朱蒙知非常人,以其女妻之。王薨,朱蒙嗣位)。时朱蒙年二十二岁。是汉孝元帝建昭二年、新罗始祖赫居世二十一年甲申岁也"。同书东明圣王四年(公元前34年)秋七月:"营作城廓宫室。"

　　根据上述记载，首先要搞清的问题是高句丽的始祖邹牟(朱蒙)出自北夫余、东夫余，还是夫余的问题；其次是高句丽初都之地的沸流水、忽本(卒本)、纥升骨城在当今何地的问题。

5.1.1　邹牟(朱蒙)"出自北夫余、出自东夫余"，还是"出于夫余"的问题

　　《好太王碑》中所说的"出自北夫余"，即《魏书·高句丽传》中所说的"出于夫余"，并不是在夫余之北还有北夫余。所谓北夫余是指高句丽人对其北方夫余的称呼，而不是在夫余之北又有北夫余。《三国史记》和《三国遗事》中所说的东夫余，是神话传说。不是历史事实，不足为据，因此，在文献记载中找不到它的地理位置。《好太王碑》中所说的东夫余，不是神话传说中的东夫余，而是指夫余，即在东晋永和二年(公元346年)"西徙近燕"[1]以前，原来居于鹿山一带的夫余。因其在"西徙近燕"以后的夫余之东，故称东夫余，以别于西徙后的夫余。这一"西徙近燕"以前的夫余亦称北夫余或东夫余。北夫余、东夫余即夫余的别称，这就是出现邹牟(朱蒙)"出自北夫余"、"出自东夫余"、"出于夫余"等不同记载的原因。关于这一问题，因拙著已经发表[2]，故不详述。

　　夫余"西徙近燕"以前的王城在鹿山，即今吉林市龙潭山和东团山一带，后迁到今农安[3]。从《好太王碑》的记载可知，邹牟建立的高句丽国在夫余的南方，即今吉林市以南。《魏书·高句丽传》则记为东南，当以《好太王碑》的记载为准。

5.1.2　沸流水、忽本(卒本)、纥升骨城在当今何地的问题

　　沸流水、忽本(卒本、卒本川、卒本州)，纥升骨城是高句丽建都之地，在夫余的南方，中外史学界一般均推定在今辽宁省桓仁县五女山城，这是符合文献记载和考古资料的。

〔1〕《资治通鉴》卷97，《晋纪》十九，东晋穆帝永和二年正月条。
〔2〕拙著《东北史地考略》第252页，第17－25页，吉林文史出版社1986年版。
〔3〕拙著《东北史地考略》第252页，第17－25页，吉林文史出版社1986年版。

沸流水为当今何水,众说不一,有当今集安的洞沟河[1]、今朝鲜大同江上游的成川江(在成川府西北)[2]、今辽宁省新宾县苏子河[3]、今浑河[4]、浑江[5]、富尔江[6]等说。史学界一般多取浑江说,也有少数取富尔江说者,而其他各说均为明显的错误,为史学界所不取。

笔者认为沸流水即今浑江支流的富尔江,富尔即沸流的音转。今浑江,史有明确记载,为盐难水[7],而不是沸流水。沸流水当今何水,是推定高句丽建都之地的重要根据。推定沸流水当今富尔江的根据除上述音同以外,还有下述四点根据。

第一,沸流水是由辽东郡(今辽阳市)和玄菟郡(第三玄菟郡,今沈阳市东北三十里的上柏官屯汉、魏古城)通往高句丽(今集安)的重要交通道,也是高句丽出入的重要通道。据《三国史记》卷14载:高句丽大武神王四年(公元21年)冬十二月,"王出师伐扶余,次沸流水上",从夫余的南部进攻。正始五年(公元244年),毌丘俭从玄菟出发东征高句丽时,高句丽东川王进军沸流水上迎击毌丘俭军,东川王在梁口(今通化市江口村,即富尔江入浑江处)大败,毌丘俭乘胜攻陷丸都[8]。由此可知,沸流水当在玄菟与丸都之间的交通道上。有的认为毌丘俭从诸道进攻高句丽,"句丽王宫将步骑二万人,进军沸流水上",并不一定向西进军。这一推论和实际并不相符。因为正始五年[9],进攻高句丽的主力军,是从西方玄菟郡出发的毌丘俭所率领的万人大军,而不是

〔1〕金毓黻:《东北通史》(社会科学战线杂志社翻印本),上编,第84页,《辑安乡土志》。
〔2〕《新增东国舆地胜览》卷54,成川都护府,建置沿革。
〔3〕《大韩疆域考》卷3,卒本考。
〔4〕王国维:《魏毌丘俭丸都山纪功石刻跋》,载《观堂集林》卷20。
〔5〕〔日〕池内宏:《洞沟》;见《〈中国历史地图集〉释文汇编(东北卷)》,第25-26页。
〔6〕〔日〕白鸟库吉:《丸都城及国内城》,载《史学杂志》第25编第4号、第5号。
〔7〕《汉书·地理志》玄菟郡、西盖马县注"马訾水,西北入盐难水,西南至西安平入海";杜佑:《通典》卷186,高句丽下:"马訾水,一名鸭绿水……经国内城南,又西与一水合,即盐难水也。二水合流,西南至西安平城入海。"
〔8〕《三国志》卷28,《魏志·毌丘俭传》。
〔9〕《文献通考》卷325,高句丽条"正始三年,位宫寇西安平,五年幽州刺史毌丘俭将万人出玄菟讨之,战于沸流水,位宫败走";《三国史记》卷17,东川王条,将毌丘俭进攻高句丽置于东川王二十年(公元246年)系正始五年(公元244年)之误。

其他路军,更不是正始六年(公元 245 年),向岭东不耐濊地进军的乐浪太守刘茂,带方太守弓遵这一路军。所以正始五年,高句丽东川王迎击的主要对象是毌丘俭军,而不是正始六年刘茂和弓遵所率领的军队。因此,沸流水必在从玄菟通往丸都(今集安)的通道上,而富尔江正在其间。从辽东、玄菟两郡沿今浑河东北行,然后再沿苏子河东进,到今新宾县旺清门,由此分南北两路(后来所说的高句丽的南北道),进入丸都。一路由今旺清门孤脚山高句丽山城,沿富尔江南下,到富尔江与浑江会合处,过浑江,然后沿新开河南下进入丸都,此即东晋咸康八年(公元 342 年),慕容皝进攻高句丽时的南道。另一条是从旺清门孤脚山高句丽山城东行,到通化县城(快大茂子),在县城的西南赤柏松屯有一座汉代古城,此即汉代上殷台县城故址,由此沿苇沙河、清河山谷地南行,越老岭,再沿洞沟河山谷地到集安(丸都),此即后来所说的高句丽的北道。从这两条道路附近分布的汉城、高句丽山城、高句丽墓葬情况可知,这两条通往集安的道路古今相同。

第二,富尔江下游有许多高句丽早期山城和墓葬。今富尔江下游有三座高句丽早期的山城。一是新宾县旺清门附近的孤脚山山城,在富尔江的西岸。二是新宾县响水河子乡转水湖山城,在富尔江左岸。三是新宾县红庙子乡四道沟黑沟山城,东距富尔江六里[1]。此外,在富尔江下游东岸,今桓仁县拐磨子乡还有西古城和东古城两座平原城,今已湮没,时代不明。从富尔江所处的地理位置和高句丽早期山城以及墓葬的分布情况来看,富尔江流域是高句丽时代来往的交通要道,兵家必争之地,也是从辽东、玄菟通往丸都的最近道路。这就是高句丽进攻夫余经过沸流水,和毌丘俭进攻高句丽在沸流水大战的原因。这是推定今富尔江为沸流水的可靠根据之一。

第三,沸流水在渌州(今吉林省浑江市临江镇)的西北。据《辽史·地理志》渌州条载:"正州本沸流王故地,国为公孙康所并,渤海置

---

[1]抚顺市博物馆、新宾县文化局:《辽宁省新宾县黑沟高句丽早期山城》,载《文物》1985 年第 2 期。

沸流郡,有沸流水,户五百,隶渌州,在西北三百八十里。"这一记载说明沸流水、沸流国、沸流郡在渌州西北,即今临江镇西北三四百里处。但今富尔江下游在今临江镇的西南,而不是西北三四百里处,从文献所载沸流水的方位可知,西北当为西南之误。据《三国史记》卷13,《高句丽本纪》,东明圣王元年、二年的记载可知,邹牟(朱蒙)建都之地和沸流国邻近,高句丽国在沸流水下游,沸流国在沸流水上游。沸流国王松让和高句丽国琉璃明王都说过"寡人僻在海隅"[1],因此,有的认为沸流国和高句丽当在沃沮,即今朝鲜东北临海之地。这一看法,和上述有关高句丽在夫余国南,以及沸流水的方位等记载并不相符。

第四,高句丽建都之地的沸流水在哪里?除依靠文献记载以外,更主要的还是要从考古资料来证实。高句丽建都之地,是高句丽经济文化的中心,较其他地方必有更多的高句丽的历史遗迹。据已发表的考古资料和亲自调查情况来看,在今鸭绿江上游,浑江、富尔江流域,高句丽的山城和墓葬最多,而高句丽墓葬最为密集的地方,还是在今桓仁[2]和集安[3]。从东部山区的自然地理环境来看,桓仁、集安是东部山区比较大的平原地带,有山、有水、有平原,自然环境在东部山区来说是比较优越的。从气候来看,集安较桓仁更为温暖。因此,以今桓仁、集安为高句丽建都和迁都之地,是符合文献记载和考古资料实际情况的。

《好太王碑》所说的在沸流谷忽本之西建立的山城,即《魏书·高句丽传》所说的纥升骨城。忽本亦书卒本、卒本川、卒本州。卒本即卒本夫余的所在地。据上述《三国史记》的记载"朱蒙至卒本扶余,王无子,见朱蒙知非常人,以其女妻之。王薨,朱蒙嗣位",卒本川当在今富尔江(即沸流水)口以西的桓仁水库和桓仁县城的平原地带。高句丽早期墓葬最为密集的地方是在今桓仁水库,因修水库,今已淹没。五女山城即纥升骨城,在今桓仁水库之西。其地理位置和《好太王碑》所说

---

[1]《三国史记》卷13,《高句丽本纪》,东明圣王元年和琉璃明王二十八年条。
[2]陈大为:《桓仁县考古调查发掘简报》,载《考古》1960年第1期。
[3]《集安县文物志》,第98-122页。

的"於沸流谷忽本西城山上而建都焉"的记载相符。

关于卒本当今何地的问题,从来就有不同看法。《三国遗事》卷1载:"高句丽即卒本扶余也。或云今和州,又成州等,皆误矣。卒本州在辽东界。"又同书卒本州注云:在"玄菟郡之界"。和州即今朝鲜咸镜南道的永兴,成州今朝鲜平安南道的成川。《三国遗事》认为卒本在辽东或玄菟郡之界。《三国史记》卷37,杂志第六,地理四亦云:"朱蒙所都纥升骨城、卒本看,盖汉玄菟郡之界。大辽国东京之西(当为东之误),汉志所谓玄菟属县高句丽是欤?"从高句丽早期山城和墓葬分布比较密集的地区来看,以今富尔江口以西三四十里处的桓仁之五女山城为高句丽建都之地是符合文献记载和考古资料的。近年来,辽宁省博物馆和桓仁县文物管理所的同志,通过对五女山城的发掘得知,五女山城不但出土过大量的辽、金文物,而且也出土过高句丽的陶器残片。从五女山城的出土文物、山城形制,及其附近数以千计的高句丽早期墓葬(今已大部被水库淹没)来看,中外史学界长期以来,以今桓仁五女山城为高句丽建都之地当属不误。

5.2　国内、尉那岩、丸都、平壤、长安

史学界一般均认为国内、尉那岩即高句丽第一次迁都之地,在今集安,也有的认为国内即不耐,在今朝鲜咸镜南道的永兴,尉那岩即其附近的山城。

5.2.1　国内、尉那岩在今集安

据《三国史记》卷13,琉璃明王二十一年春三月,由追寻逃猪,发现了国内、尉那岩之地,有人建议迁都于此。二十一年九月,"王如国内观地势"。二十二年(公元3年)冬十月,"王迁都于国内,筑尉那岩城"。国内、尉那岩的地名始见于公元2年,国内、尉那岩同在一地,即今集安。公元28年,辽东太守率兵进攻高句丽,大武神王"入尉那岩

城,固守数旬"[1],汉军没有攻下这座城,遂引军而退。据载,尉那岩城乃岩石之地,城内有泉水、鱼池,可知尉那岩城是山城。琉璃王二十二年(公元3年),从纥升骨城迁都国内,历425年(公元3年至427年)。长寿王十五年(公元427年),从国内迁都平壤。高句丽山上王二年(公元198年)春二月,"筑丸都城",十三年(公元209年)十月,"王移都于丸都"[2]。从此以后,不见尉那岩之名。《通典》卷186载"高句丽伊夷模更作新国于丸都山下",可知伊夷模即山上王[3],新国即丸都山城。国内、尉那岩和国内、丸都是公元3年到427年间的都城,一是平原城,即今集安县城的石城;一是山城,即今集安县城西北五里的山城子,山城内的泉水、鱼池今已干涸。在425年间,高句丽的王都有时书都国内[4],有时书都丸都[5],可知两者同在一地,即今集安,从今集安县城附近只有一座高句丽山城可知,新筑的丸都城即尉那岩城的新名。到故国原王十二年(公元342年)二月,为了防御前燕慕容皝的进攻,积极维修被毌丘俭军破坏的丸都城。在"修葺丸都城"的同时,"又筑国内城"。从此(公元342年)以后,才有国内城的城名,在此以前,只有国内的地名,而无国内城的记载。《三国史记》关于"孺留王(琉璃明王)二十二年移都国内城……都国内,历四百二十五年"的记载,当是后来(公元342年)"又筑国内城"以后的名称。

琉璃王二十二年,"王迁都于国内,筑尉那岩城",有的认为琉璃明王"迁都于国内,不筑国内城,去筑尉那岩城,就意味着当时国内已经有了城垣,而且很可能正是那个土城垣",即在今集安国内城基上发现的土筑城墙。1975年和1977年,集安县文物管理所在国内城南墙和北墙挖掘的三条探沟中,均在高句丽石墙的下部"发现一道坚硬的土垄。土垄宽7～8米,高1.7～2米,断面呈弓形,土质为泥沙黄褐土,更

---

〔1〕《三国史记》卷14,《高句丽本纪》二,大武神王十一年秋七月。

〔2〕《三国史记》卷16,《高句丽本纪》四,山上王。

〔3〕《三国史记》卷16,以伊夷模(山上王)当做故国川王男武,以位宫(东川王)当做山上王延优,均系误记,漏掉故国川王男武。

〔4〕《三国史记》卷37,杂志六,地理四。

〔5〕《新唐书》卷43下,《地理志》引贾耽《道里记》。

·欧·亚·历·史·文·化·文·库·

有少量卵石。从其坚硬程度看,似经过人工打夯,但不见夯窝"[1]。有的认为"国内城在以石垒筑之前,先有土筑城垣,土垣中出土有石斧、石刀、圆形石器,这些文物经过考古鉴定,应属战国时期,说明在高句丽建国前,这里已建成了土垣城墙,国内城是在土垣的基础上建起来的"[2]。有的认为从"又筑国内城"的记载来看,说明原来已有城,所以才说"又筑"。但是文献所说的"又筑",是指"修葺丸都城"的同时,"又筑国内城",不是说在原有城墙的基础上"修葺国内城",而是"又筑国内城"。过去在集安虽出土过战国刀币和汉五铢钱,以及汉代铁铧(现藏集安县博物馆),但还没有发现过汉代瓦片、陶片,因此,在国内城修筑以前,有无汉代古城,还有待商讨和考古资料的证实。从文献记载来看,在高句丽琉璃明王迁都到国内、尉那岩以前,只有国内和尉那岩的地名,而没有城名的出现;从考古资料来看,虽在集安县城石墙之下发现一段土墙,但这是汉代土城,还是国内城石墙内的城基,还有待商讨和研究。

5.2.2　国内城和不耐城

《翰苑》卷30,《高句丽》引《高丽记》云:"不耐城今名国内城,在国(指平壤)东北670里,本汉不而县也。《汉书·地理志》不而县属乐浪郡东部都尉治所,后汉省。"《三国史记》卷17,东川王二十年秋八月条引《括地志》云:"不耐城即国内城也。城累石为之。此即丸都山与国内城相接。"因此,有的认为国内城即不耐,不耐城即汉东部都尉治所,在单单大岭之东,史学界一般均认为不耐城在今朝鲜咸镜南道的永兴。上述二处记载均谓不耐城即国内城,但是这里所说的不耐城即国内城是在平壤东北670里的地方,是石城,而且与丸都邻近。丸都在今集安已成定论,则与丸都相接的国内城也在今集安,而不在单单大岭以东,即不在今朝鲜东部沿海一带的永兴。永兴在平壤东三四百里,集安在平壤东北670里的地方。唐里略小于今里,集安和"在国(平壤)东

---

〔1〕魏存城:《高句丽初、中期的都城》,载《北方文物》1985年第2期。
〔2〕《集安县文物志》,第64页。

北六百七十里"的记载相符。《翰苑·蕃夷记》引高句丽佚文云:"马訾水,高句丽一名淹水,今名鸭绿水,其国相传云,水源出东北靺鞨白山,色似鸭头,故名鸭绿水。去辽东五百里,经国内城南,又西与一水合,即盐难水也。二水合并至安平入海。"杜佑《通典》(卷186)高句丽亦云:"马訾水,一名鸭绿水……去辽东五百里,经国内城南,又西与一水合,即盐难水也。"《三国史记》卷37,杂志六,地理四亦云:"鸭绿北已降城十一,其一国内城。"这些记载明确指出马訾水即今鸭绿江,流经国内城南,国内城在鸭绿江北。这是国内城在今集安,而不是在今朝鲜咸镜南道永兴的明证。上述《翰苑》和《括地志》虽云不耐城即国内城,但是这里所说的不耐城的方位不是在单单大岭以东的汉代东部都尉治所的不而县(即不耐城)。汉代不耐城在今朝鲜的永兴,但是国内城绝不在永兴,而在今集安。从"自朱蒙立都纥升骨城,历四十年,孺留王(琉璃明王)二十二年移都国内城……都国内,历四百二十五年,长寿王十五年,移都平壤"[1]的记载,以及在集安的《好太王碑》等遗迹、遗物可知,国内城即今集安县城的石城,而不是汉代岭东七县之一的不而县(不耐城)。特别是《三国史记》载:高句丽太祖大王四年(公元56年)秋七月,"伐东沃沮,取其地为城邑,拓境至沧海,南至萨水"。这和《三国志·魏志·东夷传》东沃沮条所载:汉光武六年(公元30年),"不耐、华丽、沃沮诸县皆为侯国"。其后沃沮因国小,迫于大国之间,遂臣属句丽的史实相符。由此可知,高句丽在公元3年迁都到国内、尉那岩的53年以后,才将其势力扩展到东沃沮,即今朝鲜东北部沿海一带。从太祖大王四年(公元56年)才"拓镜东至沧海,南至萨水(今清川江)",以及东沃沮在光武六年(公元30年)以后,才臣属高句丽的记载可以证实公元前37年,高句丽建都之地卒本、纥升骨城和公元3年迁都之地的国内、尉那岩不在今朝鲜东北部沿海一带的咸兴和永兴,而是在沧海之西,萨水(今清川江)之北,正当今集安,而不是朝鲜的永兴。主张国内城在今朝鲜的永兴者提出的另一论据是,沸流国王松让和公

---

[1]《三国史记》卷37,杂志六,地理四。

元 3 年迁都到国内的高句丽琉璃明王都自称"寡人僻在海隅"[1]。因此,认为沸流国和高句丽最初建都之地当在东沃沮,即今朝鲜东北沿海一带。但这一看法,与上述《好太王碑》和文献所载高句丽在夫余之南,沸流水在今富尔江,以及国内城在今鸭绿江北岸的方位都不相符。特别是和公元 56 年高句丽才将其疆域扩展到东沃沮即今朝鲜东部沿海一带的史实不符。因此,所谓"寡人僻在海隅"的海不当是指今日本海,而应是指今黄海。从上述纥升骨城和国内城的方位来看,所谓"寡人僻在海隅"的海隅,当指今黄海的东北隅。

5.2.3　丸都城和国内城是否同在一地的问题?

有人认为国内城与丸都城不在一地,认为国内城即汉代的不而县(不耐城),在今朝鲜的永兴;丸都城在今集安县城西北五里的山城子。从前述文献记载可知,国内城在鸭绿江的北岸,即今集安县城的石城。丸都城也在今集安,即今集安县城西北五里的山城子。《新唐书》卷 43 下,《地理志》引贾耽《道里记》云:自泊汋口(今丹东市东北安平古城东的蝷河河口)"又泝流五百里,至丸都县城,故高丽王都,又北泝流二百里,至神州"。从今蝷河口泝流而上五百里,正当今集安,这是高句丽王都丸都在今集安的可靠证明。由此可知,国内城和丸都城都在今集安,一为平原城,即今集安县城的石头城;一为山城,即县城西北五里的山城子。又据《北史·高句丽传》云:都平壤城,"其外复有国内城及汉城,亦别都也。其国中呼为三京"。这里提到国内城而不是今朝鲜永兴的不耐城为高句丽三京之一。《三国志·魏志·东夷传》高句丽条谓:高句丽"都于丸都之下",而《三国史记》只书"都国内,历四百二十五年",而不书丸都,这些都说明高句丽中期王都包括国内城和丸都城,两者都是王城的组成部分,一为平原城,一为山城,同在今集安。

5.2.4　关于平壤城和长安城的问题

《三国史记》卷 17,《高句丽本纪》五,东川王二十一年(公元 247 年),"春二月,王以丸都城经乱不可复都,筑平壤城。移民及庙社。平

---

[1]《三国史记》卷 13,《高句丽本纪》,东明圣王元年和琉璃明王二十八条。

壤者本仙人王俭之宅也,或云王之都王险"。所谓"丸都城经乱不可复都",是指公元245年—246年,毌丘俭破丸都城而言。

对公元247年"筑平壤城"和"平壤者本仙人王俭之宅也"的记载,有的认为不可信。理由是认为今平壤在东川王时还不是高句丽的领土,认为筑平壤城当在公元313年,高句丽攻占乐浪郡以后,而迁都当是在长寿王十五年(公元427年)。

东川王二十一年(公元247年),"筑平壤城"。这一平壤不在今平壤是可以肯定的,因为公元247年时,今平壤还不是高句丽的辖境,这里还没有平壤的地名。从高句丽"都国内,历四百二十五年"[1]的记载来看,公元247年所筑的平壤城正是高句丽都国内的时期。在国内先后筑有尉那岩城、丸都城、平壤城、国内城。因此,公元247年所筑的平壤城当在国内,即今集安,而不是今平壤。美川王三年(公元302年)秋九月:"王率兵三万侵玄菟,虏获八千人,移之平壤。"此平壤即今集安。不能因为公元247年所筑的平壤城不在今平壤,便认为这一记载不可信,否定它的存在。因为历史上由于都城郡县的变动迁移,名同地异的例子很多。如美川王侵占乐浪郡(公元313年)、带方郡(公元314年)以后,为了南攻百济,西防慕容燕,在南方建立根据地,并为迁都作准备,所以在故国原王四年(公元334年),又"增筑平壤城"。所谓增筑,就是在公元247年,在国内筑平壤城以外,又在原乐浪郡地附近增筑一座平壤城,在今平壤。到故国原王十二年(公元342年),为了加强防御前燕慕容皝的入侵,"春二月,修葺丸都城,又筑国内城。秋八月,移居丸都城"。同年冬十月,前燕慕容皝进攻高句丽的丸都城,"烧其宫室,毁丸都城而还"。十三年(公元343年)秋七月,"移居平壤东黄城,城在今西京木觅山中"。高丽(王建高丽)时代的西京即今平壤。由此可知,公元334年增筑的平壤城和公元343年移居的平壤城指今平壤,而不是今集安。所谓移居不是迁都,而是充实加强平壤城的防御力量,为迁都作准备。又从故国原王四十一年(公元371年)冬十月

---

[1]《三国史记》卷37,杂志六,地理四,高句丽。

55

"百济王率兵三万来攻平壤城,王出师拒之,为流矢所中"[1]的记载也可以证实,故国原王时代的平壤指今平壤,而不是指今集安。特别是《好太王碑》所记,好太王九年(己亥年,公元399年)"王巡下平壤"的史实,可以证实有两个平壤的问题。从南下北上可以推知,所谓"下平壤"即南平壤,而上平壤即北平壤,今平壤和集安正是南北相对。又从"王巡下平壤"可知,当时的"平壤"即今平壤还不是高句丽的都城。到长寿王十五年(公元427年),才正式从国内迁都到平壤,即迁到今平壤东方的大城山城及其山脚下的安鹤宫址[2]。此即平壤东的黄城,亦即西京木觅山中的都城。到高句丽阳原王八年(公元552年),又"建都长安",到平原王二十八年(公元586年),又迁到长安城,在今平壤市内,即今大同江和普通江所环绕的地区。迁都长安城后,安鹤宫依然存在,平壤城和长安城均在今平壤市。所以公元586年,虽迁都长安城,但其后的高句丽都城仍名平壤。

由上述可知,公元247年所筑的平壤城和公元334年增筑的平壤城不在一地,是同名异地。明确这一点,才能明确王险城和乐浪郡在哪里的问题。公元247年所筑的平壤城在国内,即今集安,是高句丽的中期都城,是玄菟郡辖境[3],不可能是王险城或乐浪郡的所在地。《三国史记》的编者对公元247年修筑的平壤城和公元334年增筑的平壤城并没有搞清。既云平壤城在西京,即今平壤,又云"平壤城似今西京"和"不可知其然否"[4],特别是把王险城推定在公元247年所筑的平壤城更是明显的错误。

〔1〕《三国史记》卷18,《高句丽本纪》六,故国原王。
〔2〕〔日〕永岛晖臣慎著,刘力译:《高句丽的都城和建筑》,载《东北亚历史与考古信息》1986年第1期。原文载日本《难波宫址研究》1981年3月第7期。
〔3〕《汉书·地理志》下,玄菟郡,西盖马县下注。
〔4〕《三国史记》卷37,杂志六,地理四,高句丽。

5.3　高句丽的疆域

5.3.1　汉、魏时代的高句丽疆域

　　《三国志·魏志·东夷传》高句丽条云:"高句丽,在辽东之东千里,南与朝鲜、涉貊,东与沃沮,北与夫余接。都于丸都之下,方可二千里,户三万。多深山大谷,无原泽,随山谷以为居,食涧水,无良田,虽力佃作,不足以实口腹。"这是汉、魏时代高句丽的疆域。辽东即今辽阳,当时高句丽的王都在今集安,汉代的千里约当今七百里,从今辽阳到集安正当七百里之数。两汉之际,中原多事,战乱不已,高句丽乘机向外扩张。如《三国史记》载:高句丽东明王二年(公元前 36 年),沸流国王来降。六年(公元前 32 年),伐太白山东南荇人国,取其地为城邑。十年(公元前 28 年),灭北沃沮,以其地为城邑。此事不见于中国文献记载,朱蒙建国初,能否到达这一带,值得研究。琉璃明王三十三年(公元 14 年)秋八月,西灭梁貊,并进兵袭取汉高句丽县。大武神王五年(公元 22 年),杀夫余王而未能灭其国。大武神王九年(公元 26 年),王征盖马国,以其地为郡县。大武神王二十年(公元 31 年),袭乐浪。太祖王四年(公元 56 年),伐东沃沮,取其地为城邑,拓境至沧海,南至萨水(今清川江)。沃沮在高句丽东,故亦称东沃沮,东沃沮又分南沃沮和北沃沮。因此,太祖王四年攻占东沃沮之地,包括北沃沮。太祖王四十六年(公元 98 年)春三月,王东巡栅城(北沃沮)。从东明王到太祖王(公元前 36 年到公元 56 年),东征西讨的结果,先后统一了沸流(今富尔江上游)、荇人(太白山东南)、梁貊(今太子河上游)、盖马国(今朝鲜狼林山脉之西)、东沃沮(今朝鲜咸镜南道的成咸兴)、栅城(今珲春县沙齐城)等地。高句丽征服邻近各部以后,又不断向辽东、玄菟二郡进攻,安帝即位之年(公元 107 年),玄菟郡被迫内迁到辽东郡境内。后汉安帝时,今苏子河和浑河上游已属于高句丽的势力范围,到达夫余的南界。

　　高句丽的建国初,仅占据浑江、鸭绿江中游一带。后汉时,其疆域

扩大,北至夫余南界,今浑河上游一带,东至沃沮,南至萨水(今清川江),西至第二玄菟郡(今辽宁省新宾县永陵镇汉代古城)一带。

高句丽的疆域在后汉时,大为扩张。然从后汉末到曹魏和两晋时期,连遭袭击,国土日蹙。后汉末,公孙氏雄踞辽东,乘高句丽王伊夷模(山上王)与其兄拔奇争夺王位之际,"建安中,公孙康出军击之,破其国,焚烧邑落"[1]。沸流水故地为公孙康所并,高句丽的版图缩小。曹魏正始中,幽州刺史毌丘俭,督诸军步骑万人出玄菟(第三玄菟,今沈阳市东二十里的上柏官屯汉、魏古城),从诸道大举进攻高句丽,高句丽东川王战败,单将妻子逃窜到买沟。"俭遣玄菟太守王颀追之,过沃沮千有余里,至肃慎氏南界,刻石纪功;刊丸都之山,铭不耐之城。"[2]1906年,在集安小板岔岭发现毌丘俭丸都山纪功石刻。这里所说的不耐城,不是在今集安的国内城,而是汉代不而县。毌丘俭的这次远征,获得巨大的胜利,高句丽遭到巨大的打击,势力一度中衰,领地较后汉时大为缩小。当正始六年(公元245年),王颀追击东川王时,"乐浪太守刘茂,带方太守弓遵,以岭东濊属句丽,兴师伐之,不耐侯等举邑降。其八年(公元247年),诣阙朝贡,诏更拜不耐濊王,居处杂在民间,四时诣郡朝谒。二郡有军征赋调,供给役使,遇之如民"[3],说明高句丽东部沿海地区的不耐濊地,已为曹魏征服。后来,曹魏忙于和南方吴、蜀争衡,沃沮、不耐濊等地又被高句丽夺回。

5.3.2 两晋、南北朝时期的高句丽疆域

到高句丽故国原王时,西方慕容燕兴起,公元339年(故国原王九年),慕容皝进攻高句丽,兵及新城(今抚顺市高尔山城),故国原王乞盟乃还。高句丽为了加强防御,在故国原王十二年(公元342年)春二月,"修葺丸都城,又巩国内城。秋八月,移居丸都城"。同年十一月,慕容皝从高句丽的南北道进攻高句丽,"烧其宫室,毁丸都城而还"[4]。

[1]《三国志·魏书·东夷传·高句丽》。
[2]《三国志·魏书·毌丘俭传》。
[3]《三国志·魏书·东夷传》濊条。
[4]《三国史记》卷18,《高句丽本纪》六,故国原王。

经过这次战争,高句丽的势力日趋衰落。公元400年,"燕王盛自将兵三万袭之,以骠骑大将军熙为前锋,拔新城、南苏二城,开境七百余里,徙五千余户而还"[1]。这时,新城、南苏(今新宾县上夹河乡五龙村山城)等地,即今浑河上游、苏子河下游一带已归后燕占据。

东晋时,中原战乱不已,高句丽北方的夫余也日趋衰落,高句丽乘这有利时机,便以全力和慕容燕争夺辽东、玄菟(第三玄菟郡)两郡。到东晋安帝义熙元年(公元405年),高句丽尽得辽东、玄菟两郡之地[2]。在"辽东、玄菟等数十城,皆置官司以相统摄"[3]。高句丽与慕容燕争夺辽东、玄菟两郡地获胜以后,到高句丽好太王二十年,即公元410年,便以全力进攻东夫余(夫余),占领了东夫余即夫余的大片领土[4]。从《魏书·高句丽传》载:长寿王时,高句丽"北至旧夫余",可知,好太王和长寿王时,高句丽的北界已到达夫余内地。

4世纪后半期,高句丽与百济之间,经过公元369年在百济的雉壤城和公元371年在平壤的两次战争,高句丽已将其势力推进到今大同江一带。4世纪末,好太王攻占了百济许多村镇,进逼百济首都汉城(今朝鲜京畿道广州)。高句丽长寿王十五年(公元427年),迁都到平壤。公元475年,长寿王时,攻陷了百济首都汉城,将其势力推进到汉江以南一带。

百济在公元前18年,定都于慰礼城(今北汉山一带),公元前5年,迁到汉江以南的汉城(今朝鲜京畿道广州),公元475年,又迁都到熊津(今朝鲜忠清南道的公州),公元480年间,汉城一直是百济的首都。公元538年,百济又迁都到泗沘(今朝鲜锦江口)。

总之,高句丽建国后,逐渐向四邻扩张,后汉时,领土大为扩张,地方两千里,户三万。后汉末,魏、晋时,军事失利,高句丽王都先后经公孙康、毌丘俭、慕容皝的攻陷,三次被毁,高句丽西部版图大为缩小,而

---

〔1〕《资治通鉴》卷111,安帝隆安四年二月丙申条。
〔2〕《资治通鉴》卷114,《晋纪》七三六,安帝义熙元年正月戊申条。
〔3〕《周书》卷49,《高句丽传》。
〔4〕《好太王碑》。

·欧·亚·历·史·文·化·文·库·

南部则略有扩大。东晋、南北朝时期,乘中原战乱,夫余衰落之机,占领了辽河以东和夫余的大片领土。同时,好太王和长寿王不断向南进攻百济,将其势力扩展到汉城以南一带。公元435年,北魏世祖派李敖册高句丽长寿王为"都督辽海诸军事,征东将军,领护东夷中郎将,辽东郡开国公高句丽王",并访知当时高句丽的疆域四至是"辽东南一千余里,东至栅城,南至小海,北至旧夫余,民户三倍于前魏时,其地东西二千里,南北一千余里"[1]。这里没有谈到高句丽的西界,从高句丽已占据辽东、玄菟二郡,并在"辽东、玄菟等数十城,皆置官司以相统摄"的记载,以及辽河以东分布的高句丽古城[2]来看,其西界当为今辽河。从唐代高丽[3]修筑的东北从夫余,西南到海千余里的长城[4],以及在辽河以西,迄未发现高句丽古城的情况来看,从东晋安帝义熙元年(公元405年),直到唐灭高丽以前,高句丽的西部边界一直在辽河以东,并没有大的变动。

---

〔1〕《魏书·高句丽传》;《三国史记》卷18,长寿王二十三年六月。
〔2〕拙著《东北地区中部的边岗和延边长城》,载《辽海文物学刊》1987年第1期。
〔3〕据《北史·高句丽传》载:北魏宣武帝正始中(公元504—508年)始称高句丽为高丽。
〔4〕拙著《东北地区中部的边岗和延边长城》,载《辽海文物学刊》1987年第1期。

6　关于高句丽南北道的探讨

高句丽的南北道,是中、外史学界有争论和有待进一步探讨的问题。早在 50 到 70 年以前,日本学者箭内亘[1]、津田左右吉[2]、今西春秋等[3],都发表过专题论文。其后,中、朝学者在有关著作中也提出过自己的看法,虽然和日本学者的看法略有不同,但大同小异[4]。综合各家所论,可以概括为两种看法:

(1)认为南道从今沈阳出发[5],沿今浑河、苏子河,经通化到集安。北道有的认为自开原沿清河东行,经辉发河上游[6],有的认为自辽阳(辽东郡)沿浑河东北行到辉发河上游[7],自辉发河上游向东南行,两者一致认为经通化到集安。

(2)认为高句丽的南北道都从今辽阳出发,上述南道正是北道,而南道沿今太子河溯流而上,经新宾、通化到集安[8]。

以上两说都是根据文献记载提出的,缺乏实地考古调查资料的证

---

〔1〕〔日〕白鸟库吉监修:《满洲历史地理》第 1 卷,第 347－356 页。

〔2〕〔日〕津田左右吉:《安东都护府考》附录一《关于高句丽时期,新城、木底及南苏城》,载《满鲜地理历史研究报告》第 1 册,1915 年;《民族译文集》13,第 234－238 页,1985 年。

〔3〕〔日〕今西春秋著、高洁等译:《高句丽的南北道和南苏、木底》,载《民族译文集》13,第 217－226 页,1985 年。原文见《青丘学丛》第 22 号(1935 年 10 月)。

〔4〕金毓黻:《东北通史》上编,第 140 页(社会科学战线杂志社翻印本);朝鲜民主主义人民共和国社会科学院考古研究所编、李云铎译:《朝鲜考古学概要》,第 187－188 页,黑龙江省文物出版编辑室,1983 年内部发行。

〔5〕其以今沈阳为第三玄菟郡所在,实际应在今沈阳市东 30 里的上柏官屯汉、魏古城。

〔6〕〔日〕白鸟库吉监修:《满洲历史地理》第 1 卷,第 347－356 页。

〔7〕〔日〕津田左右吉:《安东都护府考》附录一《关于高句丽时期,新城、木底及南苏城》,载《满鲜地理历史研究报告》第 1 册,1915 年;《民族译文集》13,第 234－238 页,1985 年。

〔8〕〔日〕白鸟库吉监修:《满洲历史地理》第 1 卷,第 347－356 页;〔日〕津田左右吉:《安东都护府考》附录一《关于高句丽时期,新城、木底及南苏城》,见《满鲜地理历史研究报告》第 1 册,1915 年。

·欧·亚·历·史·文·化·文·库·

实,不能指出一条符合实际的令人信服的古道来。

此外,还有的学者认为高句丽的南北道,是从今集安通往浑江的两条道路,南道从今集安出发,经麻线沟越老岭,沿双岔河、新开河西北行到浑江,北道从今集安出发,越老岭,沿苇沙河到浑江[1]。笔者认为这两条道路,仅是高句丽南北道的一部分,而非全部。

高句丽的南北道应是从丸都(今集安)通往新城和玄菟郡的两条主要道路,既不是从辽东(今辽阳)或玄菟(今沈阳市东30里的上柏官屯汉、魏古城)分,也不是从南陕、北置分,而是从今新宾县旺清门到集安的南北两条道路。

6.1　高句丽的南北道是从丸都通往新城
和玄菟郡的两条道路

《资治通鉴》卷97,成康八年(公元342年)冬十月:前燕慕容皝"将击高句丽。高句丽有二道,其北道平阔,南道险狭,众欲从北道"。《晋书·慕容皝载记》记此事于咸康七年(按:当以八年为是),将南道记为南陕,北道记为北置。《晋书》云:慕容皝"率劲卒四万,入自南陕",以及"遣长史王寓等勒众万五千,从北置而进"。即《通鉴》所说的"皝自将劲兵四万出南道,以慕容翰、慕容霸为前锋;别遣长史王寓等将兵万五千出北道,以伐高句丽"。由此可知,南陕即南道,北置即北道。《通鉴》所说的"其北道平阔,南道险狭",是对"南陕"、"北置"原义的正确解释。北置即北道平阔,南陕即南道险狭的略写或简称。《通鉴》胡注云"北道从北置而进;南道从南陕入木底城",以南陕、北置为地名,是南、北道的起点,和正文原义不符。在其他文献中并不见南陕、北置的地名,故不可取。有人从其说,认为高句丽的南北道,应从南陕、北置分,当为误解。

《通鉴》所说的"高句丽有二道",是指咸康八年高句丽辖境内的南

---

〔1〕《集安县文物志》,第53-55页。

北两条道路。咸康八年以前,高句丽的势力虽已到达今抚顺市浑江一带,但辽、沈一带还没有被高句丽占据,还不在高句丽辖境内。当时高句丽西部的边防重镇是新城[1],即今抚顺市浑江北岸的高尔山城。高句丽和前燕、后燕争夺辽东、玄菟二郡,完全占有这两郡,还是在东晋安帝义熙元年(公元405年)的事情[2]。因此,咸康八年所说的高句丽的南北道,不可能在当时高句丽辖境外的辽东郡或玄菟郡求之。据《旧唐书·高丽传》载:唐朝将领李勣说:"新城是高丽西境镇城,最为要害,若不先图,余城未易可下。"由此可知,新城是高丽(高句丽)西部的边防要塞,是从辽东、玄菟进入高句丽境内的西大门。前燕慕容皝[3]、后燕慕容盛[4],以及隋、唐进攻高句丽(高丽)时[5],都在新城等地经过激烈的战斗获胜以后,才能长驱直入丸都。所以高句丽的南北道,是通往新城的重要交通道,同时也是通往玄菟郡(今沈阳市东30里的上柏官屯汉、魏古城)的重要交通道。高句丽建国后,归汉代玄菟郡管辖,"汉时赐鼓吹技人,常从玄菟郡受朝服、衣帻,高句丽令主其名籍。后稍骄恣,不复诣郡"[6]。玄菟郡在公元107年前后西迁以后[7],高句丽王(太祖王)在东汉安帝永初元年(公元111年),虽然仍"遣使贡献,求属玄菟"[8],但同时,又不断进攻玄菟、辽东等地。因此,高句丽和玄菟的关系密切,高句丽的进贡和进攻,主要通往或指向玄菟郡。

关于公元107年西迁后的玄菟郡当今何地的问题,目前主要有两

〔1〕《资治通鉴》卷96,成帝咸康五年(339年)九月:"皝击高句丽,兵及新城。"胡三省注:"新城,高句丽之西鄙,西南傍山,东北接南苏、木底等城。"

〔2〕《资治通鉴》卷114,安帝义熙元年(405年)正月戊申条。

〔3〕《资治通鉴》卷96,咸康五年(339年)九月条:"(慕容)皝击高句丽,兵及新城。"

〔4〕《资治通鉴》卷111,安帝隆安四年(400年)二月条:"燕王盛自将兵三万袭之,以骠骑大将军熙为前锋,拔新城、南苏二城。"

〔5〕《资治通鉴》卷182,隋大业九年四月,隋征高丽,"(王)仁恭进军至新城"。《新唐书》卷220,《东夷传·高丽》:贞观二十一年三月,李勣"率营州都督兵,由新城道以进,次南苏、木底";同上书,乾封二年正月,"(李)勣引道次新城"。

〔6〕《三国志》卷30,《魏书·高句丽》。

〔7〕《后汉书》卷23,《郡国志》玄菟郡条,刘昭注引《东观书》:"安帝即位之年(107年),分三县(即高显、候城、辽阳)来属。"

〔8〕《后汉书》卷85,《东夷传·高句丽》。

种说法,一是认为在今沈阳市东 30 里的上柏官屯汉、魏古城。二是认为在今抚顺市劳动公园的汉代古城。笔者同意前说,因陈连开同志已发表论文[1],不再详述,仅补充以下两点:第一,据《三国志·吴书·孙权传》裴注引《吴书》的记载,公元 107 年西迁后的玄菟郡,"在辽东北,相去二百里"。从辽东郡(今辽阳)到玄菟郡,是汉、魏时代通行的大道,所载这段道路的里程是推定玄菟郡所在地的可靠根据。汉、魏时代的 200 里,约当今 140 里,今辽阳北 140 里,正当今沈阳市东 30 里的上柏官屯汉、魏古城。而抚顺市内的劳动公园汉代古城,距今辽阳当今 200 里,约当汉、魏时代的 280 里,和"玄菟郡在辽东北,相去二百里",当今 140 里的记载不符。第二,新城为高句丽西部的边防重镇,在今抚顺市浑河北岸 4 里的山上,即高尔山城。而劳动公园汉代古城则在抚顺市浑河南岸 3 里的山上。两座山城隔浑江南北相对。玄菟郡是控制东方高句丽的军事重镇,而新城则是高句丽西部的边防重镇,两座军事重镇同在今抚顺市内,而且相距仅为 7 里之近,这是不可能的。

6.2 新城、南苏、木底等城是在高句丽的南道还是在北道的问题

中、外史学界对此有不同看法,有的学者认为是南道[2],有的学者认为是北道[3]。认为是南道者,便将北道推定在这条道路以北的从辉发河上游东南行,经柳河、通化到集安这条道路。认为是北道者,便将南道推定在这条道路以南的太子河流域。

从辽、沈地区通往集安各条公路沿线上的汉、魏古城、古墓,和高句丽古城、古墓的分布情况来看(详后述),笔者认为浑河、苏子河沿岸的新城、南苏、木底这条道路,既不是南道,也不是北道,而是从辽东郡或

〔1〕陈连开:《唐代辽东若干地名考释》,载《社会科学辑刊》1981 年第 3 期。
〔2〕〔日〕白鸟库吉监修:《满洲历史地理》第 1 卷,第 347－356 页。
〔3〕〔日〕津田左右吉:《安东都护考》附录一《关于高句丽时期,新城、木底及南苏城》,载《满鲜地理历史研究报告》第 1 册,1915 年;〔日〕今西春秋著、高洁等译:《高句丽的南北道和南苏、木底》,载《民族译文集》13,第 217－226 页,1985 年。

玄菟郡进入高句丽南北道以前的一段必经之路。这就是如前所述,前燕慕容皝、后燕慕容盛、隋朝王仁恭、唐朝李勣等进攻高句丽(高丽)时,为什么都经过新城、南苏、木底等城进入高句丽的原因。

认为新城、南苏、木底是南道者,提出的根据是:既然前燕慕容皝和高句丽王钊(故国原王)都是南道军队的统帅,慕容皝的前锋军"(慕容)翰与钊战于木底"[1],慕容皝"入自南陕,战于木底"[2],则木底当在南道上。但事实恐非如此。第一,慕容皝的前锋军"(慕容)翰与钊战于木底",并不能说明木底在南道上,因为高句丽王钊所率领的军队,准备从南道堵截决不能等到前燕慕容皝所率领的南路军进入南道以后,才进行抵抗,而是在慕容皝军进入当时高句丽西部边境的新城、南苏、木底以后就进行抵抗,而燕军只有在这里打败高句丽军以后,才能长驱直入丸都。所以,慕容皝从南道进军,高句丽王钊由南路防御,二军战于木底,并不能证明木底在南道上。第二,《魏书·高句丽传》载:"建国四年(公元341年,按:实为咸康八年),慕容元真(慕容皝,字元真)率众伐之,入自南陕,战于木底,大破钊军,乘胜长驱,直入丸都。"单从"入自南陕,战于木底"来看,木底当在南道上。但细读《资治通鉴》卷97,咸康八年十一月"慕容翰等先至,与钊合战,皝以大众继之",可知,慕容皝、慕容翰两军的先遣军在进入高句丽南北道之前,与高句丽军在高句丽西部边防城已进行了战斗,并不是进入南道以后,战于木底。《晋书·慕容皝载记》:慕容皝"入自南陕,以伐宇文、高句丽"。伐宇文决不能从南陕即南道进入。因此,不能孤立地从"入自南陕,战于木底"这一不确切的记载来推定木底在南道上。隋、唐军队进攻高句丽时,也经过木底等城,但都没有记载木底在南道上。据《隋书·炀帝纪》大业八年正月条载,隋军进攻高句丽的各路中有南苏道、玄菟道、辽东道等。又《新唐书·高丽传》载:贞观二十一年(公元647年),唐将李勣"率营州都督兵,由新城道以进,次南苏、木底"。《旧唐

---

〔1〕《晋书》卷109,《慕容皝载记》。
〔2〕《魏书》卷100,《高句丽传》。

书·张俭传》载:唐军进攻高丽(高句丽)时,"诏俭率兵自新城路邀击之"。新城在今抚顺市浑河北岸的高尔山城,木底在今新宾县西木奇镇,南苏在新城之东[1]、木底之西[2],正当今新宾县西北上夹河乡五龙村的高句丽山城[3]。新城、南苏、木底地处浑河、苏子河流域,是东晋和隋、唐时代,从辽东或玄菟进入高句丽南北道以前必经之路,经过这三座城镇后进入丸都。

其次是认为木底在南道者说,木底在今苏子河沿岸,"苏子河两岸山势险狭,仅有一路可通,与南道险狭,或南陕之语相合"[4]。这一说法,和实际情况并不相符。因为高句丽地处东都山区,"多大山深谷"[5],"山险而路隘"[6],通往丸都(今集安)的道路,多是沿河流的峡谷地带,很少有平坦宽阔的大道。所谓"北道平阔,南道险狭",是相对而说的。据 1983 年和 1987 年的实地考察,沿苏子河两岸的道路在东部山区来说,还是比较平坦易行,并不险狭,因此,把木底推定在险狭的南道,和实际情况并不相符。

将苏子河流域推定为南道者,便将北道推定在苏子河以北之地,即由开原沿清河东行到辉发河上游,或由辽阳沿浑河东北行到辉发河上游,然后由辉发河上游(今柳河)的海龙山城镇即北山城子等地东南行,经柳河、通化到集安这条道路。但这条道路,一是去高句丽的丸都城绕道较远,二是高句丽的古城、遗址、墓葬较少,难以连成一线,求出一条令人信服的古道来,三是这道路通过的地区今海龙、柳河一带,在东晋咸康八年以前,还不在高句丽的辖境内,而是夫余的辖境,高句丽

---

〔1〕《资治通鉴》卷 182,隋大业九年四月条,新城条下胡三省注云"新城在南苏城之西";同上书卷 96,东晋成帝咸康五年冬,新城条下胡三省注云"东北接南苏、木底等城";〔唐〕张楚金撰:《翰苑》卷 30,高丽条雍公睿注引《高丽记》:南苏城"在新城北七十里山上也"。从唐军进攻高丽的路线,和现有高句丽古城的方位来看,当以南苏在新城之东的记载为是。

〔2〕《资治通鉴》卷 114,东晋安帝义熙二年(406 年)二月条,胡三省注:"木底城在南苏之东。"

〔3〕关于南苏城的位置,中外史学界众说纷纭,日本今西春秋推定在今浑河和苏子河汇流处附近的铁背山或萨尔浒山,但这是明清之际的"界藩城"和"萨尔浒山城",而不是高句丽山城。

〔4〕〔日〕白鸟库吉监修:《满洲历史地理》第 1 卷,第 347–356 页。

〔5〕《三国志·魏书·高句丽传》。

〔6〕《三国史记》卷 16,新大王八年冬十一月条。

占据这一地区,还是在东晋穆帝永和二年(公元346年),夫余"为百济(当为前燕之误)所侵,部落衰散,西徙近燕"[1]以后的事。因此,它不可能是高句丽的北道。

把苏子河流域推定北道者,便把南道推定在从辽阳出发,沿太子河东行,经新宾或桓仁到集安这条路线[2]。如前所述,当时辽阳还不在高句丽辖境内,高句丽的南北道不可能从辽阳分为南北道。其次是这条道路去高句丽丸都城(今集安)绕道较远,而且多山谷地带,从辽阳去丸都不会舍近求远,舍易求难。又从这条道路上高句丽古城、古墓较少的情况来看,它也不可能是高句丽主要交通道之一的南道。

6.3 哪两条道路是高句丽的南北道?

从东部山川地理形势、交通路线、文物古迹的分布情况来看,从今辽、沈通往集安的道路,自古至今不外以下三条:

一是从辽阳或沈阳出发,沿浑河、苏子河到新宾县永陵镇、旺清门,由旺清门分为南北两路。南路,沿富尔江南下,过浑江,再沿新开河东南行,越老岭沿麻线沟到集安。北路,从旺清门沿河流北行转东行到通化县城(快大茂子),然后南行过浑江,沿苇沙河、清河山谷地南行,越老岭以后,再沿通沟河山谷地到集安。

二是从辽阳出发,沿太子河山谷地东行,经新宾或桓仁到集安。

三是从沈阳出发,沿浑河东北行,到辉发河上游(今柳河)山城镇,由此东南行,经柳河、通化到集安。

高句丽的南北道,无疑应从以上三条道路中求之。但哪两条道路是高句丽的南北道? 这主要看哪两条道路是通往集安比较近而易行,哪两条道路上的高句丽古城、古墓葬比较多,就能明显地证明是一条令

---

〔1〕《资治通鉴》卷97,东晋穆帝永和二年正月条。

〔2〕〔日〕津田左右吉:《安东都护府考》附录一《关于高句丽时期,新城、木底及南苏城》,载《满鲜地理历史研究报告》第1册,1915年;〔日〕今西春秋著、高洁等译:《高句丽的南北道和南苏、木底》,载《民族译文集》13,第217—226页,1985年。

人信服的古道。

笔者于 1983 年和 1987 年亲自实地调查,以及据已发表的考古调查、发掘资料,可知上述第二、三条道路,一是绕道较远,二是高句丽古城、古墓较少,而第一条道路中的南北两条道路,一是从辽、沈地区去集安较近而易行,二是汉代古城、古墓和高句丽的古城、古墓较多,城站相连,可以肯定是一条古道。因此,以第一条道路中的南北两条道路,推定为高句丽的南北道,比推定在第二、三两条道路更符合考古资料的实际。

现将第一条道路上的汉代和高句丽古城、古遗址、古墓葬的分布情况简述如下。

从辽阳北行 120 里到沈阳,由沈阳沿浑河南岸东北行 30 里到上柏官屯汉、魏时代的古城(第三玄菟郡址),古城附近有汉、魏时代的墓群[1]。从上柏官屯古城东行五六十里到抚顺市高尔山城(新城),抚顺市东西浑河沿岸一带,汉代和高句丽的墓葬较多[2]。从高尔山城(新城)沿苏子河东行,到新宾县上夹河乡五龙村山城(高句丽山城),此即南苏城。由此沿苏子河东行约二三十里到木奇镇(木底城)。由木奇镇东行约二三十里到下房子汉城,今已无城址,有灰色绳纹瓦。由下房子东行约二三十里到永陵镇汉代古城(第二玄菟郡址)[3]。由永陵镇沿苏子河东行约 50 里,到白旗堡汉代古城(在新宾县城东 10 里,苏子河南岸),城内有汉瓦、卷云纹瓦当、汉五铢钱。又东行 45 里到新宾县旺清门附近的孤脚山上的高句丽山城。旺清门孤脚山城,在富尔江和旺清河汇流处,地处南北交通的要冲,由此分南北两路到集安。

南路:由旺清门孤脚山高句丽山城出发,顺富尔江南下,20 里到新宾县响水河子乡转水湖山城(高句丽山城,在富尔江左岸)。又南行约 50 里到新宾县红庙子乡四道沟黑沟山城(周长 3 里),这是高句丽的早

〔1〕沈阳市文物工作组:《沈阳伯官屯汉、魏墓葬》,载《考古》1964 年第 11 期。

〔2〕抚顺市博物馆:《辽宁抚顺县刘尔屯西汉墓》,载《考古》1983 年第 11 期;王增新:《辽宁抚顺市前屯、洼浑木高句丽墓发掘简报》,载《考古》1964 年第 10 期。

〔3〕徐家国:《汉玄菟郡二迁址考略》,载《社会科学辑刊》1984 年第 3 期。

期山城,东距富尔江6里,南距聚流河4里[1]。又东南行约50里到桓仁县拐磨子乡西古城和东古城,两城皆在富尔江东岸的平原上,今城址不清,时代不明。它是从桓仁通往通化这条公路上的一个驿站。从富尔江流域的三座高句丽早期山城可知,富尔江山谷地带,是高句丽时代来往的交通要道,是去集安(丸都)最近的道路。沿富尔江又东南行约50里到通化县两江口,即富尔江和浑江汇合处的江口村,这里有高句丽古墓群。三国魏正始中,毌丘俭率军出玄菟征讨高句丽,高句丽进军沸流水(今富尔江)上,大战梁(梁音渴)口之地,当即今江口村一带[2]。从江口村过浑江到集安县财源乡霸王朝高句丽山城,山城周长为1260米,在县城西北200里处,新开河口右岸,是沿新开河这条道路上的咽喉,也是通往集安这条道路上的第一道重要关口[3]。由霸王朝山城沿新开河山谷地南行20里到财源乡,这里有高句丽古墓群。又东南行20里到花甸乡,这里有高句丽古墓群[4]。由花甸乡沿新开河山谷地东行到台上乡,由台上乡沿新开河山谷地南行到荒崴子,这里有高句丽古墓群。由荒崴子沿新开河南行到三家子水库,这里有著名的望波岭关隘。这一关隘在新开河峡谷中,峡谷宽不及百米,通道在半山腰。关隘系石筑城墙,残高1.50米~2.50米,全长750米,现已被三家子水库淹没一部分。据1987年的实地考古调查得知,在通往集安各条道路的险要处,都有石筑关隘以扼通道,而望波岭关隘是各路现存关隘中最大、最险要的一处。这里形势险要,距集安县城一百余里,是通往丸都的第二道关口。在望波岭南山坡上,残存十余座高句丽积石墓,并出土过许多铁马镫、铁箭头等[5]。从望波岭关隘沿新开河上源(双岔河)山谷地南行到天沟门,1963年修公路时,在天沟门发现了大量的铁

〔1〕抚顺市博物馆、新宾县文化局:《辽宁省新宾县黑沟高句丽早期山城》,载《文物》1985年第2期。

〔2〕吉林省文物管理委员会:《吉林通化市江口村和东江村考古发掘简报》,载《考古》1960年第7期;参见中央民族学院编:《〈中国历史地图集〉东北地区资料汇编》,第31页。

〔3〕方起东:《吉林辑安高句丽霸王朝山城》,载《考古》1964年第2期;《集安县文物志》,第69-71页。

〔4〕《集安县文物志》,第55页。

〔5〕《集安县文物志》,第76-78页。

矛、铁箭头、马镫、四齿兵器、铁刀等[1]。由天沟门沿双岔河到双岔乡，这里有高句丽墓群。由双岔乡沿双岔河山谷地东南行过老岭，这一段山谷地，山高路狭，最为险要难行。过老岭后，又沿麻线河上游东行到小板岔。光绪三十二年（公元1906年）筑路时，在小板岔西北天沟山坡上（小板岔岭）发现了曹魏毌丘俭丸都山纪功石刻（残）[2]，这是研究高句丽历史和南北道的重要资料，这一石刻的发现，明确了毌丘俭的进军路线。由小板岔沿麻线沟东行约4里到石庙子乡，这里有高句丽墓群。由石庙子乡沿麻线沟河东南行约2里到二道阳岔，从这里沿山谷地东北行，越过山岭即到丸都山城。从二道阳岔到丸都山城这一段山道，通道险狭，仅能行人。从"毌丘俭追至赜岘，悬车束马，登丸都山"[3]的记载可知，赜岘当在丸都山附近的石庙子乡，这里不但较为宽阔，而且距丸都山城也不远。由此经二道阳岔到丸都山城不能通车，只能步行，必须在这里"悬车束马，登丸都山"。有的把赜岘推定在石庙子乡西四里的小板岔村，或石庙子乡东南2里的二道阳岔，据1987年的实地调查，小板岔和二道阳岔地方狭小，难以容纳大批车马，故把赜岘推定在较为宽阔的石庙子乡较为实际。上述这条道路现在虽然不是主要公路，但仍是县级公路，当为"南道险狭"的高句丽南道。

由旺清门孤脚山高句丽山城沿河流山谷地北行转东行20里到通化县三棵榆树乡石庙沟南有土城，今已无。又东行到英额布乡，在乡北小倒木沟附近有高句丽山城。又沿河流山谷地东行到通化县城（快大茂子）。在县城西南赤柏松屯附近有汉代古城，周长约2里，此城建在山坡上，在山城内地表上散布着许多汉代灰色绳纹板瓦。由赤柏松汉城南下，经大都岭（有高句丽墓群）、繁荣（旧名高丽墓子，有高句丽墓群）到江沿村（有高句丽墓）。由通化江沿村过浑江，然后沿集安县境内的苇沙河南下，经头道、清河、大川等地，都有高句丽墓群。在这条道路上，也有两道关卡，即大川哨卡和关马墙。大川哨卡在清河乡东南四

〔1〕《集安县文物志》，第54页。
〔2〕《集安县文物志》，第91－93页。
〔3〕《北史》卷94，《高句丽传》。

里,大川村后山(北山),周长 153 米,是从北方控制敌人入侵丸都城的第一道重要小城堡。在大川哨卡的东南热闹乡上围子村南,清河(北流入大苇沙河)左岸,通(化)、集(安)公路两侧,有三道石筑城墙,即关马墙。城墙均修筑在高山深谷中通道的两侧,确有"一夫当关,万夫莫开"的险要形势,是从丸都北百里处,防御敌人入侵的第二道关口。由关马墙沿清河南下,过老岭,然后又沿通沟河山谷地(有大量的高句丽古墓群)南下到集安(丸都城)。上述从旺清门经通化到集安的这条古道,至今仍是主要公路,虽然也多沿山谷地而行,但较上述南道还是比较易行的,因此,它当为"北道平阔"的高句丽北道。

上述南北两条道路,从集安出发分南北两路,到旺清门合二而一,沿苏子河西行通往辽沈地区。因此,苏子河沿岸的交通线,是高句丽南北道出入必经之地。上述第一条道路中的南北两道,是从集安到辽沈地区的最近道路,其他道路不但绕道较远,而且多深山峡谷,难于通行。其次是在上述第一条道路中的南北两条道路上,每隔 20 到 50 里都有汉代和高句丽的古城、古墓群,可谓城站相连,是其他道路所没有的。尤其是在这两条道路上,距集安(丸都)北百余里的峡谷险要处,都设有城堡和关隘,是防御敌人入侵的第一、二道关口。从上述道路上分布的汉代和高句丽古城、古墓群来看,可以肯定这是一条古道。

据日本稻叶岩吉著《兴京二道河子旧老城》一书中所收录的《申忠一书启及图录》可知,万历二十四年(公元 1596 年),朝鲜宣祖王派申忠一出使建州女真到努尔哈赤居地虎拦哈达(今新宾县旧老城)时的路线,从满浦过鸭绿江到集安,由集安西北行,沿新开河西北行过浑江到富尔江口,然后再沿富尔江北行到旺清门,最后沿苏子河西行,经白旗堡到旧老城。可见直到明代,从集安到新宾县旧老城仍是走这条古道。

上述第一条道路及其中的南北两道,既是现在的公路干线,也是一条古道。高句丽时代,从丸都通往新城和玄菟郡的两条主要道路,即南北两道,不会舍近求远,舍易求难而走上述第二、三条道路。把高句丽的南北道,推定在上述第一条道路中的南北两道,比推定在第二、三条道路,更符合文献记载和考古资料的实际。

·欧·亚·历·史·文·化·文·库·

7　唐代高丽长城和夫余城

　　唐代高丽(高句丽)西部的千里长城,东北自夫余(一书夫余城)起,但其东北端的具体地址当今何地,因无考古调查资料,还不清楚。高句丽北部的边防重镇夫余城当今何地,虽有所指,但史学界还有争论。搞清这两个问题,对于了解唐代高丽的西部和北部边界具有重要意义。

7.1　唐代高丽长城东北端起自何地?

　　唐代高丽西部的千里长城即今东北中部松辽平原地区的边岗遗迹,因过去已发表了两篇论文[1],不再重述,这里仅对高丽长城(今边岗遗迹)的东北端起自何地的问题,根据实地调查情况简述如下。

　　在东北中部平原地区的边岗遗迹,有的同志在 1971 年 10 月和 1983 年 5 月,对吉林省怀德县境内的边岗进行过两次实地踏查[2],基本搞清了怀德县境内的这一段边岗(长城)情况。但从怀德县境再往东北延伸到何处,尚未搞清。过去一般认为唐代高丽长城"东北自扶余城"[3]即自今农安起,但这只是根据文献记载的推定,并没有考古调查资料的证实。

　　笔者为了搞清边岗(高丽长城)的东北端起自何地的问题,首先根据比较详细的地图,摸清了农安、德惠两县境内所有以边岗命名的地

---

　　[1]拙著《东北地区中部的边岗和延边长城》,载《辽海文物学刊》1987 年第 1 期;王健群:《高句丽千里长城》,载《博物馆研究》1987 年第 3 期。

　　[2]《怀德县文物志》,第 106 - 107 页。

　　[3]《旧唐书·高丽传》;《三国史记》卷 20,《高句丽本纪》八;《新唐书·高丽传》则记为"东北首扶余"而无"城"字。

名,并将地图上这些以边岗屯命名的地名,和怀德境内的边岗相连,恰好连成东北、西南走向的一条边线,在这条边线以外,绝无边岗屯的地名。笔者根据这一线索,在 1988 年 4 月末和 1989 年 10 月初,先后和王业钧、庞治国、刘安平等同志对农安县龙王乡北 10 余里的边岗屯、德惠县和平乡西 20 里的西边岗屯、腰边岗屯、东边岗屯,以及从德惠县边岗乡的东、西边岗屯往西南沿边岗线到郭家乡东 5 公里的曹家屯一带进行了调查访问。根据从边岗乡的东、西边岗屯到郭家乡曹家屯这一段长约 20 公里的实地调查结果证实,在地图上边岗屯与边岗屯之间连成一线,和实际边岗线相差无几。最后,在 1989 年 10 月 12 日,到德惠县松花江乡老边岗屯进行了调查。另外,在农安县前岗乡北 4 公里的于家村老边岗屯,据有的同志调查,也有过边岗遗迹,今已不见,其附近仅有一处辽、金遗址[1]。

笔者经过两次调查访问得知,凡有以边岗命名的地方,均有过边岗(长城)遗迹。这些边岗遗迹,绝大部分今已不见,有的地段早已成为边岗道。现在连边岗道也因改道而夷为平地,今已不见任何遗迹,仅留有边岗的地名。当地老年人大多数都看见过边岗道,都说通往怀德。现在只有个别地方还能看到断断续续的小土包。如 1989 年 10 月 11 日,在德惠县和平乡西 10 公里的西边岗屯调查时,在屯南的耕地里还能看到已成慢坡形的小土包。据当地 85 岁的杨玉田老人说,每隔三四华里就有一个较高的土包。据实地调查,在西边岗屯东北三四华里的腰边岗屯有一土包,在腰边岗屯东北三四华里的东边岗屯也有一个小土包,这三个小土包都在从东北到西南走向的这一条线上,当地群众称之为烽火台。在各边岗屯调查时,仅在这里还能看到边墙的部分遗迹。在其他边岗屯调查访问时,据当地老住户六七十岁以上的老人说,他们在年幼时已不见边墙遗迹,大部分边墙已改成边岗道,成为西南通往怀德的大车道,故称为边岗道。现在连边岗道也因改道而早已不见,只有当地老年人还能指出原来边岗道的位置和走向。根据德惠县郭家乡东

〔1〕《农安县文物志》,第 340 页,1985 年 5 月,邹世魁同志曾到前岗乡老边岗屯进行过调查。

東北亚史地论集

5公里的曹家屯当地老住户68岁的李树成老人说,曹家屯这一段边岗道在40年前还比较高,后因改道,原边岗道早已开垦为耕地,今已不见任何遗迹。在老人的指引下,在个别地方还能隐约看出一道慢岗。1988年4月29日,到德惠县边岗乡的东、西边岗屯调查访问时,当地66岁的苏廷发老人说,过去拖拉机在边岗道翻地时,看到边岗道上的土不是自然的松土,都是较硬的蒜瓣土,而边岗道两侧则都是松土。1973年到1975年,这段边岗道已开垦为耕地,在西边岗屯西边的烧锅屯就是建筑在边岗道上。1989年10月12日,到德惠县松花江乡的老边岗屯进行调查,这里早已不见边墙遗迹。据农民说,在屯内挖菜窖时,曾挖出过铁锅(当地群众称之为高丽锅,当即金代的六耳铁锅)、铁铧、大青砖、石臼等物。据屯内老户76岁的王兆祥老人说,在老边岗屯南有一土岗。我们和当地老人来到屯南这一外表如同自然形成的土岗调查,当地群众都说,在挖地时,这土岗上的土都是黄褐色的蒜瓣土,两边都是松土。现在已经很难看出边墙遗迹,这里是通往农安的边岗道。松花江乡老边岗屯是边岗东北端最后的一个以边岗命名的地名。再往东北行七八公里即今第二松花江,江北无边岗地名。由此可知,边岗的东北端,即唐代高丽长城的东北端,当起自第二松花江南岸。搞清唐代高丽长城的东北端起自何地的问题,不但有助于了解唐代高丽的西部边界问题,而且对考证夫余和夫余城的方位也是有帮助的。

7.2 唐代高丽的夫余城在哪里?

关于唐代高丽的夫余城在哪里的问题,日本学者发表了许多论文,众说纷纭,约有四说:在今佟佳江(今浑江)下游,古卒本夫余之地[1];在今朝鲜咸镜南道咸兴[2];在今农安[3];在今昌图四面城[4]。前两

〔1〕〔日〕和田清:《东亚史研究》(满洲篇),第22-54页。
〔2〕〔日〕和田清:《东亚史研究》(满洲篇),第22-54页。
〔3〕〔日〕和田清:《东亚史研究》(满洲篇),第22-54页。
〔4〕〔日〕和田清:《东亚史研究》(满洲篇),第22-54页。

74

说,和田清已撰文批驳[1]。推定唐代高丽夫余城方位的关键在于唐军进攻高丽的路线和金山的位置。但文献所载唐军的进攻路线和金山的方位并不明确,难以确定,因而其所推定的唐军进军路线和金山的方位都是作者主观推定的,和后述文献记载以及考古资料并不相符。

从唐代高丽长城"东北自扶余城,西南至海,千有余里"[2],以及"东北首扶余,西南属之海"[3]的记载来看,在对高丽长城(今边岗)的东北端起自何地的问题没有调查清楚以前,笔者也曾误认为高丽的夫余城在今农安[4]。通过调查访问,搞清了高丽长城(今边岗)从今农安东二十公里处的德惠县境内通过,而且还明确了唐代高丽长城"东北自扶余城"的夫余城,不是指高丽的夫余城,而当是指在今农安的夫余后期王城故城。

第一,据《辽史·地理志》东京道龙州黄龙府和通州两条的记载可知,辽代黄龙府在今农安,保宁七年(公元 975 年)一度西南迁到通州(今四平市一面城)。开泰九年(公元 1020 年),又向东北迁回原地,即今农安城。辽代初期和后期的黄龙府在今农安,即渤海的夫余城和夫余后期王城。通过调查得知,农安城在今边岗以西,即高丽长城之外,高丽北部边防重镇的夫余城绝不可能在高丽长城之外。所以高丽的夫余城不可能在今农安。

第二,《辽史·地理志》东京道载,辽代前期黄龙府即渤海的夫余府和夫余后期王城,但并没有记载是高丽(高句丽)的夫余城。特别是从今农安城在边岗之外,以及农安及其周围并没有发现高丽(高句丽)遗物来看,可以推知辽代黄龙府并不是高丽的夫余城。因此,《三国史记》卷 37,地理志引贾耽《古今郡国志》关于渤海夫余府为"高丽旧地"的记载,当指渤海夫余府的一部分,而不是全部。又据《魏书·高句丽传》载:"夫余为勿吉所逐。"北魏太和十八年(高句丽文咨明王三年,公

---

〔1〕〔日〕和田清:《东亚史研究》(满洲篇),第 22 - 54 页。

〔2〕《旧唐书·高丽传》;《三国史记》卷 20:"(高句丽)荣留王十四年(631 年)春二月,王动众筑长城……凡一十六年毕功。"

〔3〕《新唐书·高丽传》。

〔4〕拙著《东北地区中部的边岗和延边长城》,载《辽海文物学刊》1987 年第 1 期。

元494年),夫余王率妻孥逃亡到高句丽[1],夫余遂亡。由此可知,夫余最后为勿吉所逐,夫余后期王城(今农安)当为勿吉所攻占,而不是被高句丽攻占。因此,把高丽的夫余城推定在今农安,和考古资料以及文献记载并不相符。

关于高丽长城东北起自夫余城[2],还是夫余[3]的问题,通过对边岗东北端的调查,在搞清了边岗即高丽长城的走向和东北端的位置以后,进而明确了高丽西部长城东北起自夫余的记载是正确的。

关于昌图四面城是不是高丽夫余城的问题。四面城在今昌图老城镇北40里、二十家子北二道河支流之北,为一周长2华里的小型辽、金古城,并无高句丽和渤海遗物。同时,四面城在高丽之西,而不是在高丽之北,在高丽长城的中部,而不是在其东北端。这和文献所载高丽夫余城在高丽之北、为高丽北部边防重镇,以及在高丽长城的东北端不符。

文献记载的夫余城。即夫余王城。夫余王城有二,一为初居鹿山的夫余王城;一为"西徙近燕"以后的夫余王城。高句丽的夫余城即被高句丽占据的夫余前期王城,亦即初居鹿山的夫余王城,此外并没有所谓夫余城。

第一,高丽(即高句丽)的夫余城,即《三国史记》卷37,地理志所说的"鸭渌水以北未降十一城"中的"北扶余城州",亦即集安《牟头娄墓志》中所说的好太王时代"教遣令北扶余守 事 "[4]的北夫余城。这一北夫余城即在高句丽北部的夫余前期王城,而不是"西徙近燕"以后,在今农安的夫余后期王城。今农安城在边岗以西即高丽长城边外的事实说明,夫余后期王城并没有被高句丽占据。同时,在公元410年,即好太王二十年,好太王大举进攻夫余,并占领了夫余的大片领土

〔1〕《三国史记》卷19,《高句丽本纪》第七。
〔2〕《旧唐书·高丽传》:高丽长城"东北自扶余城"。
〔3〕《新唐书·高丽传》:高丽长城"东北自扶余"。
〔4〕〔日〕武田幸男著、刘力译:《牟头娄一族与高句丽王权》,载《东北亚历史与考古信息》1986年第4期。

和许多城镇以后，夫余并没有灭亡。北魏高宗太安三年（公元457年），还有"于阗、扶余等五十余国各遣使朝献"[1]的记载。后来，"夫余为勿吉所逐"[2]，北魏太和十八年（公元494年），夫余王率妻孥逃亡到高句丽[3]，夫余遂亡。说明夫余后期王城（今农安）不是被高句丽占据，而是被勿吉（后称靺鞨）占据。高句丽在公元410年前后占据的是夫余前期王城，即初居鹿山的王城，这一王城即北夫余城。

第二，《好太王碑》云：好太王"廿年庚戌，东夫余旧是邹牟王属民，中叛不贡，王躬率往讨，军到余城，而余举国骇服。""凡所攻破城六十四，村一千四百。"碑文中所说的东夫余，既不是神话传说中在东海之滨迦叶原地方建立的东夫余[4]，也不是如有人所说的在西晋太康六年（公元285年），慕容廆破夫余，"其王依虑自杀，子弟走保沃沮"[5]时在北沃沮建立的所谓东夫余[6]。因为第二年即公元286年，夫余后王依罗在西晋的援救下，打败慕容廆军，又"还复旧国"。同时，在东海之滨的北沃沮之地，并不存在所谓东夫余的文献记载。因此，这两个所谓东夫余一是来自神话传说，一是来自后人的主观推测，实际上并不存在。《好太王碑》中所说的东夫余，是指在"西徙近燕"以后的夫余之东，故称之为东夫余。此即初居鹿山的夫余，因为它在高句丽之北，故又称北夫余。从高句丽"出自北扶余"[7]、"出于夫余"[8]、"出自东夫余"[9]的不同记载可知，不是哪一记载正确与不正确的问题，而是夫余即北夫余、东夫余的问题。《好太王碑》中的"余城"即东夫余城，亦即"初，居于鹿山"[10]的夫余前期王城。好太王在公元410年，占领东夫

〔1〕《魏书》卷5，《北魏高宗文成帝纪》，太安三年十二月。

〔2〕《魏书·高句丽传》。

〔3〕《三国史记》卷19，《高句丽本纪》第七，文咨明王三年二月。

〔4〕《三国遗事》卷1，《东扶余》。

〔5〕《晋书》卷97，《四夷传·夫余》。

〔6〕〔日〕池内宏：《夫余考》，载《满鲜地理历史研究报告》第13册；〔日〕岛田好：《东扶余的位置和高句丽的开国传说》，载《青丘学丛》第16号，昭和九年（1934年）五月。

〔7〕《好太王碑》，《牟头娄墓志》。

〔8〕《魏书·高句丽传》；《魏书·百济传》。

〔9〕《三国史记》卷13，《高句丽本纪》第一，始祖东明圣王；《三国遗事》卷1，《高句丽》。

〔10〕《资治通鉴》卷97，《晋纪》十九，东晋穆帝永和二年正月。

余的大片领土和城镇以后,便派官前往镇守,此即《牟头娄墓志》中所说的好太王时代"教遣令北夫余守 事 "的问题。好太王打败东夫余,派遣的官员为什么不是东夫余守事,而是北夫余守事呢? 这也是东夫余即北夫余亦即夫余的明证。关于夫余即北夫余亦即东夫余的问题,因笔者已有专文论述[1],不再详述。《好太王碑》中的"余城"即东夫余城,亦即"初,居于鹿山"的夫余前期王城。据《资治通鉴》卷97[2]和《好太王碑》的记载可知,夫余前期王城最晚当在高句丽好太王时代已被高句丽占领,成为高句丽防御勿吉即后来的靺鞨南下的北部边防重镇夫余城。南北朝时,勿吉在高句丽之北部,与高句丽为邻,延兴(公元471—476年)中,曾攻陷"高句丽十落",太和(公元477—499年)初,密谋联合百济夹攻高句丽,由于北魏的劝阻而未能实现[3]。勿吉后称靺鞨,隋、唐时代居住在高句丽的北部,其中的粟末部"与高丽接,依粟末水以居"[4]。粟末水即今第二松花江,居住在这一带的粟末靺鞨经常和高句丽发生战争,高丽的夫余城就是防御靺鞨南下的军事重镇。唐乾封三年(公元668年)二月壬午:唐派薛仁贵进攻高丽夫余城,"杀获万余人,遂拔扶余城,扶余川中四十余城,皆望风请服"[5]。高丽泉男建"复遣兵五万人,救夫余城,与李勣等遇于薛贺水,合战大破之,斩获三万余人"[6]。从唐与高丽在争夺夫余城的战斗中投入的兵力和杀获人数,可以推知高丽夫余城在战略上的重要地位。

第三,高丽扶余城在粟末靺鞨的东南,与粟末靺鞨相接。《太平寰宇记》卷71,燕州(武德元年改辽西郡为燕州)条引隋《北番风俗记》云:"初,开皇中,粟末靺鞨与高丽战,不胜,有厥稽部渠长突地稽者,率忽使来部、窟突始部、悦稽蒙部、越羽部、步护赖部、破奚部、步步括利

---

〔1〕拙著《东北史地考略》,第25-32页。
〔2〕《资治通鉴》卷97,东晋穆帝永和二年(346年)正月:"初,夫余居于鹿山,为百济所侵,部落衰散,西徙近燕。"
〔3〕《魏书·勿吉传》。
〔4〕《新唐书·黑水靺鞨传》。
〔5〕《资治通鉴》卷201;《新唐书·高丽传》。
〔6〕《资治通鉴》卷201;《新唐书·高丽传》。

部,凡八部,胜兵数千人,自扶余城西北举部落向关内附,处之柳城。"突地稽后因从征有功,大业年间,"拜辽西太守,封扶余侯"[1]。从封扶余侯可知,原居夫余故地。隋文帝开皇时期(公元581—604年)的粟米鞑鞨部在高丽夫余城的西北,而高丽的夫余城则在粟末鞑鞨的东南,这是推定高丽夫余城的重要而可靠的根据。粟末鞑鞨"依粟末水以居",即居住在今第二松花江流域。"鞑鞨在高丽之北……与高丽相接,胜兵数千,多骁武,每寇高丽"[2],即经常和其邻近的高丽发生战争。在今吉林市西北第二松花江(粟末水)北岸的永吉县乌拉街镇杨屯大海猛[3]和榆树县大坡乡后岗大队老河深村、农安县北部松花江南岸[4],均发掘出唐初渤海前期的粟末鞑鞨的墓群和文化遗物。从粟末鞑鞨墓群的分布及其居住"在高丽之北"、在粟末水(今第二松花江)和在夫余城的西北与高丽相接并经常与高丽发生战争等记载来看,把高丽的夫余城推定在今吉林市龙潭山高句丽山城比推定在上述其他四处城址更符合上述文献记载和下述考古资料的实际。

第四,吉林市龙潭山高句丽山城当为高句丽北部的边防重镇——夫余城。

在今吉林市龙潭山南麓的龙潭山车站和东团山东南麓的南城子附近,都出土过较多的汉代遗物,而龙潭山山城、东团山山城和九站南山城城内则均出土过较多的高句丽样式的红色绳纹板瓦块。出土汉代文物比较集中的地区是龙潭山车站附近,而不是东团山附近。从龙潭山到东团山之间约5华里的铁道两侧,出土的汉代文物有:五铢钱、白铜镜残片、三角形铜镞、玉饰、耳饰、带有"长"字的瓦当残片、陶耳环、陶灶、陶甄、印有五铢钱和王莽货泉花纹的陶片、鹿头骨、鹿角。此外,还

---

[1]《册府元龟》卷970,外臣部。

[2]《隋书·鞑鞨传》。

[3]吉林市博物馆编:《吉林史迹》,第20-22页,吉林人民出版社1984年出版。

[4]吉林省文物考古研究所编:《榆树老河深》,第120页,文物出版社1987年出版;《农安县文物志》,第60-67页。

出土大量的绳纹陶片等[1]。从这一地区的山川地理形势和出土的文物来看,以龙潭山车站为中心的平原地区当为初居鹿山的夫余前期王城所在地[2]。在龙潭山车站以北的龙潭山山城,及其南面的东团山山城,当为其卫城。也有人认为东团山东南麓的南城子为夫余前期王城[3],但东团山仅为高出地面50余米的小山,而且东团山山城(周长1里)、南城子(周长2里)[4],都比较小,以其为夫余王城(今龙潭山车站附近)的卫城,较之为王城更符合实际。龙潭山高出地面约100余米,其上为周长2396米的黄土和碎石混筑的较大山城。东团山山城在龙潭山山城之南稍偏西约5华里,紧临松花江的东岸。九站南山城,即三道岭子山城,在龙潭山山城的西北20余华里的松花江西岸。在这三座山城内部都出土过高句丽的红色绳纹板瓦[5]。这三座高句丽山城,以龙潭山山城最为高大雄伟。当为夫余前期王城所在地的鹿山,而东团山山城和九站南山城(三道岭子山城)则为较小的山城[6],分扼松花江上下游的要隘处,当为龙潭山山城的卫城。从上述文献所载高句丽的扶余城在粟末靺鞨东南的方位来看,以龙潭山山城为中心的高句丽山城,当为高句丽北部边防重镇的夫余城,亦即北夫余。从龙潭山山城的南麓和东团山山城的东南麓出土的汉代文物来看,龙潭山山城是否始建于高句丽值得研究。龙潭山山城不是石筑的典型的高句丽山城,而是黄土和碎石混筑的山城,当为汉、魏时代,初居鹿山的夫余前期王城的卫城,高句丽占据后又加以修筑和沿用。东晋穆帝永和二年(公元346年),夫余"为百济(当为高句丽之误)所侵,部落衰散,西徙

---

〔1〕李文信:《吉林市附近之史迹及遗物》,载《历史与考古》第1号,民国三十五年(1946年)。

〔2〕拙著《夫余的疆域和王城》,载《社会科学战线》1982年第4期。

〔3〕武国勋:《夫余王城新考》,载《黑龙江文物丛刊》1983年第4期。

〔4〕《吉林通志》卷24,舆地志十二,城池:伊兰茂城即今东团山山城,周长一里,南城子周长二里。

〔5〕李文信:《吉林市附近之史迹及遗物》,载《历史与考古》第1号,民国三十五年(1946年)。

〔6〕董学增:《吉林市龙潭山高句丽山城及其附近卫城调查报告》,载《北方文物》1986年第4期;康家兴:《吉林市龙潭山的山城和水牢》,载1957年吉林省博物馆编《文物工作通讯》。

近燕",即夫余从鹿山西迁到今农安,此为夫余后期王城,公元494年,为勿吉攻占。夫余前期王城被高句丽占据的时间,从东晋永和二年(公元346年)前后,或最晚从好太王二十年(公元410年)算起,到唐总章元年(公元668年),唐军攻陷高丽夫余城止,高句丽占据夫余城(北夫余城)达两三百年之久。

综合上述,高丽即高句丽的夫余城(即北夫余城),亦即夫余初居鹿山的前期王城,在粟末靺鞨的东南,与粟末靺鞨邻近,是高句丽防御勿吉亦即后来粟末靺鞨南下的北部边防重镇,在今吉林市龙潭山山城,而东团山山城和九站南山城则为其卫城。把高句丽的夫余城推定在其他各地者,不但没有考古资料的证实,而且也和高丽夫余城在高丽之北、粟末靺鞨东南并与粟末靺鞨相邻的文献记载不符。

8   再论唐代高丽的夫余城
和千里长城

关于唐代高丽（高句丽）的夫余城和千里长城的方位问题，因拙著
已经发表，不再详述。现仅将辽宁省西丰县凉泉镇城子山高句丽山城
是不是高丽夫余城，以及高丽千里长城东北端的夫余城在哪里的一些
问题，简述如下，请读者批评指正。

关于唐代高丽夫余城在哪里的问题，众说纷纭，近年来有的提出在
今辽宁省西丰县凉泉镇城子山高句丽山城。但这一新说和文献所载有
关高丽夫余城的方位并不相符，难以成立。

8.1   唐代高丽的夫余城与粟末靺鞨为邻，
在粟末靺鞨的东南

《太平寰宇记》卷71，燕州（唐武德元年改辽西郡为燕州）条引《北
番风俗记》载："初，开皇中，粟末靺鞨与高丽战，不胜，有厥稽部渠长突
地稽者，率忽使来部……凡八部，胜兵数千，自扶余城西北举部落向关
内附，处之柳城。"据此可知，隋文帝开皇中（公元581—604年）的粟末
靺鞨部在高丽夫余城的西北，而高丽的夫余城则在粟末靺鞨的东南。
这是推定高丽夫余城位置的可靠根据。要搞清高丽夫余城的位置，首
先要搞清粟末靺鞨的位置。粟末靺鞨"依粟末水以居"[1]，即在今第二
松花江流域。在今吉林市西北第二松花江（粟末水）北岸的永吉县乌

---

〔1〕《新唐书·黑水靺鞨传》。

拉街镇杨屯大海猛[1]、榆树县大坡乡后岗大队老河深村[2]、农安北部松花江南岸[3]，均发掘出隋、唐时代的靺鞨墓群和文化遗物。这些考古发掘资料和文献关于粟末靺鞨"依粟末水以居"的记载完全相符。靺鞨七部在高丽之北，"其一，号粟（粟）末部，与高丽相接，胜兵数千，多骁武，每寇高丽"[4]。这说明居住在粟末水即今第二松花江流域的粟末靺鞨部和高丽邻近，经常和高丽战争。在粟末靺鞨东南的高丽夫余城是防御靺鞨南下的北部边防军事重镇。今吉林市龙潭山高句丽山城，以及东团山高句丽山城（在龙潭山山城南 2.5 公里，第二松花江沿岸）、九站南山城（三道岭子山城，在第二松花江西岸），正在粟末靺鞨的东南，而且和西北的粟末靺鞨邻近。这三座高句丽山城，以龙潭山山城为最大，其他两座均为较小的高句丽山城，当为龙潭山高句丽山城的卫城和前哨城。这三座临近第二松花江的高句丽山城，是当时高丽最北部的山城。从上述文献记载可知，高丽的夫余城在粟末靺鞨的东南，而粟末靺鞨居住在粟末水（今第二松花江）流域，与高丽相接，经常和高丽作战，高丽的夫余城则是防止粟末靺鞨南下的北方军事重镇。符合上述高丽夫余城的条件者是吉林市龙潭山高句丽山城及其附近的两座卫城，而不是西丰县凉泉镇城子山高句丽山城。

8.2　高丽的夫余城即夫余初居鹿山的前期王城

高丽的夫余城即夫余初居鹿山的前期王城，在今吉林市龙潭山到东团山之间一带，因在拙著中已有论述[5]，不再重述。公元 405 年，高句丽与前燕、后燕争夺辽东、玄菟两地获胜后，乘公元 346 年夫余西迁以后，部落衰散，国力削弱之际，高句丽好太王二十年（公元 410 年），

〔1〕吉林市博物馆编《吉林史迹》，第 20－22 页，吉林人民出版社 1984 年版。
〔2〕吉林省文物考古研究所编：《榆树老河深》，第 120 页，文物出版社 1987 年版。
〔3〕《农安县文物志》，第 60－69 页。
〔4〕《隋书·靺鞨传》；《北史·勿吉传》。
〔5〕拙著《东北史地考略》（续集），吉林文史出版社 1995 年版。

便以全力进攻东夫余,东夫余之名始见于在公元414年建立的《好太王碑》。因在西迁后的夫余之东,故称东夫余,此即以前所说的夫余和北夫余[1]。高句丽好太王在公元410年占领的东夫余,即以鹿山为王城的夫余前期王城。高句丽攻占东夫余即夫余前期王城以后,便成为高句丽防御北方勿吉(后称靺鞨)南下的军事边防重镇。因此,吉林市龙潭山山城到东团山山城之间一带,既有汉代夫余的遗迹、遗物,也有高句丽时代的遗迹、遗物。西丰县城子山山城则只有高句丽和辽、金时代的遗物,而无汉代夫余时期的遗物。又从《三国志·魏书·东夷传》记载的"夫余在长城北,去玄菟千里"来看,符合这一记载者是吉林市龙潭山山城,而不是西丰县城子山山城。因此,西丰县城子山山城绝不是夫余初居鹿山的前期王城所在地,因而也不可能是唐代高丽夫余城的所在地。

《资治通鉴》卷201载:唐高宗总章元年(公元668年)二月壬午,唐派"李勣等拔高丽扶余城(胡三省注云:扶余国之故墟,故城存其名)。泉男建复遣兵五万人救扶余城,与李勣于薛贺水合战,大破之,斩获三万余人,进攻大行城,拔之"。《旧唐书·薛仁贵传》亦载:"仁贵乘胜领二千人进攻扶余城……遂拔扶余城。扶余川四十余城,乘风震慑,一时送款。"从唐与高丽在争夺夫余城的战争中所投入的兵力和杀获人数来看,可以推知高丽的夫余城在战略上的重要地位。胡三省认为,这一高丽的夫余城即夫余王城故址的看法是正确的。夫余王城有二,一是初居鹿山的夫余前期王城,二是东晋永和二年(公元346年)西徙近燕的夫余后期王城。夫余后期王城是在公元494年被勿吉攻占的。公元668年唐军攻陷的高丽夫余城是在公元410年被高句丽占领的夫余的前期王城,在今吉林市龙潭山高句丽山城[2],而不在今西丰县城子山高句丽山城。

〔1〕拙著《东北史地考略》(续集),吉林文史出版社1995年版。
〔2〕拙著《东北史地考略》(续集),吉林文史出版社1995年版。

8.3　唐代高丽千里长城东北端的高丽夫余城是指
夫余后期王城不是指高丽的夫余城

　　夫余前期王城在公元410年被高句丽好太王占领,但夫余后期的王城并没有被高句丽占领,而是在公元494年被勿吉占据。夫余王为勿吉所逐,逃亡到高句丽而灭亡。勿吉到隋、唐时代称靺鞨。笔者在未亲自对高丽千里长城的北段进行考古调查以前,也曾误认高丽千里长城东北端的高丽夫余城在今农安[1],通过考古调查纠正了这一错误看法[2]。从考古调查可知,在今农安并未发现高句丽的遗迹、遗物,而且农安还在边岗即高丽千里长城之外。从文献记载来看,《辽史·地理志》东京道通州和黄龙府条明确记载,黄龙府(今农安)曾一度西南迁,后又迁回原地,黄龙府即渤海的夫余府,但没有记载说是高句丽的夫余城。《三国史记》卷37《地理志》引贾耽《古今郡国志》关于渤海夫余府为"高丽旧地"的记载,当指渤海夫余府的一部分,而不是全部。因此,高丽千里长城东北端的夫余城,不是高丽的夫余城,而是原来的夫余国的后期王城,即夫余城。这一在今边岗外的夫余城即后来渤海的夫余府,而不是高丽的夫余城。有的认为高丽千里长城东北端的夫余城指今西丰县城子山高句丽山城,但这一山城并不在高丽千里长城的东北端。因为在西丰县城子山高句丽山城之北还有许多高句丽山城,较重要的有今吉林省辽源市龙首山和最北的吉林市龙潭山高句丽山城。由此可知,西丰县城子山高句丽山城不可能是高丽千里长城的东北端。

8.4　唐代高丽千里长城不是
高句丽山城的联防线

　　关于记述高丽(即高句丽)千里长城的史料有《旧唐书·高丽传》

---

〔1〕拙著《东北地区中部的边岗和延边长城》,《辽海文物学刊》1987年第1期。
〔2〕拙著《东北史地考略》(续集),吉林文史出版社1995年版。

·欧·亚·历·史·文·化·文·库·

和《新唐书·高丽传》，但记载比较详细的则是《三国史记》。

《旧唐书·高丽传》："建武惧伐其国，乃筑长城，东北自扶余城，西南至海，千有余里。"《新唐书·高丽传》："建武惧，乃筑长城千里，东北首扶余，西南属之海。"《三国史记》卷20《高句丽本纪八》："荣留王十四年春二月，王动众筑长城，东北自扶余城，西南至海千余里，凡十六年毕功。"由此可知，高句丽荣留王（建武）为了防御唐朝的进攻，用16年的时间，即自荣留王十四年、唐太宗贞观五年（公元631年）到宝藏王五年、贞观二十年（公元646年），修筑了东北西南走向的千里长城。为了完成修筑千里长城的任务，荣留王二十五年（公元642年）"王命西部大人盖苏文监长城之役"，说明高丽修筑长城之事，是难以否定的。有的认为高丽修筑的不是长城，而是修缮和完成了高句丽山城的现有规模，最终形成了一条东北至西南走向的长达千里的山城联防线，即认为高丽千里长城是一条由各个山城连成的一道防线，而不是一般所说的长城。但是文献记载明确指出修筑的是长城，而不是今辽宁省境内的各个山城。高丽千里长城是在公元631—646年这16年间完成的，而今辽宁境内的各个高句丽山城的修筑，绝不是在这16年间筑成的，而是早已有之。在东北至西南走向的这一条线上的高句丽山城，是辽河东岸和高丽千里长城东部的第一道防线。这些山城修筑的时间，当在公元405年高句丽完全占有辽东和玄菟郡以后，到唐初即7世纪初之间建成的。通过部分的考古调查资料可知，东北中部地区的老边岗即高丽千里长城的部分遗迹，而不是其他各代的遗迹[1]。这证实高丽千里长城确有其遗迹可查，而不是今辽宁境内各个山城的联防线。

高丽千里长城和各个山城主要是为了防御唐朝的进攻而设的，但是高句丽北部的山城和高丽千里长城的北段则主要是为了防御靺鞨的进犯而设的。当时高丽北方的威胁，主要是粟末靺鞨，而不是契丹。隋、唐时代的契丹主要活动在西拉木伦河和老哈河一带，还未发展壮大起来，还未建国。因此，高丽千里长城和北部山城的修筑与契丹无关。

---

〔1〕拙著《东北史地考略》（续集），吉林文史出版社1995年版。

综上所述,笔者认为高丽的夫余城即夫余前期的王城,在今吉林市龙潭山到东团山之间一带,而高丽千里长城东北端的夫余城是指夫余后期王城即今农安,而不是高丽的夫余城。高丽千里长城是在16年间修筑的长城,而不是各个山城的联防线。

·欧·亚·历·史·文·化·文·库·

9 唐代渤海王国的创建者
大祚荣是白山靺鞨人

唐代渤海王国的创建者大祚荣是靺鞨人还是高丽人的问题,中外史学界已发表了大量的论著,众说纷纭。中国学者根据《新唐书·渤海传》等书所载"渤海,本粟末靺鞨附高丽者,姓大氏",认为大祚荣是粟末靺鞨人,两唐书都肯定了渤海是靺鞨人建立的国家,认为渤海王国是唐朝的地方民族政权,是中国历史的组成部分。朝鲜学者和韩国部分学者根据《旧唐书·渤海靺鞨传》等书所载"渤海靺鞨大祚荣者,本高丽别种也",认为别种就是高丽人。因此,认为渤海是高丽人创建的国家,渤海王国的建立,是高丽(高句丽)的复国,渤海历史是朝鲜历史的组成部分。日本学者多数和中国通说相同,认为"高丽别种"即"本粟末靺鞨附高丽者",渤海王国是靺鞨人建立的,[1]但也有少数学者认为是高丽人建立的。[2] 个别日本学者,如津田左右吉则认为大祚荣既不是高丽人,也不是粟末靺鞨人,而是白山靺鞨人。[3] 笔者赞同其说,并提出以下几点补充和看法,目的是抛砖引玉,请方家批评指正。

笔者认为,要搞清渤海大祚荣的族属问题,首先要对《新唐书·渤海传》有一正确理解,而正确理解《新唐书·渤海传》的关键,在于要搞清以下几个问题。

---

〔1〕参见〔日〕和田清:《渤海国地理考》,《东北史研究》(满洲篇),开明堂,昭和三十二年(1957年),第55－117页;〔日〕池内宏:《渤海の建国たついて》,《满鲜史研究》(中世)第1册。

〔2〕参见〔日〕白鸟库吉:《关于渤海国》,《史学杂志》第44编第12号,1992年12月。

〔3〕参见〔日〕津田左右吉《渤海考》、《勿吉考》附录:关于夫余城,《满鲜地理历史研究报告》第1册(1915年)。(邢玉林译,载《民族史译文集》第13辑,中国社会科学院民族研究所1985年。)

9.1 白山靺鞨、粟末靺鞨的地理位置及其与高丽的关系

隋、唐时代,高丽(高句丽)北与靺鞨接。[1] 搞清白山、粟末两部的地理位置及其与高丽的关系,对理解两唐书关于渤海大祚荣的族属问题有重要帮助。

第一,白山靺鞨在高丽辖境内的东北部,"素附于高丽"。隋、唐时代,靺鞨"白山部,在粟末东南"[2]。"马砦水,一名鸭绿水,水源出东北靺鞨白山。"[3]据此可知,白山靺鞨在今长白山附近,当今吉林省东部延边地区和今朝鲜半岛的东北部。这一地区,早在汉、魏时代,为玄菟郡辖境内的沃沮居地。高句丽太祖大王四年(公元56年),将其版图扩张到沃沮地区以后,沃沮"遂臣属句骊"[4]。汉、魏时代的高句丽"东与沃沮,北与夫余接"[5]。汉、魏时代,挹娄还在北沃沮之北[6]。正始五年(公元244年),曹魏派幽州刺史毌丘俭征高丽,攻陷丸都(今集安)。正始六年(公元245年),再次东征,高句丽王位宫(即东川王优位居)逃到买沟即北沃沮。毌丘俭遣玄菟太守王颀追击,"过沃沮千有余里,至肃慎氏南界"[7]。可知曹魏军队已到达北沃沮即今图们江流域。到南北朝时期,挹娄称勿吉,这时,北方的勿吉南下进入沃沮故地。到隋、唐时代,勿吉称靺鞨,为白山靺鞨居地。勿吉即靺鞨,与高句丽辖境内的原居民沃沮、高句丽长期以来融合在一起,成为高句丽(高丽)辖境内的属民。因此,"其白山部素附于高丽"[8],或"白山本臣高

〔1〕《旧唐书》卷199上《高丽传》;《新唐书》卷220《高丽传》。
〔2〕《隋书》卷81《靺鞨传》。
〔3〕《通典》卷186,边防二,东夷、高句丽。
〔4〕《后汉书》卷85《东沃沮传》。
〔5〕《三国志》卷30《魏书·高句丽传》。
〔6〕《三国志》卷30《魏书·东沃沮传》。
〔7〕《三国志》卷28《魏书·毌丘俭传》。
〔8〕《旧唐书》卷199下《靺鞨传》。

丽"[1]，常随从高丽进攻新罗、百济或隋、唐。隋文帝开皇十八年（公元
598年），高丽王元（婴阳王）"率靺鞨之众万余骑寇辽西，营州总管韦
冲击走之"[2]。贞观十九年（公元645年），唐军进攻安市城（今辽宁
省海城市东南的英城子屯高句丽山城）时，"高丽北部傉萨高延寿，南
部傉萨高惠贞引兵及靺鞨众十五万来援"[3]。当进攻时，"每战，靺鞨
常居前"[4]，充当挡箭牌。"白山（靺鞨）本臣高丽，王师取平壤，其众
多入唐。汨（伯）咄、安居骨等皆奔散，寖微无闻焉，遗人进入渤
海"[5]，"高丽既灭，祚荣率家属徙居营州"[6]。由此可知，白山靺鞨因
"素附于高丽"，或"本臣高丽"，所以常随高丽出征，高丽灭亡后，白山
靺鞨与大祚荣同时徙居唐代营州（今辽宁省朝阳市）。靺鞨的其他各
部皆奔散无闻，留在原地者，后来成为渤海的编户。

《旧唐书》所谓"渤海靺鞨大祚荣者，本高丽别种也"，明确指出大
祚荣是靺鞨人，这里所说的"高丽别种"，是指长期以来，居住在高丽辖
境内依附或臣属于高丽的白山靺鞨人。朝鲜学者有的认为高丽别种，
就是高丽人，如此，则高丽和别种就无区别了，显然是错误的。也有的
根据朝鲜史料关于大祚荣是"高丽旧将"[7]的记载，作为推定大祚荣是
高丽人的论据，也是难以令人信服的。唐朝的高仙芝是高丽人，黑齿常
之是百济人，他们都在唐朝担任过重要官职，[8]但他们都不是汉人。
大祚荣曾是高丽旧将，但不等于他就是高丽人。从文献记载来看，除白
山靺鞨以外的其他靺鞨各部，特别是从南北朝到隋、唐，长期以来和高
丽对峙的粟末靺鞨，和"高丽别种"以及"附高丽"的问题联系不上。中
国史学界的通说，是根据《新唐书·渤海传》关于"渤海，本粟末靺鞨附

---

〔1〕《新唐书》卷219《黑水靺鞨传》。
〔2〕《隋书》卷81《高丽传》。
〔3〕《新唐书》卷220《高丽传》。
〔4〕《新唐书》卷219《黑水靺鞨传》。
〔5〕《新唐书》卷219《黑水靺鞨传》。
〔6〕《旧唐书》卷199下《渤海靺鞨传》。
〔7〕《三国遗事》卷1《靺鞨渤海》；李承休：《帝王韵记》；韩致渝：《海东绎史》卷11《渤海》，均
称大祚荣为高丽旧将。
〔8〕《旧唐书》卷104《高仙芝传》；《旧唐书》卷109《黑齿常之传》。

高丽者,姓大氏"的记载,认为粟末靺鞨是附高丽者,大祚荣是粟末靺鞨人的附高丽者,即高丽别种。这一通说并不符合粟末靺鞨的实际。

第二,粟末靺鞨依粟末水以居,与高丽邻接,"每寇高丽",从未依附过高丽。为了正确理解《新唐书·渤海传》的记载,必须搞清粟末靺鞨和高丽的关系,是依附还是对峙的问题。

汉、魏时代,高句丽"北与夫余接"[1]。到隋、唐时代,高句丽的北界已推进到粟末水(今北流松花江,亦称第二松花江)一带。这时高句丽的北界,已不再是"北与夫余接",而是北与靺鞨接,[2] 或"北至旧夫余"[3]了。因为公元410年,高句丽已攻占了东夫余即夫余,故这时称"旧夫余"。

在汉、魏时代,夫余周围各族尚未发展壮大,还无力攻灭夫余,所以"其国殷富,自先世以来未尝破坏"。[4] 从西晋到南北朝时期,中原战乱,东北各族乘机兴起,互相攻伐。夫余在西方的鲜卑、前燕,南方的高句丽,北方的勿吉相继进攻下走向衰亡。夫余在公元285年和公元346年,先后两次,由于鲜卑慕容廆和前燕慕容皝遣其世子儁与恪的大举进攻,夫余王和大批部众被掠走,夫余初居鹿山和王城(在今吉林市龙潭山山城、龙潭山车站附近和东团山山城一带)被夷平。[5] 公元346年,夫余"西徙近燕"[6],其王城西迁到今农安县[7]。西迁后的夫余,在前燕的卵翼下,日趋衰落。到公元405年,高句丽在和前燕、后燕争夺辽东、玄菟两郡获胜后[8],高句丽好太王乘夫余西迁后部落衰散、东方夫余故地空虚而无防御之机,在公元410年,大举北上进攻东夫余。东夫余之名始见于公元414年建立的《好太王碑》,这一东夫余是

[1]《三国志》卷30《魏书·高句丽传》、《魏书·夫余传》。
[2]《旧唐书》卷199上《高丽传》;《新唐书》卷219《黑水靺鞨传》。
[3]《北史》卷94《高句丽传》。
[4]《三国志》卷30《魏书·夫余传》裴注引《魏略》。
[5]《晋书》卷108《慕容廆载记》;《晋书》卷109《慕容皝载记》;李健才《东北史地考略》(续集),第99－111页。
[6]《资治通鉴》卷97,晋纪十九,东晋穆帝永和二年正月。
[7] 李健才《东北史地考略》,第17－25页。
[8]《资治通鉴》卷114,晋纪七三六,安帝义熙元年正月戊申条;《周书》卷49《高丽传》。

·欧·亚·历·史·文·化·文·库·

指在公元 346 年西迁夫余之东的夫余,亦即北夫余。[1] 这从好太王攻占了东夫余以后,派遣的镇守官员不是东夫余守事,而是北夫余守事[2]的记载可以得到证实。公元 410 年,夫余前期的王城即初居鹿山的王城,被高句丽攻占以后,成为高句丽防御北方靺鞨南下的军事边防重镇(今吉林市龙潭山高句丽山城)。

高句丽攻占东夫余以后,西迁到今农安县一带的夫余仍然存在,北魏高宗太安三年(公元 457 年),还有"于阗、扶余等五十余国各遣使朝献"[3]的记载就是明证。当高句丽攻占东夫余,将其北界推进到粟末水(今北流松花江)流域时,居住在难河下游(今东流松花江下游)的勿吉[4]兴起,大举南下进入粟末水以北的夫余故地,并攻占了高句丽的一些部落[5],南与高句丽(高丽)相接。到公元 494 年,勿吉进攻夫余,这一夫余即"西徙近燕"在今农安一带的夫余。"夫余为勿吉所逐"[6],夫余王率妻孥逃到高句丽[7],夫余遂亡。勿吉攻占今农安县一带的夫余以后,今农安以东的夫余故地(东夫余)仍为高句丽占据。勿吉在公元 494 年所灭的夫余并不包括在公元 410 年被高句丽攻占的东夫余故地。

高丽(高句丽)荣留王(建武)十四年(唐太宗贞观五年,公元 631年)春二月,"王动众筑长城,东北自扶余城,西南至海,千有余里,凡一十六年毕功"[8]。据考古调查得知,这一长城在今农安东部通过,直到今北流松花江南岸德惠县松花江乡的老边岗屯。[9] 今农安在高丽千里长城之外,这和《辽史·地理志》东京道通州条和龙州黄龙府条所

〔1〕《好太王碑》;李健才:《东北史地考略》(续集),第 1-14 页。
〔2〕《集安县文物志》第 122-127 页,《冉牟墓墨书》。
〔3〕《魏书》卷 5,《北魏高宗文成帝本纪》,大安三年十二月。
〔4〕《北史》卷 94《勿吉传》。北魏时代的难河指今嫩江、第一松花江及黑龙江下游。参见李健才:《东北史地考略》第 131-132 页。
〔5〕《魏书·勿吉传》载"其国先破高句丽十落"。
〔6〕《魏书》卷 100《高句丽传》;《北史》卷 94《高丽传》。
〔7〕《三国史记》卷 19,《高句丽本纪》,文咨明王三年(公元 494)二月。
〔8〕《三国史记》卷 20,《高句丽本纪》,荣留王(建武)十四年春二月。
〔9〕李健才:《东北史地考略》(续集),第 77-82、88-90 页。

载,黄龙府是渤海的扶余府、夫余国王城(指西迁的夫余王城),而不是高句丽扶余城的记载相符。从高丽千里长城的方位、走向可知,高句丽攻占东夫余之地,是在今农安以东和北流松花江以南。

南北朝时期的勿吉,到隋、唐时代称靺鞨,居住在粟末水(今北流松花江)以北、高丽千里长城以西,即今农安县一带。据《新唐书·黑水靺鞨传》载:靺鞨七部之一的"粟末部,居最南,抵太白山,亦曰徒太山,与高丽接,依粟末水以居"。粟末靺鞨"胜兵数千,多骁武,每寇高丽"[1],在边境地带经常和高丽作战。"开皇(公元581—604年)中,粟末靺鞨与高丽战,不胜,有厥稽部渠长突地稽者,率忽使来部、窟突始部、悦稽蒙部、越羽部、步护赖部、破奚部、步步括利部,凡八部,胜兵数千人,自扶余城西北举部落向关内附,处之柳城。"[2]隋代的柳城即唐代的营州,在今辽宁省朝阳市。隋炀帝伐高丽时,即"及辽东之役,突地稽率其徒以从。每有战功,赏赐甚厚"[3]。唐高祖武德二年(公元619年)十月,"靺鞨酋帅突地稽遣使朝贡。突地稽者,靺鞨之渠长也。隋大业(公元605—618年)中,与兄瞞咄率其部内属于营州。瞞咄死,代总其众,拜辽西太守,封扶余侯"[4]。从上述突地稽率部众"自扶余城西北举部落向关内附"的记载可知,粟末靺鞨的突地稽所领各部是在高句丽扶余城(今吉林市龙潭山高句丽山城)的西北,而高句丽的扶余城则在粟末靺鞨部的东南,正当今吉林市龙潭山高句丽山城。把高句丽的扶余城推定在其他各地者,均和在粟末靺鞨东南的记载不符。在今吉林市西北的北流松花江(粟末水)北岸的永吉县乌拉街杨屯大海猛[5]、榆树县大坡乡后岗大队老河深[6]、农安县北部松花江南岸[7],均发掘出土渤海前期的粟末靺鞨墓群和文化遗物。这都可以证

〔1〕《隋书》卷81《靺鞨传》;《北史》卷94《勿吉传》。
〔2〕《太平寰宇记》卷71,河北道·燕州条引隋《北蕃风俗记》。
〔3〕《北史》卷94《勿吉传》;《隋书》卷81《靺鞨传》。
〔4〕《册府元龟》卷970,外臣部。
〔5〕参见吉林市博物馆编:《吉林史迹》,第20-22页,吉林人民出版社1984年版。
〔6〕参见吉林省文物考古研究所编:《榆树老河深》,第120页,文物出版社1997年版。
〔7〕《农安县文物志》,第60-67页。

实,隋、唐时代,粟末靺鞨是在高句丽(高丽)北部的边境上,即今吉林市西北和今北流松花江一带,而不是在高句丽(高丽)的辖境内。粟末靺鞨隔江与高句丽对峙,经常发生战争。在今北流松花江沿岸的吉林市龙潭山山城、东团山山城以及九站南山城等高句丽山城就是防御北方粟末靺鞨南下的军事边防城。

南北朝时期的勿吉即隋、唐时代的靺鞨,居住在粟末水(今北流松花江)以北、今农安县(西迁夫余的王城,公元494年初被勿吉占据)以西之地。这一时期的高句丽,占有粟末水以南、高丽千里城以东的夫余故地。在高句丽的这一辖境内,尚未发现靺鞨遗址、遗物,就是粟末靺鞨并未进入高句丽境内与高丽混居的明证。所谓浮渝靺鞨就是进住夫余故地(今农安一带)的粟末靺鞨。所谓粟末靺鞨、白山靺鞨、浮榆靺鞨都是以靺鞨的住地而命名的靺鞨各部。所谓浮渝靺鞨即涑沫(粟末)靺鞨[1],不是夫余族而是靺鞨族,不是涉貊族系,而是肃慎族系。

第三,从南北朝时期的勿吉到隋、唐时代的靺鞨,有的南下进入沃沮故地,即今长白山一带,史称白山靺鞨,居住在高句丽辖境内,"素附于高丽",或"本臣高丽"。南进到粟末水流域者称为粟末靺鞨,分布在高句丽的边境上,与高句丽邻接,和高句丽(高丽)形成对峙局面,"每冠高丽"。有人认为粟末靺鞨和高丽处于敌对关系的是少数,而多数还是处于依附关系。但这只是主观推论,并无文献记载的根据。唐高宗乾封三年(公元668年)二月(三月改元总章元年),派李勣、薛仁贵进攻高丽北部边防重镇的扶余城(今吉林市龙潭山高句丽山城)时,大破高丽军,"杀获万余人,遂拔扶余城,扶余川四十余城,乘风震慑,一时送款"[2]。在这一扶余城下,胡三省注云:"扶余国之故墟,故城存其名"[3]。由此可知,高句丽的扶余城即夫余初居鹿山的王城[4]。高句丽从公元410年攻占东夫余即夫余王城,到公元668年被唐军攻陷,城

---

〔1〕《旧唐书·地理志》载:慎州(隶营州)所领涑沫靺鞨乌素固部落,即黎州(隶营州)的浮渝靺鞨乌素固部落。

〔2〕《旧唐书》卷83《薛仁贵传》。

〔3〕《资治通鉴》卷201,高宗总章元年(668)二月壬午。

〔4〕李健才:《东北史地考略》(续集),第99-111页。

废至今,高句丽(高丽)占据扶余城长达 258 年之久。当唐军大举进攻高丽扶余城时,只有高丽军抵抗,而无靺鞨人参加,也是粟末靺鞨人从未依附于高丽的明证。

白山靺鞨和粟末靺鞨在对隋、唐关系方面也不相同。粟末靺鞨曾从隋、唐军征高丽,"每有战功",而白山靺鞨则是随从高丽共同进攻隋、唐军。文献所载,向隋、唐朝贡的靺鞨即粟末靺鞨,而不是臣属于高丽的白山靺鞨。《通志》卷 194,勿吉(一曰靺鞨)传载:"隋开皇初,靺鞨国有使来献,谓即勿吉也。……其国西北与契丹接。"可知来献者的靺鞨即粟末靺鞨。又据《唐会要》卷 96,靺鞨条载:"靺鞨远来,盖突厥服之所致也。"这向唐朝贡者是与突厥邻近的靺鞨,即粟末靺鞨,而不是远离突厥的白山靺鞨。

在隋、唐时代,先后逃往营州(即柳城,今辽宁省朝阳市)的粟末靺鞨和白山靺鞨,是创建渤海王国的两大靺鞨部落集团。渤海王国的创建者大祚荣是素附于高丽的白山靺鞨人,而不是和高丽对峙的粟末靺鞨人。粟末靺鞨是在隋代,由于在粟末水和高丽战,不胜,才从粟末水逃到柳城(营州)去的,而白山靺鞨和大祚荣则是在唐灭高丽以后,才从高丽逃亡到营州去的。从两者逃亡的原因和出发地来看,身为"高丽别种"和"高丽旧将"[1]的大祚荣,只能是在高丽境内素附于高丽的白山靺鞨,而不可能是在高丽边境上同高丽对峙的粟末靺鞨。因此,把高丽别种和高丽旧将的大祚荣推定为白山靺鞨人,比推定为粟末靺鞨人更符合文献记载的实际。

9.2 对两唐书渤海传如何理解的问题

中国史学界的通说,对《新唐书·渤海传》的记载是肯定的,认为"渤海,本粟末靺鞨,附高丽者",即《旧唐书》的"渤海靺鞨大祚荣者,本高丽别种也"。朝鲜学者则认为《旧唐书》关于"大祚荣者,本高丽别种

---

[1]《三国遗书》卷 1,靺鞨渤海;李承休:《帝王韵记》;韩致奫:《海东绎史》卷 11《渤海》,均称大祚荣为高丽旧将。

也"的记载是正确的,而《新唐书》的记载是歪曲事实,并不可靠。日本有个别学者则认为《新唐书·渤海传》中的"渤海,本粟末靺鞨,附高丽者"的记载"是否可信,令人怀疑"。笔者认为对旧、新唐书的理解产生分歧的原因,在于对粟末靺鞨和白山靺鞨对高丽的关系(见上述)没有清楚的认识。笔者认为《旧唐书》所说的是大祚荣的族属问题,而《新唐书》所说的则是创建渤海王国的族属问题。两唐书所说的主题不同,不是意义相同的记载。《新唐书》应句读为"渤海,本粟末靺鞨,附高丽者,姓大氏",意即渤海王国是由粟末靺鞨和附高丽者(即高丽别种,亦即素附于高丽的白山靺鞨)两大靺鞨部落集团创建的,其领导人姓大氏即大祚荣。这样理解才符合上述文献记载的实际。因为如上所述,粟末靺鞨从未依附或臣服过高丽。《旧唐书》明确指出渤海是由高丽别种大祚荣和粟末靺鞨乞四比羽即由粟末靺鞨和白山靺鞨(即附高丽者或高丽别种)两大部落集团共同创建的(详见下述)。

有人认为,公元897年新罗孝恭王上唐昭宗的《谢不许北国居上表》明确指出渤海原为粟末靺鞨,但从其内容来看,并非如此。《谢不许北国居上表》云:"臣谨按渤海之源流也,高丽未灭之时,本为疣赘部落,靺鞨之属。实繁有徒,是名粟末小藩,尝逐句丽内徙。其首领乞四比羽及大祚荣等,至武后临朝之际,自营州作孽而逃,辄据荒丘,始称振国。"[1]其中所说的渤海王国的创建者,并非只是粟末靺鞨即所谓"粟末小蕃",还有疣赘部落,即依附于高丽的白山靺鞨,高丽把白山靺鞨有时诬称为疣赘部落或高句丽残孽[2]。特别是从其首领乞四比羽和大祚荣的族属来看,决非同属粟末靺鞨。关于这一问题,《五代会要》卷30渤海条有明确记载:"有高丽别种大舍利乞乞仲象,与靺鞨人乞四比羽走保辽东,分王高丽故地。"如上所述,这里所说的高丽别种,即"素附于高丽"的白山靺鞨,靺鞨人乞四比羽,即粟末靺鞨人乞四比羽。粟末靺鞨的部分部落,在隋代,从粟末水流域投奔隋朝,安置在柳城,白

---

〔1〕孙玉良:《渤海史料全编》第400页,引《东文选》卷33,表笺。
〔2〕《三国史记》卷46,崔致远传载:"高句丽残孽,北依太白山下,国号为渤海。"

山靺鞨部分部众中的大祚荣,在高丽灭亡后,也逃奔到营州(原柳城)。靺鞨的两大部落集团在营州会聚在一起。

9.3 渤海王国是靺鞨人建立的国家

第一,渤海王国的创建者大祚荣是白山靺鞨人。万岁通天年间(公元696年),先后逃亡到营州的粟末靺鞨和白山靺鞨两大靺鞨部落,分别在高丽别种乞乞仲象和靺鞨酋乞四比羽的领导下,乘契丹人李尽忠在营州叛乱之际,"各领亡命东奔,保阻以自固"[1]。在东奔过程中,乞四比羽被追击的唐军杀害,乞乞仲象病死,乞乞仲象之子大祚荣嗣立,"因并有比羽之众,其众四十万人"[2]。到这时,靺鞨的两大部落统归大祚荣领导。"祚荣合高丽、靺鞨之众以拒楷固,王师大败,楷固脱身而还"[3]。这里所说的高丽即高丽别种,亦即"素附于高丽"的白山靺鞨,这里所说的靺鞨即粟末靺鞨。如《旧唐书·渤海靺鞨传》等书均载:"渤海靺鞨大祚荣者,本高丽别种也。"《五代会要》卷30渤海条则书:"渤海靺鞨,本高丽种,唐总章中,高宗平高丽,徙其人散居中国,置州县于辽外,就平壤城置安东都护府以统之。至万岁通天中,契丹李万荣(当为李尽忠、孙万荣之误)反,攻营府,有高丽别种大舍利乞乞仲象,与靺鞨人乞四比羽走保辽东,分王高丽故地。"很明显,其中的"本高丽种",即高丽别种之误,而且渤海靺鞨也不都是高丽别种,所谓高丽别种是指大祚荣或素附于高丽的白山靺鞨。大祚荣率部众打败李楷固的唐军以后,遂率众"保挹娄之东牟山"[4]。"据东牟山,筑城以居之"[5],武则天圣历元年(公元698年),"乃建国,自号震国"[6]。渤海初都之地的东牟山即今吉林省敦化市贤儒乡的城山子山城及其附近的

---

〔1〕《旧唐书》卷199下《渤海靺鞨传》。

〔2〕《新五代史》卷74《四夷附录·渤海传》;《五代会要》卷30,渤海载:"并有比羽之众,胜兵丁户四十余万。"

〔3〕《旧唐书》卷199下《渤海靺鞨传》;《新唐书》卷219《渤海传》。

〔4〕《新唐书》卷219《渤海传》。

〔5〕《旧唐书》卷199下《渤海靺鞨传》。

〔6〕《新唐书》卷219《渤海传》。

永胜遗址(旧说在敖东城,不确),即所谓旧国之地。旧国不是特定的地名,而是故国、故土、故都之意。唐玄宗先天二年(公元 713 年)二月,遣郎将崔忻赴靺羯(鞨),册封大祚荣为"左骁卫大将军、渤海郡王。以所统为忽汗州,领忽汗州都督。自是始去靺鞨号,专称渤海"[1],成为唐朝的地方民族政权,先后归唐朝的营州都督、幽州都督、营州平卢军使、平卢节度使、淄青平卢节度使管辖。

第二,渤海建都之地是靺鞨及其先世的故乡而不是高丽及其先世的故乡。渤海王国的都城主要在东牟山(所谓的旧国之地)(公元 698 年至天宝中,即约在公元 750 年)、上京(今黑龙江省宁安县渤海镇),特别是在上京的时间(公元 756—758 年、公元 793—926 年)最长。而在中京(公元 742—755 年)、东京(公元 985—993 年)的时间才仅十数年。渤海初都之地,即所谓渤海旧国之地,和上京之地,均为靺鞨及其先世肃慎、挹娄故地。《新唐书·渤海传》载:"以肃慎故地为上京。"《张建章墓志》载:"明年(公元 834 年)秋,达忽汗州,州即挹娄故地。"中京(今吉林省延边地区和龙市西古城)、东京(今珲春八连城)原为北沃旧故地,汉代玄菟郡辖境,后为高句丽辖境。从南北朝到隋、唐时代,先后是勿吉、靺鞨居地。渤海王城均建立在靺鞨及其先世的故乡,而不是高句丽(高丽)人的故乡,由此可证渤海王国是靺鞨人而不是高丽人建立的。如果说渤海王国是高丽人建立的,则不可能把王城即都城建立在异族即靺鞨人的发祥地。

第三,旅顺黄金山麓的《鸿胪井刻石》是"敕持节宣劳靺羯使"(羯、鞨音同),而不是宣劳高丽使,称靺羯(鞨)而不是称高丽,中外史籍均称渤海靺鞨,而不是渤海高丽,都可以确证渤海王国是靺鞨人而不是高丽人建立的国家。

第四,《五代会要》(卷 30,渤海)等书均载:渤海"其俗呼其王为可毒夫,对面呼圣王,笺表呼基下,父曰老王,母曰太妃,妻曰贵妃,长子曰

---

〔1〕《新唐书》卷 219《渤海传》。

副王,诸子曰王子。代以大氏为酋长,终唐室朝贡不绝"[1]。但高丽并没有这一习俗,都可证实渤海王国是靺鞨人而不是高丽人建立的国家。

第五,朝鲜学者有的认为渤海王国的建立,是高丽的复国,但文献记载的是:高丽灭亡,"余众不能自保,散投新罗、靺鞨,旧国土尽入于靺鞨,高氏君长遂绝"[2],从"旧国土尽入于靺鞨,高氏君长遂绝"的记载来看,渤海王国的建立,不是高丽的复国,而是高丽的灭亡,是继高丽之后,由靺鞨人在我国东北地区建立的另一个地方民族政权。

---

〔1〕这一习俗亦见《新唐书·渤海传》、《旧五代史·渤海靺鞨传》。
〔2〕《通典》卷186,边防二,东夷·高句丽。

·欧·亚·历·史·文·化·文·库·

10　渤海的中京和朝贡道

渤海中京显德府,是唐代天宝时期(公元 742—756 年)渤海的王都。关于中京显德府所在地的问题,过去中、日学者发表了许多论文,归纳起来主要有敦化说[1]、苏密城说[2]、西古城子说[3]。渤海中京显德府究竟在哪里? 只靠有限的文献史料是解决不了的,除了利用过去的考古发掘资料以外,还应该进行考古调查,摸清渤海古城的分布情况。因此,我们先后于 1977 年 7 月、1978 年 10 月和 1979 年 4 月,在敦化、苏密城、西古城子及其周围两三百里范围内进行了三次考古调查,基本上摸清了牡丹江上游、辉发河流域、海兰江流域渤海古城的分布情况,这就为考证中京的位置和朝贡道提供了可靠的根据。

10.1　渤海中京显德府
在今和龙西古城子

从文献记载看,中京在上京(今黑龙江省宁安县东京城)之南[4],距神州(今吉林省浑江市临江镇)400 里,距上京 600 里[5],其位置当在今吉林省的东部。根据考古调查得知,在这一地区比较大的渤海古城有 3 座,即珲春八连城(在珲春县城西 10 里三家子乡种植场)、和龙西古城子(在和龙县八家子镇北古大队,海兰江北 7 里)以及桦甸苏密

〔1〕〔日〕津田左右吉:《渤海考》,见《满鲜地理历史研究报告》第 1 册。池内宏:《满鲜史研究》中世第 1 册,第 59 页。
〔2〕《吉林通志》卷 10,沿革志。金毓黻:《渤海国志长编》卷 14,地理考,中京显德府考。
〔3〕〔日〕鸟山喜一:《渤海中京考》,见《考古学杂志》卷 34 之 1,昭和十九年(1944 年)一月。
〔4〕《新唐书·渤海传》。
〔5〕《新唐书·地理志》引《贾耽道里记》。

城(在桦甸县城东北 6 里)。这三座古城周长都在 5 里半左右。珲春
八连城是渤海东京龙原府故址,则中京当在和龙西古城子和桦甸苏密
城这两座古城中求之。从下述三点考古资料和文献记载来看,把渤海
中京推定在西古城子比较符合实际。

(1)西古城子的形制、出土文物具有渤海京城的特点:西古城子和
渤海京城故址东京城、八连城的形制完全相同,即都有外城和内城,而
内城又都在外城中央的偏北部,内城又分宫城和皇城,这种宫城在北的
建筑布局,是唐代京城形制的特点,是儒家南面而治,众星拱辰思想的
反映。而苏密城则不然,城的形制为回字形,内城建于外城的中部,这
是唐代中期以后才出现的形制。渤海中京和东京、上京都是文王大钦
茂时代的建筑。从古城的形制来看,西古城子和八连城、东京城完全
相同。

再从出土文物来看,西古城子和八连城、东京城一样,都出土过绿
釉瓦、带字瓦[1]、莲花纹方砖[2]等,而苏密城城内的砖瓦等建筑材料
则比较少,更没有发现过绿釉瓦、带字瓦以及莲花纹方砖等。

(2)西古城子周围的渤海古城和中京所领五州的方向距离基本相
符:中京显德府"领卢、显、铁、汤、荣、兴六州"。在渤海五京中,所辖州
县是最多的。因此,中京所在地的周围,渤海古城遗址应该是比较多
的,而西古城子周围的渤海古城、古遗址、古墓群是最多的。

据实地调查,在西古城子两三百里范围内,可以确认为渤海古城者
有六座,皆无马面,都曾采集到渤海时代的莲瓣纹瓦当或指压纹板瓦。

古城名	所在地	在古城内采集的渤海文物	古城形制、周长	距西古城子的方向、距离	调查者调查年月
太阳古城	龙井县太阳乡屯东 1 里	莲瓣纹瓦当指压纹板瓦	长方形周长 354 米	在西古城子西北 100 里	李健才朴龙渊 1978. 10.

〔1〕〔日〕三上次男:《渤海文字瓦及其历史价值》,见和田博士古稀纪念《东洋史论丛》,第
921 页。
〔2〕〔日〕鸟山喜一:《渤海中京考》,见《考古学杂志》卷 34 之 1。

·欧·亚·历·史·文·化·文·库·

古城名	所在地	在古城内采集的渤海文物	古城形制、周长	距西古城子的方向、距离	调查者调查年月
河龙古城	龙井县长安乡河龙屯内，即延吉市东20里城子山山城东南3里	莲瓣纹瓦当指压纹板瓦绳纹板瓦	方形周长1000米	在西古城子东北150里	李健才严长禄朴尚宪1978.10.
报马城（宝马城）	安图二道镇西北12里宝马屯	指压纹板瓦	方形周长470米	在西古城子西南300里	李健才陈相伟庞志国1977.8.
河南屯古城	和龙县八家子镇河南屯内	莲瓣纹瓦当指压纹板瓦	外城长方形内城方形内城周长520米	在西古城子南8里	李健才朴龙渊1978.10.
獐项古城	和龙县西城乡西10里	莲瓣纹瓦当	方形周长500米	在西古城子西稍偏南20里	陈相伟朴龙渊1974.6.
东兴古城	龙井县西五里光新乡东兴屯西1里（龙井果树场）	莲瓣瓦当指压纹板瓦黄褐色蒂纹板瓦红色方格纹板瓦	方形周长600米	在西古城子东60里	陈相伟朴龙渊1979.4.

除上表外，据1979年4月的调查，在延吉县开山屯公社北15华里船口大队六队西面山上有一座渤海山城。山城东临图们江，分南、北两部，每座山城周长皆为3华里多。南北山城正中，有一人工开凿的深沟，长450米、宽约16米。在南部山城中部偏东有一边长22米的方形土城，在土城西南约40米处，发现有二十四块石建筑遗址，上面堆积着大量渤海时代的指压纹板瓦、黄褐色布纹筒瓦。船口一带是南北长10里、东西宽7里的盆地。这里土地肥沃，气候温和，又有图们江，便于水利灌溉，历来是著名的优质水稻产区之一。

据过去的考古调查资料[1]可知，今延吉市和延吉县（龙井）附近都有一些小古城，多是渤海城址，后为辽、金沿用。

在西古城子东36里有东古城，周长4里。在西古城子西150里有安图万宝古城，周长1.5里，这两座古城都有角楼、马面、瓮城，是辽、金古城。

---

〔1〕〔日〕鸟山喜一、藤田亮策：《间岛省古迹调查报告》，1941年版。

渤海中京所辖 六州的名称	六州至中京 的方向距离	西古城子周围 的渤海古城	古城距西古城子 的方向距离
卢　州	在京东 130 里	船口山城	在西古城子东 130 里
显　州	中京显德府治所在		
铁　州	在京西南 60 里	獐项古城	在西古城子西稍偏南 20 里
汤　州	在京西北 100 里	太阳古城	在西古城子西北 100 里
崇（荣）州	在京东北 150 里	河龙古城	在西古城子东北 150 里
兴　州	在京西南 300 里	报（宝）马城	在西古城子西南 300 里

考《辽史·地理志》所载辽代东京道所属卢、铁、汤、崇（荣）、兴五州的位置及其至东京辽阳府（今辽阳市）的方向距离，无一相符者。正如《吉林通志》卷 10 的沿革条所说："此五州所载皆渤海时各州至中京里到，非辽时各州至东京里到也。修辽史者误合为一，故多龃龉，分别观之，斯瞭然矣。"西古城子两三百里范围内的渤海古城和《辽史·地理志》所载这五个州至渤海中京的方向距离基本相符。

西古城子周围，不但渤海古城很多，古墓群、古遗址也不少。据1978 年 10 月调查，西古城子南八里的河南屯古城，有内城和外城，外城仅存西墙的南段和南墙的一部分。外城为南北短、东西长的长方形城。内城在外城的中部，城内有大量的渤海瓦片。在内城中，曾发掘过渤海古墓，从出土文物看[1]，河南屯古城很可能是渤海时代的陵园遗址。河南屯南 2 里的山上有渤海寺庙遗址，在庙址上采集到莲瓣纹瓦当和指压纹板瓦。西古城子西南 10 里八家子，有北大地渤海墓群。八家子南 10 里还有渤海山城——南山城。1980 年 10 月，在西古城子南十里的龙水乡发现了唐代渤海贞孝公主墓（渤海第三代王大钦茂的第四女）。从西古城子附近有比较丰富的渤海时代的重要文物遗迹来看，也可以推知西古城子在渤海时代是这一地区政治、经济、文化的中心。

苏密城在桦甸县城东北 8 里，据实地调查，在苏密城周围两三百里

---

[1]郭文魁：《和龙渤海古墓出土的几件金饰》，见《文物》1973 年 8 期。

·欧·亚·历·史·文·化·文·库·

范围内,可以推定为渤海古城和渤海遗址的,除苏密城南 6 里的北土城(今已不见城墙,遗址周长约 1 里,出土有莲瓣纹瓦当)和桦甸县八道河子乡西二三里的西崴子渤海古遗址外,尚未发现其他渤海古城和遗址。

从西古城子和苏密城周围的物产来看,吉林省的著名产稻区历来是在西古城子一带的海兰江流域,而不是在苏密城一带的辉发河流域,尤其是开山屯一带的水稻更为有名。西古城子西 30 里有铁矿,现在是延边卧龙铁矿的所在地。这些都和文献所载中京辖境内有"卢州之稻","位城之铁"的特产相符。

中京显德府是渤海五京之一,是唐代天宝时期的王都。把中京显德府推定在渤海古城、古遗址、古墓群较多的西古城子显然是符合实际的。

(3)中京在上京之南,五京之中,西古城子的地理位置正和这一记载相符:《新唐书·渤海传》谓:"上京之南为中京,曰显德府。"西古城子的位置正在上京(今宁安东京城)之南,五京之中,和这一记载完全相符。苏密城则在上京之西南,五京之西,和这一记载不符。据《新唐书·地理志》引《贾耽道里记》的记载,显州距神州(今临江镇)400 里,距上京 600 里。苏密城的位置虽和这一记载基本相符,但和前述考古资料以及文献记载都不相符,实属孤证。西古城子距神州(今临江镇)600 里,距上京(东京城)400 里。据上述考古资料和文献记载,除把西古城子推定为中京以外,还找不出适当的渤海古城可以推定为中京者。因此,疑显州距神州 400 里,距上京 600 里的记载,是否为显州距神州600 里,距上京 400 里之误?中京在西古城子的论据提出以后,还有以下几个问题需要进一步商讨。

10.2 关于旧国、显州、长岭府 所在地的问题

(1)中京显德府是否先在显州,后迁到卢州的问题:《新唐书·地

理志》引《贾耽道里记》谓：显州"天宝中王所都"。又《辽史·地理志》东京道条，显州"本渤海显德府"。这两条史料明确指出，显州是天宝中的王都所在，也就是中京显德府的府治所在。但《新唐书·渤海传》谓"显德府领卢、显、铁、汤、荣、兴六州"，把卢州放在首位，按惯例，卢州应是显德府的府治所在。因此，日本鸟山喜一认为，中京显德府的府治初在显州，后迁到卢州，把显州推定在安图县大甸子古城（今万宝古城），把卢州推定在西古城子[1]。据1977年8月的考古调查得知，大甸子古城（万宝古城）有角楼、马面、瓮城，为一周长800米的方形小古城，是辽、金古城。从古城的规模和时代来看，都不可能是渤海的王都所在。日本驹井和爱认为显州初在今吉林市附近[2]，后迁到卢州（即今西古城子）。这一推测不但和文献记载不符，而且也未经考古证实。

（2）旧国和显州是在同一地，还是两地的问题：有的认为此两者不在一地，《吉林通志》卷10和金毓黻先生认为旧国在敦化，显州和中京显德府在苏密城[3]。日本鸟山喜一认为旧国在西古城子南八里的八家子古城（今河南屯古城），显州在安图大甸子古城（今万宝古城），卢州即后来的中京显德府在西古城子[4]。有的认为旧国和显州在同一地，如日本的津田左右吉和池内宏都认为旧国和显州在今敦化[5]，日本的和田清认为都在今西古城子[6]，日本的松井等则认为都在那丹佛勒[7]。

《新唐书·渤海传》载：上京"直旧国三百里"。《新唐书·地理志》引《贾耽道里记》载：从显州"又正北如东六百里至渤海王城"。这两条记载明确指出旧国距上京300里，显州距上京600里，这是旧国、显州（中京显德府）同在一地说的有力否定。主张旧国在和龙西古城

　〔1〕〔日〕鸟山喜一著、船木胜马编：《渤海史上的若干问题》，第139－140页。
　〔2〕〔日〕驹井和爱：《渤海文化史上的两个问题》，见《中国都城，渤海研究》，第189－196页。
　〔3〕金毓黻：《渤海国志长编》卷14，地理考。
　〔4〕〔日〕鸟山喜一著、船木胜马编：《渤海史上的若干问题》，第139－140页。
　〔5〕〔日〕津田左右吉：《渤海考》，见《满鲜地理历史研究报告》第1册。〔日〕池内宏：《满鲜史研究》中世第1册，第59页。
　〔6〕〔日〕和田清：《渤海国地理考》，见《东亚史研究》（满洲篇），第66页、第72－74页。
　〔7〕〔日〕松井等：《渤海国的疆域》，见《满洲历史地理》第1卷，第409－411页。

子南 8 里的八家子古城（今河南屯古城）者，同"上京直旧国三百里"的记载不符，而且河南屯古城也不是一座古城遗址，而是一处陵园遗址，这已为在河南屯古城的内城中部发掘出来的两座豪华的渤海墓葬所证实[1]。上京"直旧国三百里"，今敦化县城距今宁安东京城（上京）恰为 300 里。敦化附近不但有渤海古城址、古遗址和古墓群，而且 1949 年在敦化六顶山渤海贞惠公主墓中还出土有贞惠公主碑。碑文中有"陪葬于珍陵之西原"的记述，从而证实了敦化附近确系渤海王室祖坟所在地，为旧国敦化说，提供了有力的物证。

（3）苏密城不是中京显德府遗址，而是长岭府遗址：关于长岭府所在地的问题，有英额城附近说[2]、北山城子说[3]、英额门以北说[4]、海龙附近说[5]等。上述各说多属主观推测，缺少实地考古调查资料，不足取。

据 1978 年 10 月在清原英额城、海龙山城镇（北山城子）、海龙镇、桦甸等地的考古调查知道，以上各说所推定的长岭府的遗址，不但城址较小，不具备府城的规模，而且也不是渤海古城，而是辽、金古城[6]。

据《新唐书·地理志》引《贾耽道里记》载："自都护府东北经古盖牟[7]、新城[8]，又经渤海长岭府，千五百里至渤海王城，城临忽汗海。"由此可知，长岭府是营州道上，除都护府（今辽阳市）外，比较大的城镇。从安东都护府到渤海上京的路线，和现在从辽阳市到宁安县东京城的路线基本相同。从古城分布的情况看，是沿今浑河、辉发河、牡丹江而到达东京城（渤海上京）。其间要经过现在的抚顺、海龙、桦甸、敦化等地（见图一）。新城在今抚顺市，则长岭府应在今抚顺市东北、敦

---

〔1〕郭文魁：《和龙渤海古墓出土的几件金饰》，见《文物》1973 年 8 期。

〔2〕《满洲源流考》卷 10；《满洲历史地理》第 1 卷，第 417 页。

〔3〕〔日〕津田左右吉：《渤海史考》，见《满鲜地理历史研究报告》第 1 册，第 128－130 页。〔日〕和田清：《渤海疆域考》，见《东亚史研究》（满洲篇），第 68－69 页。

〔4〕金毓黻：《渤海国志长编》卷 14，地理志。

〔5〕丁谦：《唐书北狄传考证》。

〔6〕详见 1978 年 10 月《清原、海龙、桦甸古城调查资料》（未刊稿）。

〔7〕今抚顺市劳动公园古城。

〔8〕今抚顺市高尔山山城。

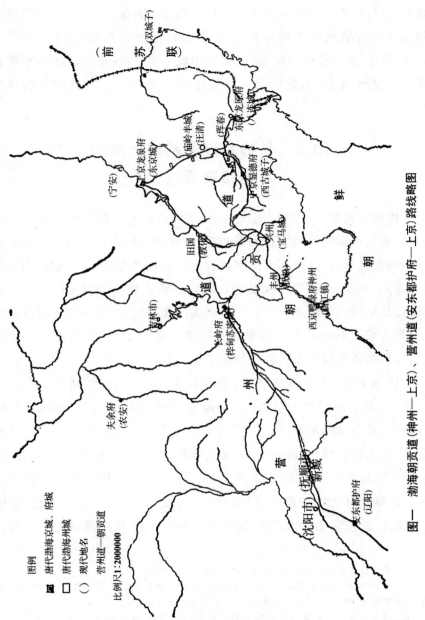

图例
▣ 唐代渤海京城、府城
□ 唐代渤海州城
〇 现代地名
—— 营州道—朝贡道
比例尺1：2000000

图一　渤海朝贡道（神州—上京）、营州道（安东都护府—上京）路线略图

化（旧国）西南，辉发河流域中比较大的渤海古城中求之。据调查，桦甸苏密城周长五里，有角楼、瓮城而无马面，城外有两道护城河，城内出土过"手指斜押缺刻纹仰瓦，和前端有带状押印花纹与东京城出土者

全同"[1],是辉发河流域中唯一比较大的渤海古城,并具备渤海府城的规模,因此,把渤海长岭府推定在苏密城比推定在规模较小的英额城[2]和辽、金时代的山城镇山城(北山城子)[3]、海龙镇古城[4]更符合实际。显州、旧国、长岭府的位置明确以后,朝贡道的路线也就容易解决了。

10.3　从神州经显州到上京的
陆路朝贡道

唐代渤海的交通贸易比较发达,尤其和内地的联系更为密切。在当时,通往唐朝的有朝贡道和营州道,通往契丹的有契丹道。对外通往日本的有日本道,通往新罗的有新罗道。在这些交通道中,最重要的是从渤海上京龙泉府(今宁安县东京城),到唐朝长安的朝贡道。这条朝贡道,是从渤海的建立,直到灭亡,唐朝的册封使,渤海的朝贡使以及学生、商人来往不绝。它是唐和渤海联系的纽带,是经济文化交流的孔道,对东北各族经济文化的发展起了重要作用。

这条交通道从长安到登州(今山东蓬莱),又由此航海到达今天的旅顺[5],然后在辽东半岛的东部沿海航行到鸭绿江口,"自鸭绿江舟行百余里,乃小舫泝流东北三十里到泊汋口[6],得渤海之境。又泝流五百里,至丸都县城,故高丽王都,又北泝流二百里,至神州"。神州是渤海西京鸭绿府的府治所在,即今吉林省珲江市临江镇。从长安到神州这一段路程是比较清楚的,但从神州"又陆行四百里,至显州,天宝中王所都。又正北如东六百里,至渤海王城"[7],这段陆路行程史学界至

---

〔1〕李文信:《苏密城址踏查记》,见《满洲史学》3 卷 1 号。

〔2〕据 1978 年 10 月在清原县英额门附近的调查,今已无英额城。《盛京通志》卷 15,地理志载,英额城周长 180 步,这样的小城绝不可能是长岭府的府治所在地。

〔3〕海龙山城镇山城(北山城子)周长约 4 里,有马面,为辽,金古城。

〔4〕海龙镇古城周长约 3 里,是辽、金古城。

〔5〕旅顺黄金山麓《胪鸿井刻石》,见《辽东志》卷 1。

〔6〕今辽宁省丹东市九连城东五里的嗳河尖古城。

〔7〕《新唐书》卷 43 下,《地理志》引《贾耽道里记》。

今不清。下面谈一下我的看法。

从神州(今临江镇)陆行,往哪个方向走?经过哪些地方?根据渤海古城、古遗址的分布情况和山地交通道路来判断,应当是东北行到今抚松县城,然后再东行。抚松县城为一大盆地,松花江从北、西两面流过,过去在县城汽车站油库院内曾发现过渤海时代的遗址,至今还能看到红褐色和黄褐色布纹瓦片。据当地老人谈,过去在这里曾挖出过莲瓣纹瓦当和铁镞。此外,在抚松县城西10余里的榆树川乡(今属靖宇县)有两座山城,一在松花江南岸,只有南门,有瓮城,无马面,周长约2里。一在松花江北岸,周长约1里。在城内除采集到红色和灰色细泥陶片外,没有发现其他遗物。在抚松县城西,松花江西岸,过去曾有许多积石墓群。据《辽史·地理志》东京道渌州条:丰州在渌州的"东北二百一十里",辽代的渌州即渤海的西京鸭绿府,亦即今临江镇。从今临江镇东北陆行到抚松县城,都是崇山峻岭,据现在的山区公路距离计算是180里,这和从渌州到丰州210里的距离、方向基本相符。除这条道路以外,再没有发现其他道路和渤海古城遗址。从抚松县城及其附近的古城、古遗址、古墓葬以及文献所载从渌州到丰州的方向距离几个方面来看,今抚松县城当即渤海的丰州所在地。因此,从神州(今临江镇)陆行到显州(和龙西古城子)的第一个城镇是丰州,然后再由丰州(今抚松县城)东行。关于东行的路线,经实地调查访问知道,抚松以东完全是山地,只有沿现在的公路或铁路东行,别无道路可走。由抚松东行,经今泉阳、露水河东行,到安图县二道乡西北12华里的报马城(又书宝马城)。古城在宝马屯东南1里,周长468米,城内有大量的砖瓦,在城内曾采集到一片渤海指压纹板瓦。据前述文献记载,报马城当为渤海中京所辖兴州州城遗址。从报马城东北行,即可达今安图县城(松江镇),这里也是一处比较大的盆地。从县城出土的石器、铁镞、木桩等文物推知,安图县城既是古代居民聚集之地,也是东西往来必经之地。

关于从露水河或从报马城是否能去仰脸山城的问题。仰脸山城在安图县两江口乡小营子屯西南10里,正在二道白河入松花江口的北岸。仰脸山城东、南、西三面环水(松花江),周围群山起伏,交通极为不便。据实地调查,山城并不像《安图县志》所说那样,周长4里,实际周长约2.5里。山城内平地很少,多为凹凸不平的山沟,因没有采集到什么遗物,很难断定古城的时代。据当地老人介绍,从今露水河或报马城到仰脸山城,虽有山涧小道,但极为难行。因此,由露水河只有东行到二道白河的报马城,或由报马城东北行到安图县城的道路,才是比较平坦可行的,其他道路是没有的。由安图县城(松江镇)西北行,经永庆乡到柳树屯,由柳树屯沿富尔河西北行到大蒲柴河乡,然后由此北行,沿牡丹江到达敦化(旧国)。唐玄宗开元元年(公元713年),派郎将崔忻赴渤海时,当时渤海王都在旧国(今敦化),因此,崔忻所走的陆路交通线,可能即这一段路程(见图一)。

去显州即中京显德府的路线,可能是从今安图县永庆乡柳树屯,沿古洞河东北行,经万宝古城到新合乡,由此沿古洞河折向东南行,然后沿海兰江的支流,经卧龙乡和西城乡之间的獐项古城,又东行到达今和龙西古城子(显州、中京显德府)。

据1978年10月和1979年4月两次调查的资料,明确了由西古城子到东京城,即由渤海的中京到上京之间的渤海古城的分布情况。把这些渤海古城连起来,显然是一条古代的交通道。从中京到上京,即由西古城子到东京城,无疑首先是沿海兰江东行,到延吉县(龙井),这里有渤海古城和墓群。由今延吉县城东北行至延吉市,由延吉市北行,沿嘎呀河流域的一些渤海古城到达东京城。从延吉市到东京城之间的渤海古城有汪清县仲坪乡高丽城、安田古城堡、仲安乡兴隆屯古城、汪清县大兴沟乡庙岭屯南10里的半城(周长880米,矩形城,无瓮城、马面)、汪清天桥岭(曾出土过渤海莲瓣纹瓦当),由天桥岭北行到春阳乡阳光屯所在地的小城子(出土过渤海板瓦),由春阳乡西北行一直到东京城,即渤海的上京龙泉府(见图一)。这些渤海古城都在今公路或铁路沿线附近,可知古今交通路线基本相同。

搞清渤海中京的位置,搞清从神州经显州到上京这段陆路朝贡道,对研究唐代渤海及其以后历代各族的历史都有重要意义。

10.4 唐和渤海联系的纽带——朝贡道

唐代是中国封建经济文化发展的时代,当时唐代的长安(今西安市),不但是国内政治、经济、文化的中心,也是当时世界上著名的繁华都市。国内边疆各族的贡使和外国使者、商人往来不绝。唐朝的册封使和渤海的朝贡使就是通过这一条朝贡道进行频繁的往来。

唐玄宗先天二年(开元元年,公元 713 年),遣郎将崔忻册封大祚荣为渤海郡王,并在其统治地区置忽汗州加授大祚荣为忽汗州都督。从此以后,每岁遣使朝贡,贡品根据当地的土产来定,即所谓土贡。"土贡即租税也,汉唐以来任土所贡,无代无之。"[1]从唐中宗神龙元年(公元 705 年)到唐昭宗乾宁元年(公元 894 年),唐派遣册封使达 13 次之多[2]。渤海遣使朝贡者,玄宗时 29 次,大历时 25 次,建中、贞元间 4 次,元和时 16 次,长庆时 4 次,宝历时 2 次,大和开成时 12 次,会昌时 4 次,咸通时 3 次[3]。其间并"数遣诸生诣京师大学,习识古今制度[4]",有些学生就在唐朝参加科举考试,进士及第者就有不少[5]。开元二十六年(公元 738 年),"渤海遣使求写《唐礼》、《三国志》、《晋书》、《三十六国春秋》,许之"[6]。由此可知,在唐代,中原文化已大量传入东北。

渤海和唐朝的贸易往来也是比较频繁的,唐在青州置渤海馆,专管渤海贸易,山东节度使李正己"贸易渤海名马,岁岁不绝"[7]。渤海向唐朝输出的有马、貂鼠皮以及人参、麝香等各种药材。从唐朝输入的有帛、锦、绢、绵、粟、金银器皿等。频繁的贸易往来,丰富了国内各族人民的生活,加速了各族社会经济的发展。

---

[1]马端临:《文献通考》自序。
[2]金毓黻:《渤海国志长编》卷7,大事表第三。
[3]《新唐书》卷 219,《渤海传》。
[4]《新唐书》卷 219,《渤海传》。
[5]金毓黻:《渤海国志长编》卷 10,诸臣条。
[6]《册府元龟》第 6 册,卷 999,请求条,原文作开元三十六年,系二十六年之误。
[7]《旧唐书》卷 124,《李正己传》。

·欧·亚·历·史·文·化·文·库·

在渤海第十代宣王大仁秀（公元 820—830 年）统一海北诸部以前，居住在今黑龙江下游的黑水靺鞨以及居住在今乌苏里江东西一带的铁利、越喜、虞娄等部，向唐朝进贡也经由渤海境内的朝贡道。所谓"黑水入唐，道由我（渤海）境"[1]。不仅指黑水靺鞨的朝贡，其他"海北诸部"的朝贡，也经由渤海境内的朝贡道。如"开元十三年（公元 725 年）渤海武王仁安六年（七年之误）正月，黑水靺鞨遣其将五郎子来贺正，且献方物，授将军，赐紫袍、金带、鱼带，放还蕃"[2]。开元十六年"其都督赐姓李氏，名献诚，授云麾将军兼黑水经略使，仍以幽州都督为其押使，自此朝贡不绝[3]。其他如"拂涅亦称大拂涅。开元、天宝间八来，献鲸睛、貂鼠、白兔皮；铁利，开元中六来；越喜七来，贞元中一来；虞娄，贞观间再来，贞元一来，后渤海盛，靺鞨皆役属之，不复与王会矣"[4]。高度发展的唐代经济文化，由朝贡道输入渤海以及黑龙江下游、乌苏里江东西各地，对渤海以及东北靺鞨各部的发展都有很大的影响。

渤海的文物制度，从中央到地方的政权组织机构，"大抵宪象中国制度"[5]。渤海京城的建筑布局就是仿唐长安城的形制。渤海古城城址出土的莲花纹方砖、莲瓣纹瓦当等和唐代长安兴庆宫遗址出土的文物相同[6]。和龙八家子河南屯渤海墓中出土的金带等文物，都和唐代文物花纹形制相同[7]。尤其从贞惠公主墓碑和贞孝公主墓碑的碑文，可知渤海对中原汉族文化有很深的造诣。从碑文的内容，文章体裁以及碑的花纹形制都可看出唐代文化对渤海的深刻影响。

渤海是在祖国的东北地区建立的地方民族政权，朝贡道上的频繁往来，使唐和渤海在政治、经济、文化方面进一步紧密地联系在一起。

---

〔1〕《五代史会要》卷 30。

〔2〕《册府元龟》卷 975，外臣部褒异三。

〔3〕《旧唐书》卷 199 下，《靺鞨传》。

〔4〕《新唐书》卷 219，《黑水靺鞨传》。

〔5〕《新唐书》卷 219，《渤海传》。

〔6〕马得志：《唐长安兴庆宫发掘记》，见《考古》1959 年 10 期。

〔7〕马得志：《唐长安兴庆宫发掘记》，见《考古》1959 年 10 期。

11 二十四块石考

二十四块石遗址现已发现 8 处,在吉林省敦化市境内牡丹江上游发现 4 处(江东乡、官地镇、海青房、腰甸子)[1],在图们市境内发现 2 处(月晴乡石建坪、马牌)[2],在黑龙江省宁安县牡丹江中游镜泊湖东岸松乙沟内的北坡发现 1 处[3]。另外,在今朝鲜咸镜北道渔郎郡会文里发现 1 处[4]。这 8 处二十四块石均在古代交通道附近较高的土台上,具有统一的规格,其规模、形制以及出土文物(板瓦、筒瓦残块)基本相同。除敦化市官地二十四块石为面东,东西排列 3 行外,其他均为面南,南北排列 3 行,每行有 8 块础石,3 行共 24 块,故称为二十四块石。二十四块石每行南北长均 9.2 到 10.5 米左右,东西宽均为 6 到 8.3 米左右。每行间距为 3 米左右,石块间距均为 0.3 至 0.5 米左右。二十四块石的规模,约当今 3 间房的规模。石块的长、宽、高,分别为 0.4 到 0.9 米不等,石块的顶部平面有五边形、方形、圆形,均为略加修琢的玄武岩。

在二十四块石遗址,都发现有较多的红色和灰色的板瓦和筒瓦残块,凹面为布纹,凸面为素面。在敦化市二十四块石遗址中发现过渤海指压纹板瓦残块。在黑龙江省镜泊湖东岸松乙沟二十四块石遗址及其附近的渤海遗址中,均发现有渤海板瓦和莲花纹瓦当残块,这是推定二

〔1〕吉林大学历史系敦化文物普查队第二小组:《敦化县二十四块石遗址调查记》,载《吉林大学学报》(社会科学版)1958 年第 3 期;王承礼:《吉林敦化牡丹江上游渤海遗址调查记》,载《考古》1962 年第 11 期;《敦化市文物志》,第 78 - 83 页。

〔2〕《图们市文物志》,第 43 - 45 页。

〔3〕干志耿、孙秀仁:《黑龙江古代民族史纲》,第 294 页。

〔4〕李云铎译:《朝鲜新发现的二十四块石》,载《东北亚历史与考古信息》1984 年第 4 期;载《博物馆研究》1984 年第 2 期。

·欧·亚·历·史·文·化·文·库·

十四块石为渤海遗址的物证。在敦化官地二十四块石遗址中还曾采集到"檐瓦（按：即滴水）残片一件，渤海遗物（按：当为辽、金遗物），灰色，背布纹，卷缘，缘宽4厘米，缘上有押印两处，似菊花纹"[1]。据敦化市文物管理所刘忠义同志寄赠的这一菊花纹檐瓦的形制和花纹图样来看，当为辽、金时代的滴水，而不是渤海的滴水。因为渤海的滴水前端无下垂的条形带，而辽、金时代的滴水，则均有下垂的条形带，其上有菊花等纹饰。在敦化市大山嘴子乡腰甸子二十四块石遗址，也有形制和纹饰相同的滴水[2]。特别是在图们市月晴乡马牌二十四块石遗址中发现了典型的辽、金时代的兽面瓦当和滴水[3]。这一滴水和在敦化市官地、腰甸子二十四块石遗址中采集到的滴水相同。过去考古学界一直认为二十四块石为渤海遗址，但从在敦化市和图们市境内的二十四块石遗址中发现辽、金时代的瓦当和滴水以后，才得知二十四块石遗址当系始建于渤海，辽、金沿用。此外，在敦化市官地二十四块石遗址中，还发现黄色和黑色的轮制陶片和少量橘黄色的灶基土。在敦化市海青房二十四块石遗址中，也发现有少量的炭灰和红烧土。在图们市月晴乡马牌二十四块石遗址的底部发现铺有碎石和粗砂。在朝鲜咸镜北道渔郎郡会文里二十四块石遗址的底部铺有70厘米厚的河卵石地基。

在二十四块石遗址附近，均有渤海或金代的古城、遗址、墓葬[4]。如敦化市江东乡二十四块石西北2里处有敖东城（渤海旧国）。敦化市官地二十四块石西南5里处有渤海时代的石湖古城。在海青房即今林胜乡东南2里有二十四块石，在乡东3里处有金代石棺墓葬[5]。在敦化市大山嘴子乡腰甸子二十四块石之北的"山顶有一古城堡，东去1

---

〔1〕吉林大学历史系敦化文物普查队第二小组：《敦化县二十四块石遗址调查记》，载《吉林大学学报》（社会科学版）1958年第3期；王承礼：《吉林敦化牡丹江上游渤海遗址调查记》，载《考古》1962年第11期；《敦化市文物志》，第78－83页。

〔2〕《敦化市文物志》，第83页。

〔3〕《图们市文物志》，第45页，图19。

〔4〕吉林大学历史系敦化文物普查队第二小组：《敦化县二十四块石遗址调查记》，载《吉林大学学报》（社会科学版）1958年第3期；王承礼：《吉林敦化牡丹江上游渤海遗址调查记》，载《考古》1962年第11期；《敦化市文物志》，第78－83页。

〔5〕《敦化市文物志》，第46－47页。

里还有一处渤海建筑址,其东、南、西三面较为开阔"[1]。在图们市月晴乡马牌三队东二十四块石遗址附近有马牌一队苗圃的渤海遗址[2]。在黑龙江省牡丹江中游镜泊湖东岸松乙沟二十四块石遗址的深处东端弯沟内发现渤海建筑遗址各 1 处,地面均散布有较多的渤海板瓦及莲花纹瓦当等[3]。在"朝鲜咸镜北道渔郎郡一带,除会文里二十四块石遗址外,认为属于渤海时期的遗址,还有江防要塞、山城、堵截城等许多遗址"[4]。

明确二十四块石的分布、形制、规模以及出土文物等情况,对推定二十四块石的时代和用途都是有帮助的。

二十四块石是做什么用的建筑遗址,这是考古学界尚未搞清的问题。由于缺乏文献记载,众说纷纭。有的认为是仓库遗址[5];有的认为是渤海国王死后还葬祖茔在设祭时临时停灵的祭坛[6];有的认为是渤海王室之纪念性建筑物[7];有的认为"可能是渤海交通要道上的亭阁式建筑,为行人往来暂歇、打尖提供方便,类似驿站"[8];有的"认为是在主要交通要道上建筑的驿站"[9]等。上述这些看法,均未提出论据。笔者认为后两说较为可靠,并认为二十四块石当为渤海交通道上的驿馆遗址,辽、金时代又加以修复沿用,其论据如下。

第一,现存的二十四块石均在古道附近,这一古道也是现代的公路。敦化市牡丹江上游的 4 处二十四块石遗址,是比较集中和保存比

〔1〕《敦化市文物志》,第 82 - 83 页。

〔2〕《图们市文物志》,第 34 - 35 页。

〔3〕干志耿、孙秀仁:《黑龙江古代民族史纲》,第 294 页。

〔4〕李云铎译:《朝鲜新发现的二十四块石》,载《东北亚历史与考古信息》1984 年第 4 期;载《博物馆研究》1984 年第 2 期。

〔5〕魏声和:《鸡林旧闻录》(长白丛书本)。

〔6〕吉林大学历史系敦化文物普查队第二小组:《敦化县二十四块石遗址调查记》,载《吉林大学学报》(社会科学版)1958 年第 3 期;王承礼:《吉林敦化牡丹江上游渤海遗址调查记》,载《考古》1962 年第 11 期;《敦化市文物志》,第 78 - 83 页。

〔7〕吉林大学历史系敦化文物普查队第二小组:《敦化县二十四块石遗址调查记》,载《吉林大学学报》(社会科学版)1958 年第 3 期;王承礼:《吉林敦化牡丹江上游渤海遗址调查记》,载《考古》1962 年第 11 期;《敦化市文物志》,第 78 - 83 页。

〔8〕李殿福、孙玉良:《渤海国》,第 124 页,文物出版社 1987 年版。

〔9〕延边博物馆编:《延边文物简编》,第 69 页,延边人民出版社 1988 年版。

较完整的遗址,而且均在从渤海旧国(今敦化市内的敖东城)到上京(今黑龙江省宁安县渤海镇的渤海古城)的古代交通路线上。这条交通道是渤海营州道的东北段。辽灭渤海后,是从辽代东平郡(后改称东京,即今辽阳)通往东丹国天福城(渤海上京)的交通道。图们市月晴乡马牌、石建坪两处二十四块石及朝鲜咸镜北道渔郎郡会文里 1 处的二十四块石,均在从渤海京城通往渤海南京南海府[1]和新罗的新罗道上。到了金代,则是在从上京(今黑龙江省阿城县白城)通往合懒路(今朝鲜咸镜南道的咸兴)的交通道上。二十四块石均在渤海和辽、金古道附近,这是推定二十四块石为驿馆的根据之一。

第二,从敦化市境内现存比较完整的 4 处二十四块石遗址和它们之间的距离来看,均为古代驿站一站的距离。从敦化市江东村二十四块石到官地二十四块石为 56 里。由官地到海青房二十四块石为 20 里。由海青房到腰甸子二十四块石为 54 里。从图们市月晴乡的马牌到石建坪二十四块石间的距离最短,约为 10 里。渤海驿站间的距离缺乏记载,但"自新罗泉井郡至栅城府,凡三十九驿"[2]的记载可以推知,从新罗泉井郡(今朝鲜咸镜南道的德源)到栅城府(渤海东京,在今珲春八连城)约 1000 余里,则 39 驿,每站间的距离平均约为 30 里。这和《旧唐书·百官志》关于唐代"凡三十里有驿,驿有长"的记载相符。渤海新罗道上所置驿,证实日本《类聚国史》卷 193 关于渤海"无州县馆驿"[3]的记载,并不能成为渤海无驿站馆舍的根据。辽、金时代,驿站间的距离记载较多,一般多在 30 ~ 70 里之间,有的中间置有站,间距在 20 ~ 30 里,少数驿站间的距离在 80 ~ 100 里之间。现存二十四块石之间的距离和古代驿站间的距离可以说是大体相符。这是推定二十四块石为驿馆遗址的根据之二。

第三,二十四块石附近均有渤海和金代古城、遗址。这和文献所载

---

〔1〕渤海南京南海府所在地有在今朝鲜咸兴、镜城、北青三说,今以北青说为是。详见李云铎译:《朝鲜新发现的二十四块石》,载《东北亚历史与考古信息》1984 年第 4 期;载《博物馆研究》1984 年第 2 期。

〔2〕《三国史记》卷 37,引贾耽《古今郡国志》。

〔3〕《日本逸史》引,日本《类聚国史》卷 193。

驿馆多在州县城镇郊外的情况相符。渤海没有关于这方面的记载,而辽、金时代,宋使的记录较为详细。路振《乘轺录》载:"是夕,宿于永和馆,馆在城南。"又云:"是夕,宿于大同驿。驿馆在(中京大定府)阳德门外,驿东西各三厅,盖仿京师上元驿也。"许亢宗《宣和乙巳奉使行程录》第二十八程,自兴州至咸州,"未至州一里许,有幕屋数间,供帐略备,州守出迎,礼仪如制"。可见辽、金驿馆一般均在州县城郊外的交通道附近。这和前述二十四块石均在古城、古遗址附近的情况相符。这是推定二十四块石为驿馆遗址的根据之三。

第四,在辽代驿馆遗址中,均发现有板瓦、筒瓦残块、兽面瓦当、滴水,以及篦纹陶片和辽白瓷片[1],可知辽代驿站屋顶均以瓦铺盖。今二十四块石遗址均有渤海和辽、金时代的板瓦、筒瓦、兽面瓦当、滴水和红烧土,这和已发现的渤海、辽、金时代驿馆遗址出土文物相同。这是推定二十四块石为驿馆遗址的根据之四。

从上述二十四块石均分布在渤海、辽、金古道附近,而且其间的距离和古代驿站间的距离相符,又从其规模、形制都有统一的规格等情况来看,二十四块石当为渤海、辽、金时代的驿馆遗址。在渤海、辽、金时代的交通道上,所经州县城镇驿站是很多的,现存的大小古城较多,而规模较小的驿站遗址却已很少见到。渤海6条交通道上的驿馆,只有营州道的东北段还残存5处,新罗道残存3处,其他各道均未发现二十四块石。因为二十四块石为建筑用材,易被后人挪用,绝大多数早已不见,所以现存的二十四块石仅仅是渤海驿馆遗址的一部分,只能部分地反映渤海驿馆的分布情况。在二十四块石遗址中发现的渤海、辽、金瓦块,以及8处二十四块石,都是在原来渤海辖境内发现的,在原来渤海辖境以外的辽、金地区尚未发现,这都说明二十四块石始建于渤海,辽、金又修复沿用。

在辽、金时代的各条交通路线上,分布着许多大小辽、金古城,一般

---

〔1〕承德地区文化局辽驿调查组:《辽中京到南京口外驿道调查》,载《社会科学战线》1984年第1期。

是每隔五六十里置一站,但也并非完全如此。如许亢宗的《宣和乙巳奉使行程录》载:自第二十一程,即自锦州八十里到刘家庄以后,"行人俱野盘",即因中间无驿站馆舍,不得不在野外露宿。又如宋绶的《契丹风俗》载:"离中京,皆无馆舍,但宿穹帐。"由此可知各路驿站,并非每隔五六十里都置有驿馆,有的地方就见不到城镇和驿馆,不得不"野盘"或"宿穹帐"。现有的二十四块石,只是渤海驿馆遗址的一部分,因此,不能以残存的二十四块石较少等理由,作为否定二十四块石为渤海或辽、金驿馆遗址的根据。

辽 金 史

12 辽代四时捺钵的
地址和路线

契丹地处大漠草原之间,"畜牧畋渔以食,皮毛以衣,转徙随时,车马为家","随水草,就畋渔,岁以为常"[1]。他们"以驰骋为容仪,以弋猎为耕钓,栉风沐雨不以为劳,露宿草行不以为苦"[2]。这是契丹人自古以来的生活方式。契丹建国后,仍是过着以畜牧射猎为主的游牧生活,辽帝的四时捺钵正是契丹这种生活习俗的反映。捺钵乃契丹语,其意为"行在"、"行营"、"行宫"、"住坐处"、"牙帐",即辽帝出猎时居住的帐幕。关于辽帝四时捺钵之地,《辽史·营卫志》和《辽史·本纪》,以及宋使记录都有比较详细的记载,傅乐焕先生对辽代四时捺钵也有比较深入的研究[3]。现将辽帝四时捺钵的地址当今何地的问题,以及从辽上京到四时捺钵的路线,结合亲自实地考察和已发表的考古资料分述如下。

12.1 春捺钵的地址

春捺钵主要在长春州境内的鱼儿泺、鸭子河等地,进行钓鱼、捕鹅。《辽史·地理志》载:"长春州,本鸭子河春猎之地。"《辽史·营卫志》载春捺钵之地在"鸭子河泺"。鸭子河泺"在长春州东北三十五里"。《辽史拾遗》卷13,引宋·王易《燕北录》载"春捺钵多于长春州东北三十里就泺甸住坐",此泺甸即鸭子河泺。《辽史》明确记载鸭子

---

〔1〕《辽史·营卫志》。
〔2〕《宋史》卷273,《何承矩传》。
〔3〕傅乐焕:《辽史丛考》,第36—172页。

·欧·亚·历·史·文·化·文·库·

河泺为春捺钵之地,但《辽史·本纪》只有到长春州(亦简称春州)、鸭子河、混同江、挞鲁河、长春河、鱼儿泺等地进行春猎的记载,而独不见到鸭子河泺春猎的记载。从"长春州,本鸭子河春猎之地",以及《辽史·本纪》所载到鸭子河春猎的记载可知,到鸭子河春猎当即包括鸭子河泺在内。《辽史·圣宗纪》太平四年(公元1024年)二月"诏改鸭子河曰混同江,挞鲁河曰长春河"。据《辽史·本纪》的记载可知,辽帝春捺钵之地,主要在长春州境内的鸭子河(混同江)、挞鲁河(长春河)、鱼儿泺。

长春州,《辽史·圣宗记》载:"太平二年三月甲戌,如长春州。"证明早在圣宗太平二年(公元1022年)就已有长春州的建置。《辽史·地理志》载:长春州"兴宗重熙八年置"。《辽史·兴宗纪》载:"重熙八年十一月己酉,城长春。"重熙八年(公元1039年),当是指长春州城的建置年代。因此,太平四年(公元1024年)"诏改挞鲁河曰长春河",是河因州而改名,不是州因河而定名。《辽史·本纪》经常出现到春州鸭子河、混同江春猎的记载,这里的春州即长春州的简称。

关于长春州当今何地的问题,史学界还有不同意见,笔者通过多年来在这一地区的实地考古调查,结合文献记载,认为长春州在今吉林省前郭尔罗斯蒙古族自治县(简称前郭县)八郎乡北上台子村的他虎城。他虎城北距嫩江下游10里,东距松花江曲折处约50里,西距月亮泡约80里,南距查干泡约20里,东北距肇源县茂兴泡35里。这一带多江河湖泊,不但盛产鱼类,而且也是野鸭子、鹅、雁群集之地。

辽代的挞鲁河(长春河)不但指今洮儿河,还包括今嫩江下游。鸭子河指今东流松花江西段,即今黑龙江省三肇一带的松花江,因拙著已经发表[1],不再重述。

鸭子河泺在长春州东北35里,长春州即今前郭县他虎城,东北35里正当今黑龙江省肇源县茂兴泡。也有的以今月亮泡或查干泡为鸭子河泺,但月亮泡与查干泡西南35里附近,并没有较大的辽代古城,和鸭

---

〔1〕拙著《东北史地考略》,第105-113页、第133-137页。

子河泺在长春州东北 35 里的记载不符。

鱼儿泺是辽帝春猎的主要地区,据《辽史·本纪》的记载,鱼儿泺常与长春州、长春河(挞鲁河)连在一起。如辽圣宗太平五年(公元 1025 年)三月,"如长春河鱼儿泺",长春河即挞鲁河,亦即今洮儿河和嫩江下游。今月亮泡在洮儿河和嫩江汇合处,据实地调查,洮儿河与嫩江汇流处,以及嫩江下游和东流松花江北岸,湖泊较多,其中以月亮泡产鱼最多,为东北著名的产鱼区之一,故以今月亮泡为辽代长春州境内的鱼儿泺较为符合实际。

《辽史·本纪》常见辽帝"如春水"春猎的记载,辽、金时代所说的春水,并不是指一条河流的名称,而是泛指春猎之水。"如《金史》载"次济州春水"[1]、"如长春宫春水"[2]、"前往安州春水"[3]、"爻剌春水"[4] 等。

辽帝春捺钵主要在长春州境内的鸭子河(混同江)、挞鲁河(长春河)、鱼儿泺,即今东流松花江的西段和嫩江下游、月亮泡一带。这一带是洮儿河、嫩江、松花江会流处,湖泊较多,自古以来就是著名的产鱼区和鹅、雁、野鸭子群集之地,是进行渔猎的理想地带。

辽圣宗时代,由于和北宋战事、交涉较多,天祚帝末,因女真起义,东北多事,因此,辽帝春猎也常在西南境的延芳淀(今北京通县附近)、鸳鸯泺(今河北尚义东北之昂古立诺儿,亦即安固里淖)、长泺(今奈曼旗工程庙泡子,一名乌兰浪泡)等地进行。

辽帝从上京到长春州春猎的路线,史无记载,但从已知辽代古城、遗址分布以及现今河流、交通路线的情况来看,其北上的路线,当从今巴林左旗林东镇(辽上京)沿乌尔吉木伦河东行到阿鲁科尔沁旗和乌力吉木仁,然后北上到扎鲁特旗、科尔沁右翼中旗、突泉县双城子古城,再东行到洮安县沿洮儿河东行二十里到城四家子古城(辽泰州),然后

---

[1]《金史》卷 4,《熙宗本纪》,皇统五年二月乙未条。

[2]《金史》卷 8,《世宗本纪》,大定三十四年正月戊戌条。

[3]《金史》卷 92,《曹望之传》。

[4]《金史·地理志》,上京会宁府条。

·欧·亚·历·史·文·化·文·库·

再沿洮儿河到月亮泡、嫩江,到前郭县他虎城(辽代长春州)。这条路线也是从辽上京通往生女真居地的道路。

12.2 夏捺钵的地址

据《辽史·营卫志》和《辽史·本纪》的记载,夏捺钵"无常所",主要在庆州境内诸山,其次为怀州西山之清凉殿,归化州的炭山等地。辽帝在夏捺钵时,主要是纳凉、游猎,与北、南臣僚共议国事、接见使臣。

庆州在今内蒙昭盟(赤峰)巴林右旗白塔子乡古城,因城内西北隅有一八角七层的辽代白塔,放名白塔子。《金史·地理志》庆州条载:"城中有辽行宫。"今白塔子城有内城、外城,平面呈回字形,有角楼、瓮城、马面,内城偏北正中的高台遗址,当即辽代的行宫。白塔子城(庆州城)建在查干木伦河(辽代黑河)的冲积平原上,北、东、西三面环山。《辽史·地理志》上京道庆州条所说的"黑山、赤山、太保山、老翁岭、馒头山",以及吐儿山、永安山等均在庆州境内,即今巴林右旗和巴林左旗北部诸山。庆州东北30里的山沟中为庆陵的所在地,当地群众称之为"王坟沟",为辽圣宗、兴宗、道宗三陵的所在地。庆陵附近的高山即"庆云山,本黑岭也",而黑岭即黑山,黑河(即今查干木伦河)发源于此[1]。据《辽史·地理志》庆州条载,庆州一带"本太保山黑河之地,岩谷险峻",风景"奇秀",其"地苦寒"。1987年9月初,笔者曾在庆州一带作实地考察,得知这一带地处大兴安岭高寒山区,山川秀丽,地多禽兽,既有郁郁葱葱的原始大森林,又有水草丰茂的大草原,确是多山宜猎和避暑的胜地,因此,辽帝的夏、秋捺钵多在这里。《辽史·营卫志》载:夏捺钵"无常所,多在吐儿山","吐儿山在黑山东北三百里,近馒头山"。吐儿山即兔儿山、犊儿山。据亲到此地的宋使沈括在其《使房图抄》中关于犊儿山方位的记载说:当时辽主的临时衙庭(即夏捺钵)在犊儿山南,即"其北山,庭之所依者,曰犊儿","过犊儿北十余里,

---

[1]沈括:《熙宁使房图抄》,大河帐之东南有大山,曰黑山,黑水之所出也。

曰市场,小民之为市者,以车从之于山间"。据考:"这个市场与东乌兰坝(大兴安)是岭南、岭北的交通要道……至今赤峰地区人民食用盐仍依赖(锡盟东乌珠木沁旗)达布苏诺尔盐池所产之岩盐。"可想而知,辽代上京道居民,为了得到生活中需要的食盐,必须要在交通要道的关口设置市场。"乌兰坝(乌兰达坝)林场处,恰好是南北交通要道,此地出现市场,实行物资交换,互通有无,就不足为奇了。"[1]由此可知,辽代的犊儿山即吐儿山,在今巴林左旗西北浩尔图乡乌兰达坝林场附近的高山地带。这里是辽代的狼河即今乌尔吉木伦河北源的发源地。据《赤峰风情》(第35－36页)的记载:"乌兰达坝(蒙古语:红包隘口),位于巴林左旗浩尔吐(即浩尔图)乡政府驻地加拉嘎村西北约三十公里处,海拔1362米。《辽史·地理志》记载为赤山,《蒙古游牧记》记载为乌兰岭。山峰有巨大的红色石崖,故称乌兰达坝……此坝列为巴林左旗自然保护区。"贾敬颜先生认为"辽志庆州下有赤山,岂赤山与犊儿山为一山耶? 一言其颜色,一言其形状。又彦吉嘎庙西南有乌兰哈塔山,亦译红峰也,或者此乃辽志之赤山"[2]。可知,辽赤山当在犊儿山(吐儿山)或其附近的山峰。

《辽史·游幸表》:圣宗"太平六年五月,避暑于永安山之凉陉"。王易《燕北录》称:辽帝"夏捺钵多于永安山住坐"。据沈括《熙宁使虏图抄》载:"新添帐之东南有山有土山,逶迤盘折,木植甚茂,所谓永安山也。"辽圣宗太平三年七月,"赐缅山名曰永安"。据考,"新添帐处"按《图抄》记载位置、里程、地形查找,当在今巴林左旗浩尔吐乡所在地之西富山村、南台子一带。在这个方位上有一处丘陵山区,永安山当在此处"[3]。这里是乌尔吉木伦河发源之一,即乌尔吉木伦河的西源。

辽代夏捺钵之地,除主要在庆州以外,还有怀州西山之清凉殿和炭山的凉陉(永安山和炭山都有凉陉)等地。

怀州在今巴林右旗幸福之路乡岗庙村内,村址建在怀州古城内,故

---

〔1〕沈括:《熙宁使虏图抄》所记"赤峰地名考",见《松辽学刊》1987年4、5期专号。

〔2〕贾敬颜:《沈括使辽图抄疏证稿》。

〔3〕沈括:《熙宁使虏图抄》所记"赤峰地名考",见《松辽学刊》1987年4、5期专号。

古城多已被破坏,城内原有布局已无法弄清。怀州故城也是北、东、西三面环山,中间为敖尔盖河冲积平原,这里也是高寒山区,为避暑胜地。《辽史·地理志》上京道怀州条云:辽代怀州"有清凉殿,为行幸避暑之所,皆在州西二十里"。《辽史·营卫志》亦云:"怀州山西有清凉殿,当在今怀州故城(岗岗庙村)西方的群山中。怀陵在今怀州故城北六里的床金沟。"[1]

《薛映记》云:"临潢西北二百余里,号凉淀,在馒头山南避暑之处,多丰草,掘(地)丈余即有坚冰云。"可知辽上京西北 200 余里处在高寒山区,适于避暑。辽帝有时也到炭山之凉陉避暑,"炭山在归化州,又谓之陉头,有承天后凉殿"[2]。炭山、凉陉(陉头)在今滦河上游闪电河(金代称之为金连川)。滦河上源的闪电河一带,遍地生金莲花,金莲川因此而得名。这里气候凉爽,水草丰茂,禽鸟众多,是避暑游猎的好地方。故辽、金皇帝多在此避暑,成吉思汗攻金时,也曾在恒州之凉陉即炭山之凉陉避暑[3]。

12.3 秋捺钵的地址

《辽史·营卫志》载:秋捺钵在伏虎林,"七月中旬,自纳凉处起牙帐,入山射鹿及虎"。伏虎林"在永州西北五十里",此处的永州为庆州之误,已为傅乐焕先生的精确考证所纠正[4]。《契丹国志》卷 5《穆宗本纪》载:"如京东北,有山曰黑山,曰赤山,曰太保山,山水秀艳,麋鹿成群,四时游猎,不离此山。"此处"京东北"即上京西北之误,这些山都在当时辽上京庆州境内,亦即今巴林左旗和巴林右旗北部境内的高山。这些山均在今林东镇(辽上京)的西北,而非上京的东北。这里"山水秀艳,麋鹿成群",故辽帝秋季入山射鹿及虎多在庆州境内诸山进行。

---

〔1〕张松柏:《辽怀州怀陵调查记》,载《松辽学刊》1987 年第 4、5 期专号。

〔2〕《辽史·地理志》,西京道归化州条。

〔3〕陈得芝:《元察罕脑儿行宫今地考》,载《历史研究》1980 年第 1 期。

〔4〕傅乐焕:《辽史丛考》,第 56 - 59 页。

《辽史·本纪》经常出现"如春水"、"如秋山"的记载,"春水"为春猎之水,"秋山"为秋猎之山。春水、秋山,不是指某一水,某一山,而是春猎、秋猎的代名词。辽帝春猎之地,主要在长春州境内的挞鲁河(长春河)、鸭子河(混同江);秋猎之地,主要在庆州境内的黑山、赤山、太保山等地。辽帝秋捺钵之地,主要在庆州境内诸山,但也不限于庆州诸山,此外还有平地松林和炭山等地。庆州、怀州诸山,以及炭山,皆是夏捺钵之地。

辽帝到庆州、怀州诸山避暑和秋猎的路线,史无记载,但从庆州及其境内山川的位置可以推定出从辽上京到庆州、怀州的路线。古今城镇和交通离不开河流,尤其古代更是如此。因此,根据山川、古城、古遗址分布的情况,以及宋使赴辽的记录,寻求古代的交通路线是不会错误的。从辽代上京到庆州,即从今林东镇到巴林左旗白塔子(庆州),可以说是古今道路相同。从辽上京到庆州的一条主要道路是从上京(今林东镇)沿今沙里河南行,到今巴林左旗的白音宝力格,又西行到今巴林右旗查干勿苏,然后再沿今敖尔盖河西北行,经今巴林右旗的岗岗庙(岗根庙)即怀州,到庆州(今白塔子)。沈括使辽,自保和馆到庆州即走这条路。另一条道路是从上京沿沙里河西南行到查干勿苏,再西南行到大坂,然后再沿今查干河(黑河)直到庆州(今白塔子),再沿黑河北上到庆陵的黑山。另一条是到吐儿山(犊儿山)和永安山的道路,则是从上京(今林东镇)沿乌尔吉木伦河(狼河)北上直到其发源地的吐儿山(狼河的北源)和永安山(狼河的西源)。

12.4 冬捺钵的地址

《辽史·营卫志》载:冬捺钵之地"曰广平淀。在永州东南三十里,本名白马淀。东西二十余里,南北十余里。地甚坦夷,四望皆沙碛,木多榆柳。其地饶沙,冬月稍暖,牙帐多于此坐冬,与北、南大臣会议国事,时出校猎讲武,兼受南宋及诸国礼贡"。据傅乐焕先生的考证,广平淀即藕丝淀,"藕丝淀实契丹本名,广平淀则其译称也"。《辽史·地

·欧·亚·历·史·文·化·文·库·

理志》载:永州"东潢河,南土河,二水合流,故号永州,冬月牙帐多驻此,谓之冬捺钵"。冬捺钵之地在永州,即今西拉木伦河与老哈河汇流处的白音他拉古城。据实地调查,"当地群众介绍,此地冬季气候较暖,低纬度的乌丹每年秋季树叶已落,而这里还是绿叶满树"[1],和文献所载"其地饶沙,冬月稍暖"的情况完全相符。辽代虽有五京,但政治中心常在夏、冬捺钵。春捺钵主要从事钓鱼、捕鹅;秋捺钵主要是射鹿打虎。夏、冬捺钵则主要是"与北南大臣会议国事,时出校猎讲武,兼受南宋及诸国礼贡"。因此,夏、冬捺钵也是辽国的政治中心所在地。

从上京到永州当沿今乌尔木伦河东南行到西拉木伦河和老哈河汇流处的白音拉古城。

---

〔1〕姜念思、冯永谦:《辽代永州调查记》,载《文物》1982 年第 7 期。

13　木叶山考

《辽史·营卫志》和《辽史·地理志》均载木叶山在永州。因此,史学界一般均认为木叶山在永州。而比较早的文献记载,如《资治通鉴》、《旧五代史》、《新五代史》、《契丹国志》等,则均载木叶山在祖州。尤其《册府元龟》卷980所载,天成元年(辽天显元年,公元926年)九月,幽州越德钧奏,先差军将陈继威使契丹还称:"继威见契丹部族商量,来年正月,葬阿保机于木叶山下。"宋真宗天禧四年(公元1020年),宋绶使契丹,在其《契丹风俗》中亦云:"木叶山本阿保机葬处,又云祭天之地。"宋使这些到契丹耳闻目睹的原始史料是推定木叶山在祖州的可靠根据。因此,笔者同意最近有的同志提出木叶山在祖州的看法。

据已发表的实地考察及调查资料,在今西拉木伦河(潢河)和老哈河(土河)两河汇流处有白音他拉古城,周长4里,有马面。从出土的辽代文物和文献记载来看,以白音他拉古城为永州故址当无疑问,但以白音他拉古城(永州)西160里的海金山为木叶山值得商讨。

第一,《辽史·地理志》永州条所谓"至木叶山,二水合流",是根据神话传说推定的,即"相传有神人乘白马,自马盂山浮土河而东,有天女驾青牛由平地松林泛潢河而下。至木叶山,二水台流,相遇为配偶,生八子。其后族属渐盛,分为八部"。这一"至木叶山,二水合流"的神话传说,和比较早的文献记载,特别是宋使的记录以及考古调查资料的实际并不相符。

第二,二水合流处的白音他拉古城周围的地理形势,和永州"地甚坦夷,四望皆沙碛"的记载完全相符,但是两水合流处并无山,和"至木叶山,二水合流"的记载不符。如以白音他拉古城(永州)西160里的

·欧·亚·历·史·文·化·文·库·

海金山为木叶山,此山又不在二水合流处。同时永州既在二水合流处,则不可能是"东潢河",而应是北潢河。有人怀疑是否有河流变迁改道的可能。但从这一带的地理形势来看,潢河和土河二水在永州(今白音他拉古城)合流,但没有在今海金山一带合流的可能性。假如过去二水曾在今海金山一带合流,又和永州(今白音他拉古城)在二水之间的记载不符。

第三,从海金山一带散布的辽代文物来看,仅有鸡腿坛和梳齿纹陶片等少量文物,而无辽代砖瓦等遗物。因此,以海金山为辽代祖庙所在地的木叶山,和文物分布的实际情况不符。

据1987年9月初亲到祖州(在辽上京,今林东镇西南约50里)的实地考察得知,祖州城附近不但有秀丽的深山老林,而且山中还有陵园和古庙、碑趺等遗迹,并有大量的勾纹砖和板瓦、筒瓦片等遗物。祖州是"高祖昭烈皇帝、曾祖庄敬皇帝、祖考简献皇帝、皇考宣简皇帝所生之地,故名"。因此,笔者认为把契丹阿保机祖居之地的木叶山推定在祖州,比推定在永州更符合文献记载和文物实际。

14 辽代宁江州考

辽代宁江州在军事上归东北统军司,行政上归东京道管辖,是辽道宗清宁年间(公元 1055—1064 年)建置的。宁江州初为防御,后升观察,辽代混同军驻在这里[1]。辽末天祚帝得知女真人要在涞流水(今拉林河)聚众起义的消息时,急忙派军增援宁江州镇压起义[2]。可知宁江州是辽代控制东北女真各部的军事重镇。

《契丹国志》卷 10,天祚帝纪,天庆四年条:宁江州"有榷场,女直以北珠、人参、生金、松实、白附子、蜜蜡、麻布之类为市,州人低其值,且拘辱之,谓之打女真"。

洪皓《松漠纪闻》:宁江州"女真率来献方物,若貂鼠之属,各以所产,量轻重而打博,谓之打女真,后多强取,女真始怨。及阿骨打起兵,首破此州,驯致亡国"。

从这两条记载可知,宁江州设有榷场,是辽代契丹人和女真人进行贸易的地方,在经济上占有重要地位。

又据洪皓《松漠纪闻》,宁江州一带"每春冰始泮,辽主必至其地,凿冰钩鱼,放弋为乐"。可知宁江州也是辽代皇帝春猎之地。

在军事、经济方面都占有重要地位的宁江州,当今何地,历来众说纷纭。有永吉县乌拉街[3]、敦化县厄黑木站[4]、扶余县三岔河乡石头

---

〔1〕《辽史》卷 38,地理志二,东京道宁江州条。
〔2〕《金史》卷 2,《太祖本纪》二,太祖二年(1114 年)六月:"命统军肖挞不野调诸军于宁江州。"
〔3〕高士奇《扈从东巡日录》:"大乌拉(今永吉县乌拉街),去船厂(今吉林市)八十余里,即辽之宁江州也。"
〔4〕杨宾《柳边纪略》:"古宁江州应在今厄黑木站。"

欧·亚·历·史·文·化·文·库

城子〔1〕、扶余县榆树沟(大榆树)〔2〕、扶余县小城子或五家站〔3〕等五种说法。搞清宁江州的位置,不但对研究历史来说是必要的,而且对确定省内重点文物保护单位来说也是必要的。因此,宁江州究竟当今何地,实有进一步探讨的必要。据考,关于宁江州所在地的五种推论,除前二说和文献记载有明显的矛盾以外,后三说也和文献记载以及古城的实际情况不符。据《吉林省文物普查档案》和1959年、1962年,在扶余县境内的两次亲自考古调查,笔者认为宁江州当在今扶余县西部的伯都讷古城,现论述如下。

14.1 宁江州在长春州附近

宁江州在军事上属东北统军司,因此,宁江州当在东北统军司所在地的长春州附近。长春州在今前敦尔罗斯蒙古族自治县创业乡(原八郎乡)北上台子屯的他虎城。今伯都讷古城距他虎城(长春州)较近,而石头城子、大榆树(榆树沟)、小城子、五家站朱家城子等古城则距他虎城(长春州)较远,距农安(黄龙府)较近。

据《辽史·圣宗本纪》,太平六年(公元1026年)二月条的记载,圣宗时,黄翩为黄龙府兵马都部署,引军"城混同江、疏木河之间,黄龙府请建堡障三、烽台十"。南宋洪皓《松漠纪闻》说:"契丹从宾州混同江北八十里筑寨而守,余尝从宾州渡江过其寨。"宾州在今农安县靠山乡北、松花江南岸。宾州混同江以北的古城即今扶余县东部的石头城子、大榆树(榆树沟)王家屯古城、小城子、五家站朱家城子等辽、金古城,在辽代,军事上归黄龙府都部署司管辖。因此,这些辽、金古城不可能是东北统军司(在长春州)管辖下的宁江州的所在地。

宁江州一带,是辽代皇帝春猎之地,"每春冰始泮,辽主必至其地,

---

〔1〕《吉林通志》卷11,沿革志,中,宁江州条;松井等:《满洲的辽代疆域》,见《满洲历史地理》第2卷,第50页。

〔2〕池内宏:《辽代混同江考》,见《满鲜史研究》中世第1册,第202页。

〔3〕[日]三上次男:《金史研究》(一),《金代女真社会的研究》第三章,第30页。

凿冰钩鱼,放弋为乐"。据《金史·地理志》泰州条,长春县(辽代的长春州)境内有"挞鲁古河、鸭子河",而长春州"本鸭子河春猎之地"[1]。据《辽史》圣宗以后的本纪统计,辽代皇帝到各地春猎的次数是:到混同江[2] 29 次、鸭子河[3] 14 次、长春河[4] 6 次(其中挞鲁河 1 次在内)、鱼儿泺(今月亮泡)23 次、长春州 13 次、春水 10 次、纳水(今嫩江)2 次。由此可知,鸭子河(今第一松花江的西段)、混同江(今第二松花江)、挞鲁河即长春河(今洮儿河和嫩江下游)等地,都是辽代皇帝春猎之地。从宁江州"清宁中置"[5],以及"清宁四年,城鸭子、混同二水间"[6]的记载来看,可以推知,宁江州是清宁四年(公元 1058 年)在鸭子(今第一松花江的西段)、混同(今第二松花江)二水之间建置的。今伯都讷古城,正在第一、第二松花江之间,即辽代鸭子、混同二水之间。而石头城子、大榆树(榆树沟)王家屯古城、小城子、朱家城子古城是在混同江和淶流水,即今第二松花江和拉林河之间。今扶余县西部的伯都讷古城靠近长春州(相距仅 80 里),并在鸭子、混同二水间,即今第一、二松花江之间,正是辽代皇帝春猎之地。而扶余县东部的石头城子、王家屯古城、小城子、朱家城子等古城,距长春州较远,不在辽代皇帝春猎的范围内。今吉林省的西部大安、前郭、扶余西部等地,多沼泽、水草,历来就是东北的著名产鱼区,也是野鸭和天鹅群集之地,很早以来就是各族人民游牧、渔猎的好地方。在辽代,这一带主要是辽代皇帝

---

〔1〕《辽史》卷 37,地理志一,上京道长春州条。

〔2〕《契丹国志》卷 27,长白山条:粟末河(今第二松花江),"(辽)太宗破晋(公元 946 年),改为混同江"。

〔3〕《辽史》卷 16,《圣宗本纪》七,太平四年(1024 年)二月己未朔:"诏改鸭子河曰混同江,挞鲁河曰长春河。"鸭子河指今第一松花江的西段,太平四年以前,南北朝、唐代是把今嫩江和第一松花江看成一条河流而统称之为难河、那河。太平四年以后才把今第一、二松花江看成一条河流,而统称之为混同江。但在太平四年以后,仍有沿用旧称而称为鸭子河者。

〔4〕《新唐书》卷 219,黑水靺鞨传:粟末水(今第二松花江)"北注它漏河"。《新唐书》卷220,流鬼传达末娄条:那河"或曰他漏河,东北流入黑水"。《武经总要》前集卷 22,蕃界有名山川:"踏弩河……东流入鸭子河"。从这些河流方向的记载可知,他漏河、踏弩河即挞鲁河(挞鲁古河),亦即长春河,是指今洮儿河和嫩江下游(和洮儿河汇合以后的一段)。

〔5〕《辽史》卷 38,地理志二,东京道宁江州条。

〔6〕《辽史》卷 98,耶律俨传。

·欧·亚·历·史·文·化·文·库·

春猎之地。因此,辽代皇帝春猎之地的宁江州的所在地,应在靠近他虎城(长春州)的扶余县西部地区较大的辽、金古城,而不应在距他虎城(长春州)较远的扶余县东部地区的其他辽、金古城中求之。

14.2　宁江州在混同江的东岸

从"宁江州,混同军,观察……统县一,混同县"[1]的记载来看,宁江州当在混同江(今第二松花江)附近。据《契丹国志》卷10,天庆四年秋八月条:"混同江之东,名宁江州。""辽兵遇女真于宁江州东"[2],战败后,"(萧)兀纳退走入城(宁江州),留官属守御,自以三百骑渡混同江而西,城遂陷"[3]。从这些记载可知,宁江州在混同江(今第二松花江)的东岸。伯都讷古城在今第二松花江的东岸,西距松花江4里,而石头城子、榆树沟、小城子、朱家城子都在混同江(今第二松花江)的北部,涞流水(今拉林河)的南部。

14.3　从女真起义之地到宁江州之间,有一条河沟,宁江州在女真起义之地的西方

公元1114年9月,女真在涞流水(今拉林河)得胜陀(今扶余县徐家店乡石碑崴子屯,大金得胜陀颂碑的所在地)誓师起义以后,便向西方的宁江州进军。"次扎只水,光见如初。将至辽界,先使宗干督士卒夷堑。既度(渡),遇渤海军"[4]来迎战。在这里大败辽军以后,"进军宁江州,诸军填堑攻城。宁江人自东门出,温迪痕、阿徒罕邀击,尽殪之。十月朔,克其城,获防御使大药师奴"[5]。这和《契丹国志》卷10,天祚纪上,天庆四年秋九月条:"辽兵遇女真于宁江州东,战数合,渤海

〔1〕《辽史》卷38,地理志二,东京道宁江州条。

〔2〕《契丹国志》卷10,天祚纪上,天庆四年秋九月条。

〔3〕《辽史》卷98,萧兀纳传。

〔4〕《金史》卷2,《太祖本纪》二,太祖二年九月条。

〔5〕《金史》卷2,《太祖本纪》二,太祖二年九月、十月条。

大败,或阵殁,或就擒,获免者无几,复攻宁江州,无少长,悉杀之"的记载相符,由此可知,从涞流水(今拉林河)起义之地到宁江州,是东西方向,女真起义军是由东向西进攻宁江州,中间有一条河沟。这条河沟,在宁江州之东。女真起义军到扎只水填平沟堑渡过以后,在宁江州之东大败辽天祚帝派来的渤海军,然后向西进攻宁江州。文献记载,宁江州城有东门,城外有护城壕。从今石碑崴子(女真起义之地)到伯都讷古城,是由东向西行,中间渡过一条河沟,今名夹津沟。这条沟是一条无水的沟,在松花江涨水时,沟内充满了水,就是一条河。水退后,沟内无水,就是一条天堑。今夹津沟可能即扎只水的音转。今夹津沟正在今伯都讷古城之东,和女真起义军"夷堑,既度(渡),遇渤海军",以及"辽兵遇女真于宁江州东"的记载相符。从女真起义地的石碑崴子到今石头城子、榆树沟、小城子、朱家城子则是向南或东南方向,而不是西行,而且中间也没有河沟可渡。

14.4 宁江州是仅次于节镇的观察州,
应在较大的辽、金古城中求之

据上述文献记载可知,宁江州是辽在今扶余县境内建立的重要州城,是仅次于节镇的观察州,应在今扶余县境内西部地区较大的辽、金古城中求之。据目前所知,吉林省境内辽、金节镇所在地的州城和府城(如黄龙府)的规模,一般周长都在 8 到 10 里之间。伯都讷古城在扶余县城北 26 里的伯都讷乡附近,西距松花江 4 里,周长 6 里,有角楼、马面、瓮城、东西南北四门、护城壕(今已不明显)。城内出土过宋钱、铁镞等,并采集到辽、金瓷片和砖瓦等物。古城西北 5 里处,有长岗子古遗址,地表上散布大量的鼎、鬲、豆、罐、碗、杯等陶片,也有少量的辽、金砖、瓦块。在伯都讷古城附近,还出土过大量的明代清花瓷器。由此可知,伯都讷古城一带,自古以来就是经济文化比较发达的地区。宁江州是辽在鸭子、混同二水之间,即今扶余县境内西部地区建立的重要城镇,而伯都讷古城又是扶余县境内最大的辽、金古城(周长 6 里),符合

·欧·亚·历·史·文·化·文·库·

观察州一级的宁江州城的规模。同时,伯都讷古城的位置又和文献所记载的宁江州城的位置相符,这是以伯都讷古城为辽代宁江州所在地的根据。扶余县境内的其他辽、金古城,如扶余县北 10 里的土城子,周长 3 里;三岔河东 8 里的石头城子,周长 3.5 里;县城东榆树沟乡南 14 里的王家屯古城,周长 2 里;五家站朱家城子古城,周长 2.5 里;五家站西的小城子屯东,有范围不大的辽、金遗址,虽有小城子之名,今已不见古城遗迹。此外还有一些小古城,不但规模较小,不具备观察州的规模,而且其位置也和文献所记载的宁江州的位置不符。

由上述可知,把宁江州推定在今扶余县境内西部地区较大的伯都讷古城,比推定在今扶余县东部较小的石头城子、榆树沟、小城子等辽、金古城,更符合文献记载和古城的实际。

15　辽代宁江州续考

推定辽代宁江州在今扶余县的伯都讷古城,除前文提出的四点根据以外,还有以下四点补充。

15.1　辽代宁江州在生女真居地之西

据《三朝北盟会编》政宣上帙三的记载,辽代生女真居住在"粟末之北,宁江之东北,地方千余里,户十余万"[1]。粟末即粟末江(今第二松花江),宁江即宁江州。由此可知,宁江州当在生女真居地之西南求之。生女真的西界在哪里? 这是考证宁江州所在地的重要根据。东北路统军使萧兀纳在奏文中说"臣治与生女直接境"[2],可知生女真的居地和东北路统军司所在地的长春州[3]邻近。长春州在今前郭县八郎乡北上台子的他虎城,则和长春州邻近的生女真居地的西界当在今扶余县境内的西部。据《辽史·地理志》东京道、宁江州条的记载,宁江州属东京道辖境,但"兵事属东北统军司",而不属东京统军司或东京都部署司。由此可知,宁江州当和东北统军司所在地的长春州邻近,正当今扶余县境内的西部。许亢宗《宣和乙巳奉使行程录》和洪皓《松漠纪闻》都谈到从乌舍寨即宾州(今农安县东北靠山乡新成大队广元店古城,即通说的红石垒古城)渡江直到涞流河(今拉林河)之间,即今扶余县境内有一契丹与生女真的分界线,"界隔甚明,乃契丹昔与女直两

---

〔1〕参见《辽史拾遗》卷18,第10-11页,女直国,引无名氏:《北风扬沙录》。(光绪乙亥三月,江苏书局重刊本)。

〔2〕《辽史》卷98,《萧兀纳传》。

〔3〕《契丹国志》卷22、26。

·欧·亚·历·史·文·化·文·库·

国古界也"。《松漠纪闻》亦载"契丹从宾州混同江北八十余里筑寨而守,余尝从宾州渡江过其寨。"既然生女真居住在"粟末之北,宁江之东北",并和长春州邻近,则今扶余县及其东北千余里的地方当为生女真的居地。因此,宁江州不可能在今扶余县以东的地方,而应在今扶余县的西部。如此,在生女真居地西南的宁江州,正当今伯都讷古城。

15.2 从女真起义的地点和辽军进军的路线来看,宁江州亦当推定在扶余境内的西部

天庆四年(公元 1114 年)九月,阿骨打会诸路精兵约二千五百人在涞流水(今拉林河)下游得胜陀之地(今扶余县徐家店乡石碑崴子屯)起义。大定二十五年(公元 1185 年)七月,在得胜陀建立的《大金得胜陀颂碑》明确指出:"得胜陀,太祖武元皇帝誓师之地也。"1962 年笔者曾在石碑周围采集到一些金代勾滴和布纹瓦(现藏吉林省博物馆),当为碑亭遗物。从碑文和碑亭可以确证女真起义的地点在今石碑崴子附近。

女真起义以后,首先向宁江州进攻,"次扎只水,光见如初,将至辽界,先使宗干督士卒夷堑,既度遇渤海军"[1]。从女真起义的地点和"将至辽界"可知,今扶余县境内的女真人和契丹人隔界而居。天庆四年(公元 1114 年)十月,女真军攻陷宁江州,这是女真军的第一次胜利。十一月,女真军渡鸭子河,在出河店(金肇州所在地,在今黑龙江省肇东八里城)又大败辽军,这是女真军的第二次胜利。据《金史》卷98,《萧兀纳传》载,"天庆五年,天祚亲征"。这次亲征,声势浩大,率番汉兵十万,"自长春州分道而进",一军"北出骆驼口",一军"南出宁江州"[2]。这里所说的南道即"南出宁江州",是指对北道即"北出骆驼口"而言的,不是从关内或辽阳、沈州经黄龙府、宾州等地到女真或上

---

〔1〕《金史》卷 2,《太祖本纪》二,太祖二年九月条。
〔2〕《辽史》卷 28,《天祚帝本纪》二,天庆五年八月甲子。

京的这一条路线。宋人的行程录[1]从未记载宁江州在这条南北路线上。从古城分布的情况来看,榆树大坡古城,是从金上京会宁府到东京辽阳府这条路线上的一座较大的辽、金城址,但它不是宁江州的所在地。骆驼口当今何地,还有待今后的考古调查来推定,但从长春州出发向东进军的路线以及辽和女真这次作战的地点(鸭子河、刺离水)来看,骆驼口可能在今松、嫩汇流处一带,其南道则当在今扶余县的西部。关于这次辽军和女真军作战的地点,据《辽史》卷101,《萧胡笃传》的记载说,辽军"进至刺离水,与金兵战,败,大军亦却"。《辽史》卷100,《耶律章奴传》载:"及天祚亲征女直,萧胡笃为先锋都统,章奴为都监。大军渡鸭子河,章奴与魏国王淳妻见萧敌里及其甥萧延留等谋立淳,诱将卒三百余人亡归。"同书耶律术者传载,耶律章奴"自鸭子河亡去"。由此可知,这次两军决战的地点在刺离水(今拉林河)、鸭子河(今第一松花江的西段)一带。辽军在鸭子河、刺离河全线溃退以后,节节败退,直到灭亡。这是女真军第三次的重大胜利,也是女真军和辽军的一次大决战。从女真军起义的地点以及公元1115年辽军从长春州出发,分南北两路向东夹攻女真军的路线和大战的地点来看,宁江州不会在今扶余县以东的榆树大坡古城或永吉县乌拉街古城。又从收国元年(公元1115年)金太祖自黄龙府北的益州(今农安县城北70里的小城子)"率兵趋达鲁古城,次宁江州西"[2]的记载可知,宁江州和达鲁古城邻近,达鲁古城当在今扶余县城西北10里的土城子(周长3里),因此,和达鲁古城邻近的宁江州不可能在今榆树县境内。

15.3　伯都讷古城内出主的莲瓣纹瓦当为推定宁江州在今伯都讷古城提供了物证

据《金史》卷73,宗雄传载:"攻宁江州,渤海兵锐甚,宗雄以所部败

---

〔1〕许亢宗:《宣和乙巳奉使行程录》,赵彦卫:《御寨行程》。
〔2〕《金史》卷2,《太祖本纪》二。

·欧·亚·历·史·文·化·文·库·

渤海兵。"公元 1114 年九月,女真军进攻宁江州时,"遇渤海军"[1]来迎战。十月,女真军攻陷宁江州,"获防御使大药师奴"[2]。由此可知,宁江州是由渤海军驻守,驻守宁江州的防御使大药师奴,以及辽道宗时驻守宁江州的防御使大荣[3],都是渤海大氏的后裔。辽代古城出土莲瓣纹瓦当,显然和渤海人的移入有关,辽上京的周围祖州城等,也有渤海莲瓣纹瓦当的出土。宁江州由渤海军驻守,1982 年在今伯都讷古城内曾出土一片莲瓣纹瓦当残块[4],这就为推定伯都讷古城为辽代宁江州提供了一个物证。1983 年 7 月,我和庞志国等同志到榆树大坡古城进行考古调查时,征集到大坡古城内出土的一面边刻"天城县官押"的金代铜镜(现藏榆树县博物馆)和金代大定通宝(现存古城内群众手中),这是大坡古城为金代古城遗址的物证。据《金史·地理志》的记载,辽代州县金代沿用者都有记载,如长春州改为长春县、新泰州,泰州改为金安县,黄龙府改为济州、隆安府等等。但辽代宁江州被女真军屠城后,到金代并没有被沿用的记载。因此,大坡古城内出土的金代文物,又为大坡古城不是辽代宁江州遗址提供了物证。

通过以前提出的四点根据,和这次提出的三点补充可知,辽代宁江州在长春州(今前郭县他虎城)附近,在生女真居地之西。以今扶余县伯都讷古城为辽代宁江州遗址,不但和文献所记载的方位相符,而且也和观察州应有的规模以及出土文物相符。

15.4　关于"冷山去宁江州百七十里"的问题

过去多是根据洪皓《松漠纪闻》所载"冷山去宁江州百七十里"这一史料来推定宁江州的位置。如曹廷杰认为"冷山在五常厅山河屯巡检地方界内",这是"南至乌拉城约百七八十里",因此,他推定"宁江州

---

〔1〕《金史》卷 2,《太祖本纪》二,太祖二年九月条。

〔2〕《金史》卷 2,《太祖本纪》二,太祖二年十月条。

〔3〕《辽史》卷 22,《道宗本纪》二,咸雍七年三月己酉。

〔4〕吉林省文物志编委会:《扶余县文物志》第 43 页。

为今之乌拉城"[1]。近来也有的认为"确定冷山的地理位置是寻求辽宁江州治所的唯一重要根据"[2]。我认为这一记载，能否作为考证宁江州的根据，要看和其他文献记载有无矛盾，如果和其他有关宁江州所在地的文献记载都不相符，则可以推知这一记载当系传闻之误，不能作为立论的根据。这一记载和前述七点（前考四点，续考三点）有关推定宁江州所在地的文献记载和考古资料都不相符，因此，在推定宁江州的位置时，不引用《松漠纪闻》这一记载，而采用其他有关宁江州所在地的文献记载和考古资料来推定宁江州的所在地。

洪皓《松漠纪闻》这部书的史料价值很高，不容忽视，尤其所记从燕京到金上京的行程路线，更是研究东北历史地理的珍贵资料。但是必须看到这部书是洪皓根据在冷山流放期间所听到的传闻追述成书的[3]。其中有些传闻和记载是错误的，正如《四库提要》所说，这部书是"仅据传述者笔之于书，不若目击之亲切，中间所言金太祖、太宗诸子封号及辽林牙达什北走之事，皆与史不合，又不晓音译，往往讹异失真"，"真赝相参"。因此，在引用《松漠纪闻》的史料时，要和其他文献记载对比研究，看其是否可靠，然后才能引以为据。如关于威州位置的记载，《松漠纪闻》的记载是威州距济州即黄龙府为 140 里，距信州为 40 里。而《御寨行程》的记载则是威州距龙骧馆（黄龙府、济州）为 50 里，距信州为 170 里。辽代威州是黄龙府所属的刺史州，应在黄龙府附近，威州不是信州所属的刺史州[4]，不应在信州附近，因此，关于威州位置的推定，不应以《松漠纪闻》为据，而应以《御寨行程》为是。又如《松漠纪闻》所载，"黄龙府南百余里曰宾州，州近混同江"，从"州近混

---

〔1〕曹廷杰：《东三省舆地图说》冷山考。

〔2〕绍维、志国：《榆树大坡古城调查——兼论辽宁江州治地望》，载《博物馆研究》1982 年创刊号。

〔3〕洪皓在流放期间，根据当地群众的传闻，整理成书，当放归南宋对，恐被金人搜获，忍痛将书烧掉，归南宋后，又追述成书。

〔4〕据《辽史·地理志》载：信州是节度州，"统州三，未详"。据《御寨行程》所载可知，胜州当为信州的属州，可补《辽史·地理志》的缺漏。

同江"等记载可知,当为"黄龙府北百余里"之误。这段记载不但方向错误,而且里数也不确切,百余里当为 120 里或 140 里[1]。又如,洪皓归宋时,自北而南行,《松漠纪闻》载,"至宾州渡混同江",当为"渡混同江至宾州"之误等等。由此可知,《松漠纪闻》有些记载是有明显错误的,在引用时,应该和其他文献记载对比研究,经过去伪存真的考证以后,才能引以为据,否则必将以错误的根据得出错误的结论。

关于冷山所在地的问题,《松漠纪闻》卷下载:冷山"去金国所都二百余里",但《宋史》卷 373,洪皓传载:冷山"距金主所都仅百里,地苦寒,四月草生,八月已雪,穴居百家,陈王悟室(即希尹)聚落也"。因此,冷山当在金都(今阿城白城)一二百里的范围内求之。有的把冷山推定在舒兰县小城子一带,这里距阿城白城(金都)为 300 余里,和"去金国所都二百余里"的记载不符,故不可取。考古资料可以纠正文献史料的错误,但完颜希尹墓地的所在地,不能作为推定完颜希尹故乡和冷山所在地的根据。因为墓地并不是都埋葬在故乡。这样的例子,古今中外都可找到,如完颜娄室的故乡,初"居阿注浒水(今阿什河)之源,为完颜部人",后徙居七水,为"七水部长",后来金"太祖命王(娄室)为黄龙府路统牧",天会八年(公元 1130 年),"卒于泾州","归葬于济州之东南奥吉里"[2],即今农安东南 150 余里的石碑岭(在今长春市东郊)。很明显,墓地的所在地,并不是故乡所在地的有力证明。又据《金史》卷 73,希尹传载:"皇统三年,上知希尹实无他心,而死非其罪,赠希尹仪同三司邢国公,改葬之。"可知今希尹墓地,当系改葬之地,非希尹故乡和原葬之地。因此,以希尹墓地所在地推定冷山和希尹故乡的所在地,是不符合实际和文献记载的。

据《金史》卷 1 的记载,到献祖时,女真完颜部"遂定居于安出虎水之侧矣"。《金史》卷 68,欢都传载"欢都(希尹之父)完颜部人,祖石鲁与昭祖同时、同部、同名",也居住在安出虎水(今阿什河)一带。又载

---

[1]《松漠纪闻》卷下,从济州到宾州为 140 里;《御寨行程》:从龙骧馆(济州)到宾州为 120 里。

[2]《完颜娄室碑》碑文,见杨宾:《柳边纪略》卷 4。

"土人呼昭祖为勇石鲁,呼石鲁(欢都之祖)为贤石鲁……至景祖时石鲁之子劾孙(欢都之父)举部来归,居于安出虎水源,胡凯山南,胡凯山者所谓和陵之地是也"。由此可知,希尹世居安出虎水(今阿什河)上源胡凯山南附近一带,这里距金都(今阿城白城)为100里,和《宋史·洪皓传》所载冷山"距金主所都仅百里"的记载相符。

曹廷杰把冷山推定在今黑龙江省五常县山河屯一带,和文献所载,冷山"去金国所载二百余里"的距离基本相符,但据调查,这里并没有遗址、遗物可证。近年来,黑龙江省松花江地区文物管理站的王禹浪同志在阿城周围200里范围内进行了考古调查,根据考古调查资料,把冷山推定在五常县冲河乡南、北两座古城。从其调查所述古城周围的自然环境(周围环山,只有一个出口)及其附近有一座高山(大青顶子山),山顶终年积雪不化等情况来看,把冷山推定在这里较为可信。高士奇和杨宾也均认为曷木逤逻(俄莫贺索洛站,今额穆)东北200余里为冷山(今敦化县境内的大青顶子山)所在地[1]。

根据"冷山去宁江州百七十里"的记载,无论把宁江州推定在前述哪一冷山所在地周围170里的地方都和前述有关宁江州所在地的文献记载不符。因此,可以证实"冷山去宁江州百七十里"的记载当系传闻之误,既不是推定宁江州所在地的可靠根据,更不是"唯一重要根据"。

---

〔1〕杨宾:《柳边纪略》卷1"冷山宋洪忠宣公皓所居也,余于必儿汉必拉北望相去约数十里,见其积索凝寒,高出众山之上,土人呼为白山,以其无冬夏皆雪也",必儿汉必拉北数十里(即今额穆东北200里)正为今大青顶子山,这一高山山顶积雪终年不化。

16 大金得胜陀颂碑
和辽代宁江州

    大金得胜陀颂碑是吉林省境内的重要历史文物,它是金世宗在大定二十五年(公元 1185 年)为了追怀先帝创业的艰难,"尽孝孙光昭之道"而建立的纪念碑,同时它也反映了女真人民为反对辽代统治阶级的残酷压迫而进行英勇斗争的英雄业绩。石碑的正面(碑阳)是汉字,背面(碑阴)是女真字,它不但是对人民进行爱国主义教育的珍贵资料,也是研究辽、金历史地理和女真文字的珍贵资料。因此,在 1961 年经吉林省人民委员会公布为省级重点文物保护单位。

    1962 年 6 月,笔者曾对大金得胜陀颂碑进行了调查。大金得胜陀颂碑在今扶余县徐家店乡石碑崴子屯东北约 4 里的地方。石碑周围的环境十分辽阔幽美,其东 8 里处有拉林河,其西约 2 里处为一横贯南北的大断崖,似一弓形大屏障。据当地老人谈,在三四十年以前,高崖之上还都是郁郁苍苍的大榆树林,可以想见在辽、金时代这里曾是一片大森林,今已辟为农耕地,成为一个秃岗子。断崖现高约为 20 到 50 米不等,土崖下就是石碑崴子屯。石碑即在拉林河平原上,石碑的南、北为 60 平方华里的拉林河谷平原和草原沼泽地区,这里杂草丛生,是放牧牲畜的好地方。

    石碑的周围附近,有内外两层台地,皆为椭圆形。据实测,外层台地,现高出地面约为 1 米,东西 170 米,南北 570 米。在外层台地的中部,又有高出地面约为 1 米的台地,东西 25 米,南北 62 米,为一椭圆形台地。石碑就在这一内层台地的正中间,又高出地面约为 1 米。后因修水库取土,石碑周围内外两层椭圆形台地今已不见。

    1958 年,当地农民在石碑周围挖了三四个长约 5 米,宽约 2 米,深约 3 米的土坑,在坑壁里有许多辽、金时代的砖瓦块,并采集到一些辽、金时代的勾滴。因在石碑附近出土,这当是建筑碑亭或围墙庭院的遗物。这些勾滴(现藏吉林省博物馆)当是金代的典型勾滴。

据当地老人谈:"在幼年时,后世尚未在这里重修碑亭以前,在石碑附近曾看到许多灰色的大方砖和大型长方砖,长为 1.2 尺,宽为 8 寸,并有许多兽面瓦当。"当地群众说在石碑附近,还出土过"铁箭头、铜锅、马镫等物"。

从碑文所云"刻颂建宇"以及石碑周围和内外两层台地出土的大量辽、金砖瓦、勾滴来看,可以推知,金代在石碑附近,不但建有碑亭,而且还可能建有围墙庭院。

石碑在今拉林河(涞流水)下游一带,和《金史》关于女真人民在涞流水(今拉林河)起义的记载是完全相符的,因此,可以肯定,女真在涞流水(今拉林河)起义的具体地点就在今石碑一带。

女真人民在阿骨打的率领下,为什么从其根据地的按出虎水(今阿什河)西行两三百里到涞流水会师起义?这和进攻宁江州有关。过去考证辽代宁江州的方位时,不和女真军在涞流水起义的地点联系起来看,有的把辽代宁江州推定在今吉林省永吉县乌拉街、敦化县厄黑木(今蛟河县天岗乡)、榆树县大坡古城、扶余县石头城子古城、扶余县榆树沟、扶余县小城子古城等地,但这些古城都在女真起义的东部或东南部。阿骨打率领女真军进攻宁江州,不可能先西行到涞流水(今拉林河下游,石碑一带),然后又走回头路,再向东或东南行,进攻宁江州。又从女真军进攻的路线可知,女真军进攻宁江州要经过扎只水和平堑以后,才能到达宁江州城东,在宁江州城东大败辽军以后,直奔宁江州城下,最后攻陷了宁江州。从女真军进攻宁江州要经过一条水和沟堑,以及女真军和辽军在宁江州以东大战的记载可知,从女真军起义处(今石碑崴子)只有西行才能过一条水和沟,由此可知,宁江州当在一条水沟的西部。今石碑以西有一条水沟,即夹津沟,而夹津沟当即辽代扎只水的音转。因此,宁江州当在今夹津沟以西(扎只水以西)之地求之。

·欧·亚·历·史·文·化·文·库·

辽代宁江州"在混同江东",是观察州,是辽代防御女真的前哨基地,在军事上归东北路统军司(在长春州,即今前郭县他虎城)管辖,因此,宁江州当距辽代长春州不远。今扶余县伯都讷古城是扶余县境内最大的辽、金古城,周长6里,具有观察州的规模。伯都讷古城有角楼、马面、瓮城,并出土过辽代沟纹砖,在今第二松花江(混同江)的东岸,和文献所载辽代宁江州的方位,以及观察州的规模(一般观察州城的周长均为6里)完全相符。因此,推定今伯都讷古城为辽代宁江州的所在地,比推定在其他地方更符合实际[1]。如果把宁江州推定在榆树县大坡古城或扶余县石头城子古城等地,则从起义地点向这些古城进攻不可能经过一条水沟,而且也和文献所载宁江州的方位不符,尤其和从女真起义的地点向西进攻宁江州的进军路线也不相符。

从在出河店(金代肇州)的辽军隔江(混同江,亦书鸭子河,即今第一松花江)与宁江州女真军对垒的记载可知,宁江州的位置搞清以后,对考证辽代出河店,即金代肇州的位置也是有帮助的。因此,大金得胜陀颂碑是考证辽、金历史地理的一个坐标,是推定辽代宁江州、金代肇州所在地的一个有力的佐证。

---

〔1〕拙著《辽代宁江州考》,载《东北师大学报》1981年第6期;《辽代宁江州补考》,载《博物馆研究》1984年第1期。

17　关于辽代宁江州
　位置的再探讨

　　辽代宁江州是控制东北生女真的前哨基地,也是辽代榷场和辽帝春猎之地。在军事、经济方面都占有重要地位,其名频见于史册。搞清宁江州的方位,不但对研究辽代历史地理有重要意义,而且对确定吉林省的重点文物保护单位也是有借鉴的。

　　关于宁江州为当今何地的问题,众说纷纭,先后有大乌拉(今永吉县乌拉街)[1]、厄黑木站(今蛟河天岗)[2]、石头城子(今扶余县三岔河乡石头城子)[3]、扶余县榆树沟(即大榆树)[4]、扶余县小城子或五家站[5]、扶余县伯都讷古城[6]、榆树县大坡古城[7]等七种说法。前五说,只是提出推论,并没有提出论据。过去史学界一般多采用石头城子说。1961年,吉林省公布的省级重点文物保护单位,也把宁江州推定在石头城子。近年来,随着文献史料研究的深入和考古资料的新发现,否定前五说,又提出扶余县伯都讷古城和榆树县大坡古城两说。

　　宁江州是仅次于节镇的观察州,应在较大的辽代古城中求之。今第二松花江右岸分布着许多辽、金古城,其中以伯都讷古城和大坡古城为最大。两座古城周长均为6里,和辽代观察州一级的州城规模相符。

　　〔1〕高士奇:《扈从东巡日录》。
　　〔2〕杨宾:《柳边纪略》。
　　〔3〕《吉林通志》卷11,沿革中,宁江州条。
　　〔4〕〔日〕池内宏:《辽代混同江考》,载《满鲜史研究》第1册,第202页。
　　〔5〕〔日〕三上次男:《金史研究》(一),《金代女真社会的研究》第三章,第30页。
　　〔6〕拙著《东北史地考略》,第76－91页。
　　〔7〕绍维、志国:《榆树大坡古城调查——兼论辽宁江州治地望》,载《博物馆研究》1982年创刊号。张英:《辽代宁江州治地望新证》,载《长春文物》1988年第2期。

·欧·亚·历·史·文·化·文·库·

但是哪一座古城是辽代的宁江州,这主要看是否符合以下文献记载。

17.1　宁江州在混同江的东岸

《契丹国志》卷 10,天庆四年秋八月条:"混同江之东,名宁江州。"《大金国志》卷 1,女真军"侵混同江之东,名宁江州"。可知宁江州在混同江之东。这里所说的混同江即今北流松花江(第二松花江),否则谈不到在混同江东的问题。北流松花江有的地方是北流,有的地方是西北流,有的地方是西流。在混同江东的宁江州必须在今第二松花江的北流段中求之,而扶余县伯都讷古城正在今第二松花江(混同江)北流段的东岸,西距江 4 里。榆树县大坡古城在第二松花江西北流段的东北,西南距江 12 里。从宁江州在混同江东的方位来看,伯都讷古城比大坡古城更符合文献记载。

17.2　宁江州在辽帝春猎的地区,
与长春州邻近

洪皓《松漠纪闻》载:宁江州一带,"每春冰始泮,辽主必至其地,凿冰钩鱼,放弋为乐",可知宁江州也是在辽帝春猎的范围内。据《辽史》载:辽帝春猎之地是在长春州(今前郭县他虎城)及其附近,主要在挞鲁河(后改名为长春河,即今洮儿河和嫩江下游)、鸭子河(后改名为混同江,今第一松花江的西流段)、鱼儿泺(今月亮泡)一带。长春州附近有嫩江、松花江和较多的湖泊,其中较大的有查干泡、月亮泡、茂兴泡。这一带历来是著名的渔场和天鹅、野鸭子群集之地。从辽帝春猎之地来看,宁江州当靠近春猎之地的长春州。今扶余县伯都讷古城西北距长春州仅 80 里,而榆树县大坡古城西北距长春州则为 400 里。从文献所载辽帝春猎的范围来看,辽帝春猎之地的长春州不会在黄龙府(今农安)东北的第二松花江中游一带。因此,把宁江州推定在距长春州较近的伯都讷古城,比推定在距长春州较远的大坡古城更符合文献记载的实际。

17.3 宁江州在生女真居地的西南

据《三朝北盟会编》政宣上帙三的记载:辽代生女真居住在"自束沫之北,宁江之东北,地方千余里"。《北风扬沙录》(见《辽史拾遗》卷18)云:生女真在"束(沫)江之北,宁江(州)之东"。束沫即粟末江,今第二松花江,宁江即宁江州。由此可知,宁江州当在生女真居地之西或西南之地求之。辽(契丹)和生女真的边界在哪里?伯都讷古城和大坡古城是否在生女真居地的西南?这是推定辽代宁江州在伯都讷古城,还是在大坡古城的重要根据之一。

主张宁江州在大坡古城者,认为居住在宁江州东北的生女真,"当是今舒兰、榆树东、五常和阿城一带。具体的说,生女真的居地是在黄龙府之东或东北这一广大地区"[1]。其提出的论据是《辽史·圣宗本纪》和许亢宗《宣和乙巳奉使行程录》(以下简称《行程录》),以及在榆树东北新庄和舒兰县溪河界的三座墩台。但这些论据既不能证明生女真居住在今舒兰、榆树以东,也不能证明宁江州在今大坡古城。

第一,《辽史·圣宗本纪》,太平六年二月,"黄翩为兵马都部署……黄龙府请建堡障三、烽台十,诏以农隙筑之"。这些堡障、烽台,目前仅在今榆树东北的新庄发现一处,在舒兰县溪河界发现两处。分布在其他地方的堡障和烽台还没有被发现,这些残缺不全的考古资料,只能说明契丹和生女真的部分边界,并不能证明生女真居地的西界在这一带。

第二,《行程录》[2]第三十五程载:自古乌舍寨(即宾州,今农安县靠山乡新城大队广元店古城,在伊通河与第二松花江汇流处)"过江四十里,宿和里闲寨"。第三十六程载:"自和里闲寨东行五里,即有溃堰断堑,自此而南,莫知远近,界隔甚明,乃契丹昔与女真两国古界也。"

〔1〕张英:《辽代宁江州治地望新证》,载《长春文物》1988年第2期。
〔2〕许亢宗:《宣和乙巳奉使行程录》,见《大金国志》卷40;参见《三朝北盟会编》政宣上帙二十。

这里明确指出和里闲寨在古乌舍寨过江（今第二松花江）以北 40 里处，从江北辽、金古城的分布，以及金初自古乌舍寨（宾州）赴上京的交通路线[1]来看，和里闲寨正当今扶余县的东部，哈大铁路线以西附近。契丹与生女真的边界在和里闲寨东 5 里。金初，还有"溃堰断堑"的遗迹。洪皓《松漠纪闻》亦云："契丹从宾州混同江北八十里筑寨而守，余尝从宾州渡江过其寨。"说明从今广元店古城（宾州）松花江以北到拉林河（古涞流水）畔这条交通线上有辽代的寨址。《行程录》第三十六程明确指出"自和里闲寨九十里至句孤孛堇寨"之间这条赴上京的路线上，有契丹与生女真的边界。句孤孛堇寨在涞流河北岸 5 里处，即今黑龙江省双城县兰陵乡石家崴子古城，自此以东完全是女真人。《行程录》和《松漠纪闻》所说的这条边界正在今扶余县的东都。《三朝北盟会编》政宣上帙三载：生女真居住在"自束沫之北，宁江之东北，地方千余里"。从生女真居住在束沫（今第二松花江）之北可知，是指今第二松花江的西流段，只有西流段才有南北之称。第二松花江的西流段正当今扶余县的东南部和榆树县的西南部这一段。从和里闲到句孤孛堇寨之间的边界遗迹可知，契丹与女真的西部边界，在今扶余县的东部哈大铁路线以西的古代交通线上。不但如此，在今扶余县的西部夹津沟附近也有辽与女真的边界（见后述）。由此可知，辽与女真的西部边界，不在今舒兰、榆树以东，而是在今扶余县境内。今大坡古城在上述边界的东南约 200 里到 400 里处，伯都讷古城在上述边界以西约 100 到 200 里处。因此，以伯都讷古城为宁江州州治所在地，更符合生女真在"宁江（州）之东北"，或在"宁江之东"的记载。

东北路统军使萧兀纳（即萧挞不也）在奏文中说"臣治与女真接境"[2]，可知，女直即生女真的居地和东北路统军司所在地的长春州[3]邻近。生女真居地的西界在今扶余县境内，而不是在今舒兰、榆

---

[1]古乌舍寨（宾州）—和里闲寨—句孤孛堇寨。农安北靠山乡广元店古城—扶余县石头城子古城—黑龙江省双城县兰陵乡石家崴子古城。

[2]《辽史》卷98，《萧兀纳传》。

[3]《契丹国志》卷22、26。

树以东,今扶余县正和他虎城(长春州)邻近。

17.4 大金得胜陀颂碑是推定
宁江州所在地的坐标

大金得胜陀颂碑在今吉林省扶余县徐家店乡石碑崴子屯东北约 4 里的地方,东距拉林河(涞流水)约为 8 里。辽末女真人民在阿骨打的领导下,为什么从其根据地的按出虎水(今阿什河)西行 300 余里来到涞流水下游会师起义?这和进攻宁江州有关。如果把宁江州推定大坡古城,女真军进攻宁江州,不可能先西行 300 余里到涞流水(今拉林河)下游(今石碑崴子屯),然后又走回头路,再向东或东南行 300 余里,进攻宁江州。又从女真军进军的路线可知,女真军进攻宁江州要经过扎只水和平堑以后,才能到达宁江州城东,在宁江州城东大败辽军以后,才攻陷宁江州[1]。从女真军进攻宁江州要经过一条沟堑,以及女真军和辽军在宁江州以东大战的记载可知,从女真军起义处(今石碑崴子屯)只有西行才能过一条沟堑,由此可知,宁江州当在这一沟堑的西部。今大金得胜陀颂碑以西有一条南北走向,长约 100 里的沟堑,今名夹津沟,这条沟雨季有水,旱季则无水,就是一条天堑。女真军进攻宁江州时是天庆四年(公元 1114 年)十月,正是旱季,所以女真军"次扎只水,光见如初,将至辽界,先使宗干督士卒夷堑,既度(渡),遇渤海军"[2]来迎战。在这里打败辽军以后,攻陷宁江州,今夹津沟当即扎只水的音转。今夹津沟正在伯都讷古城之东,其方位和女真起义军"夷堑,既度(渡),遇渤海军",以及"辽兵遇女真于宁江州东"的记载相符。如把宁江州推定在今大坡古城,则从起义地点向宁江州即大坡古城进攻,不可能经过这条沟堑,而且也不可能在宁江州城东和辽兵相遇。从"次扎只水","将至辽界"的记载可知,扎只水附沂也有一条契丹与女

---

〔1〕《契丹国志》卷 10,《天祚纪》上,天庆四年九月条;《金史》卷 2,《太祖本纪》二,太祖二年九月条。

〔2〕《金史》卷 2,《太祖本纪》二,太祖二年九月条。

·欧·亚·历·史·文·化·文·库·

真的分界线。

主张宁江州在大坡古城者,认为大金得胜陀颂碑"并非是誓师之地"。提出的理由是:"因为时(立碑时)从太祖伐辽者多近百岁不复健在,先辈誓师之地大抵已是不能记忆,何况女真故地交通不便,难究就近以讹传讹之嫌。"大金得胜陀颂碑明确指出:"得胜陀,太祖武元皇帝誓师之地也。""若大事克成,复会于此,当酹而名之,后以是名(得胜陀)赐其地云。"由此可知,"得胜陀"是太祖阿骨打誓师伐辽胜利后命名的地名,到撰《金史》时还提到"涞流河有得胜陀,国言(女真语)忽土皑葛蛮,太祖誓师之地也"[1]。太祖时命名的地名,事隔仅71年(从起义的公元1114年到立碑时的公元1185年),这样重要的地名金朝皇室和官员会有忘记和搞错的可能吗?

1962年6月,笔者曾到得胜陀一带进行考古调查,石碑建在拉林河左岸草原的高岗上,高出拉林河草原地面约为3米。1985年8月,再次到得胜陀碑前考察时,看到石碑周围的台地,因附近修水库取土,皆已不见。碑文所云"太祖先据高阜"誓师伐辽的情况,和拉林河草原上有一高岗的地理形势完全相符。因此,在没有可靠的原始史料做根据的情况下,主观推想是否定不了得胜陀是女真起义誓师之地的事实。

否定大金得胜陀颂碑为女真起义之地者提出的另一根据是:女真军在涞流水誓师起义后,两日到达宁江州。誓师当日"师次唐括带斡甲之地","明日,次扎只水",过扎只水以后,与辽军相遇。有的认为"就时间说需二日",就空间上说,"明日,次扎只水",说明女真人行军二日后驻于一条水侧。扎只水如在今夹津沟,此水东距大金得胜陀颂碑仅40里,女真军誓师后,"进军宁江州",行军两日才到达宁江州,认为"速度如此之慢,距离如此之短当不可能",并进而推论"大金得胜陀颂碑如是誓师之地,夹津沟非是史载的扎只水;夹津沟如是扎只水,大金得胜陀颂碑所在的位置绝非是誓师之地"。莫如说女真人"诸路兵皆会于涞流水,誓师之地在涞流水(今拉林河)某一处比较合适"。笔

---

[1]《金史》卷24,《地理志》,上京路会宁府。

者认为这是对文献记载的曲解而作出的错误推论。

《金史》卷2,《太祖本纪》的这段原文是:太祖二年(公元1114年)九月,在涞流水誓师伐辽以后,"师次唐括带斡甲之地,诸军襄射,介而立,有光如烈火起于人足及戈矛之上,人以为兵祥。明日,次扎只水,光见如初,将至辽界,先使宗干督士卒夷堑,既渡,遇渤海军",在过扎只水这条沟堑以后,进行了一次激烈的战斗。"十月朔,克其城",即在太祖二年(公元1114年)十月,攻陷了宁江州城。《金史·太祖本纪》所说的"师次唐括带斡甲之地,诸军襄射"之事,即碑文所说的"时,又以襄袷之法,行于军中,诸军介而立,战士光浮万里之程,胜敌刻日,其兆复见焉"的记载。《金史·太祖本纪》和大金得胜陀颂碑明确指出,在涞流水(得胜陀)誓师伐辽后,到唐括带斡甲之地,举行襄袷之法,明日,即第二天,向宁江州进军,女真军填平沟堑,渡过扎只水以后,进攻宁江州。《金史·太祖本纪》和碑文说的是第一天在得胜陀誓师伐辽,在唐括带斡甲之地举行襄袷之法,第一天是进攻宁江州前的准备和动员工作。第二天,过扎只水进攻宁江州。其原意并不是从起义之地的得胜陀到扎只水和宁江州走了两天的路程,更不能说明从得胜陀到扎只水有两天路程之远。因此,那种认为从得胜陀到扎只水仅40里,就走了两天路程的看法,是对原文的曲解,在这一曲解的基础上提出的推论,正确与否可想而知。

以上四点是推定宁江州州治所在地的可靠根据。只有正确理解这些文献记载才能对宁江州州治的所在地提出正确的推论。

此外,还有的学者提出以下三点来论证辽代宁江州在今榆树县大坡古城的问题,但下述三点并不能证明宁江州在今大坡古城。

(1)有的学者认为"从分析这几次女真与辽的战事,大抵也可以看出榆树大坡古城所处的位置,是宁江州的所在"。是否如此,从女真伐辽,以及天祚帝东征能否证明宁江州在大坡古城,需要认真地分析女真与辽的几次战争路线和地址。

第一,主张大坡古城为宁江州者,认为天庆四年十一月,女真军与辽军"会于鸭子河北",从而推论宁江州在今大坡古城与史相合。

为了辨明究竟是辽代各路军会于鸭子河北,还是女真军与辽军会于鸭子河北的问题,有必要把《金史》、《辽史》有关这一战事的记载全文列出,供读者分析参考。

《金史·太祖本纪》载:太祖二年(辽天庆四年,公元 1114 年)"十一月,辽都统萧乣里(按:为萧嗣先之误)、副都统挞不野(按:即萧挞不也),将步骑十万会于鸭子河北。太祖将击之,未至鸭子河,既夜,太祖方就枕,若有扶其首者三,寤而起,曰:神明警我也,即鸣鼓举燧而行。黎明及河,辽兵方坏陵道,选壮士十辈击走之,大军继进,遂登岸,甲士三千七百,至者才三之一,俄与敌遇于出河店,会大风起,尘埃蔽天,乘风势击之,辽兵溃"。《辽史·天祚帝本纪》天庆四年(公元 1114 年)冬十月壬寅朔(按:当为十一月)条载:"以守司空萧嗣先为东北路都统,静江军节度萧挞不也为副,发契丹奚军三千人,中京禁兵及土豪二千人,别选诸路武勇二千余人,以虞候崔公义为都押官,控鹤指挥邢颖为副,引军屯出河店,两军对垒,女直军潜渡混同江,掩击辽众。萧嗣先军溃。"《大金国志》卷 1,《太祖本纪》载:辽失守宁江州以后,"天祚再以萧嗣先帅奚契丹五千人屯出河店,临白江,与宁江州女真对垒,女真潜渡混同江掩击之,嗣先兵溃"。这些记载说明,天庆四年十月,辽军在宁江州被打败以后,同年十一月,辽派各路军会于鸭子河北,企图从后方包抄女真军,而不是女真军与辽军会于鸭子河北。如女真军与辽军会于鸭子河北,女真军怎么还能渡江,登岸掩击辽军呢?文献明确指出"将步骑十万会于鸭子河北",女真与辽军隔江对垒。这条江《金史·太祖本纪》记载为鸭子河,《辽史·天祚帝本纪》记载为混同江,《大金国志》记载为白江,都是同一条河流的不同名称。《大金国志》所说的辽军"屯出河店,临白江,与宁江州女真对垒,女真潜渡混同江掩击之",即说明女真军在宁江州境内,辽军在鸭子河北,两军隔江对垒,女真军才能渡江掩击辽军。如果女真军和辽军会于鸭子河北,即两军都在鸭子河北,女真军怎么还能渡江掩击辽军呢?

辽代各路军会于鸭子河北的鸭子河,有的学者认为是指第二松花江下游,笔者认为这里所说的鸭子河是指今第一松花江的西段,因另有论文发表[1],不再详述。从"踏弩河……东流入鸭子河"[2]的记载可知,鸭子河当指今第一松花江的西段。如鸭子河指今第二松花江,踏弩河即它漏河亦即今洮儿河和嫩江下游[3],怎能东流入鸭子河?"踏弩河……东流入鸭子河"等记载,是确定鸭子河是当今第一松花江,而不是第二松花江的可靠根据。如果这里所说的鸭子河指今第二松花江下游,宁江州女真与辽军皆会于鸭子河北,即今扶余县境内,两军怎能隔江对垒,女真军又怎能渡江进攻辽军呢?因此,以鸭子河指今第二松花江下游,以女真军与辽军会于鸭子河北为根据,推定宁江州在今大坡古城者,是在曲解原文的基础上作出的主观推论。

从天祚帝东征的路线来看宁江州方位的问题。天庆五年(公元1115年)八月,天祚帝亲自率军东征,这是继宁江州、出河店两次战役后的第三次战役,是具有决定性的一次战役。这次东征的路线是"自长春州分道而进",一路"北出骆驼口",一路"南出宁江州","发数月粮,期必灭女直"[4],这南北两路军都是从长春州出发,向东进攻女真军,形成钳形包围形势。这里所说的南路是从长春州出发,经过宁江州向东进攻的路线,不是像有的所谓"若走南道必过黄龙府,若走西道必经长春州、鸭子河"[5]的那样路线。这里所说的北道是从骆驼口出发,向东进攻的路线。从西方的长春州向东进攻的南北两路辽军,一路"南出宁江州",即通过宁江州境内"进至刺离水,与金兵战,败,大军亦却"[6];一路"北出骆驼口","大军渡鸭子河"[7],由于耶律章奴的叛变,"自鸭子河亡去"[8],再加上这时"契丹末阵,三面争击之,天祚御旗向西南出,众军从而败溃,天祚一日夜走三百里,退保长春州"[9]。

〔1〕拙著《东北史地考略》,第111页、第134—136页、第146—147页。
〔2〕《武经总要》前集卷22,《蕃界有名山川》。
〔3〕拙著《东北史地考略》,第146页。
〔4〕《辽史》卷28,《天祚帝纪》天庆五年八月条。
〔5〕张英:《辽代宁江州治地望新证》,载《长春文物》1988年第2期。
〔6〕《辽史》卷101,《萧胡笃传》。
〔7〕《辽史》卷100,《耶律章奴传》。
〔8〕《辽史》卷100,《耶律术者传》。
〔9〕《三朝北盟会编》政宣上帙二十一,《亡辽录》。

·欧·亚·历·史·文·化·文·库·

这东进的南北两路辽军在刺离水和鸭子河皆大败逃散。对这一次战役的进军路线,有不同的理解,有的认为从"发数月粮,期必灭女直"的记载,可证辽代宁江州治与长春州治相距不近。所谓这次战役,辽军"发数月粮,期必灭女直"的记载,是指辽与女真在这次战役中已经做好长期作战的准备和决心,并不能说明宁江州治与长春州治相距不近,就是把宁江州指定在与长春州较远的大坡古城也没有"数月粮"的距离。有的又云:《辽史》所载天祚东征,"大军渡鸭子河","进至刺离水,与金兵战",亦不见克复宁江州城事,所以又可证明宁江州治并不占有这一空间[1]。这一推论与史不符。所谓辽军"进至刺离水",没有一处记载是从鸭子河进到刺离水的。《辽史·耶律章奴传》所谓"大军渡鸭子河……诱将卒三百余人亡归",是指耶律章奴这一路军在鸭子河叛逃之事。《辽史·萧胡笃传》所谓"五年,从天祚东征……进至刺离水,与金兵战,败,大军亦却",是指萧胡笃这一路辽军在刺离水战败的事。不能把这两处记载连成"大军渡鸭子河","进至刺离水"这样一句话。进到刺离水的一路辽军,从刺离水即今拉林河的方位来看,当是走"南出宁江州"的南路;进到鸭子河的辽军,当是走"北出骆驼口"的北路。因此,以"大军渡鸭子河","进至刺离水,与金兵战","亦不见克复宁江州城事",是对天庆五年辽军东征路线的误解。如上所述,从天庆五年,辽军东征的路线看不出"榆树大坡古城所处的位置,是宁江州的所在"。

（2）"宁江州去冷山百七十里"的问题。有的学者根据洪皓《松漠纪闻》所载"宁江州去冷山百七十里"这一记载来推定宁江州的位置时,要首先肯定冷山的位置。引用这一记载推定宁江州的位置,但冷山的位置迄无定论。其次是这一记载没有明确指出宁江州在冷山哪一方向的百七十里。据目前所知,关于冷山的位置有六种说法:一是曹廷杰认为"冷山在五常厅山河屯巡检地界内"[2]。二是高士奇的《扈从东

---

〔1〕张英:《辽代宁江州治地望新证》,载《长春文物》1988 年第 2 期。
〔2〕曹廷杰:《东三省舆地图说·冷山考》。

巡日录》认为"曷末沙逻(印俄莫贺索落站)东北二百余里为冷山"。三是杨宾的《柳边纪略》认为在必儿汉必拉北望,相去约数十里的白山为冷山。四是景方昶的《东北舆地释略》认为冷山在五家子站。五是认为"冷山在今五常县冲河乡境内"[1]。六是认为"冷山在舒兰县完颜希尹家族墓地附近的小城子一带"。

"冷山去金国所都二百余里"[2],五常县冲河乡西北距阿城县白城(金上京)200里,舒兰小城子北距阿城县白城300余里。从和金上京的距离来看,五常县冲河乡的南北两座金代古城比较符合文献记载。冷山"地苦寒,四月草生,八月已雪",可知这里是高寒山区。五常县无霜期为124天[3]、冲河乡为110天[4]、舒兰为130~140天[5]。五常县冲河乡东有张广才岭的最高峰大秃顶子山,海拔1682米,山顶终年积雪不化。从气象资料和山川地理形势来看,把冷山推定在大秃顶子山以东的冲河乡比较符合文献记载。舒兰县小城乡东北的东村山里有完颜希尹的家族墓地,因此,有的认为"陈王世居冷山"或"悟室聚落"当在这里,但是在完颜希尹家族墓地的第四墓区(在希尹墓地的西北5里处)发掘出两方墓碣,在其中的"大金故昭勇大将军同知雄州永定军节度使"墓碣中,有长男完颜琦(女真名内刺)"命术人田煦选到乾山为主於大定廿六年四月廿六日乙时依礼合葬记"[6]等字。从墓碣所云"命术人田煦选到乾山……依礼合葬记"可知,完颜希尹家族墓地所在的山岭当是乾山所在地,而不是冷山的所在地。尤其从舒兰县小城子乡和上京(今阿城县白城)的距离以及气候条件来看,把冷山推定在舒兰县小城子一带是不确切的,更不是定论。因此,以尚未成定论的冷山位置为论据来推定宁江州在榆树县大坡古城是难以令人信服的。

〔1〕王禹浪:《金代冷山考》,载《辽金契丹女真史研究动态》1984年第3、4期合刊。冲河乡即在原山河屯巡检地方境内。
〔2〕《松漠纪闻》和《三朝北盟会编》卷2,均载"冷山距上京二百华里",《宋史·洪皓传》则记为"冷山距金之所都仅百里",今以200里为是。
〔3〕黑龙江省测绘局:《黑龙江省地图册》五常县。
〔4〕王禹浪:《金代冷山考》,载《辽金契丹女真史研究动态》,1984年第3、4期合刊本。
〔5〕吉林省测绘局:《吉林省地图册》舒兰县。
〔6〕《舒兰县文物志》,第114页。

（3）榆树大坡古城是否与《御批历代通鉴辑览》所说的"宁江州故城，在今吉林乌拉北，混同江东岸"[1]相符合的问题。

康熙二十三年高士奇撰成的《扈从东巡日录》云："大乌喇虞村，去船厂八十余里，按：乌喇即辽时辽宁江州。"这里所说的大乌拉虞村即今永吉县乌拉街，船厂即今吉林市，高士奇曾到大乌喇虞村即今乌拉街古城（在第二松花江东岸）游览过，他认为乌拉古城即辽时宁江州的所在地。乾隆三十二年敕撰的《御批通鉴辑览》亦云："宁江州在今吉林乌拉北，混同江东。"完全沿用了高士奇的看法，并没有像有的所说那样，"作了稍向北移的修正，比较具体指出'宁江州在今吉林乌拉北，混同江东'"[2]。乾隆三十二年所说的"今吉林乌拉北"，系指今吉林市北，不是指今吉林和乌拉北。吉林旧名船厂，即"小吴喇"[3]，今乌拉街当时称大乌喇。康熙十五年（公元1676年），镇守宁古塔等处将军移驻船厂，改名吉林乌拉城，吉林乌拉是满语，即沿江之意，后来去掉乌拉简称吉林。因此，吉林乌拉是一地即今吉林，而不是吉林和乌拉两地。《通鉴辑览》所说的"宁江州在今吉林乌拉北"，即《扈从东巡日录》所具体指出的在船厂（今吉林）北八十里的大乌喇（今乌拉街）。《通鉴辑览》并没有指出宁江州的具体地址，指出具体地址的是《扈从东巡日录》。《通鉴辑览》所说的宁江州在吉林乌拉北，即今吉林北的乌拉街，而不是今乌拉街北的榆树县大坡古城所在地。所谓今榆树县大坡古城和《通鉴辑览》关于"宁江州故城，在今吉林乌拉北、混同江东"的记载正相符合的说法，是在对原文没有搞清的情况下，作出的错误推论。

---

〔1〕丁溯仁：《大坡古城址》，载《长春文物》1988年第2期。
〔2〕丁溯仁：《大坡古城址》，载《长春文物》1988年第2期。
〔3〕杨宾：《柳边纪略》卷1。

18 辽代达鲁古城考

达鲁古亦书达卢骨、达卢古、挞鲁曷、达鲁虢、徒鲁古。关于达鲁古城的位置,过去有人进行过考证,如曹廷杰以音转为根据,认为"他虎城即挞鲁曷城,亦即辽之长春州"[1]。但据《金史》的记载,金军在辽天庆五年(公元1115年)正月,攻陷了达鲁古城[2],九月攻陷黄龙府,天庆七年(公元1117年)正月,才攻陷长春州、泰州。由此可知,他虎城是辽代的长春州,但不是挞鲁曷城(即达鲁古城)。日本松井等以达鲁古部应在挞鲁河(今洮儿河)附近,因此,他推定达鲁古城当在今洮儿河之南[3]。日本津田左右吉根据"上(阿骨打)率兵趋达鲁古城,次宁江州西"的记载,认为达鲁古城当在宁江州之西,松花江右岸。他认为达鲁古部的四至"东拉林河,南、西、北三面临松花江"[4]。《中国历史地图集》根据"黄龙府罗涅河女直达卢古来贡"等记载,推定达卢古部在"今吉林省拉林河以西地区"[5]。笔者认为辽代达鲁古城当在今吉林省扶余县城北十里的土城子,其根据如下。

18.1 达鲁古城在宁江州附近

据《金史》卷2,《太祖本纪》载:女真和达鲁古部邻近,当在今扶余县境内。当金军大举围攻黄龙府时,"辽遣都统耶律讹里朵、左副统萧

---

〔1〕曹廷杰:《东兰省舆地图说》,嫩江陀喇河,喀鲁伦河,黑龙江考,附临潢府考,长春州考。
〔2〕《金史》卷2,《太祖本纪》二,收国元年(公元1115年)正月条。
〔3〕《满洲历史地理》第2卷,第105页。
〔4〕[日]津田左右吉:《达卢古考》,载《满鲜地理历史研究报告》第2卷,第17-100页。
〔5〕《〈中国历史地图集〉东北地区资料汇编》,第157页。

·欧·亚·历·史·文·化·文·库·

乙薛、右副统耶律张奴、都监萧谢佛留骑二十万、步卒七万戍边"[1],以牵制金军的进攻。这时金太祖(阿骨打)为了截击辽军的进攻,在进攻黄龙府之前,首先"率兵趋达鲁古城,次宁江州西"[2],先和辽使僧家奴议和,议和破裂后,太祖率兵攻陷了达鲁古城。据《辽史》卷33,营卫志载:"术哲达鲁虢部。圣宗以达鲁虢户置。隶北府,节度使属东北路统军司,戍境内,居境外。"由此可知,术哲达鲁虢部即达鲁古部和宁江州同样,在兵事上都属于东北路统军司(在长春州,今他虎城)。这就是推定达鲁古城在宁江州附近的根据。宁江州在今扶余县城北25里的伯都讷古城,则达鲁古城当在今伯都讷古城附近求之。

18.2 伯都讷古城附近的土城子是达鲁古城的遗址

日本学者津田左右吉认为达鲁古城的位置"当在宁江州之西,松花江右岸"[3]。但他所说的宁江州是在今扶余县三岔河乡的石头城子。笔者认为辽代宁江州在今伯都讷古城,因此,推定达鲁古城当在今伯都讷古城附近的土城子。据1959年10月和1962年6月的实地考古调查和《吉林省扶余县的文物普查档案》,基本摸清了扶余境内辽金古城的分布情况,以及辽金古城的位置和三道界壕边堡的形势,说明金山(今兴安岭)以西各族,主要是由南路不断侵扰金边,和《金史·宗浩传》所载泰州"去境三百里,每敌入,比出兵追袭,敌已遁去。至是,宗浩奏徙之金山,以据要害"的事实相符。

如把辽泰州推定在今塔子城,则将金山县和乌古敌烈部置于何地?城四家子古城又当辽、金时代的哪一州城?这些都难以说明。

辽代大安七年(公元1091年)刻石[4],刻石已残,在建塔题名残碑

---

〔1〕《金史》卷2,《太祖本纪》二,收国元年正月条。

〔2〕《金史》卷2,《太祖本纪》二,收国元年正月条。

〔3〕〔日〕津田左右吉:《达卢古考》,见《满鲜地理历史研究报告》第2卷,第17-100页。

〔4〕孙秀仁:《塔子城古城和辽代大安七年刻石》,见《黑龙江古代文物》,第56-62页。景爱:《塔子城出土辽大安残刻三题》,见《社会科学战线》,1984年8期。

中有"糺首西头供奉官泰州河堤"等字,"泰州河堤"以下残缺。仅据"泰州河堤"四字,也难以说明今塔子城是辽代泰州州治的所在地。

从金代东北路招讨司的几次迁移可知,金世宗以后,边防力量步步后退。金代东北路招讨司自天德二年(公元1150年)至大定年间置于乌古迪烈部(今塔子城)。大定年间,南迁到泰州(今城四家子古城)。承安三年到贞祐二年又东迁到新泰州(今他虎城)。其间承安四年(公元1199年)到泰和八年(公元1208年)置分司于金山(今乌兰浩特市东北25里的前公主岭古城)。最后,自贞祐二年(公元1214年)到金末,又东迁到肇州(今肇东八里城)。从金代东北路招讨司由北向南,又由西向东,步步向内地撤退,也可以看出金末在东北的统治日趋衰落。

19 关于辽代长春州置于何时
问题的商讨

《辽史·圣宗本纪》载:"太平二年(公元1022年)二月甲戌,如长春州。"这是长春州置于太平二年或二年以前的根据。但是《辽史·地理志》上京道却记载长春州"兴宗重熙八年(公元1039年)置"。《辽史·兴宗本纪》亦载:"重熙八年十一月己酉,城长春。"这是主张长春州置于兴宗重熙八年的根据。主张长春州建于太平二年者认为《辽史·地理志》和《辽史·兴宗本纪》的记载是指长春州的建城年代,而不是置州的年代,置州的年代是在太平二年或二年前[1]。主张长春州置于重熙八年者认为太平二年置长春州,到重熙八年才建城,其间相距达17年之久,难以令人相信,因此认为太平二年"如长春州"的记载并不可靠,当是"如长春宫"之误[2]。

笔者认为《辽史·圣宗本纪》关于在太平二年"如长春州"的记载是可靠的,认为如长春州当是如长春宫之误的看法是错误的。

19.1 置州和筑城的年代不在同时的
观点是否很难成立的问题

有的学者认为如长春州置于太平二年(公元1022年)或以前,到兴宗重熙八年(公元1039年)即最低相隔17年之久才筑城的观点很难成立,难以令人接受。

笔者认为决定建置京府州县的年代和筑城的年代,有的并不在同

[1]李健才:《东北史地考略》110页。
[2]郭珉:《辽长春州到底建置于何时》,载《博物馆研究》1997年2期。

时,其间隔年代长短不等。如辽太祖在神册元年(公元916年)称帝建国,三年(公元918年)"城皇都",即在建国后的第三年才修建皇都。"天显元年(公元926年),平渤海归,乃展郛郭,建宫室"。到太宗会同元年(公元938年),"改皇都为上京"[1]。又如辽太宗大同元年(公元947年)"升镇州为中京"[2],到圣宗统和二十五年(公元1007年)才"建中京"城[3]。二十七年(公元1009年)又"驻跸中京,营建宫室"[4]。由此可知,建置京府州县和筑城的年代,其间相隔数年不等,是常见的和有记载的,并没有什么不可理解和难以接受的。长春州的建置年代,由于缺乏记载难以确定,但据《辽史·圣宗本纪》载,在太年二年或二年以前,已置有长春州是可以肯定的。

19.2　长春州置于圣宗还是兴宗时的问题

有的学者认为,在长春州建置的第二年,即重熙九年(公元1040年),"女真侵边","这一方面反映出女真在此时确实比较强大,另一方面也说明辽置长春州的及时性,同时,也间接地证明,长春州置于重熙八年之说是合乎情理的"。

笔者认为重熙九年(公元1040年),"女真侵边",并不能说明长春州置于重熙八年是合乎情理的。据《辽史·兴宗本纪》载,重熙九年十一月,"女真侵边,发黄龙府铁骊军拒之"。这一记载说明兴宗时期居住在束沫江(今第二松花江)之北,宁江州(今吉林省扶余县伯都讷古城)之东北[5]一带的先女真已经发展壮大,达到侵边的地步,但不能证明长春州置于兴宗时代是合乎情理的。辽圣宗及其以前,主要是对宋的战争,还无力顾及东北,但在辽圣宗统和二十二年(公元1004年)与

〔1〕《辽史·地理志》上京道。

〔2〕《辽史·太宗本纪》大同元年二月。

〔3〕《辽史·圣宗本纪》统和二十五年春正月,二十七年夏四月;《辽史·地理志》中京道:"(统和)二十五年,城之,实以汉户,号曰中京,府曰大定。"

〔4〕《辽史·圣宗本纪》统和二十五年春正月,二十七年夏四月;《辽史·地理志》中京道:"(统和)二十五年,城之,实以汉户,号曰中京,府曰大定。"

〔5〕《三朝北盟会编》政宣上帙三;《北风扬沙录》(见《辽史拾遗》卷18)。

宋达成和议即"澶渊之盟"以后,才能以全力经营东北。为了防御东北女真的侵边,加强对女真的控制,便在边界上,即女真居地的南部和西南部修筑军事重镇,即黄龙府和长春州。黄龙府及其附近的韩州、咸州、信州、宾州等都是在圣宗时代建置的[1]。因此,根据辽圣宗在"太平二年二月甲戌,如长春州"的这一可靠记载,推定长春州置于辽圣宗时代还是可信的。主张长春州置于兴宗重熙八年者,并未提出令人信服的根据。

19.3 在长春州建置之前是否
已置有长春宫的问题

《辽史·地理志》载:"长春州……本鸭子河春猎之地。"有的认为"本者,原也,故也,过去也"。据此认为"在长春州建置之前,这里已经就是辽皇帝春季行围射猎的场所。因而此地定有一座早于长春州而建的供皇帝休息驻跸的行宫。那么,这座行宫是否就是长春宫"?

笔者认为《辽史·地理志》所谓"长春州,本鸭子河春猎之地",就是指在长春州建置以前,这一带原来是春猎之地,但并没有说原来是辽代皇帝春猎之地。据《辽史》载,从辽代到长春州春猎的第一位皇帝是圣宗。在辽圣宗太平二年以前找不到一位皇帝到鸭子河、挞鲁河或纳水、鱼儿泺春猎的记载。从辽太宗到圣宗,辽、宋战争连年,辽帝又多驻在南京,因此,在太平二年以前,辽帝春猎之举较少,而且多在上京道的南部即潢河、土河、长泺,以及南京道境内的延芳淀和鸳鸯泺一带。到圣宗统和二十二年(公元 1004 年),辽、宋议和即"澶渊之盟"以后,结束了双方长期战争的状态。在辽圣宗时,四时捺钵才有固定的地点和制度。在庆陵东陵(圣宗陵墓)的壁画中就有四时捺钵的壁画[2]。辽圣宗及其以后各帝(兴宗、道宗、天祚帝)才有远到长春州鸭子河、挞鲁

---

[1]《辽史·地理志》东京道、上京道。黄龙府在景宗保宁七年(公元 975 年)"军将燕颇叛,府废",圣宗开泰九年复置。

[2]〔日〕田村实造、小林行雄:《庆陵》,京都大学文学部 1952 年。

河、纳水、鱼儿泺一带进行春猎的记载。有的学者认为"在长春州建置之前,这里已经就是辽皇帝春季行围射猎的场所。因而,此地定有一座早于长春州而建的供皇帝休息驻跸的行宫。那么这座行宫是否就是长春宫?"笔者认为这一看法,是没有文献记载的主观推论。因为在辽圣宗和置长春州以前并没有辽帝到鸭子河、鱼儿泺、他鲁河(挞鲁河)春猎的记载,当然就没有在这里修建长春宫的可能和必要。

19.4　辽帝幸长春宫赏花钓鱼、观牡丹是否均非南京的长春宫的问题

　　有的学者引用孙承泽在其所著《北平古今记》中提出的"辽有二长春宫,一在南京,一在长春州。如统和五年(公元987年)三月癸亥朔,幸长春宫赏花钓鱼;十二年(公元994年)三月,如长春宫观牡丹;十七年(公元999年)正月,如长春宫,均非南京之长春宫"的看法,认为长春宫就是鸭子河春猎之地的行宫。

　　笔者认为上述看法,纯属主观无稽之谈。

　　第一,圣宗和圣宗以后各帝到长春州春猎时,有驻跸混同江、鸭子河、鱼儿泺的记载,其中辽帝驻跸鱼儿泺的记载最多,但独无一次驻跸长春宫的记载,如果在长春州春猎之地置有长春宫,不可能出现辽帝不去长春宫的局面。第二,据《辽史·圣宗本纪》载,统和五年"三月癸亥朔,幸长春宫,赏花钓鱼,以牡丹遍赐近臣,欢宴累日"。统和十二年三月,"戊午,幸南京","壬申如长春宫观牡丹"。可知辽圣宗到南京后的第14天,便到长春宫观牡丹。还有统和七年正月辛亥,"还次南京"。"二月壬子朔,上御元和殿受百官贺","二月乙卯,幸长春宫",由此可知,辽圣宗到南京后,在元和殿接受百官朝贺。"二月乙卯,幸长春宫"。由此可知,辽圣宗到南京后,在元和殿接受百官朝贺的第三天,"幸长春宫"。这是元和殿和长春宫在南京城内,而不在上京道的长春州的可靠证明。特别是从统和五年三月和十二年三月,如长春宫赏花钓鱼和观牡丹来看,长春宫在南京(今北京),而绝不在上京道的长春

·欧·亚·历·史·文·化·文·库·

州(今吉林省前郭县他虎城)一带。因为在上京道的长春州(今嫩江、松花江)一带,在阴历三月,气温还较冷,江河冰冻还刚刚在开化,根本谈不到赏花和观牡丹的问题。从当地气温和牡丹开花的时间来看,阴历三月(阳历 4 月)在当时的南京(今北京)才有赏花钓鱼和观牡丹的可能。这是辽圣宗在统和五年、十二年、十七年所到的长春宫是在南京(今北京),而不是在长春州的又一可靠证明。

19.5 长春宫是建置于南京城里的皇宫,而不是建置于州县境内的行宫

《辽史》明确记载长春宫是建在南京城里的皇宫,不是建置于州县境内的行宫。因此,在辽代上京道长春州境内不可能找到长春宫的记载。

有的学者认为"统和二十四年(公元 1066 年)八月丙戌,改南京宫宣教门为元和,""元和就是当时建在南京道(今北京市)漷阴县城内的一座行宫的名称。而后来在行宫即长春宫之地置州所以名长春,则是由长春河而起",并认为,总之是因长春宫而名河,又因河而名州。相反,在若大一部《辽史》中,找不到一条以州名宫和以州名河的记载[1]。

笔者认为上述看法是错误的:

第一,认为元和是在南京道漷阴县城内的一座行宫的名称。这是对《辽史》有关记载的误解。《辽史·圣宗本纪》载:"统和二十四年八月丙戌,改南京宫宣教门为元和,外三门为南瑞,左掖门为万春,右掖门为千秋。"明确指出这里的元和是南京城宫门的名称,和南京城内的长春宫、元和殿无关。长春宫、元和殿是南京城里的宫殿名,不是行宫,也不在南京道、漷阴县境内。漷阴县境内的延芳淀是辽帝春猎之地,但长春宫、元和殿在南京(今北京)城内,而不在漷阴县境内。把在南京城内的元和殿推定在南京道漷阴县境内,是对《辽史·地理志》南京道记

〔1〕郭珉:《辽长春州到底建置于何时》,载《博物馆研究》1997 年 2 期。

载的误解。

　　第二，认为"后来在行宫长春宫之地置州所以名长春，则由长春河而起"，其错误在于把长春宫当成行宫。如前述，长春宫在南京城内，而不在上京道的长春州。长春州在上京道，而长春宫在南京城内，二者虽然都名长春，但两者名称的由来并无任何联系。

　　第三，上述所谓长春河是因长春宫而命名，长春州又因长春河而命名的看法，和《辽史》的记载并不相符。如前述，首先是长春宫并不在长春州鸭子河（混同江）、挞鲁河（长春河）一带。《辽史·圣宗本纪》明确记载：太平二年（公元 1022 年）三月"如长春州"。太平四年（公元1024 年），"诏改鸭子河曰混同江，挞鲁河曰长春河"，而挞鲁河即今洮儿河和嫩江下游，正在长春州境内。这是先（公元 1022 年）有长春州，后（公元 1024 年）改河名的明证。所谓在《辽史》中找不到一条"以州名河"的看法，是不符合《辽史》记载的。有些州县地名，是由山河而命名的，但也有以州县名而命名的山河名，长春州、长春河，就是以州名河的一个例子。

　　在孙承泽的《北平古今记》中说："辽有二长春宫，一在南京，一在长春州。"如前述，这是无稽之谈，以这一错误论断为根据，认为"以长春行宫之名改命挞鲁河为长春河，再以河名州"，这一看法是在错误论断的基础上，作出的错误结论。

　　笔者的看法是否正确，请方家指正，希望能在进一步深入讨论中得出正确的结论。

20 金代东北的交通路线

金太宗天会三年（公元 1125 年），金灭辽后，继续南下攻宋，南宋高宗绍兴十一年（公元 1141 年）十一月，宋、金双方缔和，东以淮水，西以大散关（今陕西省宝鸡市西南）为界。金朝占据着今淮水以北（河南、河北、山东、山西等地）、内蒙古自治区、辽宁、吉林、黑龙江等广大地区，在中国历史上又出现了一次南北朝的局面。据《金史·地理志》载："金之壤地封疆，东极吉里迷、兀的改诸野人之境。北自蒲与路之北三千余里火鲁火疃谋克之地。"由此可知，金代的北部疆域，东北至黑龙江下游，北至外兴安岭。

金朝统一北方以后，除采宋、辽旧制，颁行新的官制，实行州县制和猛安谋克制并行的地方统治制度以外，并建立通往各地的交通驿站，以加强统治。金代东北的交通是以上京会宁府（今黑龙江省阿城县白城）和东京辽阳府（今辽阳市）为中心通往各地。金代东北的交通路线，上承辽代，下为元、明、清所沿用，所以搞清金代东北的交通路线，不但有助于了解金代东北的疆域，而且对研究金代的历史地理和历代的交通路线都是有帮助的。

据文献记载，从上京会宁府（今阿城白城）到燕京（今北京）有两条路线。一是从上京会宁府经济州（黄龙府，今农安县城）、沈州（今沈阳）、显州（今北镇）、润州（今临榆县之海阳镇，在山海关西）等地到燕京。二是从上京会宁府经长春州（今吉林省前郭尔罗斯蒙古族自治县八郎乡北上台子村他虎城）、泰州（此为金初的泰州，即旧泰州，在今吉林省洮安县东二十里的城四家子古城）、临潢府（今内蒙昭乌达盟巴林左旗林东镇）到燕京。

20.1 从上京会宁府经济州等地到燕京的路线

这条路线及其所经州县城站的方位、距离,宋人都有比较详细的记载,如许亢宗的《宣和乙巳奉使行程录》、洪皓的《松漠纪闻》、张棣的《金虏图经》、赵彦卫的《御寨行程》等,都是考证这条路线和沿线州县城站的重要史料。这条路线上州县城站的位置,根据这些文献记载和已知辽、金古城的分布情况,基本上可以确定。今以洪皓《松漠纪闻》所载这条路线所经州县城站的方向距离,和已知辽、金古城的分布情况互相对照列表如下。

金代州县城站名称	当今辽、金古城或地名	备 考
上京会宁府	黑龙江省阿城县白城	
｜ 30里	｜ 30里	
会宁头铺	阿城县杨树乡二白屯古城	在乡南4里
｜ 45里	｜ 45里	
会宁第二铺	双城县青岭乡万斛古城	
｜ 35里	｜ 35里	
阿 萨 辅	双城县单城乡单城子古城	在乡西10里
｜ 40里	｜ 40里	
来 流 河	双城县兰棱乡石家崴子古城	在乡南15里
｜ 40里	｜ 40里	
报打孛堇寨	吉林省扶余县三岔河乡石头城子	
｜ 70里	｜ 70里	
宾 州	农安县靠山乡广元店古城	通说农安北红石垒不确,今改
｜ 70里	｜ 70里	
北 易 州	农安县北小城子乡小城子	小城子在乡北3里
｜ 50里	｜ 60里	
济州东铺	农安县东北二十里的好来宝古城	
｜ 20里	｜ 20里	
济 州	农 安 古 城	
｜ 40里	｜ 40里	

金代州县城站名称	当今辽、金古城或地名	备　考
胜　　州	农安县城西南四十里的小城子	胜州为威州之误
∣ 50 里	∣ 50 里	
小　寺　铺	农安县新阳乡顺山古城	小寺铺为山寺铺之误 顺山原名白土埃
∣ 50 里	∣ 50 里	
威　　州	怀德县双城堡乡后黄花城子	威州为胜州之误
∣ 40 里 70 里之误	∣ 70 里	
信　　州	怀德县秦家屯古城	
∣ 50 里	∣ 40 里	
木　阿　铺	梨树县小城子乡屯内	古城今已无
∣ 50 里	∣ 45 里	
没　瓦　铺	梨树县泉眼岭乡南岗子遗址	
∣ 50 里	∣ 45 里	
奚　　营	梨树县北十里的偏脸城	金天德二年韩州州治迁治于此
∣ 45 里	∣ 45 里	
扬柏店（通州）	四平市内的一面城	
∣ 45 里	∣ 50 里	
夹　道　店	辽宁省昌图县北路镇四合屯古城	
∣ 50 里	∣ 40 里	
安州南铺	昌图县城西北四十里的四面城	
∣ 40 里	∣ 50 里	
宿州北铺	昌图县南二十里的马仲河古城	一说在昌图镇
∣ 40 里	∣ 30 里	
咸州南铺	开原老城镇	
∣ 40 里	∣ 40 里	
铜州南铺	开原和铁岭之间的中固	
∣ 40 里	∣ 40 里	
银州南铺	铁　岭　县　城	
∣ 50 里	∣ 50 里	
兴　　州	铁岭、沈阳间的懿路	
∣ 40 里	∣ 40 里	

金代州县城站名称	当今辽、金古城或地名	备　考
蒲　河	懿路南四十里的蒲河	
｜ 40 里	｜ 40 里	
沈　州	沈　阳	
｜ 60 里	｜ 60 里	
广　州	沈阳西南六十里的彰驿站	
｜ 70 里	｜	
大　口	辽中县以西的辽河渡口	自此以下缺乏考古调查资料，根据
｜ 60 里	｜	文献记载和已有考证推定
		刘谦《金代行政建置——义州、锦
梁 鱼 务	辽宁省黑山县芳山镇乡公敩村古城	州，广宁府等县城址考》，见《辽金
｜ 50 里	｜	契丹女真史研究动态》1984 年 3、4
		期合刊
兔 儿 涡	在黑山县芳山镇乡公敩村古城西五十里	在金代广宁府境内
｜ 50 里	｜	
沙　河	北镇东五十里的沙河流域	
｜ 50 里	｜	
显　州	即广州，今北镇西南五里的北镇庙	
｜ 80 里	｜	
军 官 寨	不　详	
｜ 40 里	｜	
惕 隐 寨	不　详	
｜ 40 里	｜	
茂　州	不　详	
｜ 40 里	｜	
新　城	锦　州	
｜ 40 里	｜	
麻吉步落	不　详	
｜ 40 里	｜	
胡 家 务	即红花务，今锦州西南高桥驿	
｜ 40 里	｜	
童 家 庄	不　详	
｜ 40 里	｜	

金代州县城站名称	当今辽、金古城或地名	备　考
桃　花　岛 ∣ 40里	兴城县南海中的桃花岛 ∣	
杨　家　馆 ∣ 50里	不　详	
隰　　州 ∣ 40里	兴城西南的东关站 ∣	
石　家　店 ∣ 40里	不　详 ∣	
来　　州 ∣ 40里	绥中县前卫城 ∣	
南　新　寨 ∣ 40里	不　详 ∣	
迁　　州 ∣ 40里	山　海　关 ∣	
润　　州 ∣ 30里	山海关西南的海阳镇 ∣	
旧　榆　关 ∣ 40里	河北省抚宁县东的榆关 ∣	
新　　安 ∣ 40里	不　详 ∣	
双　望　店 ∣ 40里	不　详 ∣	
平　　州 ∣ 40里	河北省卢龙县城旧永平府治 	
赤　峰　口 ∣ 40里	不　详 ∣	
七　个　岭 ∣ 40里	不　详 ∣	
榛　子　店 ∣ 40里	不　详 ∣	
永　济　务 ∣ 40里	不　详 ∣	

金代州县城站名称	当今辽、金古城或地名	备 考
沙 流 河	不 详	
｜ 40 里	｜	
玉 田 县	河北省玉田县	
｜ 40 里	｜	
罗 山 铺	不 详	
｜ 30 里	｜	
蓟 州	河北省蓟县	
｜ 30 里	｜	
邦 军 店	不 详	
｜ 35 里	｜	
下 店	不 详	
｜ 40 里	｜	
三 河 县	河北省三河县	
｜ 30 里	｜	
潞 县	通 州 东	
｜ 30 里	｜	
交 亭	不 详	
｜ 30 里	｜	
燕 京	北 京	

    上表所记从上京会宁府(今阿城白城)经济州(今农安县城)等地到燕京所经州县城站的距离、位置,和今辽、金古城间的距离、位置基本相符。这条路线是宋、金来往的主要交通线,宋、金使臣和商人来往不断。辽、金以后的元、明、清,从关内通往东北的主要交通线也是沿用这条路线。这条路线上的古代城镇,自从近代修筑铁路以后,远离铁路沿线的古城镇,逐渐失去昔日的重要地位,铁路沿线的新兴城镇代之而起,逐渐发展成为大的城市。

20.2 从上京会宁府经长春州等地 到燕京的路线

    金太宗天会二年(公元 1124 年)正月,"始自京师至南京,每五十里置驿"。闰三月,"命置驿上京、春、泰之间"[1]。这时金代尚未建立五京,因此,这里所说的上京和南京是指辽代的上京临潢府(今内蒙昭乌达盟巴林左旗)和南京析津府(今北京)。由此可知,天会二年正月到三月,建立的是从辽代上京临潢府到南京,上京临潢府到春、泰二州的交通驿站。金主完颜亮从天德四年(公元1152年)二月到贞元元年(公元1153年)三月,由上京会宁府(今阿城白城)迁都燕京时,曾经过泰州(旧泰州)、临潢、中京到达燕京[2]。这条路线所经州县城站的名称、方位,由于缺乏详细记载,仅知中间所经重要府州县城镇,如长春州、泰州、临潢府、中京等,所经其他地方则不清楚。但从已知上京、长春州、泰州、临潢府、中京、南京(今北京)的方位和其间的辽、金古城遗址,可以推知这条路线的基本走向。

从今阿城白城(金上京会宁府)沿阿什河北行,经哈尔滨市东郊,然后又沿第一松花江北岸西南行,渡嫩江到前郭尔罗斯蒙古族自治县他虎城(长春州)。另一条路线是从阿城白城出发西南行,然后又沿拉林河西行到第一松花江,渡江到前郭县他虎城。从阿城白城到他虎城之间,沿拉林河、松花江有许多辽、金古城遗址,很明显是一条古道。据《大安县文物志》的记载,由他虎城(长春州)西行,经大安县联合乡前二龙山屯南80米的古城(周长1.5里)、大安县两家子乡同兴大队金善屯南3里的古城(周长1里)、大安县新荒乡屯南50米的新荒古城(周长约1.5里)、大安县古城乡古城大队屯内的古城(周长约1里余)等辽、金古城到洮安县城四家子古城(泰州)。从今他虎城(长春州)到城四家子古城(泰州)之间的辽、金古城分布情况来看,都是小型辽、金古城,其间的距离都是在四五十里之间,和金太宗天会二年(公元1124年)"每五十里置驿",以及"命置驿上京、春、泰之间"的记载相符。很明显地可以看出这些小古城是金代建置的交通驿站。

---

[1]《金史》卷3,《太宗本纪》三,天会二年春正月丁丑,闰三月辛巳。

[2]《金史》卷5,《海陵本纪》,天德四年二月戊子,次泰州。四月壬辰,上自泰州如凉陉。九月甲午,次中京。贞元元年二月庚申,上自中京如燕京。三月辛亥,上至燕京。

由洮安县城四家子古城（泰州）西行，经突泉县宝石乡双城子古城[1]，然后又西南行到科右中旗的吐列毛杜古城，由吐列毛杜古城沿现在的公路南行，经扎鲁特旗到巴林左旗（临潢府）。由临潢府南行，经今赤峰、宁城县大明城（辽中京、金代北京）到平泉（辽之路口村）。据沈括《使辽图抄》和宋绶《契丹风俗》的记载，由此分两路，一路过喜峰口，经遵化、蓟县到北京，一路过古北口，经密云、怀柔到北京（燕京）[2]。今将这条路线所经辽、金州县和辽、金古城列表如下：

上京会宁府（阿城白城）—长春州（前郭县他虎城）—二龙山古城—金善屯古城—新荒古城—古城屯古城—泰州（洮安县城四家子古城）—突泉县双城子—科右中旗吐列毛杜古城—扎鲁特旗—临潢府（巴林左旗）—赤峰市—中京（宁城县大明城）平泉—北京（燕京）。

这条路线是根据文献记载和已发表的辽、金古城的分布情况推定的，更详细可靠的行程路线，还有待于今后的考古调查、考古研究来确定。

金代海陵王亮，由上京会宁府迁都燕京时，就是走的这条路线[3]。正隆、大定年间（公元1161—1162年），窝斡领导的起义军进攻临潢府以后，北上围攻泰州时，也是走这条路线。

20.3　从上京会宁府到东京 辽阳府的路线

从上京会宁府（阿城白城）到东京辽阳府的路线，由于缺乏文献记载，很难搞清这条路线所经州县城站的名称。但从今阿城白城（金上京会宁府）到辽阳（东京辽阳府）之间辽、金古城的分布情况来看，也可以推知从上京会宁府到东京辽阳府的路线。这条路线上的辽、金古

〔1〕李逸友：《突泉县双城子辽代文物》，载《考古》，1959年4期。

〔2〕承德地区文化局辽驿调查组：《辽中京到南京口外驿道调查》，载《社会科学战线》1984年1期。

〔3〕《金史》卷5，《海陵本纪》。

城有:

阿城白城(金上京会宁府)$_{35里}$黑龙江省五常县兴隆乡古城$_{50里}$五常县南土城子$_{40里}$吉林省榆树县新庄乡南 5 里的永和城(城子古城)$_{40里}$榆树县城发乡屯内的城发古城$_{40里}$榆树县新立乡附近的古城$_{50里}$榆树县大坡古城$_{50里}$舒兰县红旗乡附近的古城$_{70里}$永吉县的乌拉城$_{70里}$吉林市$_{40里}$永吉县口前$_{40里}$磐石县明城古城$_{60里}$磐石县城$_{50里}$辉南县东北 35 里的辉发城$_{40里}$辉南县朝阳镇东北 8 里的西小城子$_{40里}$海龙镇古城$_{100里}$海龙山城镇(北山城子)$_{100里}$辽宁省清原县城$_{100里}$南杂木$_{100里}$抚顺市$_{80里}$沈阳$_{120里}$辽阳市(东京辽阳府)。

从今辽阳沿浑河、柳河、辉发河,温特河两岸的辽、金古城到吉林市,这是一条古道。早在汉、魏时代,就是由辽东玄菟郡到夫余王城(前期王城在今吉林市,后西徙到今农安)的路线。到渤海时代,又成为营州道的一部分,到辽代则是从东京辽阳府东北行到回霸部(回跋、恢八)的路线,到金代则是从上京会宁府到东京辽阳府的路线。沿路所经州县城站的名称,因缺乏文献记载已不可考,但从沿河流平原分布的辽、金古城及其距离(一般都在 40 里到 100 里之间)来看,显然是一条古道,这条古道也是现在铁路和公路的干线。

20.4 从上京会宁府到所属各路的路线

金代上京路下设蒲与路、合懒路,恤品路、胡里改路管辖女真猛安、谋克户。金贞元元年(公元 1153 年),自上京会宁府迁都燕京(今北京)以后,上京仍为一路的中心,从这里通往所属各路。

20.4.1 从上京会宁府通往蒲与路的路线

金代蒲与路的路治在今黑龙江省克东县金城乡古城大队。古城在克东县西北十五里乌裕尔河东岸。古城为椭圆形,周长 2892 米,有南北瓮门,城内出土过"蒲峪路印"和金代兽面瓦当、北宋铜钱等。据《金史·地理志》载:蒲与路"南至上京六百七十里,东南至胡里改一千四百里,北至边界火鲁火疃谋克三千里"。从蒲与路路治以北 3000 里,已到达今外兴安岭。

从上京会宁府到蒲与路的路线和所经州县城站的名称,由于缺乏文献记载已无法考证,但上京会宁府和蒲与路路治的位置明确以后,再参考两城间金代古城的分布情况以及参考河流、公路的走向等情况,也可以推知这条路线的基本走向。

从阿城白城(上京会宁府)沿阿什河西北行,经哈尔滨香坊区幸福乡莫力街屯内的古城、哈尔滨市黄山南北二城(在阿什河入松花江处),在这里渡松花江,然后又沿呼兰河右岸北上,经呼兰县乐业乡裕丰大队古城(在乡西南20里处)、兰西县太阳乡临安屯古城(在乡东7里)、兰西县郊区发展大队屯内的古城、兰西县朝阳乡朝阳屯内的古城(西北距乡8里),然后沿通肯河右岸北上,经青冈、明水、拜泉等地,由拜泉再北行到克东县城,由克东县城西北行15里到乌裕尔河东岸的乌裕尔古城,即蒲与路遗址。自青冈以后到克东之间的古城分布情况不明,这段路线是根据现在公路的路线推定的。今将这条路线所经古城列表如下:

阿城白城(上京会宁府)——_{60里}莫力街古城——_{40里}黄山城——_{40里}呼兰县乐业乡裕丰大队古城——_{50里}兰西县太阳升乡临安屯古城——_{50里}兰西县郊区发展大队古城——_{40里}兰西县朝阳乡屯内的古城——_{60里}青冈——_{120里}明水——_{100里}拜泉——_{110里}克东县城西北15里的乌裕尔古城(蒲与路路治)。

以上推定的从阿城白城到乌裕尔古城这条路线共计670里,和蒲与路"南至上京六百七十里"的记载完全相符。由此可知,这条路线的推定,基本上是符合实际的。

20.4.2 从上京会宁府通往合懒路的路线

金代合懒路的路治,史学界有三种不同的看法:一是认为在今朝鲜的咸兴[1],二是认为在今朝鲜咸镜北道的镜城[2],三是认为在今朝鲜咸镜北道的吉州[3]。笔者认为金、元时代的合懒路(元代后废路改府)

---

[1]丁铺:《大韩疆域考》卷6,《北路沿革考》,以咸兴为曷懒路路治,元为合兰府治所。
[2]《满洲历史地理》第2卷,第179—180页,[日]松井等以今镜城为合懒路路治。
[3]《朝鲜历史地理》卷2,第116—119页,[日]津田左右吉以今朝鲜吉州为合懒路路治。

都在今朝鲜的咸兴,其根据是:

推定元代合懒路的路治(后废路改府)所在地的根据有三。一是《析津志》"天下站名"中所载从唆吉(今敦化)到合懒府的路线,"唆吉(东南百一十)谋丹(百一十)南京(百一十)蛮出海(温)(七十)蓬苦(百三十)毛连苦(百二十)本吉(百一十)迭甫(百四十)阿剌可失列(百四十)瑞州(当为端州)(百二十)青州(百一十)洪宽(百二十)合懒府(高丽后门),其东海"。从所载元代驿站的方向、里数,以及端州(今朝鲜端川)、青州(今朝鲜北青)、洪宽站(今朝鲜洪原县)的位置来看,元代合懒府当在今朝鲜的咸兴,不可能在镜城或吉州。二是朝鲜《李朝太宗实录》卷7,太宗四年(甲申,永乐二年,公元1404年)五月己未条的记载"咸州称哈兰",咸州即今咸兴[1]。哈兰即合兰、曷懒、合懒。三是《新增东国舆地胜览》卷48,咸兴府古迹条:"哈兰府,元置哈兰府,其古治在今府南五里。"以上三条记载是推定元代合懒路(府)在今朝鲜咸镜南道咸兴城南五里的可靠根据。

推定金代合懒路路治的根据是。《金史》卷24,地理志,上京路合懒路条载:"有移鹿古水,西北至上京一千八百里,东南至高丽界五百里。"据《高丽史》卷58,地理志,高丽的东北界即合懒路的西南界,为定州(今朝鲜咸镜南道咸兴西南35里的定平)、宣德(咸兴南45里)、元兴(定平南50里)三关门一带。由此可知,所谓"东南至高丽界五百里",当为"西南至高丽五百里"之误。金代合懒路"东南(按:为西南之误)至高丽界五百里"的记载,和从今朝鲜咸镜北道的吉州到定州高丽界的距离相符。这就是有的以今朝鲜的吉州为金代合懒路路治的根据,但是这一推定和"西北至上京一千八百里"的记载不符。从吉州西北行,经钟城过图们江到南京(今延吉市东20里的城子山山城),由南京经今安图县明月镇到唆吉(今敦化),由唆吉到建州(今吉林市),由建州北上到上京会宁府(今阿城白城)为一千三四百里,和从金代合懒路西北至上京1800里的距离不符。日本学者松井等以今朝鲜咸镜北

[1]《新增东国舆地胜览》卷48,咸镜道:"太宗十六年(公元1416年),升咸州为咸兴府。"

道的镜城为金代合懒路路治的所在地,他说"从今镜城北至豆满江北约三百清里,自此到宁古塔(今宁安)约六百(实为三百清里之误),自宁古塔到阿勒楚喀附近的白城(今阿城白城)约七百清里(实为五六百里之误),合计约一千六百清里(实为一千二百里之误),和上京(阿城白城)与金代合懒路的治所(指今镜城)的距离相符(实际并不相符)"[1]。由此可知,把金代合懒路推定在今朝鲜的吉州或镜城,虽然和"东南(实为西南之误)至高丽界五百里"的记载相差仅百余里,但和"西北至上京一千八百里"的记载却相差四五百里。把金代合懒路推定在今朝鲜咸镜南道的咸兴,虽然和"西北至上京一千八百里"的记载相符,但又和"东南(实为西南之误)至高丽界五百里"的记载不符。因为从咸兴西南至高丽界(定州)才仅仅几十里。因此,丁谦认为《金史·地理志》合懒路条所谓"东南(实为西南之误)至高丽界五百里"的记载,当为东南(实为西南)至高丽 500 里之误,他认为"案此界字必误"[2]。此说甚是。如此,则和由合懒路(今朝鲜咸兴)西北至上京1800 里,西南至高丽(指高丽都城开京,今朝鲜开城)500 里的记载完全相符。

关于合懒路的移鹿古水(乙离骨水)当今何水的问题,主张金代合懒路路治在今咸兴者,便以移鹿古水(乙离骨水)在今咸兴附近的瑚琏川[3]。主张金代合懒路路治在今朝鲜镜城者便以移鹿古水在今镜城附近的德山川,俗称吾利川[4]。主张金代合懒路路治在今吉州者,便以移鹿古水在今吉州附近的斜下洞川[5]。据《金史》卷1,世纪条载:"自景祖以来,两世四主,志业相因,卒定离析,一切治以本部法令,东南至乙离骨、曷懒、耶懒、土骨论,东北至于五国主隈秃答,金盖盛于此。"由此可知,乙离骨(移鹿古)和曷懒(合懒)不在同一地,因此,不应

---

〔1〕《满洲历史地理》第2卷,第 179－180 页。

〔2〕丁谦:《大韩疆域考》卷6,《北路沿革考》。

〔3〕《满鲜地理历史研究报告》第8册,《完颜氏的曷懒甸经略和尹瓘九城之役》,第 369 页。

〔4〕《满洲历史地理》第2卷,第 179－180 页。

〔5〕《满鲜地理历史研究报告》第8册,第 362－363 页,注③引《朝鲜历史地理》卷2,第 116－119 页。

179

把移鹿古水(乙离骨水)推定在合懒路路治附近,而应推定在合懒路境内。由于移鹿古水当今何水的问题没有确凿的文献根据,只是推论,因此,推定金代合懒路路治的所在地,只有根据合懒路"西北至上京一千八百里,东南(实为西南之误)至高丽界(应为至高丽,无界字)五百里"的记载来推定金代合懒路的路治在今朝鲜咸镜南道的咸兴。

关于从金代合懒路到上京会宁府的路线,因缺乏文献记载,可根据元代从建州(今吉林市)经唆吉(今敦化)、南京(今延吉市东 20 里的城子山山城)、瑞州(当为端州之误,今朝鲜端川)、青州(今朝鲜北青)、洪宽站(今朝鲜洪原县)到合懒府(金代的合懒路)[1]的路线,以及金代古城的分布情况来探讨从金代合懒路到上京会宁府的路线。这一路线应是:

阿城白城(金上京会宁府)$\frac{}{450里}$吉林市(建州)$\frac{}{150里}$蛟河$\frac{}{170里}$敦化(元代唆吉)$\frac{}{250里}$南京(今延吉市东 20 里的城子山山城)$\frac{}{40里}$钟城$\frac{}{50里}$会宁$\frac{}{200里}$镜城$\frac{}{150里}$吉州$\frac{}{150里}$端川$\frac{}{110里}$北青$\frac{}{110里}$洪原$\frac{}{70里}$咸兴(金代合懒路路治)。从阿城白城(金上京)到咸兴(金代合懒路路治所在地)共为 1900 里,和《金史・地理志》合懒路"西北至上京一千八百里"的记载基本相符。

20.4.3 从上京会宁府通往恤品路的路线

金代恤品路在今绥芬河流域的双城子(前苏联境内的乌苏里斯克)已成定论,不再重述。据《金史・地理志》上京路、恤品路条的记载:"西北至上京一千五百七十里,东北(实为西北之误)至胡里改一千一百,西南至合懒一千二百,北至边界斡可阿怜千户二千里。"从阿城白城(上京会宁府)沿阿什河东南行,到今尚志县,然后沿蚂蚁河上游东南行,到亚布力、牡丹江市,由牡丹江市东行过穆棱河,又东行沿绥芬河东南行到乌苏里斯克(双城子)。据已发表的考古调查资料知道,这一路线的两侧附近,虽有一些辽、金古城和遗址,但辽、金古城遗址较少,连不成一线,而且这条路线从阿城白城(上京会宁府)到双城子(恤品路)仅有一千余里,和恤品路(今双城子)"西北至上京一千五百七十

---

〔1〕《析律志・天下站名》,载于《永乐大典》卷 19426,中华书局新印本,第 175 册。

里"的记载不符。从金代恤品路到上京会宁府的路线,缺乏文献记载,但从元代驿站以及金代古城的分布情况,也可以推知这条路线的基本走向。

从元代尚京(金上京会宁府)南下经五常县兴隆乡古城等辽、金古城到建州(今吉林市),据《析津志·天下站名》[1]载:由建州东行经石敦——散迭——阿忽——禅春——阿母——阿剌——唆吉。其间所记各站间的距离里数有误,不足为据。唆吉即今敦化,由此分两路,一路正东微北行,经开元等地到永明城,一路东南行,经南京(今延吉市东 20 里的城子山山城)等地到合懒府。由敦化到双城子(金代恤品路)的路线,可从元代由唆吉(今敦化)正东微北行,到开元的路线求之。这里的开元即旧开原、东开原,在前苏联乌苏里斯克(双城子)的克腊斯诺雅尔山城[2]。从阿城白城南下到吉林市(建州),由吉林市又东行经敦化到双城子,这条路线上有许多辽、金古城,从元代驿站所经辽、金古城可以推知这一条路线在金、元时代是相同的。《析津志》所载,元代从建州到唆吉,又从唆吉到开元的路线,是推定从金上京会宁府到恤品路的根据。据《析津志》载:"唆吉(正东微北百二十里)石迪(正东五十)甫丹(百一十)东洋州(百二十)土罗火(百三十)希田(百二十)开元。"从唆吉(今敦化)出发,"正东微北"行(不是东北行)到东洋州为 280 里,从东洋州到开元为 370 里。东洋州即今吉林省汪清县蛤蟆塘乡西南 15里的东洋古城(今改称东阳,周长半里)及其北 10 里的山城(周长约 6里)。山城内出土过天显通宝、开元通宝、大定通宝等铜钱。这是金代古城,元代沿用。从唆吉到东洋州,以及从东洋州到开元的方向距离,和从今敦化到东阳古城,以及从东阳古城到绥芬河流域的双城子的方向距离基本相符。从上京会宁府到恤品路的路线和古城有:

阿城白城——五常县兴隆乡古城——五常县南土城子——榆树县新庄乡南 5 里的永和城(城子古城)——榆树县城发乡屯内的城发古城——榆

---

〔1〕《析津志·天下站名》,载于《永乐大典》卷 19426,中华书局新印本,第 175 册。
〔2〕张泰湘:《试论元初开元城的位置》,载《学习与探索》1982 年 1 期。

树县新立乡附近的古城_{50里}榆树大坡古城_{50里}舒兰县红旗乡附近的古城_{70里}永吉县乌拉古城_{70里}吉林市（东行）_{150里}蛟河_{170里}敦化_{280里}东阳古城_{40里}汪清县双河乡东北 5 里的半城_{40里}汪清县鸡冠乡东北 3 里的鸡冠山城_{100里}罗子沟古城_{160里}东宁大城子（渤海城）_{120里}双城子（恤品路）。从阿城白城经吉林市、敦化到双城子共计 1505 里。这和从恤品路"西北至上京一千五百七十里"的记载基本相符。从其间分布的辽、金古城来看,这当是金代从上京会宁府到恤品路的路线。

20.4.4 从上京会宁府到胡里改路的路线

金代胡里改路的路治在今依兰。据《金史·地理志》载,胡里改路"西至上京六百三十里,北至边界合里宾忒千户一千五百里"。合里宾忒即元代的合里宾、明代的哈尔分,在今黑龙江下游前苏联境内的阿纽伊河口。由此可知,金代胡里改路的北境到今黑龙江下游前苏联境内。

从上京会宁府到胡里改路以及黑龙江下游,有水、陆两路。水路是顺松花江而下直抵胡里改路（今依兰）和黑龙江下游;陆路则是沿松花江和黑龙江下游两岸的许多辽、金古城直到胡里改路（今依兰）和黑龙江下游一带。这条水、陆交通线,是辽代经营五国部,金代经营五国城和黑龙江下游的交通路线。到元代又是通往五个军民万户府,经营黑龙江下游的交通路线。到明代又成为通过"海西东水陆城站"经营黑龙江下游奴儿干都司的重要交通路线。

20.5 从东京辽阳府通往婆速府路的
化成县的路线

金代东北,北以上京会宁府,南以东京辽阳府为中心通往各地。从东京辽阳府通往各地的路线和沿路州县城站的名称、位置,根据过去已有的研究成果[1]分述如下。

20.5.1 从东京辽阳府通往婆速府路的路线

从东京辽阳府东南行,经石城县（今辽阳城东五十余里的燕州城）

---

〔1〕《〈中国历史地图集〉东北地区资料汇编》,辽金元时期。

到婆速府路(今丹东市九连城)。中间所经城站名称、位置,因缺乏文献记载和研究还不清楚。这一路线也是辽代从东京辽阳府经开州(今辽宁省凤城县)到来远城(今丹东市九连城东之黔定岛上),元代从辽阳行省(今辽阳市)经甜水站(今辽阳市东南)、开州(凤城县)、汤站(凤城县南)到婆娑府(金代婆速府,今丹东市九连城),明代从辽东都司(今辽阳市)经甜水站、连山关、通远堡、凤凰城、汤站到镇江城(今丹东市)的路线。

20.5.2 从东京辽阳府到化成县的路线

从东京辽阳府经澄州(今海城)、汤池县(盖县东北 70 里的汤池堡)、熊岳县(盖县西南 60 里的熊岳城)、复州(今复县西北之复州城)到化成县(即辽代之苏州,今金县城)。这条路线也是辽代从东京辽阳府经海州(今海城)、耀州(今营口县北岳州城)、铁州(今营口县即大石桥东南的汤池堡)、辰州(盖县)、卢州(盖县西南的熊岳城)、归州(熊岳城西南 30 里的归州)、复州(复县的复州城)到苏州(金改化成县,今金县城),元代从辽阳行省(今辽阳)经海州(海城)、盖州(盖县)、复州(复县西北的复州城)到金州(金县)的路线。

金朝统一北方后,建立地方行政机构和交通驿站,不但巩固了中国的北部边疆,而且也促进了各族人民之间的经济文化交流和各族社会经济的发展。

由于自己的研究还不够深入,以上关于金代东北交通路线的推定是否正确,还有待于今后的考古调查和进一步研究来补充、纠正。

21　金、元肇州考

　　金代肇州即辽代的出河店,天会八年(公元 1130 年)"以太祖兵胜辽,肇基王绩于此,遂建为州(即肇州)"。天眷元年(公元 1138 年)"十月置防御使,隶会宁府"。承安三年(公元 1198 年),"复以太祖神武隆兴之地,升为节镇",其境内"有鸭子河、黑龙江"[1]。元于至元三十年(公元 1293 年)设立肇州,置宣慰使。成宗元贞元年(公元 1295 年)立肇州屯田万户府,并置肇州等处女直千户所。元、明时代肇州也是流放罪人和通往黑龙江下游奴儿干必经之地。肇州是金、元时代的东北重镇。金、元肇州在哪里?当今哪一古城?历来众说纷纭,莫衷一是。

　　元代肇州,史学界一般均取屠寄说[2],认为在今黑龙江省肇东县四站乡南八里的八里城[3]。金代肇州在哪里?史学界尚有争论,有的学者认为在今第一松花江北的肇原县茂兴站南的吐什吐[4],或肇源县望海屯古城[5],也有的学者认为在今第二松花江北吉林省扶余县境内的珠赫城即今朱家城子[6],或扶余县的伯都讷古城[7]。据 1959 年 10

---

　　〔1〕《金史》卷24,《地理志》,上京路肇州条。这里所说的鸭子河、黑龙江均指今第一松花江,即东流松花江。

　　〔2〕屠寄:《蒙兀儿史记》卷103,《刘哈剌八都鲁传》注谓:乃颜故地,曰阿八剌忽者"今黑龙江省呼兰西濒松花江第四站有城曰巴尔斯,四门,即乃颜高祖斡赤斤筑",认为元肇州在今肇东县四站乡南八里的八里城(即巴尔斯城)。

　　〔3〕中央民族学院:《〈中国历史地图集〉东北地区资料汇编》,第206页。

　　〔4〕屠寄:《黑龙江舆图说》认为"珠克都噶珊",即今吐什吐,"即辽出河店,金肇州故城"。吐什吐即今肇源县超等乡维新村。据实地调查得知是遗址,不是古城址。中央民族学院编:《〈中国历史地图集〉东北地区资料汇编》,第163、164页。

　　〔5〕张博泉等:《东北历史疆域史》,第196页。

　　〔6〕曹廷杰:《东三省舆地图说》;《满洲历史地理》第2卷,第172-174页。

　　〔7〕《吉林通志》卷11,《肇州》;《吉林地理纪要》卷上。

月[1]、1962 年 6 月[2]以及 1985 年 5 月[3]对上述几处古城的亲自考古
调查资料和有关文献对金、元肇州所在地的记载,我认为金、元肇州都
在今肇东县八里城。

21.1　金代肇州在今第一松花江
（鸭子河）北五里

《金史》记载,金代肇州在鸭子河北五里[4]。因此,考证金代肇州
必先考证鸭子河当今哪一条河流。

鸭子河指今哪一条河流?史学界有几种不同的看法,有的学者认
为为今嫩江[5],有的学者认为为今嫩江和第一松花江的西段[6],有的
学者认为为今第二松花江(北流松花江)[7],我认为指当今第一松花江
的西段,即今黑龙江省三肇一带的松花江。

第一,从粟末水、他漏河的流向以及诏改鸭子河曰混同江的记载来
看,鸭子河当指今第一松花江的西段。

《新唐书·黑水靺鞨传》载:粟末水发源于今长白山。"西北注它
漏河"。粟末水即今第二松花江已成定论,所谓"西北注它漏河",则只
能指注入嫩江和第一松花江汇流处。又从"达鲁河(他漏河、它漏河)
东与海接"[8],以及《新唐书·流鬼传》达末娄条:那河"或曰他漏河,
东北流入黑水"的记载可知,唐代所说的那河或他漏河(达鲁河),不仅
指今嫩江上游或洮儿河,而且还包括今嫩江下游和第一松花江。即那
河指今嫩江上、下游和第一松花江;它漏河(他漏河、达鲁河)指今洮儿
河和嫩江下游以及第一松花江。

〔1〕李健才、张满庭:《吉林省前郭、扶余、德惠考古调查》,载《考古》1961 年第 1 期。

〔2〕李健才、匡谕、张满庭:《扶余县伯都讷古城、土城子考古调查简报》(未刊稿)。

〔3〕李健才、王禹浪、乔梁:《对肇东八里城、肇源望海屯古城、吐什吐辽、金遗址的考古调查记
录》。

〔4〕《金史》卷 2,《太祖纪二》;《金史》卷 128,《纥石烈德传》。

〔5〕屠寄:《黑龙江舆图说》总图说,嫩江"辽、金史谓之鸭子河";《中国历史地图集》第 6 册,
第 46－47 图。

〔6〕孙进己等:《松花江沿革考》,载《北方论丛》1982 年第 1 期。

〔7〕《吉林通志》卷 11,肇州;绍维:《鸭子河考》,载《博物馆研究》1983 年第 1 期。

〔8〕程大昌:《演繁露》引《燕北杂录》。

·欧·亚·历·史·文·化·文·库·

有的根据"踏弩河……"东流入鸭子河"[1]的记载,认为踏弩河(他漏河)指今洮儿河,东流入鸭子河,即东流入今嫩江、因此,便推定鸭子河当今嫩江[2]。《魏书·勿吉传》所载,从勿吉至和龙(今辽宁省朝阳市)的道路,"初发其国(指勿吉),乘船溯难河西上,至太淰河,沉船于水,南出陆行,渡洛孤水(今西拉木伦河),从契丹西界达和龙"。南北朝时期所说的难河指今嫩江和第一松花江,太淰河指今洮儿河,但是唐、宋时代所说的他漏河(达鲁河)不仅指今洮儿河,而且还包括嫩江下游和第一松花江,因此,那种认为踏弩河(他漏河)仅指今洮儿河,东流入鸭子河,即东流入今嫩江的看法,和上述文献记载是不相符的。有的认为鸭子河指当今嫩江和第一松花江,也和下述文献记载不符。辽圣宗太平四年(公元1024年),"诏改鸭子河曰混同江,挞鲁河(它漏河、他漏河)曰长春"[3],说明鸭子河即混同江,亦即今松花江,而不是嫩江。挞鲁河(它漏河)改名为长春河,说明洮儿河和嫩江下游改名为长春河,挞鲁河改名长春河的原因,是因为在长春州境内[4]。今嫩江下游正在前郭县他虎城(辽代长春州)之北长春州境内。从踏弩河"东流入鸭子河"的记载可知,如踏弩河仅指今洮儿河,东流入鸭子河指今嫩江,则和有关肇州的方位以及"诏改鸭子河曰混同江"的记载不符。因为肇州当今何地,虽然其说不一,但肇州决不在今嫩江下游一带。同时,今嫩江下游从未改称过混同江。所以混同江只能指今松花江,而不包括嫩江。这和《辽史·地理志》长春州"本鸭子河春猎之地"、长春县"本混同江地"的记载是相符的。这里所说的"诏改鸭子河曰混同江"的混同江只能指今第一松花江,而不是第二松花江。因为第二松花江(即粟末水)早在辽太宗破晋(公元946年)时已改称混同江[5]。到辽圣宗太平四年(公元1024年)又诏改鸭子河曰混同江。从

---

〔1〕曾公亮:《武经总要》前集卷22,蕃界有名山川。

〔2〕屠寄:《黑龙江舆图说》总图说,嫩江"辽、金史谓之鸭子河"。

〔3〕《辽史》卷16,《圣宗本纪》,太平四年二月己未朔。

〔4〕《辽史·圣宗本纪》:"太平二年(公元1022年)三月甲戌,如长春州。"太平四年(公元1024年)诏改"挞鲁河曰长春河"。

〔5〕《契丹国志》卷27,长白山条记载:"旧云粟末河,太宗破晋(公元946年)改为混同江。"

公元1024年以后,才把今第一松花江和第二松花江看成一条河流而统称之为混同江。在这一年以前,一直把洮儿河和嫩江下游以及第一松花江看成一条河流而统称之为它漏河,把今嫩江上下游和第一松花江看成一条河流而统称之为那河。在唐代把粟末水即今第二松花江看做是它漏河的支流。有人认为诏改鸭子河为混同江以后,嫩江下游仍称鸭子河,和文献记载不符。因为诏改鸭子河曰混同江以后,混同江即今第一松花江,有时仍称鸭子河[1],而不是指今嫩江下游仍称鸭子河。有人认为鸭子河指今第二松花江,则和"踏弩河……东流入鸭子河"的记载不符。因为如鸭子河指今第二松花江,则踏弩河将是逆流而入鸭子河。其误甚明。

弄清粟末水、他漏河的流向和当今哪一条河流,明确诏改鸭子河曰混同江的事实以后,就不难看出鸭子河指今第一松花江,而不是指今嫩江和第二松花江。从肇州境内有鸭子河、黑龙江(指今第一松花江的一部分)可知鸭子河并不是指今第一松花江的全流域,而是指野鸭子群集之地的第一松花江的西段,即今肇东、肇州、肇源一带。今三肇一带"全境形同锅底,西界嫩江,南临松花江,遇霪雨,多成泽国"[2],湖泊甚多,松花江的江汊子也很多,自古以来就是鹅、雁、野鸭子群集之地,至今仍是人们猎取野鸭子的胜地,这当是鸭子河名称的由来。

第二,从辽和女真两军隔江对垒的情况来看,鸭子河当指今松花江的西段,而不是第二松花江,更不是嫩江。

《金史·太祖本纪》载:辽军"会于鸭子河北,太祖自将击之。……大军继进,遂登岸"。《辽史·天祚帝纪》天庆四年冬十月,辽军"引军屯出河店,两军对垒,女真军潜渡混同江,掩击辽众"。又《大金国志》卷1,《太祖本纪》:辽军"屯出河店,临白江与宁江州女直对垒,女直潜渡混同江,掩击之"。这三条记载都明确指出辽和女真两军隔江(即隔鸭子河、混同江、白江)对垒,辽军在鸭子河(即混同江、白江)北,而女

---

〔1〕《辽史》卷98,《耶律俨传》:"清宁四年(公元1053年)城鸭子、混同二水间。"系指在今第一、二松花江之间,即在今扶余县境内建城之事。

〔2〕《肇州县采送通志材料》(黑龙江省图书馆藏)。

真军则在鸭子河南的宁江州一带。关于宁江州的方位,我认为在今吉林省扶余县的伯都讷古城[1],虽然还有其他不同看法,但宁江州在"鸭子、混同二水间"[2],即今第一松花江(鸭子河)南、第二松花江(混同江)北的扶余县境内,还是可以肯定的。宁江州女真军在第一松花江南的扶余县境内,则在鸭子河北、隔江与女真军对垒的辽军,必在今第一松花江北,辽军在鸭子河北,女真军要渡江进击辽军。只能渡今第一松花江,而不是第二松花江。如鸭子河指今第二松花江,则辽军当在今第一松花江南、第二松花江北,和宁江州女真军同在第一松花江南。这样,两军怎能隔江对垒呢? 女真军又怎能渡江进击辽军呢? 从在鸭子河北的辽军隔江与宁江州女真军对垒的记载来看,可以肯定鸭子河指今第一松花江,而不是第二松花江。

如前所述,肇州是金代东北的军事重镇,在鸭子河北 5 里,即今第一松花江北 5 里。今第一松花江北沿岸三肇一带,古城较多,但多为 2 ~ 3 里的小型古城,周长约 5 里的中型古城只有望海屯古城,今肇东八里城是第一松花江北最大的金代古城,周长 8 里,古城建在高台上,城南 1 里高台之下,即松花江河道。八里城距今第一松花江主航道为 15 里,但从松花江主航道外到八里城之间,有一河汊子。这一河汊子距今八里城约为 5 里。这一河汊当即金代鸭子河到肇州城下的河道。因此,把金代肇州推定在今肇东八里城,比推定在其他地方的古城,更符合文献记载和古城的实际。

21.2　肇州是金代东北有名的产盐地

《金史·食货志》载"上京、东北二路食肇州盐",可见,肇州是金代东北著名的产盐区之一。因此,看这一地区是否产盐,是推定金代肇州

---

〔1〕拙著《辽代宁江州考》,载《东北师大学报》1981 年第 6 期;《辽代宁江州补考》,载《博物馆研究》1984 年第 1 期。

〔2〕《辽史》卷 98,《耶律俨传》"清宁四年,城鸭子、混同二水间";《辽史·地理志》宁江州条:宁江州"清宁中置"。

所在地的重要根据之一。据有关记载和实地考古调查得知,今第一松花江北的三肇一带,多为盐碱地、盐沼泽地[1],其中以肇东、肇州两县盐碱地最多。据《黑龙江志稿》卷4载:肇州盐区在今肇东县库伦泡子,"池纵广三十五方里。产盐丰富,色白而洁","此当为当时肇州盐海之一"。今吉林省扶余县境内无盐碱地,更不是产盐区。由此可知,把金代肇州推定在今第一松花江北产盐地的肇东八里城,比推定在第二松花江北、非产盐区的扶余县伯都讷古城和朱家城子古城,更符合文献记载和实际。

21.3 肇州在新泰州之东三百五十里

有的根据《金史·地理志》会宁"西至肇州五百五十里",泰州"东至肇州三百五十里"的记载,把肇州推定在今松、嫩汇合处左岸的吐什吐等地[2]。金代肇州是节镇,置有招讨司和漕运司。金代属于节镇的重要州城,其周长一般均在8～10里之间。因此,金代肇州应在周长8～10里之间的金代大型古城中求之。但据当地考古调查资料得知,松、嫩汇合处以东等地,即今肇源县境内沿江一带,有十余座周长1.5～3里的小型古城,并没有较大的金代古城。据实地考古调查和访问当地老人得知,吐什吐屯(今肇源县超等乡维新屯)并没有古城址,仅有东西长约3里,南北宽约1里的辽、金遗址。地表上散布着灰色细泥陶片、布纹瓦、仿定瓷片、白釉黑花瓷片等。把金代军事重镇的肇州推定在松、嫩合流处的东方某一古城,或吐什吐等地,和文献记载以及古城的实际情况并不相符。因为这里不但没有较大的金代古城,而且和从泰州(新泰州,今前郭县他虎城)"东至肇州三百五十里"的记载也不相符。

---

〔1〕1985年5月亲自考古调查看到,三肇一带及八里城周围多盐碱地和盐沼泽地。又详见黑龙江省测绘局编制:《黑龙江省地图册》有关肇东、肇州、肇源三县地图及说明。

〔2〕屠寄:《黑龙江舆图说》认为"珠克都噶珊",即今吐什吐屯,"即辽出河店,金肇州故城";金毓黻《东北通史》上编,第438～439页,认为金、元肇州在今拉林河入松花江处得胜陀,或在今嫩江汇流处的东方某一古城。

·欧·亚·历·史·文·化·文·库·

有的人片面引用《金史·地理志》泰州条的记载"德昌军节度使,辽时本契丹二十部族牧地。……东至肇州三百五十里",便认为是旧泰州东至肇州350里。但全文是在"辽时本契丹二十部族牧地"之下,还有"海陵,正隆间置德昌军,隶上京。大定二十五年罢之,承安二年(当为三年之误)复置于长春县,以旧泰州为金安县,隶焉。北至边四百里,南至懿州八百里,东至肇州三百五十里,户三千五百四。县一(旧有金安县,承安三年置,寻废),堡十九。长春(辽长春州,韶阳军,天德二年降为县,隶肇州,承安三年来属,有挞鲁古河、鸭子河。有别里不泉)"。从全文看,辽代的泰州即金初的泰州,承安三年,辽代的泰州迁到长春县,即辽代的长春州,辽代的泰州已改称金安县。由此可知,承安三年以后的泰州是新泰州。又从泰州境内"有挞鲁古河、鸭子河。有别里不泉"的记载来看,决非旧泰州[1]的辖境,而是新泰州的管辖范围。新泰州辖有金安县(辽代泰州,后改金安县,不久即废)、长春县(辽代的长春州)。因此,《金史·地理志》关于泰州"东至肇州三百五十里"的记载,是指新泰州而不是指旧泰州至肇州等地的距离。辽代的长春州即金代的新泰州,在今吉林省前郭尔罗斯蒙古族自治县(简称前郭县)八郎乡北上台子屯的他虎城。今他虎城(辽金城)东至肇东八里城约为300余里,和《金史·地理志》关于泰州(新泰州)"东至肇州三百五十里"的记载基本相符。辽天祚帝率败军从鸭子河败退,"一日夜走三百里。退保长春州"[2]。可知新泰州(辽代长春州)距辽和女真军会战处的鸭子河,即出河店附近为300里,而不是旧泰州距鸭子河300里。

《金史·地理志》载:上京会宁府(今阿城白城)"西至肇州五百五十里"。从今阿城白城西550里处,不是肇州所在地,而是松、嫩合流处以西的辽代长春州,即金代新泰州的所在地。这一记载和新泰州"东至肇州三百五十里"的记载不符。因此,会宁府(今阿城白城)"西至肇

---

〔1〕旧泰州即辽代泰州,亦即金初的泰州,在今吉林省洮安县城东二十里的城四家子古城。

〔2〕《三朝北盟会编》卷21引,《亡辽录》。《契丹国志》卷10,《天祚皇帝上》:"一日一夜走五百里,退保长春。"今以三百里为是。

州五百五十里"的记载,恐为"西至泰州(新泰州)五百五十里"或"西至肇州二百五十里"之误。

21.4　从今肇州的方位和名称的由来,
可知金、元肇州当在今第一松花江北,
而不是第二松花江北

据光绪三十二年(公元 1906 年)程德全奏折云:这一年"于郭尔罗斯后旗荒地之肇州古城地方置肇州直隶厅,设抚民同知,无属领"[1]。民国元年(公元 1912 年)改肇州直隶厅为肇州县。清代肇州直隶厅的厅治和民国初年肇州县的县治,最初不是在今肇州县城地方,而是设在今肇源县城地方[2]。当时的肇州县城即今肇源县城。土城墙就是"光绪三十二年经肇州厅抚民同知崇绶监造。公元 1914 年知事孙之忠修立城门加筑泥土,今计高一丈二尺,周围八里半。步基宽一丈二尺,顶宽六尺,并无女墙、外郭,惟于东北隅留一边门,曰小东门。附城均系平地。濠深六尺。阔一丈"[3]。1931 年,因水灾,肇州县治迁到老街基,即今肇州县治所在地。原肇州县城(今肇源县城)称为旧县城。1935年旗、县划分界限,原肇州县城(今肇源县城)划归郭尔罗斯后旗所有,同年八月郭尔罗斯后旗旗治从今老爷屯(旧王府,在今肇东县四站乡北十余里)迁到肇州县城(今肇源县城),因为清代肇州直隶厅最初设在这里,所以改称肇源。在光绪三十二年(公元 1906 年)修建的肇州城,即今肇源县城的土城墙,因县城扩建,今已拆除。

光绪三十四年(公元 1908 年),在昌五(即昌字五井的简称)设肇东分防经历,因在肇州之东故名肇东,归肇州直隶厅管辖。民国元年(公元 1912 年),厅改县,民国三年(公元 1914 年)在昌五设肇东县,这时才脱离肇州独立为县。1938 年,县治迁到满沟(甜草岗),改称肇

---

〔1〕赵泉澄:《清代地理沿革表》第 29 页和 39 页注 228。

〔2〕《肇州县全境舆图》:肇州县城在薄荷台之西,茂兴之东,城东有龙王庙。

〔3〕《志单》肇州县(黑龙江省图书馆藏书)。

·欧·亚·历·史·文·化·文·库·

东镇。

如前所述,程德全奏折所说的"光绪三十二年,于郭尔罗斯后旗荒地之肇州古城地方置肇州直隶厅",系指在郭尔罗斯后旗辖境内,即今肇州、肇东、肇源一带设肇州直隶厅,后来又从肇州分设肇东、肇源两县,管理今三肇地区的汉人民政司法事务,蒙古人则归郭尔罗斯后旗管辖。当时郭尔罗斯后旗治所在今肇东县四站乡北十余里的老爷屯(旧王府),所谓郭尔罗斯后旗荒地之肇州古城就是在今老爷屯南16里的八里城,而不是指在光绪三十二年新建的肇州直隶厅土城(今肇源县城土城)。肇州厅土城筑城以前并没有古城,因此,不能说肇州直隶厅厅治的所在地就是肇州古城的所在地。

从上述清代肇州直隶厅置于肇州故地,以及肇州、肇东、肇源三县地名的由来也可以推知,金、元肇州当在今第一松花江北的三肇一带,而不是在今第二松花江北的扶余县一带。

21.5 金、元肇州都在今肇东县八里城

金代肇州是金太祖神武隆兴之地,是节镇和金末东北路招讨司的所在地,是一座辖有5375户[1]的大城。金代节镇之一的新泰州(周长10里)才辖有3540户[2]。因此,金代肇州故城应在今第一松花江北较大的金代古城,绝不可能在其他周长2~5里的中、小型古城。据当地文管部门的考古调查资料和实地考古调查来看,今第一松花江北三肇一带,周长1~3里的小型古城较多,周长5里的中型古城,只有肇源县三站乡南8里的望海屯古城,最大的而且出土金代文物最多的是今肇东县四站乡南8里的八里城。因此,把金代肇州推定在今肇东八里城比推定在其他地方的中小型辽金古城,更符合实际。

---

〔1〕《金史·地理志》,上京路肇州条。
〔2〕《金史·地理志》,上京路泰州条。

从八里城内出土的文物[1]来看,和各地可以肯定的金代著名古城、古遗址、古窖藏出土的文物相同。八里城内出土的铁铧、铁锹、铡刀、垛叉、铁马镫以及兽面纹瓦当、勾滴、手纹砖、莲花纹砖、多孔器、黑釉双耳小壶、六耳铁锅、双鱼纹铜镜等,都是金代古城、古遗址中经常见到的典型文物。元代肇州是至元三十年(公元1293年)建立的,到元朝灭亡(公元1368年)才仅仅75年,金代的生产工具和生活用具到元代不会有什么大的变化。因此,金、元文物,如生产工具等,有些还难以区分,但还没有可靠的根据说明八里城内出土的文物是元代,而不是金代文物。因此,把八里城内出土的文物,推定为元代,不如推定为金代文物,元代沿用更符合实际。

《蒙兀儿史记》卷103《刘哈剌八都鲁传》载:"乃颜故地曰阿八剌忽者(屠注谓:今黑龙江省呼兰西濒松花江,第四站,有城曰巴尔斯,四门,即乃颜高祖斡赤斤筑[2]),产鱼(屠注谓:其地所产大鱼曰秦王,清朝亦定为岁贡)。吾今立城,名之曰肇州,汝往为宣慰使(屠注谓:时乃颜余党哈丹秃鲁干初平,故立城设官宣慰之)。"屠寄认为四站(即布拉克台)附近的巴尔斯城(即今肇东县四站乡南8里的八里城)即元代的肇州故城。这一看法,和《析津志·天下站名》以及《经世大典·站赤门》所载各站到肇州站的方隅里至基本相符。因已有论文发表[3],故不重述。

从上述文献所载金、元肇州的方位和肇东八里城的形制、规模,以及八里城内出土的文物来看,把八里城推定为元代古城,不如推定为金代古城,元代沿用更符合实际。因此,我认为金、元肇州都在今肇东县八里城。

---

〔1〕王修治:《黑龙江肇东县八里城清理简报》,载《考古》1960年第2期。肇东县文物管理所收藏陈列的八里城内出土的文物。

〔2〕元肇州系元世祖忽必烈平定乃颜叛乱后,在至元三十年(公元1293年)建立的。

〔3〕张泰湘:《元代肇州文献证补》,载《社会科学战线》1985年第1期。

明 清 东 北

22　明代建州卫再探

明初,进军东北,平定故元残余势力以后,蒙古、女直各部先后来朝。永乐元年(公元 1403 年)十一月,"女直野人头目阿哈出来朝,设建州卫军民指挥使司,以阿哈出为指挥使"[1]。阿哈出在朝鲜《李朝实录》中写作"於虚出"。阿哈出不但是明朝的地方官,而且还是皇亲,他是明成祖朱棣"三后之父"[2]。永乐三年十二月,由于阿哈出的推荐,明朝又任命猛哥帖木儿为建州卫指挥使。阿哈出和猛哥帖木儿都是元代的万户,阿哈出是胡里改部的万户,猛哥帖木儿是斡朵里部的万户,是为元朝镇守北边的地方官,他们居住在今牡丹江和松花江汇流处的依兰附近[3]。这里曾是辽代的五国部、金代的五国城、元代的五个(元末改为三个)军民万户府的辖境[4]。元末明初,辽东动乱之际[5],即早在永乐元年置建州卫以前,阿哈出和猛哥帖木儿就已经率领部众从松花江畔的依兰迁到今绥芬河、珲春河、图们江、海兰江、朝鲜东北部一带(见后述)。当他们在依兰时,还不称建州女真,而称女真胡里改部

---

〔1〕《明太宗实录》卷 24,永乐元年十一月辛丑。

〔2〕《李朝太宗实录》卷 21,太宗十一年四月丙辰。

〔3〕《龙飞御天歌》第 7 卷,第 53 章注:"斡朵里,地名,在海西江(今松花江)之东,火儿阿江(今牡丹江)之西。火儿阿(胡里改)亦地名,在两江会流处之东,盖因江为名也。"

〔4〕元代五个军民万户府为桃温(托温)、胡里改(火儿阿)、斡朵怜(斡朵里)、脱斡怜、勃苦江。到元末,改为桃温,胡里改,斡朵里三个军民万户府。

〔5〕《李朝太宗实录》卷 13,太宗七年(永乐五年)四月壬子条,据斡朵里部人崔咬纳说:他们"原系玄城付籍人氏,洪武五年(公元 1372 年)兀狄哈达乙麻赤来到玄城地面劫掠杀害……咬纳将引原管人户二十户前来本国(朝鲜)吉州阿罕地面住坐"。这说明斡朵里部人早在 1372 年以前就已迁到今朝鲜境内居住。《李朝太宗实录》卷 9,太宗五年(永乐三年,公元 1405 年)四月乙酉条载:"猛哥帖木儿等云:'我等顺事朝鲜二十余年矣。'"从公元 1405 年上溯 20 年为 1385 年。《高丽史》卷 46,恭让王四年(洪武二十五年,公元 1392 年)、丁丑、乙酉条:"兀良哈(胡里改)及斡都里(斡朵里)等来朝"。这些记载都说明早在永乐元年以前已南迁。

和斡朵里部。只有在永乐元年(公元 1403 年),明在建州故地置建州卫以后,才有建州女真这一名称。所谓建州女真,是指"居建州、毛怜等处者为建州女直"[1],这是建州女真名称的由来。有的认为建州卫初置于今依兰附近,但这里从来没有建州这一地名,并且在永乐元年置建州卫以前,阿哈出和猛哥帖木儿早已不在依兰了。所以,以阿哈出和猛哥帖木儿为首的建州卫不可能设在依兰。

建州卫是明朝在东北女真各部中,置卫最早、影响最大的一个卫。建州女真是满洲的前身,是形成满洲民族的核心,因此,搞清建州卫和建州女真的由来,是研究清朝前史、满族史的一个重要问题。

明在永乐元年十一月建立的以阿哈出为指挥使的建州卫,最初设在哪里? 这是史学界长期以来有争论的问题,过去中、日史学界对此发表了许多论说,其中主要有吉林[2]、辉发河流域的北山城子(今海龙山城镇山城)[3]、海兰江和布尔哈通河汇流处的城子山山城(南京)[4]、图们至珲春河之间的古南京大石城[5]、绥芬河流域[6]等说。究以何说为是,实有再一次探讨的必要。

22.1 建州卫最初设在绥芬河流域

明在永乐元年十一月,设立的以阿哈出为指挥使的建州卫,最初设在哪里? 从建州卫名称的由来可以推知,建州卫最初设在建州。又从"居建州、毛怜等处者为建州女直"的记载,也可以证实,建州卫最初设在建州。建州在哪里? 建州有二,一是元、明时代的建州,在今吉林市

〔1〕万历《大明会典》卷 107,礼部 65,东北夷。

〔2〕《满洲历史地理》第 2 卷,第 555－560 页。

〔3〕〔日〕和田清:《东亚史研究》(满洲篇),第 478－484 页。

〔4〕〔日〕池内宏:《鲜初的东北境和女真的关系》,见《满鲜地理历史研究报告》第 2 册,第 256－258 页。

〔5〕徐建竹:《明代建州卫新考》,见《中国史研究》1982 年 4 期。

〔6〕孟森:《建州卫地址变迁考》,见《国学季刊》第 3 卷第 4 号。徐中舒:《明初建州女真居地迁徙考》,见《历史语言研究所集刊》第六本第二分册。郭毅生:《明代建州卫新探》,见《北方论丛》1979 年 3 期。

松花江一带,二是渤海时代的建州,在今绥芬河流域。明代的建州卫最初置于绥芬河流域的建州,而不是吉林松花江一带的建州,更不是辉发河流域的方州、凤州(今海龙山城镇),其根据是:

第一,《寰宇通志》卷116,女直,山川条,和《大明一统志》卷89,女直,山川条,皆谓"恤品河流经建州卫","徒门河流经建州卫","合兰河流经建州卫"[1]。恤品河即今绥芬河,徒门河即今图们江,合兰河即今海兰江。由此可知,今绥芬河、图们江、海兰江流域,都是明初建州卫的辖境。图们江以西和海兰江流域是渤海中京显德府的辖境,其下辖有庐、显、铁、汤、荣、兴六州,中京显德府的遗址在今吉林省和龙县的西古城子,在海兰江的北岸。图们江下游北岸珲春河流域是渤海东京龙原府的辖境,其下辖有庆、盐、穆、贺四州,东京龙原府的遗址在今吉林省珲春县三家子乡的八连城,在图们江之东,珲春河之西。绥芬河流域是渤海率宾府的辖境,其下辖有华、益、建三州,率宾府的遗址在今黑龙江省东宁县的大城子,在绥芬河的南岸[2]。由此可知,渤海率宾府所辖华、益、建三州应在今绥芬河流域中求之。

第二,图们江北岸的珲春河流域是明初毛怜卫的居地。

毛怜卫是在永乐三年十二月建立的,毛怜卫的头目是把儿逊(亦作波乙所、八乙速、八儿速)和阿古车,他们居住在"旧开原南"[3]、"豆漫江北,南距庆源六十里"的土门[4],以及"豆满江"内外之地[5]。

以今朝鲜会宁为中心的图们江东西两岸,是以猛哥帖木儿为首的建州卫的辖境。以猛哥帖木儿为首的斡朵里部,从今依兰迁到朝鲜的东北部以后,在朝鲜的"庆源、镜城地面居住当差役,因防倭有功,就委镜城等处万户职"[6]。朝鲜"太宗朝(公元1401—1418年),斡朵里童

〔1〕《大明一统志》卷89,女直,山川条"马鞍山在开原城东北四百里,建州卫东","胡里改江源出建州卫东南山下"。这里的建州卫当指后来建州女真的迁居地,即迁到回波江(今辉发河)方州、松花江建州(今吉林市)的建州卫。

〔2〕一说在前苏联境内的乌苏里斯克(双城子),在今绥芬河下游。

〔3〕《辽东志》卷9,毛怜站注云:"旧开原南。"

〔4〕《龙飞御天歌》卷7,第53章。

〔5〕《李朝世宗实录》卷79,世宗十九年十月丁巳朔。

〔6〕《李朝太宗实录》卷9,太宗五年(永乐三年)五月庚戌。

猛哥帖木儿,乘虚入居"[1]斡木河(阿木河,吾音会,今朝鲜会宁)一带。永乐三年十二月,明朝任命猛哥帖木儿为建州卫指挥使[2]。永乐十年从建州卫中析置建州左卫[3],以猛哥帖木儿为建州左卫指挥使[4]。永乐六年三月,"忽的河、法胡河、卓儿河、海剌河(今海兰江)等处女直野人头目哈剌等来朝,遂并其地入建州卫,命哈剌等为建州卫指挥千百户"[5]。由此可知,今海兰江等河流域,是在永乐元年(公元1403年)置建州卫以后的第五年,即永乐六年(公元1408年)才并入建州卫。因此,图们江、海兰江、珲春河流域都不是永乐元年设立的以阿哈出为首的建州卫的所在地,而是以猛哥帖木儿为首的建州卫即后来建州左卫和毛怜卫的所在地。从上述渤海京府的辖境以及流经建州卫境内的几条河流来看,只有绥芬河流域才是渤海率宾府的辖境,其辖下的建州即永乐元年所置建州卫的所在地。

第三,明于永乐元年六月,向朝鲜发出招谕女真吾都里(斡朵里)、兀良哈(胡里改)、兀狄哈等女真各部的敕谕,引起朝鲜的注意[6]。同年(公元1403年)十一月,置建州卫,以阿哈出为指挥使。其后,不断遣使至朝鲜,经朝鲜招谕东开原(旧开原、开元)、毛怜等处地面以及图们江流域的以猛哥帖木儿为首的斡朵里(吾都里)女真各部[7]。据《李朝太宗实录》载:"初,野人至庆源塞下,市盐铁牛马,及大明立建州卫,於虚出(阿哈出)为指挥,招谕野人,庆源绝不为市,野人愤怒,建州人又激之,乃入庆源界抄掠。"[8]当猛哥帖木儿同王教化入朝京师时说:"我若此时(永乐三年,公元1405年)不入朝,则於虚出(阿哈出)必

---

〔1〕《新增东国舆地胜览》卷50,会宁都护府,建置沿革。

〔2〕《李朝太宗实录》卷11,太宗六年(永乐四年,公元1406年)三月丙申条:朝鲜贺正使姜思德回自京师,通事曹显启曰:"帝授猛哥帖木儿建州卫都指挥使。"此即《明太宗实录》永乐三年十二月丙戌条所说的置毛怜等卫的记载。据《明太宗实录》卷90,永乐十一年冬十月甲戌以及其他条的记载皆为建州卫"指挥使猛哥帖木儿",而不是都指挥使。

〔3〕《大明一统志》卷89,女直;万历《大明会典》卷125,兵部8,东北诸夷。

〔4〕《明太宗实录》卷100,永乐十四年二月壬午。

〔5〕《明太宗实录》卷55,永乐六年三月辛酉。

〔6〕《李朝太宗实录》卷5,太宗三年(永乐元年)六月辛未。

〔7〕《李朝太宗实录》卷9,太宗五年三月丙午。

〔8〕《李朝太宗实录》卷11,太宗六年二月己卯。

专我百姓,故不得已入朝。"〔1〕永乐三年十二月,明朝任命猛哥帖木儿为建州卫指挥使〔2〕。以上这些记载都说明当时建州卫的居地和朝鲜邻近,并和猛哥帖木儿居地相距不远,否则,猛哥帖木儿怎能怕阿哈出专其百姓呢? 又怎能任命猛哥帖木儿为建州卫指挥使呢?

第四,据《辽东志》卷9,明代"纳丹府东北陆路"是通往建州卫、毛怜卫的路线。从纳丹府(今吉林省桦甸县苏密城)东北行到潭州(今敦化),又由潭州东北行到古州(谷州,今牡丹江市),又由古州到旧开原(开元、东开原)。从"开元城……正西曰谷州"〔3〕的记载可知,由古州东行到旧开原。旧开原的下一站,即"纳丹府东北陆路"的终点站——毛怜站。因毛怜在"旧开原南"〔4〕,所以由旧开原折而南行到毛怜。毛怜明初在今图们江北珲春县境〔5〕内,则旧开原当在今珲春县以北。据《新增东国舆地胜览》卷50,庆源府古迹条:"巨阳城,一作开阳城〔6〕,在江北(图们江)约二百五十里,西距先春岭六十里许。"又据同书会宁府古迹条:"先春岭在豆满江北七百里。"两者关于巨阳在豆满江(今图们江)北的里数记载虽有出入,但巨阳城在今图们江北数百里之地是可信的。由此可知,旧开原即开元、开阳,在毛怜之北,亦即今图们江北数百里之地,正当今绥芬河流域。"纳丹府东北陆路"所载旧开原、毛怜的方位是考证明初建州卫、毛怜卫以及开元(旧开原、东开原)所在地的重要根据。

第五,《大明清类天文分野之书》卷24,辽东都指挥使司,开元路条:"元太宗癸巳岁(公元1233年),师至开元,东土悉平,于建州故城

〔1〕《李朝太宗实录》卷10,太宗五年九月乙巳。

〔2〕《李朝太宗实录》卷11,太宗六年(永乐四年)三月丙申。《明太宗实录》卷39,永乐三年十二月甲戌。《明太宗实录》卷90,永乐十一年冬十月甲戌。"指挥使猛哥帖木儿等来朝贡马及方物。"

〔3〕《大元大一统志辑本》二,辽阳行省,开元路,古迹,开元诸古城条(辽海丛书本)。

〔4〕《辽东志》卷9,纳丹府东北陆路。

〔5〕《龙飞御天歌》卷7,第53章;《李朝太宗实录》卷19,太宗十年三月乙亥。皆云毛怜卫把儿逊(即八儿速、波乙所、八乙速)、阿古车居住在土门(亦书豆门)。据《龙飞御天歌》卷7,第53章注云:"土门地名,在豆满江北,南距庆源六十里。"

〔6〕开阳即开元,东开原,旧开原。

北石墩寨设官行路事,辖女真等户。"这里明确指出元代开元路的路治,最初置于"建州故城北石墩寨"。这就是开元、建州同在一地的明证。孟森先生把马文升《抚安东夷记》所说的"建州女真先处开原者,叛人毛怜自相攻杀"的开原,认为是开元,即东开原、旧开原是不正确的[1],但他认为建州女真先处开元(东开原、旧开原)而不是开原(今开原老城镇),提出"欲考建州,当先考开元"[2]这一论点是正确的。

金末,"(蒲鲜)万奴自乙亥岁(公元1215年)率众保东海"[3],"僭号于开元"[4]。"元初癸巳岁(公元1233年),出师伐之,生擒万奴,师至开元恤品[5],东土悉平,开元之名始见于此。"[6]从"率众保东海","东土悉平"的记载可知,东夏的开元是在东北的东部沿海一带,今绥芬河流域正当其地。

关于开元(东开原、旧开原)位置的推定,众说纷纭,据目前所知约有十二种看法[7],归纳起来基本上可分为两说,一是认为开元在今绥芬河流域,一是认为开元在今牡丹江流域。根据文献记载,在建州故城北的开元,即东夏的都城开元,当在渤海率宾府境内的建州所在地,即今绥芬河流域。至于开元在绥芬河流域中的哪一古城,也有不同看法,一是认为在东宁大城子;一是认为在前苏联乌苏里斯克(双城子)南面的克拉斯诺雅尔山城。根据已发表的考古资料和渤海古城的分布情况,笔者认为开元(旧开原)当在前苏联乌苏里斯克(双城子)南面的山城,并且认为开元(旧开原)即恤品,是一地而非两地,因已有另文论证,故不重述。

〔1〕应指杨木答兀等一部分建州女真人归附明朝以后,安置在开原(今开原老城镇)的这部分女真人,后来叛入毛怜自相攻杀。

〔2〕孟森:《建州卫地址变迁考》,载《国学季刊》第3卷第4号。

〔3〕《元史》卷119,《塔思传》。

〔4〕《元史》卷149,《王荣祖传》。

〔5〕开元恤品为一地而不是两地,见《关于东夏几个问题的探讨》。

〔6〕《元史》卷59,《地理志》,开元路。

〔7〕详见《关于东夏几个问题的探讨》。

22.2 关于主张建州卫初置于吉林、回波江方州和南京等地的问题

22.2.1 关于建州卫初置于吉林的问题

日本学者稻叶岩吉认为明代建州卫初置于元代的建州地方,即今吉林市一带[1]。他主要引用《辽东志》卷9外志:"建州,东濒松花江,风土稍类开原,江上有河曰稳秃,深山多产松林,国朝征奴儿干,于此造船,乘流至海西,装载赏赉,浮江而下,直抵其地,有敕令兀者卫都指挥琐胜哥督守。"这里所说的建州即今吉林市,是海西女真头目兀者卫都指挥琐胜哥的管辖范围,而不是建州女真头目阿哈出等人的辖境,是海西女真的居地,而不是建州女真的居地。建州是明代的造船厂,是明朝经营奴儿干地方的基地。辽东都指挥使刘清,"领军松花江造船运粮"之际,造船士兵,不堪其苦,逃往海西的达五百多人。宣德七年五月,宣宗向"海西地面都指挥使塔失纳答、野人指挥头目葛郎哥纳等"追索逃军。到同年九月,"追取造舡逃军五百余人,凡野人女直所匿者皆已追还,余山寨头目剌令哈等多隐匿不还"[2]。又据茗上愚公《东夷考略》所说"开原北近松花江(指今吉林市)曰山夷,又北抵黑龙江曰江夷",而山夷(山寨夷)和江夷都是海西女真。这说明永乐、宣德时期,今吉林市附近的建州,不是建州女真的居地,而是海西女真的居地。有许多史料证明元、明时代的建州在今吉林市,但不能说明明代建州卫最初设在今吉林市松花江一带的建州。永乐十年,建州卫都指挥李显忠等曾一度"悉挈家就建州居住"[3],这一建州当指和回波江方州邻近的今吉林市松花江一带的建州。从这一记载可知,永乐元年建立的建州卫不在今吉林市一带的建州。

---

〔1〕《满洲历史地理》第2卷,第558页。
〔2〕《明宣宗实录》卷90,宣德七年五月丙寅。《明宣宗实录》卷95,宣德七年九月甲申。
〔3〕《明太宗实录》卷86,永乐十年十一月己酉。

22.2.2　建州卫初置于方州(今海龙山城镇山城)的问题

日本学者和田清认为建州卫初置于建州(今吉林市)附近的凤州,绝不是初在今延边,后移到凤州来的。他提出的论据是"建州虏营,昔居房州"[1],公元1424年,兀良哈沈指挥,即建州卫人说"吾等在前于奉州古城内居住二十余年"[2],建州女真"原住回波江方州等处"[3]。他认为回波江即今辉发江,房州、奉州、方州即凤州的异译。所谓二十余年前,即永乐初年,置建州卫的年代,建州卫众在永乐元年就在辉发河流域的奉州(凤州)古城内居住[4]。这一记载和论断与前述建州卫的初居地(在恤品河、徒门河、合兰河),以及建州卫兀良哈[5]之所居,"东有大海,北有诸种兀狄哈"[6]等记载不符。因此,所谓"前于建州卫奉州古城内居住二十余年","原居回波江方州等处",以及所谓"前在忽刺温地面方州"[7]等记载,不足作为建州卫最初置于"回波江方州"的论据。这些记载,当指建州女真迁到婆猪江前的居地,而不是建州卫人的最初居地。建州卫人在什么时候,从朝鲜的东北部迁到回波江(今辉发河)方州地方,史无明确记载。但从永乐三年正月,明使经朝鲜招抚朝鲜东北部女真各部时,"赐马三十匹于於虚出(阿哈出)参政"[8]。同年九月,在今图们江流域一带居住的斡朵里(吾都里)部头目猛哥帖木儿说:"我若此时不入朝,则於虚出(阿哈出)必专我百姓。"[9]以及永乐四年(公元1406年),建州卫指挥阿哈出"招谕野人,

---

〔1〕《辽东志》卷7,韩斌辽东防守规划。

〔2〕《李朝世宗实录》卷24,世宗六年(永乐二十二年,公元1424年)四月辛未。

〔3〕《李朝世宗实录》卷25,世宗六年七月乙亥。

〔4〕〔日〕和田清:《东亚史研究》(满洲篇),第481-483页。

〔5〕兀良哈即火儿阿、胡里改的音转。《李朝世宗实录》卷21,太宗十一年(永乐九年,公元1411年)三月壬申:"兀良哈童於虚出(阿哈出)率子来朝。"《李朝太宗实录》卷7,太宗四年四月癸酉:"赐兀良哈万户波乙所及百户衣布。""波乙所即把儿逊也。"

〔6〕《李朝世宗实录》卷59,世宗十五年(宣德八年,公元1433年)二月己亥。

〔7〕《李朝世宗实录》卷61,世宗十五年(宣德八年,公元1433年)闰八月壬戌。

〔8〕《李朝太宗实录》卷9,太宗五年(永乐三年,公元1405年)正月庚子。

〔9〕《李朝太宗实录》卷10,太宗五年九月乙巳。

庆源绝不为市,野人愤怨,建州人又激之,乃入庆源界抄掠"[1]等记载来看,建州女真人从朝鲜的东北部迁到"回波江方州",当在永乐四年(公元1406年)以后,和永乐九年(公元1411年)猛哥帖木儿徙于凤州以前。迁到忽剌温地面方州,亦即回波江(今辉发河)方州一带居住的建州女真(建州卫和建州左卫),因和鞑靼(达达)邻近,经常遭到鞑靼的侵扰,所以后来在永乐二十一年(公元1423年),得到明朝的批准后,李满住率领建州卫众迁到婆猪江(今浑江),猛哥帖木儿率领建州左卫人又回到原居地的阿木河(今朝鲜会宁)一带居住。从建州卫指挥玉古只等所谓"原居回波江方州等处,为因鞑靼兀狄哈侵耗"[2],以及猛哥不花所谓"我等之居境,连达达地面,数来侵伐"[3]等记载可知,建州女真(建州卫和建州左卫)确曾在回波江(今辉发河)方州一带居住过,但从前述文献记载来看,所谓"原居回波江方州等",不是建州卫和建州左卫人的初居地,而是迁居到婆猪江(今浑江)和阿木河(今朝鲜会宁)以前的居地。他们是从邻近达达地面的回波江方州,而不是从远离达达地面的朝鲜东北部迁到婆猪江和阿木河一带居住的。建州卫初置于回波江方州,即忽剌温地面方州的说法和建州卫名称的由来也不相符。回波江即今辉发河流域,是坊州城、纳丹府城的辖境,不是建州的辖境,是海西女真即忽剌温女真的居地,不是建州女真的初居地,和"居建州、毛怜等处者为建州女直"[4]的记载不符。

22.2.3 建州卫初置于南京或古南京大石城的问题

日本学者池内宏认为建州卫最初建立在布尔哈图河和海兰河汇合处的南京(今延吉市东20里的城子山山城)[5],但是这里是在永乐六年(公元1408年)三月,即置建州卫以后的第五年才并入建州卫的[6],

〔1〕《李朝太宗实录》卷11,太宗六年二月己卯。
〔2〕《李朝世宗实录》卷25,世宗六年(永乐二十二年,公元1424年)七月乙亥。
〔3〕《李朝世宗实录》卷61,世宗十五年(宣德八年,公元1433年)闰八月壬戌。
〔4〕万历《大明会典》卷107,礼部65,东北夷。
〔5〕池内宏:《鲜初的东北境和女真的关系》,见《满鲜地理历史研究报告》第2册。
〔6〕《明太宗实录》卷55,永乐六年三月辛酉:"忽的河、法胡河、卓儿河、海剌河(今海兰江)等处女直野人头目哈剌等来朝,遂并其地入建州,命哈剌为建州卫指挥千百户。"

由此可知,建州卫最初不是设在这里。还有人认为建州卫最初设"在图们至珲春之间的古南京大石城",认为"渤海率宾府的建州在图们珲春一带",明"在这个地区建卫,即以建州为卫名"[1]。但是图们至珲春河之间,以及图们江下游和珲春河流域,可以肯定地说是渤海东京龙原府的辖境,而不是渤海率宾府的辖境。因此,渤海率宾府辖境内的建州不可能在今图们江和珲春河流域,应在今绥芬河流域(渤海率宾府辖境)求之。所谓"古南京大石城"当指金末蒲鲜万奴建立的东夏国的南京,元初为南京万户府。据已发表的论文[2]和过去的考古调查资料[3],金末元初的南京当在今吉林省延吉市东 20 里的城子山山城。据《吉林省文物普查档案》和历次的考古调查资料来看,"在图们至珲春河之间"并没有发现所谓"古南京大石城"。据 1972 年的亲自实地考古调查,在珲春县城东北 25 里的杨泡乡屯南三四里处,有一山城,叫沙齐城(萨其城),为石筑的渤海城,没有金、元遗物,周长约 10 里,但它不是古南京的所在地。文献所载"南京之平亦有大土城,其北七八里又有大石城"[4],和今延吉市东 20 里的城子山山城周围的环境相似。城子山山城之南三四里处的平原上有一渤海时代的大土城,周长 4 里,土城之北三四里处正是城子山山城,这一山城为石筑,周长约 6 里,所谓"古南京大石城"当即指城子山山城。但城子山山城在今延吉市东 20 里,海兰江和布尔哈通河汇流处,而不在"图们至珲春河之间"。据实地考古调查得知在"图们至珲春河之间"并没有所谓"古南京大石城"。

据《大明一统志》卷 89,女直、山川条的记载,恤品河(今绥芬河)、徒门河(今图们江)、合兰河(今海兰江)流域,都是永乐初建州卫的辖境。如前述,其中的图们江、珲春河、海兰江是永乐初以猛哥帖木儿为首的建州卫(后析置为建州左卫)和以把儿逊、阿古车为首的毛怜卫居

---

〔1〕徐建竹:《明代建州卫新考》,见《中国史研究》1982 年 4 期。

〔2〕〔日〕箭内亘:《东真国的疆域》,见《满洲历史地理》第 2 卷。

〔3〕城子山山城内出土的文物现藏吉林省博物馆和吉林省延边朝鲜族自治州博物馆。

〔4〕《李朝太祖实录》卷 1。

地,不是以阿哈出为首的建州卫居地,而以阿哈出为首的建州卫最初应在今绥芬河流域。有人认为明于永乐四年二月,在速平江(今绥芬河)流域建立的是速平江卫,并说"在《朝鲜实录》,朝鲜太宗六年前后从无明在速平江流域建卫的记事,而与朝鲜邻近的建州卫、毛怜卫等的记事则甚多。这也证明建州卫不是在绥芬河流域,而是在邻近朝鲜的地方"。但是,在《朝鲜实录》太宗六年(永乐四年)前后从无明在速平江(恤品河,今绥芬河)流域建卫的记载,并不能否定《明太宗实录》关于在永乐元年置建州卫的记载,同样,也不能否定《大明一统志》关于"恤品(今绥芬河)流经建州卫"的记载。前从述"恤品河流经建州卫",渤海率宾府及其所属的建州在今绥芬河流域,以及通往建州卫、毛怜卫的交通驿站的位置来看,都难以否定以阿哈出为首的建州卫最初置于今绥芬河流域。明初毛怜卫在今珲春河流域,建州卫即后来的建州左卫在今图们江流域,他们都在朝鲜的东北部和朝鲜邻近,来往频繁,所以《朝鲜实录》关于和这两个卫的记事特别多,而和以阿哈出为首的建州卫的来往和记载则很少。怎能以《朝鲜实录》关于毛怜卫和建州左卫不在今绥芬河流域的有关记载,来证明以阿哈出为首的建州卫不在今绥芬河流域呢?

由上述可知,建州卫初置于今绥芬河流域的渤海率宾府所属的建州,这是建州卫名称的由来。这一建州即元初"于建州故城北石墩寨"建立的开元路路治的所在地。从已发表的考古资料来看,东夏国的开元和元代的开元路最初的路治当在前苏联境内的乌苏里斯克(双城子)的克拉斯诺雅尔山城,这一金、元时代的山城,在双城子古城南,绥芬河从山城的北部和东部流过,即绥芬河由山城北流过,又在山城的东部折而南流入海,距入海口为120里,和苏下江(苏卞江之误)即今绥芬河"至巨阳城(开元城)东流一百二十里,至阿敏入于海"[1]的记载相符。

---

〔1〕《新增东国舆地胜览》卷50,庆潭府、山川条。

·欧·亚·历·史·文·化·文·库·

22.3 建州卫的迁徙

以阿哈出为首的胡里改部(火儿阿部、兀良哈部)和以猛哥帖木儿为首的斡朵里部(吾都里部),在元末明初,辽东动乱之际,从今依兰迁到今绥芬河、图们江、海兰江流域。明于永乐元年置建州卫于绥芬河流域的建州,这是建州卫名称的由来。建州故城北即金末元初的开元所在地,即今双城子绥芬河南岸的克拉斯诺雅尔山城。以阿哈出为首的建州卫在永乐四年以后,又迁居到回波江(今辉发河)方州,即奉州、凤州。永乐三年十二月,明朝又任命猛哥帖木儿为建州卫指挥使,居住在以阿木河(吾音会,今朝鲜会宁)为中心的图们江流域。到永乐九年,猛哥帖木儿又率众迁到凤州。和阿哈出、释家奴(李显忠)的建州卫人同住在一起。因此,明于永乐十年,从建州卫中析置建州左卫以猛哥帖木儿为指挥使。永乐二十一年(公元 1423 年),由于不堪鞑靼的侵扰,李满住率领建州卫人,猛哥不花率领寄住毛怜卫人,迁移到婆猪江(今浑江)一带居住。猛哥帖木儿在同年率领建州左卫人,又回到阿木河(今朝鲜会宁)原居地居住。正统三年(公元 1438 年),以李满住为首的建州卫,因"屡被朝鲜国军马抢杀,不得安稳",又"移居灶突山东南浑河(今苏子河)上"[1]。宣德八年(公元 1433 年),猛哥帖木儿被杀后,宣德九年,明朝任命凡察(猛哥帖木儿之弟)为建州左卫都督金事。正统二年(公元 1437 年),明朝又任命猛哥帖木儿的次子董山(童仓)为建州左卫指挥。凡察、董山等为了免遭袭击,得到明朝的批准后,在正统五年(公元 1440 年),又率众逃往婆猪江(今浑江),与建州卫都指挥李满住会合。正统七年(公元 1442 年),凡察、董山叔侄之间发生了争夺建州卫的领导权,即所谓"卫印之争",明朝为了调解他们的纠纷,又从建州左卫中析置建州右卫,董山(童仓)掌管左卫,凡察掌管右卫,至此,遂有"建州三卫"的名称。建州三卫女真聚居在一起,逐渐形成

---

[1]《明英宗实录》卷 43,正统三年六月戊辰。

一个强大的集团,成为明在东北统治的一个严重威胁。建州女真南迁到婆猪江和苏子河流域以后,一面辛勤劳动,一面积极吸取汉人的先进生产技术,又从辽东和朝鲜掠夺了大量的汉人和朝鲜人当奴隶,从事农业生产,并和辽东汉人以及朝鲜人进行频繁的经济文化交流,建州女真社会经济得到迅速的发展,为后来统一女真各部和满族的形成,以及后金的建立奠定了基础。

23　明代扈伦四部

　　15 世纪初,由于女真各部社会经济的发展,各部的掠夺战争,以及正统十四年(公元 1449 年)"土木之变"以后,明在东北的统治力量削弱,东北兀良哈三卫和女真各部,为了满足他们掠夺的欲望和交换的要求,出现了纷纷南迁的局面。在兀良哈三卫和建州女真南迁的前后,海西女真也相继南迁。到 16 世纪初(嘉靖年间)迁到开原东北到吉林松花江一带的海西女真各部,形成四个比较强大的集团,即哈达、叶赫、辉发、乌拉四部,此即清代史料所说的扈伦四部。

　　海西女真各部南迁后,加强了和辽东地区的经济联系。明在广宁设一关一市,在开原设三关三市,在抚顺设一关一市,和兀良哈三卫以及海西女真、建州女真进行贸易。正统年间"鞑子(指兀良哈)、海西野人女真,归自京师,道过边境,辄以所得綵币或驽马,市耕牛及铜铁器皿"[1],"海西等处野人女直,每来市易,愿以马易牛"[2]。海西女真常因明朝禁止买卖耕牛农器而入寇。成化十三年(公元 1477 年),海西女真头目纠建州三卫入寇,声言:"禁制我市买,使男无铧铲,女无针剪,因是入寇。"[3]由此可知,耕牛、农器对女真人是非常重要的。从马市贸易来看,海西女真换取的物品中铁铧和耕牛的数量占比重最大。正统八年(公元 1443 年),明臣吴良出使海西女真时,"见女真野人家多中国人(汉人)驱使耕作。询之,有为掳去者,有避差操罪犯逃窜者,久陷胡地,无不怀乡,为其关防严密不得出,或畏罪责不敢还,情深可

〔1〕《明英宗实录》卷 52,正统四年闰二月己丑。
〔2〕《明英宗实录》卷 83,正统六年九月丙辰。
〔3〕《明宪宗实录》卷 172,成化十三年十一月己丑。

悯"[1]。可见海西女真地区有大量汉人流入从事农业生产。这些都反映了海西女真地区农业迅速发展的面貌。当时海西女真从"事耕种,言语居处,与建州类"[2],到嘉靖年间,"辽东海西夷,室居田食,建官置卫,颇同中国"[3],他们已经是"屋居伙食,差与内地同,而户知稼穑,不专以射猎为生"[4]了。据载,弘治四年(公元 1461 年),海西女真的情况是:"兀狄哈则室大净洁,又作大柜盛米,家家有双砧,田地沃饶,犬豕鸡鸭,亦多畜矣。"他们的房屋"皆茅屋也"[5]。这反映了海西女真大部分已经定居,农业生产已占主要地位了。虽然农业较前有了迅速的发展,但从海西女真的贡品以及在马市上出售的货物中可知,狩猎和采集还占一定的地位。海西女真的贡品为马匹与貂鼠皮,另有土豹(失剌孙或称猞猁孙)。以貂鼠皮为首的各种野生动物的皮张,是女真地区的特产,也是内地所需要的物品,因此,貂皮以及各种皮张,通过纳贡和马市贸易,大量输入内地。海西女真地区还盛产人参、木耳、蘑菇、蜜蜡、松子、榛子等山货,这些山货是海西女真与内地汉人交易的重要物资,是女真地区的著名特产。当地这些产品需要向内地出售,而他们所需要的生产工具和生活用品,如铧、锅、瓷器、米、绢、布、盐等又经常仰赖内地供应。因此,海西女真南迁后,接近经济文化比较发达的辽东地区,其社会经济得到迅速的发展,势力不断增强,逐渐发展形成四个比较强大的集团——扈伦四部。

23.1　哈达部(南关)

永乐四年(公元 1406 年)二月,置塔山卫,以女真野人头目塔剌赤为指挥同知[6]。又据《明神宗实录》所载"海西挹娄夷种,自永乐初来

---

〔1〕《明英宗实录》卷 103,正统八年夏四月庚戌。
〔2〕《辽东志》卷 9,外志。
〔3〕《明世宗实录》卷 233,嘉靖十九年二月丁卯。
〔4〕冯瑷:《开原图说》卷下,海西夷北关枝派图。
〔5〕《朝鲜成实录》卷 259,成宗二十二年(明弘治四年,1491 年)十一月戊子。
〔6〕《明太宗实录》卷 40,永乐四年二月己巳。

归,置塔山、塔鲁诸卫"[1],可知塔山卫是海西女真的一部。塔山卫约在今黑龙江省呼兰河流域一带。正统十一年十月,从塔山卫析置塔山左卫,以塔山卫都指挥金事弗剌出掌印管事。景泰元年(公元 1450年),升塔山左卫都指挥同知弗剌出为都指挥使[2]。"塔山左卫之印"已在吉林省洮南地方出土,背刻"礼部造,正统十二年"。可知,正统十一年十月(一书十一月)[3],决定设卫给印,是次年铸印颁发的。塔山左卫是由呕罕河卫都督你哈答的奏请,从塔山卫中析置的。由此可以推知,塔山左卫当在塔山卫(今呼兰河流域)之左和呕罕河卫(今黑龙江省倭肯河流域)之间。其后,南迁到塔山卫之南,距开原四百里的松花江一带(今吉林市),改称塔山前卫。《明实录》所谓"女真左都督速黑忒"[4],就是塔山左卫都督。张鼎《辽夷略》所谓:"南关之夷酋速黑忒,塔山前卫左都督也。"[5]冯瑗《开原图说》卷下,海西夷南关枝派图所谓"速黑忒塔山前卫左都督",都说明塔山左卫是塔山前卫的前身,而塔山前卫即哈达部的前身。据《开原图说》可知,塔山前卫都督速黑忒即哈达部的始祖[6]。塔山前卫左都督速黑忒,是嘉靖初著名的海西大酋[7],其名频见于《明实录》,为后来哈达部的著名首领王忠之父,王台的祖父[8]。"速黑忒居松花江,距开原四百余里,为迤北江上诸夷入贡必由之路,人马强盛,诸部畏之。往年各夷疑阻,速黑忒独至,顷又有(杀开原城北山贼猛克)功朝廷",因而在嘉靖十年三月,"诏赐狮子綵币一袭,金带大帽子各一"[9]。据《大清太祖高皇帝实录》卷 3 的记载:"初,哈达国万汗(即王台),姓纳剌,其国原名扈伦,后建国于哈达地

---

[1]《明神宗实录》卷 203,万历十六年九月戊寅。

[2]《明英宗实录》卷 187,景泰元年春正月癸巳。

[3]《明英宗实录》卷 146,正统十一年冬十月丁巳;同书,正统十一年十一月丁卯。

[4]《明世宗实录》卷 123,嘉靖十年三月甲辰。

[5]张鼎:《辽夷略》,见谢国桢辑《清初史料四种》之三(民国二十二年铅印本)。

[6]冯瑗:《开原图说》卷下,海西夷南关枝派图。

[7]《明世宗实录》卷 12,嘉靖元年三月乙卯,辛未。

[8]据《满洲实录》卷 1,诸部世系,万汗(王台)的祖父为克锡纳都督。据冯瑗:《开原图说》卷下,海西夷南关枝派图:速黑忒为王台的祖父,可知克锡纳即速黑忒,而万汗即王台。

[9]《明世宗实录》卷 123,嘉靖十年三月甲辰。

（今辽宁省西丰县小清河即哈达河），因名哈达。乃乌喇贝勒始祖纳齐卜禄七代孙也。其祖克习讷（速黑忒）都督为族人巴代达尔汉所害，万（王台）奔席北部相近的绥哈城（在今吉林西四五十里之地）[1]居焉。其叔旺住外兰（王忠）奔哈达，主其部落。"[2]据冯瑗《开原图说》卷下，海西夷枝派图："（王）忠，盖金完颜氏正派，夷呼完颜为王，故其后子孙以王为姓，（王）忠自嘉靖初[3]，始从混同江上建寨于靖安堡边外七十里，地名亦赤哈达（亦赤、依车为满语，即新的意思），以便贡市。亦赤哈达在开原东南，故开原呼为南关也。"靖安堡即清代的尚阳堡，在开原东70里，而哈达寨又在靖安堡外70里，故亦赤哈达即哈达新城在今开原东140里的哈达河（今小清河）北岸的依车峰上（在旧哈达城东）。哈达石城在依东峰山下。哈达旧城在哈达石城的西南，哈达河北岸，即开原城东65里的南城子[4]。

"王忠（速黑忒之子，王台之叔）初建寨于广顺关外，东夷诸种无不受其约束者，无论近边各卫站，岁修赞贡，惟忠为政，即野人女真僻在江上，有来市易，靡不依忠为居停主人。当是时，广顺关外夷络绎不绝。"[5]即女真人有从黑龙江、混同江至开原者，必取道海西入开原。海西控制了明与女真贸易的大道，南关和北关成为哈达和叶赫的代称。海西女真头目乘机取利，即《开原图说》所说的"居停之利"。嘉靖年间[6]，王忠为哈达部长时，"兵力强盛，东夷自海西、建州一百八十二卫，二十所，五十六站，皆听其约束。忠又甚恭顺，一时开（原）辽东边，

---

〔1〕乾隆《盛京通志》卷31，城池三，吉林、绥哈城在吉林城西五十里，周围一里。又据乾隆满汉两文《盛京、吉林、黑龙江等处标注战迹舆图》可知，绥哈城在今吉林市西50里的大绥河。《嘉庆重修一统志》卷67，吉林一："绥哈河在（吉林）城西四十里。"

〔2〕速黑忒在嘉靖十年三月，因袭杀山贼猛克功，得赏赐。嘉靖十三年乙酉，赐故塔山前卫左都督黑武（即速黑忒）等祭，由此可知，塔山前卫左都督速黑忒（克锡纳、克习讷）被杀当在嘉靖十二年。王忠南迁到哈达河流域当在嘉靖十二三年。

〔3〕据上注可知，当在嘉靖十二三年。

〔4〕乾隆：《盛京、吉林、黑龙江等处标注战迹舆图》。曹廷杰：《东北边防辑要》卷上。

〔5〕冯瑗：《开原图说》卷上。

〔6〕王忠入贡最后一次记录为嘉靖三十年七月辛卯条。"塔山丹（前之误）等卫夷人王中等二十八人入奏。请升袭都督，都指挥等职，许之。"据《明世宗实录》卷459，嘉靖三十七年五月己未条载：王台最初之记录为嘉靖三十七年，因此，《开原图说》谓王忠"嘉隆间"活跃一事为误。

·欧·亚·历·史·文·化·文·库·

无一夷敢犯居民者,皆忠之力也"[1]。当王忠为哈达部长时,东有建州,西有蒙古恍惚太(原来的福余卫人),明朝常借以牵制建州、蒙古的侵扰,因其(王忠)忠于明朝,故明朝授以塔山前卫左都督之官职,为明朝北边之屏障。后来哈达人叛,"旺住外兰(王忠)被杀,其子博尔坤舍进,杀其人以报父仇,至绥哈城(今吉林市西 50 里的大绥河),迎兄(王台即万汗)为哈达部长"[2]。嘉靖末,王台(万汗)为哈达部长时,"远者招徕,近者攻取,其势愈盛,遂自称哈达汗。彼时,叶赫、乌拉、辉发及满洲所属浑河部皆服之"[3]。"于是控弦之夷凡万余人,往往散居哈塔、台柱、野黑(叶赫)、土木河、夏底锅儿间"[4]。"当是时(隆、万时期),(王)台所辖,东尽灰扒(辉发)、兀剌(乌拉)等等,南尽清河、建州,北尽二奴(即叶赫酋呈加奴、仰加奴),延袤几千里,内屋堡寨甚盛。"[5]当时,"开原孤悬,扼辽肩背,东建州,西恍惚太,二夷常谋窥中国"[6],而哈达王台,正处在东西二夷之间,为明朝的屏障。当时王台北收二奴,南制建州,令不得与三卫西北诸酋合,以故,北虏无东志,东夷亦无北意"[7],因此,"东陲晏然,耕牧三十年,台有力焉"[8]。王台于万历三年(公元 1575 年),因缚送不断侵扰辽东地方的建州右卫头目王杲有功,授龙虎将军,其二子(虎儿罕、猛骨孛罗)俱升都督金事[9],一族一门之威势,辽东边外,无与之比者。王忠、王台时(嘉靖—万历时)为哈达部的鼎盛时期。到王台晚年,由于政治腐败,"赂贿公行,是非颠倒,反曲为直,上既贪婪,下亦效尤……万汗(王台)不察民隐,唯听谮言,民不堪命,往往叛投叶赫,并先附诸部尽叛,国势浙

---

〔1〕冯瑗:《开原图说》卷下,海西夷南关枝派图。
〔2〕《大清太祖高皇帝实录》卷 3,第 4 页。
〔3〕《满洲实录》卷 1,诸部世系。
〔4〕瞿九思:《万历武功录》,11 卷,东三边,王台列传。
〔5〕苕上愚公:《东夷考略》海西女直考。《玄览堂丛书》第 94 册。
〔6〕苕上愚公:《东夷考略》海西女直考。《玄览堂丛书》第 94 册。
〔7〕瞿九思:《万历武功录》卷 11,东三边,王台列传。
〔8〕苕上愚公:《东夷考略》海西女直考。《玄览堂丛书》第 94 册。
〔9〕瞿九思:《万历武功录》,11 卷,东三边,王台列传。《明神宗实录》卷 40,万历三年七月甲子;同书卷 41,八月辛未。据程令名:《东夷努尔哈赤考》其子为虎儿罕和猛骨孛罗。

弱"[1]。万历十年(公元 1582 年)王台(万汗)死后,五子蒙骨孛罗(孟格布禄)十九岁袭龙虎将军,为塔山前卫左都督,因其幼弱,众心不服,王台诸子骨肉相残不已。这时,叶赫、辉发、乌拉、建州各部,皆不听命,相继自立,哈达势力日益衰落,而北关(叶赫)二奴(逞加奴、仰加奴)和建州酋长努尔哈赤则日益强大。建州女真王杲之子阿台联络北关(叶赫)逞、仰二奴,乘机进攻哈达,以报杀害父祖之仇(哈达王忠曾捕杀逞、仰二奴的祖父祝孔革,王台于万历三年曾捕杀建州酋阿台之父王杲)。万历十一年(公元 1583 年),建州女真阿台纠众大举深入,到沈阳城南浑河一带,李成梁提兵出寨,直捣古勒寨,擒杀王杲之子阿台及逞、仰二奴[2]。叶赫(北关)逞、仰二奴被杀后,那林孛罗(纳朴布禄)、卜寨继之。万历十五年(公元 1587 年)四月,那林孛罗(仰加奴子)引蒙古酋长恍惚太(曾为福余卫头目)等进攻哈达所属的把太寨,明军往援解围。其后,叶赫乘哈达内乱,乘机进攻,哈达乃遣质子到建州女真告急。公元 1599 年,努尔哈赤遣兵往援,纳林布禄闻之,投书哈达贝勒孟格布禄(猛骨孛罗)曰:"汝执满洲援将,尽歼其军,则吾妻汝以女。"[3]孟格布禄信以为真,事泄,万历二十七年(公元 1599 年)九月,努尔哈赤乃亲率军攻陷哈达城,生擒孟格布禄,明年(万历二十八年,公元 1600 年)四月杀之。"自猛骨孛罗死,(其子)吾儿忽答(武尔古岱)既羁留不得归,南关旧寨二三百里内,杳无人迹,将十余年。"[4]万历三十一年(公元 1603 年),吾儿忽答并于建州。万历四十一年(公元 1613 年),吾儿忽答降建州,哈达亡。这时,"南关之敕书,屯寨地土人畜,遂尽为奴酋有矣"[5]。明朝失掉南关(哈达),东北统治危机进一步加深。其后,建州女真与叶赫两大势力的矛盾日益加剧,这时明朝又转而支持叶赫以牵制建州女真努尔哈赤势力的发展[6]。

〔1〕《满洲实录》卷1,诸部世系。
〔2〕王在晋:《三朝辽事实录》第1册首卷,总略、南北关。
〔3〕《满洲实录》卷1,诸部世系。
〔4〕冯瑗:《开原图说》卷下,海西夷西关枝派图。
〔5〕《明神宗实录》卷528,万历四十三年正月乙亥。
〔6〕《明神宗实录》卷528,万历四十三年正月乙亥。

23.2   叶赫部(北关)

据《明实录》[1]和《开原图说》[2]可知,祝孔革(竹孔革)为海西塔鲁木卫都督佥事,而祝孔革为北关(叶赫)的始祖[3],这是以塔鲁木卫为叶赫前身的明证。塔鲁木卫系永乐四年(公元1406年)二月建置的,以打叶为该卫指挥[4]。《清太祖实录》和《满洲实录》载:"按叶赫国始祖系蒙古国人,姓土默特,初灭扈伦国所居张地之纳喇姓部,遂据其地,因姓纳喇,后迁于叶赫河岸建国,故名叶赫国。"[5]由此可知,塔鲁木卫设卫之初,不在叶赫河附近,后来迁到叶赫河流域建国,才改称叶赫。据文献推测塔鲁木卫的初居地当在今松花江北岸,而《满洲源流考》卷13,把塔山卫推定与叶赫邻近的达喜穆鲁山(塔木鲁山),并谓塔鲁木即塔木鲁之误,此说和文献记载并不相符,故不取。

从星根打尔汗三传至的儿哈你(祝孔革之父)为塔鲁木卫指挥佥事时,"以入寇被杀"[6]。到16世纪初,四传至塔鲁木卫都督佥事祝孔革时,塔鲁木卫迁到叶赫河流域建国,即所谓"塔鲁木卫夷酋捏哈(祝孔革之子)得敕三百道,建寨于开原东北镇北关外住牧,即所谓北关,盖今金台失,白羊骨之祖也"[7]。正德年间,"祝孔革等为乱,阻朝

---

〔1〕《明武宗实录》卷124,正德十四年五月己亥:"给赏海西塔鲁木等卫女真都督佥事等官人等竹孔革等衣服彩段绢帛有差"。《明世宗实录》卷36,嘉靖三年二月庚子。"海西塔鲁木卫女直都督竹孔革等三百七十八人来朝贡马。"

〔2〕冯瑗:《开原图说》卷下,海西夷西关枝派图。

〔3〕冯瑗:《开原图说》卷下,海西夷北关枝派图。

〔4〕《明太宗实录》卷40,永乐四年二月庚寅。

〔5〕《清太祖实录》卷6,《满洲实录》卷1,诸部世系。

〔6〕《明武宗实录》卷103,正德八年八月己亥。

〔7〕王在晋:《三朝辽事实录》第1册首卷总略、南北关。"都督祝孔革(一名捏哈),为台叔王忠所戮。"按:捏哈乃祝孔革之子。

贡"[1],"为台叔王忠所戮,夺贡敕,并季勒寨"[2],并以其子台出为女婿,置北关(叶赫)于南关(哈达)卵翼之下[3],到16世纪中叶,六传到台出之子逼加奴、仰加奴兄弟二人为指挥金事时,势力强大起来,海西诸部"望风归附,拓地益广,军声所至,四境益加畏服"[4]。当是时,仰家奴(那林孛罗,金台失之父)居东城,逼加奴(卜寨之父,白羊骨之祖父)居西城。"二酋巢在镇北关北,故开原人呼为北关,夷虏巢穴此其最近者。"[5]自叶赫寨至镇北关60里。"两寨相距可数里。"[6]北关二奴(逼加奴、仰加奴)不忘南关(叶赫)杀祖父祝孔革之仇,为了向南关复仇和夺还敕书,积极勾结蒙古势力,以抗南关。因此,"北关虽东夷种类,而世与北虏结婚"[7]。逼、仰二奴乘南关内部矛盾日益激烈,势力日衰之时,大举进攻,成为明末扈伦四部的强大集团。这时,明朝援助哈达以牵制叶赫的南下。万历十一年(公元1583年)十二月,当逼加奴、仰加奴大举进攻哈达,并进而攻略开原、铁岭、沈阳、辽阳地区之际,被李成梁伏兵所败,逼、仰二奴皆战死。逼加奴子卜寨和仰加奴子那林孛罗为父报仇,万历十五年(公元1587年)四月,引蒙古酋长恍惚太(据张鼎《辽夷略》载:恍惚太原福余卫头目)发兵攻打哈达部头目歹商,明军往援解围,稳住了歹商对哈达的统治。万历二十二年,卜寨因出兵攻建州被杀,其子白羊骨袭职。当时"部落五千,精兵二千"。那林孛罗在万历三十六年死后,"金台失继兄领兵,尚未袭职,部落六千,精兵三千"[8],叶赫势力日趋强大。到明末,和建州女真形成两大对称

〔1〕王在晋:《三朝辽事实录》第1册首卷总略、南北关。"都督祝孔革(一名捏哈),为台叔王忠所戮。"按:捏哈乃祝孔革之子。

〔2〕王在晋:《三朝辽事实录》第1册首卷总略、南北关。"都督祝孔革(一名捏哈),为台叔王忠所戮。"按:捏哈乃祝孔革之子。

〔3〕王在晋:《三朝辽事实录》第1册首卷总略、南北关。"都督祝孔革(一名捏哈),为台叔王忠所戮。"按:捏哈乃祝孔革之子。

〔4〕徐乾学:《叶赫那拉氏家乘》。

〔5〕冯瑗:《开原图说》卷下,海西夷北关枝派图。

〔6〕菅葛山人:《山中闻见录》卷10,东人志二,海西。瞿九思:《万历武功录》卷11,卜寨、那林孛罗列传。"两寨相去皆数里。"

〔7〕冯瑗:《开原图说》卷下,海西夷北关枝派图。

〔8〕冯瑗:《开原图说》卷下,海西夷北关枝派图。

的势力。叶赫那林孛罗(纳林布禄)看到建州女真努尔哈赤的势力不断扩大,对己不利,乃于万历二十一年(公元1593年)十二月,纠合扈伦四部、蒙古三部(科尔沁、锡伯、卦勒察)、长白山二部(珠舍哩、讷殷)等九部联军三万人,分三路大军进攻建州女真努尔哈赤。努尔哈赤大败九部联军于浑河上游的古埒山附近,杀叶赫首领卜寨(布斋),生擒乌拉首领满泰的弟弟布占泰,其他各部望风奔溃[1],这一胜利,努尔哈赤军威大振,为进一步统一女真各部奠定了基础。公元1619年,努尔哈赤乘萨尔浒战胜之威,亲征叶赫。努尔哈赤亲率军督兵进攻金台石所居东城时,"拥楯登山……金台石携妻及幼子登所居高台"[2],城陷被缢杀。东城被攻陷后,西城布扬古(白羊骨)请降被杀,叶赫遂亡。明朝先失去南关(哈达),继又失去北关(叶赫),北边屏障尽失,努尔哈赤灭叶赫,去掉后顾之忧以后,便以全力进攻辽沈地区。

据《盛京通志》卷31,城池三,吉林、叶赫城条:"叶赫城周围四里,东西二门,又有叶赫山城,在叶赫城西北三里,周围四里,南北二门。"据考古调查,今吉林省梨树县东南叶赫河流域的叶赫乡西南里许有叶赫古城,为一建在高台上的椭圆形城,现存城墙周长约1.5里;中有一长40米、宽20米的高台。自叶赫城西南行5里,到达西城,为一椭圆形山城,周长约1.5里。据载:叶赫城"其外大城以石,石城外为木栅,而内又为木城,城内外大濠凡三道,其中间则一山特起,凿山坂,周回使峻绝,而垒城其上,城之内又为木栅,木城有八角明楼,则其置妻子资财所也,上下内外凡为城四层,木栅一层"[3]。从所载"上下内外凡为城四层"以及"叶赫城周围四里"可知,东城现周长一里半,当为内城的周长,外城今已不见。从今叶赫城东西两城的地理位置以及形制和文献的记载完全相符,为叶赫东西两城无异。

杨宾《柳边纪略》卷5所载《叶赫行》诗云:"柳条边外九十里,叶赫河头道如砥,荒荒草没两空城,一在山腰一近水。"以上各文献都记载

〔1〕《清太祖高皇帝实录》卷2,第15-18页。

〔2〕《清太祖高皇帝实录》卷6,第25页,太祖征叶赫。

〔3〕瞿九思:《万历武功录》卷11,卜寨,那林孛罗列传。《玄览堂丛书》第11册。

叶赫东、西二城相距数里,《西安县志略》以今辽源市城东的龙首山山城为叶赫东城,以今四平市西南梨树县叶赫乡的叶赫城为西城。后人多引此说,然这两城东西相距百余里,和文献记载不符,故应予纠正。

23.3 辉发部

据《大清太祖高皇帝实录》卷3载"辉发国,本姓益克得里,黑龙江岸尼马察部人也。始祖昂古里、星古力,自黑龙江载木主迁于渣鲁居焉。有扈伦国人,噶扬噶图墨土,姓纳喇氏,居于张,因附其姓,牢七牛祭天,改姓纳喇",与叶赫部结为兄弟部落,其后降为叶赫的附庸。关于辉发部的先世,有的认为是弗提卫[1],有的认为是肥河卫及与其有密切关系的呕罕河卫[2]。弗提卫在今黑龙江省富锦县附近,肥河卫在今黑龙江省蓳克图河流域,呕罕河卫在今黑龙江省的倭肯河流域(牡丹江的支流)。这三卫都在今第一松花江的下游。《大清太祖高皇帝实录》卷3,所谓"辉发国,本姓益克得里,黑龙江岸尼马察部人也"。《满洲实录》卷1,所谓"辉发国,本姓益克得哩,原系萨哈连乌拉尼马察部人"。这里所说的黑龙江不是指今黑龙江,而是指今松花江下游。金代认为今第一、二松花江和黑龙江下游(和松花江汇合以后的一段)为一条河流,而统称之为黑龙江或混同江(见《白山黑水考》)。《满洲实录》卷1,原注云:"萨哈连乌拉即混同江,一说黑龙江是也,此源从长白山发出。"这是沿用金代人的看法,把今第一、二松花江和黑龙江看成一条河流,故云"此源从长白山发出"。由此可知,辉发部的先世是居住在今第一松花江下游一带,而不是居住在今黑龙江一带。嘉靖初,从辉发部的始祖星古力(胜古力)七传到旺吉努(王机奴、往机奴、汪加奴)[3]时,来到辉发河流域,"招服辉发诸部,于辉发河边扈尔奇山筑城

---

〔1〕〔日〕和田清:《东亚史研究》(满洲篇),第458页注16。丛佩远:《扈伦四部世系考索》,见《社会科学战线》1984年2期。

〔2〕董玉瑛:《明末辉发部首领的先世》,见《博物馆研究》1984年3期。

〔3〕《明世宗实录》卷12,嘉靖元年三月辛未:"赐塔山前卫女直都督速黑忒,弗提卫都督汪加奴大帽金带。"

居之,因名辉发国"[1]。后来,蒙古察哈尔国扎萨克图土门汗来攻,围其城,被击退,辉发国势力逐渐强盛。王机砮卒,孙,拜音达里杀其叔七人,自为辉发国贝勒。这时,叶赫、建州女真相继兴起,辉发部处在强邻之间,终未得势。这时,辉发贝勒拜音达里以所部多叛归叶赫,乃遣子为质,来建州求援,但不久又索归其质子,以质于叶赫,并"将城垣修筑三层以自固"。今吉林省辉南县城(朝阳镇)东北 35 里的辉发山城,在辉发河的东北岸,城筑在辉发山(扈尔奇山)上,有内、中、外三层城墙。内城周长 596 米,中城 892 米,外城 1881 米。内城中有一高台,城内曾出土过大量的铁镞和明代清花瓷器,并有带"大明万历年制"字样的瓷碗[2]。从文献所载辉发城的形制,以及辉发城内出土的文物和古城的形制可以肯定,今辉发城即辉发部的都城所在地。万历二十一年(公元 1593 年)十二月,辉发部参加叶赫等九部联军进攻努尔哈赤,败还。万历三十五年(公元 1607 年)九月,努尔哈赤率兵攻辉发,"杀拜音达里父子,屠其兵,招服其民,遂班师"[3],辉发部至此灭亡。

23.4　乌拉部

乌拉也写作兀喇,本名呼伦,姓纳喇,后因居乌拉河岸故名乌拉。乌拉与哈达同姓纳喇,其先同祖,同源于塔山左卫。乌拉部之库堆朱颜与哈达部之速黑忒同为杜儿机之子。据茗上愚公《东夷考略》载:"开原北近松花江者曰山寨夷,又北抵黑龙江曰江夷,而江夷有灰扒(辉发)、兀喇(乌拉)等族。"由此可知,灰扒(辉发)、兀喇(乌拉)即江夷,最初居住在从今松花江到黑龙江流域一带。乌拉部的前身为永乐四年(公元 1406 年)二月设立的塔山卫,塔剌赤为该卫指挥同知[4]。据考,塔山卫在今呼兰河流域东西一带。据《满洲实录》卷 1,诸部世系条载

〔1〕《清太祖高皇帝实录》卷 3;《满洲实录》卷 1。
〔2〕吉林省文管会:《辉发城调查简报》,见《文物》1965 年 7 期。
〔3〕《满洲实录》卷 3,太祖灭辉发国。
〔4〕《明太宗实录》卷 40,永乐四年二月己巳。

"乌拉部始祖名纳齐卜禄",而纳齐卜禄可能即塔剌赤的音转。至八世孙布颜时,"尽收乌拉诸部,率众于乌拉河洪尼处筑城称王。"今吉林省永吉县乌拉街北半里的乌拉古城即其遗址,在今吉林市西北 70 里。乌拉古城西临松花江,有内、中、外三层城墙,内城中间有土筑高台,俗称"白花点将台"。城内曾出土过唐、宋铜镜和崇宁通宝、崇宁重宝以及带有"万历癸未六月日"字款的铜火铳和青花瓷片[1]。乌拉部传至十世孙满泰及其弟布占泰时,逐渐强大。万历二十一年(公年 1593 年)十二月,努尔哈赤在浑河上游的古埒山,大败叶赫等九部联军的战斗中,生擒布占泰,后又放归乌拉,继兄满泰为乌拉国王,其势力东达延边一带。建州女真努尔哈赤强大起来以后,征服女真各部。万历三十五年(公元 1607 年)正月,一向归属于乌拉的东海瓦尔喀部,以乌拉贝勒布占泰暴虐,向建州女真努尔哈赤请求归附,努尔哈赤许之,乃命弟舒尔哈齐等率兵三千进攻瓦尔喀部根据地的蜚悠城(今辉春县城西,三家子乡高丽城屯的裴优城)。布占泰得知这一消息后,打算扼其退路,出兵于豆满江(今图们江),两军决战于乌碣岩[2],乌拉大败请和,退守吉林乌拉一带。乌碣岩的胜利,打开了通往东海诸部的大门。从此,努尔哈赤"威行迤东诸部",瓦尔喀部皆"望风归附"[3]。万历四十年(公元 1612 年),乌拉又背约侵渥集部属之库尔喀路,并谋夺贝勒代善所聘叶赫女,努尔哈赤大怒,公元 1612 年 9 月,亲率兵问罪,沿乌拉江西行,克其临江五城,尽焚其庐舍粮聚,布占泰被迫谢过,努尔哈赤凯旋。第二年,公元 1613 年布占泰又背约,谋遣质子于叶赫,复欲娶代善所聘女,于是战端再开。公元 1613 年正月,努尔哈赤又亲率大军进攻乌拉,到达伏尔哈城(今吉林市北 50 里),布占泰以兵三万迎战,乌拉大败,努尔哈赤乘胜进攻,最后攻陷了乌拉城,布占泰只身逃亡到叶赫,乌拉遂亡。努尔哈赤攻灭乌拉部以后,为征服东海和黑龙江流域的女真各

---

〔1〕吉林省博物馆:《明代扈伦四部乌拉部故址——乌拉古城调查》,见《文物》1966 年第 2 期。

〔2〕《朝鲜宣祖实录》卷 11,四十一年(公元 1608 年)二月,朝鲜"乃进军于锺城乌碣岩与忽剌温相遇大战良久,忽剌温大败",可知乌碣岩在图们江流域的朝鲜锺城附近。

〔3〕《朝鲜宣祖实录》卷 209。

部扫除了障碍。

明朝"本藉女真制北虏,而今已与北虏交通;本设海西抗建州,而今已被建州吞并"[1],故"蓟辽总督蹇达言:建酋日渐骄横,东方隐忧可虞"[2]。随着建州女真的日益强大,明在东北的统治危机日益加深。

〔1〕《明神宗实录》卷444,万历三十六年三月丁酉。
〔2〕《明神宗实录》卷443,万历三十六年二月癸未。

24 明代兀良哈三卫

公元 1388 年,北元灭亡后,蒙古分裂为鞑靼、瓦剌、兀良哈三部。鞑靼部在今鄂嫩河、克鲁伦河以及贝加尔湖一带;瓦剌部在今蒙古人民共和国的西部;兀良哈三卫,明初,居住在今兴安岭以东,海西江(今松花江)以西,北海[1]之南,潢水(今西剌木伦河)之北[2]。

明初兀良哈三卫地区,周、秦为东胡,汉、魏、南北朝为乌桓、鲜卑,唐、宋为奚、契丹居地。金为临潢府路辖境,元为大宁路北境。明灭元后,在洪武二十二年(公元 1389 年)五月,置泰宁、朵颜、福余三卫指挥使司于兀良哈之地。兀良哈三卫初隶于大宁都司,故亦称"大宁领朵颜诸卫"[3]。永乐元年(公元 1403 年)大宁都司内迁到保定,永乐七年建立奴儿干都司以后,兀良哈三卫改隶于奴儿干都司。

24.1 明初兀良哈三卫的居地

24.1.1 泰宁卫——在今洮儿河流域

泰宁卫指挥使司,设在泰宁,这是泰宁卫名称的由来。永乐二十二年,明朝任命故元辽王阿札失里为泰宁卫指挥使,阿札失里是元太祖成吉思汗的季弟铁木哥斡赤斤的后裔。泰宁卫在今洮儿河流域。《元史》卷 25,《仁宗本纪》,延祐二年(公元 1315 年)八月庚子:"改辽阳行省泰州为泰宁府。"同书卷 26,延祐四年(公元 1317 年)二月癸亥:"升

---

[1]兀良哈三卫北界的北海当指阔滦海子,即今呼伦湖,而不是贝加尔湖。

[2]郑晓:《皇明四夷考》卷上,兀良哈。严从简:《殊域周咨录》卷 23,兀良哈。《寰宇通志》卷 119,兀良哈。

[3]《明史纪事本末》卷 16,燕王起兵。

·欧·亚·历·史·文·化·文·库·

泰宁府为泰宁路,仍置泰宁县。"由此可知,元代的泰宁府、路,即辽、金时代的泰州。金代有旧泰州(金安县)、新泰州,而这里所说的泰州,是在洮儿河流域的泰州[1],亦即辽代的泰州,金代的旧泰州,在今吉林省洮安县东 20 里的城四家子古城。元延祐七年(公元 1320 年),设石州等处怯怜口千户所,石州恐为台州、泰州之误。台州即泰州,也是明代"海西西陆路"的第五站。泰宁卫一带是辽、金、元以来经济文化比较发达的地区,直到明、清时代,也是洮儿河流域经济文化的中心。明在泰宁即今洮安县东 20 里的城四家子古城一带建立过万寿寺[2],清为葛根庙旧址,至今在城四家子古城东 3 里处仍有两座喇嘛塔,即双塔子。

24.1.2 福余卫——在今嫩江东、西一带

永乐六年三月,"戳儿河女直野人头目忽失歹、安苦等来朝,命忽失歹为福余卫指挥佥事,安苦等为千百户镇抚,赐钞币有差"[3]。戳儿河即今嫩江西岸的支流绰儿河。其后兀良哈三卫南迁(见后述),到正统年间瓦剌强大起来后,大举进攻兀良哈和女真各部,兀良哈三卫由于瓦剌也先的逼迫,"朵颜、泰宁皆不支,乞降,福余卫独走避脑温江",即回到其原居地的脑温江(今嫩江)流域。又从福余名称的由来看,可能和嫩江以东的瑚裕尔(乌裕尔)河有关,福余恐即瑚裕尔的音转[4]。瑚裕尔河流域为金代蒲与路故地,元为铁木哥斡赤斤那颜的封地。由此可知,明初福余卫的辖境,当以今嫩江流域为中心,东到瑚裕尔河流域,西到绰儿河流域。绰儿河流域的绰尔城即今塔子城,在今黑龙江省泰来县西北 90 里。古城内出土的文物,有辽、金、元、明时代的文物[5]。

---

〔1〕《明史纪事本末》卷 10,故元遗兵;倪谦:《丰城侯李彬传》,载《国朝献征录》七,都记载明军追击泰宁卫指挥使阿札失里至洮儿河的情况。

〔2〕《华夷译语》下,敕僧亦邻真藏卜:"今特敕本僧仍住持泰宁万寿寺。"(涵芬楼秘籍第四集)

〔3〕《明太宗实录》卷 55,永乐六年三月壬申。

〔4〕〔日〕和田清:《东亚史研究》(蒙古篇)第 128 页。

〔5〕黑龙江省文物考古工作队:《黑龙江省古代文物》,第 56 - 62 页,黑龙江人民出版社 1979 年版;《文物工作三十年》第 118 - 119 页,文物出版社 1979 年版。

〔日〕泷川政次郎:《辽金的古城》第一辑,五、塔子城。

塔子城不仅是辽、金时代的军事重镇,元、明时代也沿用过。元代的灰亦儿等处怯怜口千户所,明代的福余卫指挥使司也可能设在这里。

24.1.3　朵颜卫——在今洮儿河上游和归流河上游索岳尔济山一带

据朵颜卫指挥同知脱儿豁察儿(脱鲁忽察儿)在给明朝的奏文中,谈到他们居住在"额客多延温都儿、搠木连等地"[1]。额客多延温都儿即朵颜山,朵颜卫的根据地在朵颜山,这是朵颜卫名称的由来。因此,欲搞清明初朵颜卫的居地,必先搞清额客多延温都儿和朔木连当今何山、何水的问题。额客为蒙古语母的意思,多延即朵颜,温都儿即山、丘陵的意思,即母朵颜山,即今索岳尔济山。木连即河,搠木连即搠河[2]。从通往兀良哈兰卫的"海西西陆路"的交通路线来看,朵颜卫当在今洮儿河上游和归流河上游索岳尔济山一带。

据载,洪武二十四年(公元 1391 年),明军从西北向东南追击辽王阿札失里,经朵颜鸦山(黑岭鸦山),最后追到洮儿河大胜[3]。由此可知,朵颜鸦山、黑岭鸦山即朵颜山,当在今洮儿河上游的索岳尔济山。这里是众水发源之地,故蒙古称之曰"额客多延温都儿",即母朵颜山。兀良哈三卫"皆逐水草,无恒居。三卫,朵颜最强,分地又最险"[4]。和《明史》卷 328,朵颜三卫传"独朵颜地险而强"的记载相同,说明朵颜卫是居住在地势险要的山区。今洮儿河、归流河上游,正是险要的山区地带,而泰宁卫、福余卫居地的洮儿河、绰尔河下游则都是平原地带。

朵颜卫的属卫哈剌孩卫,在今哈拉哈河流域。今洮儿河、归流河上游和哈拉哈河,即哈剌孩卫邻近。永乐二十年,明军大败兀良哈(朵颜卫)于屈裂儿河(今归流河)[5]。由此可知,朵颜卫主要是在今洮儿河上游、归流河以及索岳尔济山一带。

---

〔1〕《华夷译语》下,脱儿豁察儿书(涵芬楼秘籍第四集)。

〔2〕〔日〕和田清:《东亚史研究》(蒙古篇),第 131 页。

〔3〕方孔炤:《全边略记》卷 8,宁夏略。倪谦:《丰城侯李彬传》,载《国朝献征录》七。

〔4〕郑晓:《皇明四夷考》兀良哈。

〔5〕《明太宗实录》卷 123,永乐二十年秋七月己未、庚午。《明史》卷 7,《成祖本纪》三,永乐二十年秋七月己未、庚午。

·欧·亚·历·史·文·化·文·库·

洪武二十九年三月,明军进攻兀良哈朵颜卫,"追至兀良哈秃城,遇哈剌兀,复与战,败之,遂旋师"[1]。哈喇兀即后来明永乐二年任命为朵颜卫都指挥同知的哈儿兀歹。兀良哈秃城恐即朵颜卫指挥使司的所在地。兀良哈秃城可能即今乌兰浩特(内蒙呼伦贝尔盟科尔沁右翼前旗)东北25里的古城,即科右前旗乌兰哈达乡东方红大队前公主岭屯古城。这里有两座辽、金古城,一周长3里余,一周长5里余。据考证为辽、金时代的金山县遗址。这是辽、金时代的边防重镇金山县的所在地,明代朵颜卫指挥使司也可能在这里[2]。

兀良哈三卫人骁勇善战,长于骑射,地处鞑靼与海西女真之间,明朝设兀良哈三卫的目的是防止兀良哈三卫和鞑靼的联系,使其为明朝的藩屏,"东捍女直,北捍蒙古"[3]。因为明朝把兀良哈三卫看做东北的藩屏,所以明对兀良哈三卫的招抚特别重视。但是,从15世纪初到16世纪初,100年来,兀良哈三卫在明朝和鞑靼、瓦剌之间,为了保存自己,免被吞并,叛附不定,一方面和明朝通贡、互市,一方面又不断地入寇抄掠,两者交相进行,这就是15世纪初到16世纪初100年来,明与兀良哈三卫的关系史。

24.2 兀良哈三卫南迁后的居地

明初,散居在潢水(今西剌木伦河)以北的兀良哈三卫,到宣德、正统年间,大举南迁,接近经济文化比较发达的辽东汉族地区。南迁的原因首先是兀良哈三卫散处漠北,以游牧为生,多马牛羊等特产,在生产、生活方面,多仰赖和经济比较发达的辽东地区互通有无。兀良哈三卫的头目,在通过朝贡和马市所获得的东西,仍不能满足要求时,便率众进入辽东汉族地区抄掠。掠夺是他们增加财富的手段,而比较富庶的

[1]《明太祖实录》卷245,洪武二十九年三月甲子。
[2]张穆:《蒙古游牧记》卷1,札赉特部载:"旗北百二十里有朵云山……旗北八十里有绰尔河。"有的认为朵云山即朵颜山,绰尔河即搠河,因此把朵颜山推定在绰尔河流域。这和前述朵颜山、朵颜卫在洮儿河上游、尿流河一带的文献记载不符,故不采此说。
[3]《明世宗实录》卷146,嘉靖十二年正月戊辰。

辽东地区,又是他们掠夺的理想地区,所以在 15 世纪以后,兀良哈三卫不断入边寇掠。永乐元年大宁都司的内迁,以及正统十四年(公元 1449 年)"土木之变"以后,明在东北统治力量的削弱,又给兀良哈三卫的南迁创造了有利条件。其次是 15 世纪瓦剌势力强大起来,东攻兀良哈,进窥蓟、辽、宣、大各边,迫使兀良哈三卫不断南迁。第三是由于明朝边将的压迫勒索而引起兀良哈三卫的"率众犯边"[1]进行报复。据宣德三年边将奏称,兀良哈人,"往往于滦河牧马"[2]。"兀良哈之寇万众侵边,已入大宁,经会州将及宽河"[3],又载"宣德时尝入渔阳塞"[4]。正统十三年,兀良哈三卫"被瓦剌抢掠,散处滦河一带"[5]。正统年间,"兀良哈三卫屡寇辽东、大同、延安境"[6]。这些都说明兀良哈三卫在宣德、正统年间已南迁到滦河等地。

兀良哈三卫南迁后的分布情况是"自大宁(今内蒙昭乌达盟宁城县大明城)前抵喜峰口,近宣府(今河北省宣化市),曰朵颜;自锦、义历广宁(今辽宁省北镇)至辽河,曰泰宁;自黄泥洼(在今辽阳市西太子河南岸,太子河自此折而南流)逾沈阳、铁岭至开原,曰福余"[7]。又据《明世宗实录》卷 370,嘉靖三十年二月甲戌条,总督侍郎何栋的报告:"朵颜、泰宁、福余三卫夷人,国初,各有分地。朵颜在山海关以西,古北口以东,蓟州边外驻牧。泰宁在广宁境外,福余在开原境外,辽河左右驻牧。"[8]《明史》朵颜三卫传等书,把宣德、正统年间兀良哈三卫南迁后的分布情况,当做明初的分布情况,是错误的。这一错误,《钦定热河志》卷 63,建置沿革条,以及和田清《东亚史研究》(蒙古篇)第

〔1〕《明宪宗实录》卷 120,成化九年九月辛丑。
〔2〕《明宣宗实录》卷 35,宣德三年正月丁未。
〔3〕《明宣宗实录》卷 47,宣德三年九月辛亥。
〔4〕郑晓:《皇明四夷考》,兀良哈条。
〔5〕《明英宗实录》卷 165,正统十三年夏四月丙子。
〔6〕《明史》卷 328,朵颜、福余、泰宁传。
〔7〕《明史》卷 328,朵颜、福余、泰宁传;《明神宗实录》卷 46,万历四年正月丁未。
〔8〕兀良哈三卫南迁后的分布情况,参见方孔炤《金边略记》卷 1:"三卫各有分地,朵夷牧蓟州之边,泰夷牧广宁之边,福余牧开原之边。"马文升《抚安东夷记》:"自古北口至山海关立朵颜卫;自广宁前屯卫至广宁迤东白云山立泰宁卫,白云山以东至开原立福余卫。"

107 - 110 页,都有比较详细的记述。关于兀良哈三卫南迁的年代,和南迁前后的分布情况,记载比较正确可靠的是明末崇祯年间的职方主事陈组绶所编纂的《皇明职方图》(上、中、下三卷)。据《皇明职方图》中卷的解说:"福余、泰宁、朵颜三卫,已前地在潢水(今西剌木伦河)北,自怀山至东金山(金山,在开原城西北 380 里,辽河北岸,西金山东),其地界也。后分福余自黄泥洼逾开原止;泰宁由锦义渡潢河(这里指今辽河)至白云山止;朵颜东起广宁前屯,历喜峰、近宣府。此后来的窃据,宣德以前,尚未敢入大宁境"。由此可知,兀良哈三卫南迁后的居地,约当今辽河以西,辽宁省的西半部以及内蒙昭盟、河北的北部等地。

24.3　兀良哈三卫的发展和衰亡

兀良哈三卫本东胡遗种,其语言与蒙古无别,其风俗与契丹同,与蒙古稍异。蒙古辫发索头,而三卫人还有鲜卑、契丹以来的遗风,为髡发秃头。当时"男子悉髡头,戴皮壳帽;女人打緵垂戴桦皮筒,衣皮而不布帛,茹肉而不菽粟"[1]。在生产方面,蒙古专营游牧,而兀良哈人则以游牧为主,稍业农耕。过着"俗无常居,制邀乐车,趁水草而住牧"[2]的生活。《明太祖实录》谓:"自古胡人无城部,不屋居,行则车为室,止则毡为庐,顺水草便,骑射为业。"[3]他们"喜战斗,好围猎,不树五谷,不种蔬菜,渴则取马牛羊之乳而饮之。常营辽河两岸,窥我中原虚实,乘间入寇"[4]。兀良哈三卫"土产马、橐驼、黄羊、青羊、玛瑙、鹊桦皮、白葡萄"[5],其他"惟皮张鱼鲜而已"[6]。从兀良哈人在朝贡归途中,常以赏赐等物于"边地收买牛只农具"[7],以及兀良哈三卫在

---

〔1〕《全辽志》卷6,外志,兀良哈。
〔2〕《全辽志》卷6,外志,兀良哈。
〔3〕《明太祖实录》卷196,洪武二十二年五月癸巳。
〔4〕《全辽志》卷6,外志,兀良哈。
〔5〕《寰宇通志》卷119,兀良哈。
〔6〕《全辽志》卷6,外志,兀良哈。
〔7〕严从简:《殊域周咨录》卷23,北狄,兀良哈。

开原、广宁马市与明互市时,常以土产品交换种子、农具来看,兀良哈人已经有了农业生产,但主要还是过着游牧渔猎的生活。据万历二十四年(公元1596年),朝鲜人申忠一的记述:"蒙古,车上造家,以氎为幕。饥则食膻肉,渴则饮酪浆云。"[1]兀良哈虽已知耕种,但生产技术还是比较原始的,据载"蒙古春耕时,多聚人马于平野,累累使之践踏粪秽后,播黍、稷、粟、蜀、秫诸种,又使人马践踏,至耘治收获时,令军人齐力云"[2]。由此可知,明末兀良哈人的农业生产虽然比较落后,但较前确有了发展。兀良哈三卫南迁后,接近了经济比较发达的辽东地区,通过开原、广宁马市贸易,以其土产品换取了先进的生产工具和丰富的生活用品,加速了兀良哈三卫社会经济的发展。

兀良哈三卫在明、蒙(鞑靼、瓦剌)之间,动摇不定,时而向明朝称臣纳贡和互市,为明军探听鞑靼、瓦剌的动静;时而为鞑靼或瓦剌的内犯充当向导,合兵深入内地抄掠。明在结好兀良哈三卫的基础上,利用鞑靼、瓦剌之间的矛盾,支持一方,打击一方,以削弱他们的力量。

正统年间,瓦剌部到脱欢及其子也先时,统一东、西蒙古,并大举进攻兀良哈和女真各部。"朵颜、泰宁皆不支,乞降。福余独走避脑温江,三卫益衰。"[3]在瓦剌也先的大举进攻下,"朵颜三卫并海西,建州夷人处处蜂起,辽东为之弗靖者数年,至景泰后始克宁谧。而海西野人女真之有名者,率死于也先之乱"[4]。天顺中(公元1457—1464年),兀良哈三卫"尝乘间掠诸边,复窃通鞑靼字来,每为之乡导"[5]。公元1470年(成化六年),到鞑靼部的达延汗时,又强大起来,公元1478年(成化十四年),"侵掠三卫,三卫头目皆走避塞下"[6],公元1486年(成化二十二年),"鞑靼别部那孩拥三万众入大宁、金山、涉老河(今老哈河),攻杀三卫头目伯颜等,掠去人畜以万计。三卫乃相率携老幼,

〔1〕《李朝宣宗实录》卷71,宣宗二十九年正月丁酉,《南部主簿申忠一·书启》。
〔2〕《李朝宣宗实录》卷71,宣宗二十九年正月丁酉,《南部主簿申忠一·书启》。
〔3〕《明史》卷328,朵颜、福余、泰宁传。
〔4〕马文升:《抚安东夷记》。
〔5〕《明史》卷328,朵颜、福余、泰宁传。
〔6〕《明史》卷328,朵颜、福余、泰宁传。

走匿边圉"[1]。成化末年(15 世纪末),鞑靼部的达延汗乘瓦剌内乱发动进攻,迫使瓦剌迁到今蒙古人民共和国的西北部。到公元 1510 年(正德五年),达延汗统一了蒙古。公元 1543 年(嘉靖二十二年),达延汗死后,又陷于分裂局面。鞑靼部达延汗的后裔,"打来孙部落有虎喇哈赤者,骁勇善战,所部兵甚精,为泰宁、福余夷勾引,入辽河套游牧,遂为广宁、辽、沈、开、铁大患,至今五六十年,其孽乃更猖獗"[2]。

16 世纪时,辽西一带著名的东蒙古鞑靼部的封建主有虎喇哈赤(为内喀尔喀部的祖先)和魁猛可(为科尔沁部的祖先)。嘉靖二十六年(公元 1547 年),随小王子东侵,"专为难于辽西"[3]。后来泰宁卫部众被喀尔喀部的虎喇哈赤,福余卫部众被科尔沁部的魁猛可所吞并[4]。这时,朵颜部依附于西部的哈喇嗔(喀喇沁)部。青把都以来,哈喇嗔部向东发展,吞并了邻近的朵颜卫[5]。明末,朵颜卫部众和哈喇嗔(喀喇沁)部众融合在一起。喀喇沁的苏布地即朵颜卫的都督都指挥[6],清初,朵颜改名为喀喇沁部。

[1]《明史》卷 328,朵颜、福余、泰宁传。

[2]冯瑗:《开原图说》。

[3]《武备志》卷 204,引职方考:"又辽东境外有虏二支,一名魁猛可,一名虎喇哈赤,专为难于辽西。"

[4]洪熙元年(公元 1425 年),鞑靼部阿鲁台为瓦剌所破,其酋奎蒙塔斯哈剌(奎蒙克或书魁猛可,为太祖弟合撒儿十四世孙)走避嫩江,往依兀良哈(福余卫),因同族有阿鲁科尔沁,故号嫩科尔沁以自别。

[5]茅元仪:《武备志》卷 205,镇戍辽东条所引职方考:"朵颜……住牧喜峰口外会州、青城诸处,附青把都(哈喇嗔三大酋)部下。"

[6]《清太宗文皇帝实录》卷 6 第 14 页:天聪四年正月丙午,"会喀喇沁苏布地作为己书,奏之名主(崇祯帝),遣喀喇沁人持往,书曰:朵颜三卫都督都指挥苏布地等奏,臣等累世以来,为皇上固守边圉,受恩实多"。

25 明代东北驿站考

明朝在统一东北,建立都司、卫所地方政权的同时,为了适应当时军事政治斗争的需要,为了加强对东北的管理,积极恢复和建立东北水陆交通驿站。

明代东北各路驿站,多系沿用辽、金、元以来的古道,搞清这些驿站的位置,对了解明代东北疆域和各主要卫所的分布都是有意义的。

明代东北开原以南各路驿站的位置是比较明确的,因此,不在本文考证之内,本文仅对《辽东志》卷9所记载的开原以北六条陆路驿站的位置试作进一步探讨。关于各路驿站的位置,已有考证者,争论不大的,仅提出研究的结论,不再重复,争论较大的,或有不同看法,则作比较详细的论述。

25.1 "开原东陆路到朝鲜后门"

据《辽东志》卷9的记载,这条路线上的驿站是:

"坊州城—奚官—纳丹府城—费儿忽—弗出—南京—随州县—海洋—秃鲁—散三(通朝鲜后门)。"

这条路线从开原(今开原老城镇)出发,沿河流和渤海、辽、金古城东行。这是渤海、辽、金以来的古道,到明代成为从开原到朝鲜东北部的交通道。这些古城的位置和明代驿站的分布基本上是一致的。

海龙县山城镇山城(坊州城)—海龙镇古城(奚官)—桦甸苏密城(纳丹府城)—富尔河流域的敦化县大蒲柴河乡建设林场古城(费儿忽)—安图县万宝乡屯内的万宝古城或和龙县东古城子可能是弗出站

·欧·亚·历·史·文·化·文·库·

的所在地—城子山山城(南京)。由南京东渡图们江进入朝鲜的东北部[1]。

这条路线是明初通往建州左卫的路线,是建州左卫的朝贡道。

25.2 "纳丹府东北陆路"

从纳丹府(今桦甸苏密城)东北行,经那木剌等七站到终点站毛怜。沿路驿站有"那木剌站—善出—阿速纳合—潭州—古州(北接斡朵里)—旧开原—毛怜(旧开原南)"。这是明初通往建州卫、毛怜卫的路线,是明初建州卫、毛怜卫的朝贡道。

日人箭内亘认为那木剌即今那木窝集,在今厄黑木驿东 10 里,拉筏驿(今拉法站)西 80 里。善出即今色出窝集,在拉筏驿东 100 里,俄漠贺索落驿西 10 里[2]。这一推论和从纳丹府东北行去潭州的路线不符。由纳丹府东北行去潭州(今敦化)的路线,那木剌站应为今桦甸县的暖木(或称暖木条子)。善出的位置不详。

《辽东志》卷 1,地理志,开原山川条:忽儿海河(今牡丹江)在开原"城东北一千里,源出潭州城东诸山,北流谷州城东,经斡朵里城北流入松花江"。从忽儿海河(牡丹江)源出潭州城东诸山来推断,潭州当在今敦化附近。从"北流谷州城东"来推断,谷州(古州)当在今牡丹江西岸。古州始建于辽代,金、元、明沿用。日本学者和田清认为古州系渤海旧都,今东京城[3]。但牡丹江(忽儿海河)在东京城之西或北,和忽儿海河"北流谷州城东"的记载不符。《元一统志》载:开元城"正西曰谷州"[4],《辽东志》卷 9,古州条下注称:"北接斡朵里。"今宁安和牡丹江市正当开元城(前苏联境内的乌苏里斯克,即双城子南面的山城)之西,斡朵里(今依兰)之南,故史学界多以今宁安为古州的所在地。

〔1〕《东国舆地胜览》卷 50,随州县在今朝鲜咸境北道锺城,海洋在今咸镜北道吉州。同书卷 49,秃鲁(秃鲁兀)在今朝鲜咸境南道端川西四十三里的古城,散三在咸境南道的北青。

〔2〕[日]箭内亘:《元明时代的满洲交通路》,见《满洲历史地理》第 2 卷,第 439 – 440 页。

〔3〕[日]和田清:《开元、古州及毛怜》,见《东亚史研究》(满洲篇)242 页。

〔4〕《大元大一统志辑本》二,辽阳行省,开元路、古迹条(辽海丛书本)。

但这一推论还没有得到考古资料（如辽、金古城和辽、金文物）的证实。公元1984年7月，在牡丹江市北郊发现一方铜印，印为7厘米×7厘米，铸汉字九叠篆书"古州之印"4个字，印背左刻"应辨所造"4字，右侧刻有"天泰二年二月廿五日"9字[1]。据黑龙江省文物工作同志的调查研究资料，把古州推定在今牡丹江市附近的辽、金古城，是比较可信的。今牡丹江市西南海浪河入牡丹江处在牡丹江之西，海浪河南北两岸各有一座古城，一为渤海古城，一为渤海城，辽、金沿用，这一古城恐为古州所在。

旧开原在前苏联境内的乌苏里斯克（双城子）。

"建州女直先处开原"[2]，这里所说的开原即旧开原、开元，亦即朝鲜史料中的巨阳、开阳。《明一统志》载："恤品河流经建州卫……金人置恤品路，以此为名。"[3]《东国舆地胜览》载：速平江"至巨阳东流一百二十里，至阿敏入于海"[4]。恤品河、速平江即今绥芬河，巨阳即旧开原，距入海口为120里，而今双城子距入海口也正是120里。双城子不但有东城（周长3里）、西城（周长2里），而且还有修筑在克拉斯诺雅尔山岗上的规模宏大的山城，周长16里。这是绥芬河流域最大的金、元古城，金、元时代的文物遗址也比较丰富，故推定建州卫所在地的旧开原在今绥芬河流域的双城子山城，这和关于建州卫、旧开原所在地的其他文献记载也相符[5]。日本学者箭内亘认为旧开原在今依兰附近[6]，系误。

毛怜在今图们江北珲春县境内。

《辽东志》卷9，毛怜站注称"旧开原南"，可知毛怜在今双城子之南。据《龙飞御天歌》载：毛怜卫的头目八儿速（把儿逊、波乙所）和阿古车在土门（亦书豆门）居住，而"土门，地名，在豆漫江之北，南距庆源

---

〔1〕樊万象：《"古州之印"与地望》，见《北方文物》1985年3期。

〔2〕马文升：《抚安东夷记》。

〔3〕《大明一统志》卷89，女直："恤品河流经建州卫。"

〔4〕《东国舆地胜览》卷50，庆源府山川。

〔5〕见《明代建州卫再探》。

〔6〕〔日〕箭内亘：《元明时代的满洲交通路》，见《满洲历史地理》第2卷，第398、441页。

·欧·亚·历·史·文·化·文·库·

六十里"[1]。又据《朝鲜世宗实录》："毛怜卫在古庆源、斡木河（今朝鲜会宁）之间……其地距新庆源三日程也。"[2]这说明明初毛怜卫在今图们江北，或今朝鲜会宁以北，图们江下游一带。

25.3 "开原西陆路"

由开原出发，西行经庆云站到今绕阳河上游，阜新县境内的塔营子（懿州），这是通往福余卫等西北游牧人的路线[3]。沿路驿站有"庆云站—熊山站—洪州站—懿州"。

庆云站即今辽宁省康平县东南 50 里的小塔子村东，辽河西岸的古城即辽代祺州州治所在地的庆云县[4]。辽代的祺州州治在庆云县，金代废州存县，"元废县为庆云驿"[5]。庆云县在"开原城西八十里，有塔存焉"[6]。在古城西有辽、金砖塔一座，俗称小塔子，和庆云县有塔的记载相符。《金史·地理志》载："庆云，辽祺州祐圣军……有辽河。"金代王寂到此地时，从者得鲜鱼，王寂命持送辽河中，有"持送城东纵急流"等诗句。由此可知，庆云县在辽河西岸附近，今小塔子村古城正在辽河西岸 5 里处。故以今康平县小塔子村古城为辽代祺州、金代庆云县、元代庆云驿、明代庆云站。

顾祖禹《读史方舆纪要》谓：祺州庆云县即今开原西南 40 里的庆云堡。后人多引此说，实误。庆云县在"开原城西八十里"，庆云堡在开原城西南 40 里，两者并不在同一地。

熊山站和洪州站位置不详。

懿州在今辽宁省阜新县城东北 108 里塔营子古城。

据《辽东志》卷首：开原"西到懿州三百七十里"。阜新县东北 108

---

[1]《龙飞御天歌》卷 7，第 53 章。
[2]《朝鲜世宗实录》卷 53，世宗十三年八月乙亥。
[3]《明神宗实录》卷 46，万历四年正月丁未。
[4]金殿士：《辽祺州访察记》，见《社会科学辑刊》1981 年 2 期；冯永谦：《辽代祺州探考记》，见《辽宁师院学报》1981 年 3 期。
[5]《嘉庆重修一统志》19 册，卷 60，奉天府二，庆云县。
[6]《全辽志》卷 4，故迹志，庆云县注。

里的塔营子古城和这一记载的方向距离相符。塔营子城南出土的元代懿州城南学田碑,肯定了塔营子古城即元代的懿州城遗址。懿州城为辽建,金、元沿用。但辽代懿州州治在宁昌县,而金代懿州州治在顺安县,即今塔营子古城。日本学者箭内亘以懿州在今彰武县[1],系误。

25.4　"开原北陆路"

这是从开原出发北行到海西的路线,是辽、金、元以来,联结南北交通的古道。驿站有"贾道站—汉州站—归仁县—韩州—信州城—斡木城—龙安站—海西宾州站—弗颜站"。

这些驿站都是辽、金、元以来的州县城站,过去已有考证[2],故不再重复。

贾道站今辽宁省开原老城镇北 110 里,昌图县北 60 里,此路树四合屯古城。

汉州站位置不详。

归仁县今开原老城镇北 80 里,昌图县北 40 里四面城。

韩州今吉林省梨树县偏脸城。

信州今吉林省怀德县秦家屯古城。

斡木城位置不详。

龙安站今农安县城。

海西宾州站今农安县靠山屯北松花江和伊通河汇流处的广元店古城。

弗颜站在今扶余县境内。从海西又分东、西两路,一路西行到兀良哈三卫,一路东北行到奴儿干都司。

25.5　"海西西陆路"

由肇州出发西行,经洮儿河、台州等站到达终点站——兀良河。这

---

〔1〕《满洲历史地理》第 2 卷,第 275－295,444 页。
〔2〕郭毅生:《辽代东京道的通州与安州城址的考察》,见《社会科学战线》1978 年第 3 期;《满洲历史地理》第 2 卷,第一篇、第二篇、第三篇。

是明初通往兀良哈三卫的路线,其驿站有"肇州—龙头山—哈剌场—洮儿河—台州—尚山—札里麻—寒寒寨—哈塔山—兀良河"。

肇州在今黑龙江省肇东县四站乡境内的八里城。

过去中、日史学界一般均采用肇州在逊札堡站东北珠赫城说[1],即今扶余县东 200 里五家站(逊札堡站)东北 15 里的朱家城子(即珠赫城)。据公元 1961 年的实地调查,朱家城子为一周长 2.5 里的小型辽、金古城。关于肇州的位置,据文献记载可知。

第一,金代肇州即辽代的出河店,在鸭子河北 5 里[2]。鸭子河即今第一松花江,则肇州应在今第一松花江北 5 里处。

第二,肇州初置防御使,以后升为节镇,是金末东北路招讨司的所在地。可知肇州是金末的军事重镇,应在鸭子河北,即今第一松花江北,较大的辽、金古城中求之。

第三,肇州在金太祖誓师之地,剌离水(涞流水,今拉林河)附近[3]。

第四,肇州之西百里有长泺[4]。

第五,肇州在长春州(今吉林省前郭县他虎城)之东 350 里[5]。

符合以上五条者,不是珠赫城(朱家城子),而是肇东八里城。肇东八里城周长 8 里,是第一松花江北最大的金代古城。女真起义军攻陷宁江州(今扶余县伯都讷古城)以后,即渡江进攻出河店(金代肇州),如把金代肇州(辽代出河店)推定在今朱家城子(在今第一、二松花江之间),则绝无渡江的可能。故以今肇东八里城为金代肇州所

---

〔1〕曹廷杰:《东三省舆地图说》第 9 页,见《问影楼舆地丛书》第 3 集。

〔2〕《金史》卷 2,《太祖纪》二,辽和女真军"会于鸭子河北"。《金史》卷 128,屹石烈德传:"鸭子河去肇州五里。"

〔3〕《辽史》卷 100,耶律章奴传:"天祚亲征女直……大军渡鸭子河。"《辽史》卷 101,肖胡笃传:"(天庆)五年,从天祚东征……进到剌离水,与金兵战,败,大军亦却。"

〔4〕《金史》卷 94,丞相襄传:"战于肇州之长泺。"《契丹国志》卷 10,天祚皇帝上,天庆四年"复以兵追杀百余里","又获其甲兵三千",此即斡论泺(长泺)之战。

〔5〕《金史》卷 24,地理志上,泰州"东至肇州三百五十里"。这里的泰州系指新泰州,即辽代的长春州。同书,会宁府"西至肇州五百五十里"。今阿城白城(金上京会宁府)西 550 里处,已到达今嫩江下游,金代新泰州即辽代长春州(今吉林省前郭县他虎城)境内,和泰州东至肇州 350 里的记载不符。可知,由会宁府到肇州的里数记载有误,不能作为推定肇州所在地的根据。

在地。

金代肇州是否即元代肇州,史学界还有争论。肇州是金末的军事重镇,元代屯田万户府的所在地,不应在今第一松花江北的小型古城,而应在大型古城中求之。第一松花江北,三肇一带的大型古城为肇东八里城,其他皆为中小型古城,从其规模和出土文物以及位置来看,肇东八里城当为金、元肇州遗址。尤其从元代肇州是通往奴儿干的一个驿站来看,把元代肇州推定在今肇东八里城,比推定在肇源县茂兴站南一带的中小型古城更符合实际。

考元代肇州是在至元兰十年(公元 1293 年)建立的,元贞元年(公元 1295 年)立肇州屯田万户府。而《元一统志》第一次成书于至元二十八年(公元 1291 年),第二次成书于大德七年(公元 1303 年),当《元一统志》第一次成书时,金代许多州县城,如肇州等还是废城,元代肇州等驿站尚未建立,故《元一统志》云:肇州等城"元废,城址犹存"。当《元一统志》第二次成书时,元代肇州等州县城站虽已建立,但仍照旧抄袭,没把新建的城站资料补充进去。故《元史》卷 59,地理志,广宁府路条称:"大元一统志与经世大典,皆不载此州,不知其所属所领之详。"由此可知,元初,辽、金州城虽已废掉,但后来仍沿用为城镇和驿站。如元代肇州和黄龙府、宾州、信州等同样,都是沿用辽、金以来的州县城镇为驿站,都不是在他处另建。因此,不能以元初"元废"肇州(实际后来又立肇州)作为推断金、元肇州不在同一地的根据。

第二站龙头山,第三站哈剌场,因缺乏文献记载,已不可考。

第四站洮儿河,从前后站的位置来看,可能在今洮儿河下游,大安县安广镇西北,月亮泡西南七里的腰新荒古城,这一古城无角楼、马面,周长 792 米,北距洮儿河 20 里。这一古城因在洮儿河附近,又在台州即泰州(今洮安县城四家子古城)之前,故推定洮儿河站可能在这里。

第五站台州,从台州在洮儿河站的下一站来看,这里所说的台州即泰州,是辽代的泰州,金代的旧泰州,而不是金代的新泰州。辽代的泰州在今洮安县东 20 里的城四家子古城。

从第六站尚山,到第七站札里麻、第八站寒寒寨、第九站哈塔山这四站的位置,因缺乏文献记载,难以确定。但把第十站兀良河的位置搞清后,根据现在已知古城分布的情况也可以推定这一条路线的基本走向和驿站的位置。

第十站兀良河站在今内蒙呼伦贝尔盟科右前旗(乌兰浩特市)东北25里乌兰哈达乡前公主岭古城。

关于明代"海西西陆路"的终点站——兀良河的位置,目前有两种看法:一是认为在今满洲里附近[1];一是认为在今归流河(洮儿河的支流)上游的乌兰灰河(乌兰古衣河)[2],即今乌兰河。根据新的考古调查资料和古城的分布情况,我认为兀良河当在今乌兰浩特市东北25里的前公主岭古城。

明代"海西西陆路"是明初通往兀良哈三卫的路线,因此,搞清兀良哈三卫的位置可为推定兀良河的地理位置提供可靠线索。如前所述,明初兀良哈三卫分布在今兴安岭以东,松花江以西,西拉木伦河(潢水)之北,北海(阔滦海,指今呼伦湖,而不是贝加尔湖)之南。泰宁卫在今洮儿河下游,泰宁卫指挥使司在辽代的泰州,金代的旧泰州,亦即今洮安县城东20里的城四家子古城。朵颜卫在今洮儿河上游和归流河以及索岳尔济山一带,朵颜卫指挥使司在辽、金时代的金山县,亦即今乌兰浩特市东北25里的前公主岭古城。福余卫在今嫩江东(乌裕尔河)、西(绰尔河)一带,福余卫指挥使司可能在今黑龙江省泰来县西北90里的绰尔城,即今塔子城。由此可知,兀良哈三卫,泰宁、朵颜两卫都在今洮儿河流域(上下游)。明军进攻兀良哈三卫的路线也在洮儿河和归流河一带。因此,洮儿河和归流河流域当是兀良哈三卫的主要根据地,明代"海西西陆路"的终点站——兀良河,当在今洮儿河或归流河流域求之。日本学者箭内亘把兀良河推定在今满洲里附近,是缺乏根据的。从台州(泰州)到终点站兀良河仅有四个驿站,古代站间的距离一般都是五六十里到七八十里之间,最少的为二三十里,最多

---

〔1〕〔日〕箭内亘:《元明时代的满洲交通路》,见《满洲历史地理》第2卷,第449页。

〔2〕〔日〕和田清:《关于兀良哈三卫的根据地》,见《东亚史研究》(蒙古篇)第120—123页。

的为 100 余里。就按 100 余里计算,从台州(泰州)到兀良河才仅为 500 里,从今洮安城四家子古城(台州,泰州)到满洲里约为一千六七百里,两者相差悬殊。如此,则每站间的距离为 300 多里,每站之间这样长的里程是不可能的,并且明初兀良哈三卫的北界到今呼伦湖,而满洲里又在呼伦湖以北。所以明初通往兀良哈兰卫的"海西西陆路"的终点站不可能在今满洲里附近。同时满洲里附近也没有什么明代的重要卫所,在今满洲里的西部虽有明代的斡难河卫,其北部有明代的根河卫,但这两卫距今满洲里都有四五百里之远,所以,明代"海西西陆路"的终点站——兀良河不可能设在今满洲里附近。日本学者和田清把兀良河推定在今归流河(洮儿河的支流)上游的乌兰灰河(乌兰古衣河),亦即今乌兰河。从已知的考古调查资料看,这里还没有发现古城和古遗址,兀良哈三卫的指挥使司又不在这里,从历史上看,乌兰河在金代界壕边堡之外,这里也不是什么重要州县城的所在地,所以明代兀良河站也不可能在今乌兰河。

据《大明一统志》卷 89,女直山川条:"兀良河在开原城西北三千三百余里[1],源出沙漠,南流合洮儿河、脑温江,入混同江。"从"南流合洮儿河、脑温江,入混同江"的河流来看,只有归流河和蛟流河,而归流河上游至今仍称乌兰古衣、乌兰灰或乌兰河。因此,兀良河当指今归流河。"海西西陆路"的终点站兀良河是地名,不是河流名,这里所说的兀良河当指在兀良河(今归流河)流域的兀良哈秃城,它是朵颜卫指挥使司的所在地,归流河流域最大的古城是在今乌兰浩特市东北 25 里的前公主岭两座相距 150 米的一、二号古城,它位于今洮儿河和归流河汇流处的东北部。一号古城为长方形,周长 1824 米,有两道护城河,有角楼、马面、瓮城。二号古城为正方形,边长 675 米,周长 2700 米。两城皆为辽、金古城[2],是辽、金时代金山县的遗址,元、明时代恐亦沿用。这两座古城东南距泰宁卫指挥使司的所在地,亦即辽代泰州、金代旧泰

---

〔1〕兀良河在"开原城西北三千三百余里"的记载,当为 1300 里之误。

〔2〕刘景文:《科右前旗前公主岭一、二号古城调查记》,见《东北考古与历史》1982 年 1 期。

州所在地,今洮安县东 20 里的城四家子古城,约为 200 余里,西北距金界壕边堡约为百余里。在城四家子古城和前公主岭古城之间,有四座小型辽、金古城,其中有三座辽、金古城都在洮儿河左岸,其间的距离皆为六七十里,正是一站的距离。另一座小型辽、金古城在洮儿河右岸(西岸)[1]。这四座小型辽、金古城的位置是,从洮安城四家子古城沿洮儿河左岸西北行六七十里,第一座古城即蒙古屯古城(周长 900米),在洮安县金祥乡蒙古屯西南,西距洮儿河 10 里,当为"海西西陆路"的第六站尚山站的所在地。第二座古城是土城子古城,在洮安县永胜乡黄家堡屯内,西距洮儿河 6 里。第三座古城为海城子古城,在洮儿河西岸,蛟流河东岸,兴业乡附近,和土城子古城隔洮儿河东西相邻。这两座古城可能是"海西西陆路"的第七站札里麻和第八站寒寒寨的所在地。第四座古城为小城子古城(周长 1 里),在洮安县岭下乡两家子屯南 1.5 里,西距洮儿河 2 里。由此西北行六七十里便到达乌兰浩特市东北 25 里乌兰哈达乡前公主岭古城。小城子古城的东部有一高岗,小城子古城可能即第九站的哈塔山站。哈塔山的下一站,即终点站兀良河。从小城子古城到乌兰浩特市东北 25 里的前公主岭古城约为六七十里,正是一站间的距离,因此推定兀良河当在今前公主岭古城。前公主岭古城是辽、金时代的金山县,明代朵颜卫指挥使司兀良哈秃城的所在地,兀良哈秃城恐即兀良河。前公主岭古城不但地处边防要地,而且也是交通的中心。从前公主岭古城北通扎赉特旗的塔子城,东南通洮安城四家子古城,西北沿洮儿河谷通好田古城,沿归流河谷通哈拉根台古城[2]。因此,把兀良河推定在今前公主岭古城比推定在金代界壕边堡之外的归流河上游的乌兰灰河(今乌兰河),更符合古城分布的实际和各驿站间距离的实际。

25.6 "海西东水陆城站"

"海西东水陆城站":陆路从底失卜站出发,沿松花江和黑龙江下

〔1〕陈相伟、李殿福:《洮安县文物志》,第四章,城址。

〔2〕刘景文:《科右前旗前公主岭一、二号古城调查记》,见《东北考古与历史》1982 年 1 期。

游两岸的 45 个驿站,到亨滚河(恨古河、恒古河)口北岸的终点站——满泾站。水路从今吉林市松花江出发,顺江而下,直抵奴儿干都司。即《辽东志》卷 9,外志所谓:"国朝(明朝)征奴儿干,于此(今吉林市)造船,流至海西,浆载赏赉,浮江而下,直抵其地。""海西东水陆城站"是明朝经营东北的一条主要交通线,是松花江、黑龙江下游等地的海西女真、"野人"女真各卫头目进京朝贡的路线。这条路线是沿用辽、金、元以来的古道[1],是辽代通往五国部,金代通往五国城、吉列迷,元代通往奴儿干、东征元帅府的路线。关于明代"海西东水陆城站",日本学者和田清和郭毅生先生都已有考证[2],不再一一详述,仅将始发站、狗站和终点站考证如下。

底失卜站是"海西东水陆城站"的第一站,即《经世大典》中的第四铺、《析津志》中的韦口铺、《松漠纪闻》中的第四站、许亢宗《宣和乙巳奉使行程录》中的句孤孛堇寨。据《析津志》载:从韦口铺(第四铺,亦即底失卜)到上京(今阿城白城)为 230 里,和从今双城县大半拉子城(曹廷杰所说的拉林河畔的花园屯古城)到阿城白城的距离基本相符。因此,史学界多采此说。日本学者和田清把底失卜站推定在京哈铁路渡拉林河处的珠尔山(在今吉林省扶余县拉林河南岸)附近[3]。但这里并没有古城和古遗址,据最近考古调查资料,在珠尔山之北,即拉林河的北岸,双城县兰陵乡有石家崴子古城。因此,有的把底失卜站推定在这里[4],和距上京的里数也大体相符,并且也比较顺路。大半拉子城和石家崴子古城都在拉林河北岸,两城都已被拉林河冲毁一部分。经大半拉子城去阿城(金上京)绕道较远,因此,把底失卜站(句孤孛堇寨)推定在石家崴子比较可取。第二十三站,莽吉塔城药乞站在今黑龙江省抚远县东黑瞎子岛上的木克得赫屯。

〔1〕《明太宗实录》卷 85,永乐十年冬十月丁卯:"旧有站赤者,复设。"
〔2〕和田清:《关于海西东水陆城站》,见《东亚史研究》(满洲篇),第 485 – 502 页。郭毅生:《元代辽阳行省驿道考略》(下)——兼考明代"海西东水陆城站",见《北方论丛》1980 年第 4 期。
〔3〕[日]和田清:《东亚史研究》(满洲篇),第 487 – 488 页。
〔4〕松花江地区文物管理站:《松花江地区 1981 年文物普查简报》,载《黑龙江文物丛刊》1983 年 1 期。

《辽东志》、《全辽志》在莽吉塔城和药乞站之间有狗站，注云："名水、狗站，夏月乘船，小（应为水之误）可乘载，冬月乘爬犁，乘二三人，行冰上，以狗驾拽，疾如马。"可知明代药乞站以下为狗站，而元代则以末鲁孙以下十五站为狗站。元代每站有站民 20 户，狗 200 只，狗车若干辆[1]。元朝"征东行省每岁委官至奴儿干，给散囚粮，须用站车，每车以四狗挽之"[2]。到明代，在元代东征元帅府之地建立奴儿干都司的同时，为了便于使命来往，运送贡赋，恢复了元代的站赤，设立了狗站[3]。莽吉塔城即《明会典》卷 125，奴儿干，站七所说的"黑龙江地方莽亦帖站"，亦即康、乾时代舆图所说的"木克得赫噶山"。木克得赫（穆克德赫）即莽吉塔，药乞站当在今抚远县黑龙江和乌苏里江合流处的黑瞎子岛上的一个村落——木克得赫屯附近。明代从莽吉塔城、药乞站到满泾站，即从乌苏里江口到亨滚河口设有 23 个驿站，这一段路程，夏乘船，冬乘狗爬犁，故名水、狗站，即水站、狗站。《全辽志》卷 6，"木、狗站"系"水、狗站"之误。这一段路程直到清代，黑龙江下游的赫哲、费雅克人还是"畜养惟狗"，使用狗爬犁和木马（今之滑雷板）作为交通工具。

第四十五站即"海西东水陆城站的终点站——满泾站，在前苏联境内的亨滚河口北岸，即清代舆图的莽阿臣噶山（莽阿禅屯）。

明代满泾站，元代《经世大典》作末末吉站，公元 1885 年（光绪十一年），曹廷杰在黑龙江下游特林地方发现永宁寺碑和重建永宁寺碑以后，不但明确了明代的东北疆域，也确定了明代奴儿干都司和"海西东水陆城站"的终点站——满泾站的位置（见图二）。据"永宁寺碑""奴儿干西，有站满泾"，可知满泾站在奴儿干（今特林地方）以西不远的地方。据康熙《皇舆全览图》3，黑龙江口图，亨滚河口北岸有"莽阿臣噶山"的屯名，即《盛京吉林黑龙江标注战迹舆图》五排一的莽阿禅

---

[1]《元史》卷 101，兵志四载："狗站一十五处，元设站户三百，狗三千只。"《元史》卷 34，《文宗本纪》三，至顺元年九月丁未："末鲁孙一十五狗驿。"

[2]〔元〕陶宗仪：《辍耕录》卷 8，狗站。

[3]《明太宗实录》卷 62，永乐七年闰四月己酉；《明太宗实录》卷 85，永乐七年冬十月丁卯。

屯,在奴儿干都司城以西,亨滚河口的北岸。莽阿臣、莽阿禅即满泾的音转。噶山为满语,即屯之意。满泾站的位置,既有明代碑文可证,又有清代舆图可考,可谓肯定无疑。

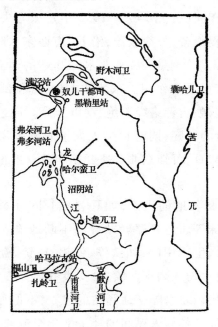

图二　奴儿干都司附近卫所、驿站形势图

　　明朝在其版图内设立各路驿站,统归兵部管辖,是明朝政府统治机构的一个组成部分。据《明宣宗实录》卷26,宣德二年三月丁未,巫凯奏:"洪武中,以谪戍者递送,今四十余年,逃亡者多,凡外夷朝贡使臣往来于各队伍中,谪军协助递送,及秋冬,又调内地马步官军分隶诸驿防御胡寇,兼运粮积草以备军储。"据《明神宗实录》卷572,万历四十六年七月条载:"辽东全镇额兵不过六万,除城堡驿站差拨外,实在仅二万余人。"可见各路驿站占用的兵力是相多的。驿站的任务是:传递文报,转运军需、贡赋和赏赐,转运来往的朝贡官员和公差人员,并提供食宿[1]。

----

〔1〕万历《大明会典》卷145,兵部二八,驿传条。

明朝在全国各地设立的各路驿站,星罗棋布,宛若游龙,点缀在祖国山河之间,它使明朝中央和边疆各地、内地汉族人民和边疆各族人民更加紧密地联系在一起。

明朝在20余年间(公元1409—1432年),派亦失哈等率领军队和带着赏赉物资,不畏艰苦,长途跋涉,沿着"海西东水陆城站"†往奴儿干和苦夷(今库页岛)等地巡视,东北水陆驿站的建立,对加强明在东北的经营管理有着重要的作用。东北蒙古、女真各部卫所官员进京朝贡的人数逐年增多,朝贡者络绎不绝,动以千计。通过朝贡,蒙古、女真各卫头目获得大量的赏赐,同时也买入大量的所需物品,满载而归,行李多至千柜,少亦数百,可知东北各路驿站担负着繁重的接待和运输任务。

东北蒙古、女真各地的土产,如马、失剌孙(土豹)、貂鼠皮、金钱豹、阿胶、人参、东珠等通过各路驿站源源不断地输入到内地。内地汉族的先进生产工具、生活用品,如铁铧、铁锅、铁铲、瓷器、绢、布、米、盐等也通过驿站大量地输入到东北蒙古、女真各地。

由此可知,明代东北水陆交通驿站的建立,不但加强了明朝对东北的经营管理,也促进了各族人民间的经济文化交流和社会经济的发展。

26 建州卫的设立地址
和建州女真的迁移地址

明代建州卫最初置于何地,这是中、外史学界长期以来有争论的问题,由于近年来最新研究成果的不断发表,建州卫置于何地的问题渐趋明朗。

26.1 建州卫初置于今图们江流域

永乐元年(公元 1403 年)十一月,明置建州卫,以火儿阿(胡里改、兀良哈)部的首领阿哈出(於虚出)为指挥使。永乐三年十二月,又任命兀良哈部的把儿逊(波乙所、八乙速、八儿速)、阿古车为毛怜卫指挥。同时,还任命斡朵里部的首领猛哥帖木儿为建州卫指挥使[1]。胡里改部和斡朵里部原住在今牡丹江和松花江汇流处的依兰附近。元末,"斡朵里、火儿阿、托温三城,其俗谓之移阑豆漫,犹言三万户也,盖以三万户分领其地,故名之"[2]。斡朵里(斡朵怜),在今牡丹江口西侧的马大屯;火儿阿(胡里改、兀良哈),在今牡丹江口东侧的依兰县城[3];托温(桃温),在今汤原县香兰东北六里汤旺河口的固木纳城。胡里改部和斡朵里部的首领都是元朝的万户,为元朝镇守北方的地方官。元末,辽东动乱之际,他们从今依兰纷纷南迁。

南迁的原因,和元末松花江下游的吾者野人以及水达达的反抗斗

---

[1]《明太宗实录》卷 24,永乐元年十一月辛丑。《明太宗实录》卷 39,永乐三年十二月甲戌。《李朝太宗实录》卷 11,太宗六年三月丙申。

[2]《龙飞御天歌》卷 7,右第五十三章注。

[3]《龙飞御天歌》卷 7,右第五十三章注。

·欧·亚·历·史·文·化·文·库·

争有关。据《元史·顺帝本纪》载："辽阳为海东青烦扰，吾者野人及水达达皆叛。"这里所说的辽阳是指辽阳行省管辖区，而不是指今辽阳。元末吾者野人和水达达的反抗斗争，从至正三年（公元1343年）到至正十三年（公元1353年），进行了长达十年之久。负责镇压当地人民的三万户，不能不受到冲击。《清太祖实录》卷1和《满洲实录》卷1，皆载三姓女真各部头目争为雄长，互相仇杀，战乱不已。斡朵里部自始祖布库哩雍顺传至后世，其子孙暴虐，不善抚其国人，部众遂叛，攻破斡朵里城，其子孙被杀，幼子范察逃走，国人追之，为神鹊所救幸免于难。很明显，斡朵里等女真各部，从今依兰南迁的原因，是由于元末辽东动乱之际，三姓头目的互相残杀，以及部众的造反而引起的。

关于斡朵里部和胡里改部从今依兰南迁到何地的问题，有的认为南迁到今图们江流域，明初置建州卫于此。图们江流域原来并无建州、毛怜这一地名，为什么以建州、毛怜为卫名，笔者认为南迁到建州即今绥芬河流域和毛怜即今穆棱河流域，此即所谓"居建州、毛怜等处者为建州女直"[1]，这是建州女真名称的由来。后来由于兀狄哈的侵扰，又南迁到今图们江流域，明在今图们江流域置卫时，遂以建州、毛怜为卫名。

《李朝太宗实录》卷13，太宗七年（永乐五年，公元1407年）四月壬子条的记载：斡朵里部的崔咬纳（崔也吾乃、锁矣交纳）说，他们"原系玄城附籍人氏，洪武五年（公元1372年），兀狄哈达乙麻赤来到玄城[2]劫掠杀害，当有管下杨哈剌等被兀狄哈掳掠前去，咬纳将引原管人户二十户，前来本国吉州阿罕地面住坐，小心谨慎，防倭有功，敬承国王委付镜城等处万户职事"。《李朝太宗实录》卷9，太宗五年（公元1405年）五月庚戌条载："猛哥帖木儿等，始缘兀狄哈侵扰，来到本国东北面庆源、镜城地面居住当差役。因防倭有功，就委镜城等处万户职。"由此可知，斡朵里部的猛哥帖木儿是因洪武五年（公元1372年）兀狄哈的

────────────

〔1〕万历《大明会典》卷107，礼部六五，东北夷。
〔2〕玄城当即县城奚关城，今珲春河口的三家子乡高丽城。

246

侵扰,迁到庆源、镜城等地。又从训春江(今珲春河)"原出女真之地,到东林城入于豆满江,斡朵里野人所居"[1]的记载可知,早在洪武五年(公元1372年)以前,斡朵里部人就迁到今图们江左岸的珲春河口一带居住。

《李朝太宗实录》卷17,太宗九年(永乐七年)正月甲子条载:兀良哈部(火儿阿、胡里改部)的首领阿哈出[2],也当在洪武五年以前居住在今珲春河(训春江)口一带。其中谈到奚官(奚关)万户府(在今珲春河口)的属察罕等十二户中,有建州卫指挥佥事马完者和建州卫指挥使阿哈出户下人口。他们也是在洪武五年,由于兀狄哈的侵扰,流移到庆源、定州、咸州等处,附籍安业当差。《李朝定宗实录》卷1,定宗元年(明建文元年,公元1399年)正月庚寅条:"遣吉州都镇抚辛奋,赐酒于愁州兀良哈万户刘八八禾,吾音会吾都里万户童猛哥帖木儿、多甫水兀狄哈等。"同上书卷4,定宗二年五月辛巳条:"兀良哈杀庆源万户李清。"这是公元1399年和1400年,兀良哈部人在愁州(今朝鲜锺城,图们江右岸)和庆源附近居住的证明。又据《李朝太宗实录》卷8,太宗四年(永乐二年,公元1404年)七月癸丑条载:朝鲜"遣人于东北面,使猛哥帖木儿、波乙所等不得生变于使臣"。同上书卷19,太宗十年三月辛卯条载"兀良哈、吾都里等地面接连本国地境",说明吾都里即斡朵里部的猛哥帖木儿和兀良哈部的波乙所都在朝鲜的东北部即今图们江下游。又据《李朝太宗实录》载:"初,野人至庆源塞下,市盐铁牛马,及大明立建州卫,於虚出(阿哈出)为指挥,招谕野人,庆源绝不为市,野人愤怒,建州人又激之,乃入庆源界抄掠。"[3]当猛哥帖木儿同王教化的入朝京师时说:"我若此时(永乐三年,公元1405年)不入朝,则於虚出(阿哈出)必专我百姓,故不得已入朝。"[4]以上这些记载说明,永乐三年(公元1405年)时,以阿哈出为首的兀良哈部人的居地和朝鲜邻近,

---

〔1〕《新增东国舆地胜览》卷50,庆源都护府山川条。

〔2〕《李朝太宗实录》卷21,太宗十一年(永乐九年)三月壬申:"兀良哈童于虚出(阿哈出)率子来朝。"

〔3〕《李朝太宗实录》卷11,太宗六年二月己卯。

〔4〕《李朝太宗实录》卷10,太宗五年九月乙巳。

并和斡朵里部的猛哥帖木儿住地相距不会太远。否则建州人怎能激怒野人入寇庆源,猛哥帖木儿又怎能怕阿哈出专其百姓呢?

关于兀良哈部毛怜卫也居住在今图们江左岸的珲春河口一带的文献根据还有:

《李朝太宗实录》卷19,太宗十年(公元1410年)三月乙亥条载:"兀良哈指挥阿古车居处豆门。"《龙飞御天歌》卷7,右第53章"兀良哈则土门括儿牙八儿速","土门,地名,在豆漫江北,南距庆源六十里"。括儿牙,官名;八儿速,人名。兀良哈即胡里改,豆门即土门,在豆漫江(今图们江)北。可知明初毛怜卫在今珲春县境内的珲春河下游。这和《辽东志》卷9,毛怜站注云:毛怜站在"旧开原[1]南"的记载相符。《李朝世宗实录》载:"毛怜卫在古庆源、斡木河之间,前此波乙所为其卫主……其地距新庆源三日程也。"[2]新庆源即今图们江右岸朝鲜的庆源城,斡木河又称阿木河、阿木火、吾音会[3],即今图们江东岸朝鲜境内的会宁。吉庆源即今朝鲜的庆兴(在庆源东南,图们江右岸)。又据《李朝世宗实录》卷79,世宗十九年(公元1437年)十月丁巳朔条载:兀哈良"昔居于豆满江内,今皆徙居于江外"。县城坪在庆源府东25里,自此以下,系豆满江外之地。由此可知,到朝鲜世宗时代,兀良哈毛怜卫人从今图们江、珲春河口一带,南迁到朝鲜的会宁和庆兴之间。

永乐八年(公元1410年)三月,毛怜卫指挥把儿逊和阿古车等在豆门被朝鲜军诱杀后[4],明朝任命在豆门的把儿逊之子阿里为指挥,掌印信。永乐九年九月,明朝由于西迁到回波江方州(凤州)的李显忠(阿哈出之子释家奴)的推荐,又任命阿哈出的次子猛哥不花为毛怜卫指挥使[5]。

从上述《元史·顺帝本纪》和《清太祖实录》卷1,以及《李朝实录》

---

〔1〕旧开原在绥芬河下游前苏联境内乌苏里斯克(双城子)南面的山城。

〔2〕《李朝世宗实录》卷53,世宗十三年八月己亥。

〔3〕《新增东国舆地胜览》卷50,会宁都护府。

〔4〕《李朝太宗实录》卷19,太宗十年三月乙亥。

〔5〕《明太宗实录》卷78,永乐九年九月辛酉。

记载的史实可知,火儿哈即兀良哈、胡里改部人在元末,由于吾者野人和水达达的反抗,以及三姓女真各部头目的互相残杀,从今依兰南迁,在洪武五年前后,他们居住在以训春江(今珲春河)口的豆门(土门)为中心的豆满江(今图们江)内外之地。因此,豆门当即明朝在永乐元年(公元1403年)十一月建立的,以阿哈出(於虚出)为指挥使的建州卫的所在地,也是永乐三年十二月建立的,以把儿逊为指挥的毛怜卫的所在地。斡朵里部人在元末,从今依兰南迁后,居住在以阿木河(今朝鲜会宁)为中心的豆满江(今图们江)中、下游一带。因此,阿木河即明朝在永乐三年十二月建立的,以猛哥帖木儿为指挥使的建州卫的所在地[1]。兀良哈部和斡朵里部在明朝置卫以前都居住在今图们江中、下游,即朝鲜的东北部和吉林省的珲春、图们、延吉一带。

26.2 建州女真的迁移

居住在建州(今绥芬河流域)、毛怜(今穆棱河流域)的女真人称为建州女真,明置建州卫时,他们早已迁到今图们江流域。其后又不断迁移,虽仍名建州女真,但已非原来居住地址。

明朝在朝鲜的东北部,即今图们江流域置建州、毛怜卫以后,朝鲜感到受威胁,永乐四年(公元1406年)二月,建州卫指挥使阿哈出又招谕野人扩大势力,朝鲜便关闭了庆源贸易市场加以抵制。"野人愤怒,建州人又激之,乃入庆源界抄掠"[2],被朝鲜击退。后来在永乐八年(公元1410年)三月的一次战斗中,毛怜卫指挥把儿逊、阿古车等被朝鲜杀害[3]。永乐八年四月,为了复仇,猛哥帖木儿等又勾结毛怜卫遗种,到庆源、镜城等地杀掠。由于建州、毛怜卫人的"相续侵掠"[4],致使朝鲜人心惶惶,不能耕种。以阿哈出为首的建州卫人惧怕朝鲜的报

〔1〕《李朝太宗实录》卷11,太宗六年三月丙申;《明太宗实录》卷39,永乐三年十二月甲戌。
〔2〕《李朝太宗实录》卷11,太宗六年二月己卯。
〔3〕《李朝太宗实录》卷19,太宗十年三月乙亥。
〔4〕《李朝太宗实录》卷19,太宗十年四月辛丑。

复,于永乐四年(公元 1406 年)以后率众迁居到回波江(今辉发河)方州,即奉州、凤州。永乐九年(公元 1411)四月,以猛哥帖木儿为首的建州卫,也因"尝侵庆源,畏其见伐,徙于凤州。凤州即开元,金於虚出(阿哈出)所居"[1]。这样,建州卫的两个头目又会合在一起。因此,明于永乐十年,置建州左卫,以猛哥帖木儿为指挥使[2]。永乐十年,建州卫都指挥李显忠(阿哈出之子释家奴)等"悉挈家就建州居住"[3]。这一建州当指和回波江方州邻近的今吉林市松花江一带的建州(元、明时代的建州)。从豆满江(今图们江)迁居到回波江方州一带的建州卫人,因和"达达地面"邻近,经常遭到鞑靼(达达)的杀掠[4],因此,他们又奏请明朝,要求迁居到婆猪江(今浑江)。得到明朝的批准后,永乐二十年(公元 1423 年),李满住率领建州卫众,猛哥不花率领毛怜卫众迁居到婆猪江(今浑江)流域;猛哥帖木儿率领建州卫众又回到阿木河(今朝鲜会宁)原住地居住[5]。正统三年(公元 1438 年),以李满住为首的建州卫,因"屡被朝鲜国军马抢杀,不得安稳",又"移住灶突山东浑河(这里指其支流的苏子河)上"[6]。灶突山满语称虎拦哈达,意为烟筒山。到万历十五年(公元 1587 年),努尔哈赤在此筑城,即今辽宁省新宾县苏子河上游的旧老城。

永乐二十一年(公元 1423 年),建州卫指挥使猛哥帖木儿率众还居阿木河以后,到宣德八年(公元 1433 年)十一月,猛哥帖木儿及其长子阿古等人,被"杨木答兀纠合各处野人约八百余名人马"[7]杀害,房屋财物也被烧毁,猛哥帖木儿之弟凡察,猛哥帖木儿之次子童仓(董山)等"俱各失所"[8]。宣德九年(公元 1434 年)二月,明朝升凡察为

[1]《李朝太宗实录》卷 21,太宗十一年四月丙辰。
[2]《大明一统志》卷 89,女直;万历《大明会典》卷 25,兵部八,东北夷;《清皇室四谱》。
[3]《明太宗实录》卷 86,永乐十年十一月己酉。
[4]《李朝世宗实录》卷 26,世宗六年七月乙亥。《李朝世宗实录》卷 61,世宗十年(宣德八年)闰八月壬戌。
[5]《明英宗实录》卷 43,正统三年六月戊辰。
[6]《明英宗实录》卷 43,正统三年六月戊辰。
[7]《李朝世宗实录》卷 62,世宗十五年十一月乙巳。
[8]《李朝世宗实录》卷 92,世宗二十三年正月丙午。

建州左卫都督佥事。正统二年（公元 1437 年），明朝又任命猛哥帖木儿的次子董山（童仓）袭职，仍为建州左卫指挥。凡察、董山等为了免遭嫌真兀狄哈和朝鲜的袭击，得到明朝的批准后，在正统五年（公元 1440 年），又率众逃往婆猪江（今浑江）[1]，与李满住会合。同年，建州左卫都督凡察，获得明朝的批准，"于三大河及婆猪江以西、冬古河两界间，同李满住居处"[2]。正统七年（公元 1442 年），凡察、董山叔侄之间发生了争夺建州卫领导权的所谓"卫印之争"。明朝为了调解他们的纠纷，又从建州左卫中析置建州右卫，董山（童仓）掌管左卫，凡察掌管右卫，至此，遂有"建州三卫"的名称。

据《李朝实录》载，成化年间，建州三卫的分布情况是："中卫（即建州卫）在吾乙面江之间，右卫在吾乙面江下面，左卫在愁曹会，居辽东北。"三卫之间的距离，"中卫至右卫三日程，至左卫二日程"[3]。李满住在景泰二年（公元 1451 年），"还居兀剌山城瓮村，凡察子甫下吐则移居瓮村迤北十五里吾毛水之地，充尚（童仓、董山）则移居瓮村上项。满住管下一千七百余户，充尚、甫下吐管下共六百余户"[4]。由此可知，景泰二年，迁居到婆猪江、兀剌山城瓮村居住的建州女真人户共计 2300 余户。建州三卫迁居到婆猪江与浑河（指苏子河）之间，景泰三年（公元 1452 年），"李满住及童卜化秃（凡察之子）等，尝假称达子，屡寇辽东，俘掠边氓，畏其来讨，自原居苏子河移住兀儿弥河阿坡里等处，与江界、渭原相距才二三日程"[5]。成化元年（公元 1465 年）时，"李满住所居距满浦百余里"，"赵三波所居在满住家西北十五里"，"童仓家在赵三波家西北三日程"，"浦下土家在李满住家南五十里吾乙面川"[6]。当时女真的村落，一般多是有十家、二十家的住户[7]，"皆傍

<hr>

〔1〕《李朝世宗实录》卷 89，世宗二十二年六月丙申。
〔2〕《明英宗实录》卷 71，正统五年九月己未。
〔3〕《李朝成宗实录》卷 158，成宗十四年（成化十九年）九月戊戌。
〔4〕《李朝文宗实录》卷 9，文宗元年（景泰二年）八月甲戌。
〔5〕《李朝文宗实录》卷 12，文宗二年二月壬申。
〔6〕《李朝世祖实录》卷 36，世祖十一年五月丁未。
〔7〕《李朝成宗实录》卷 53，成宗六年三月庚申。

· 欧 · 亚 · 历 · 史 · 文 · 化 · 文 · 库 ·

水而居"[1]。建州三卫女真在李满住、董山(童仓)时代,还是"部落星散,未有法令之统,故其心不一"[2]的局面,建州三卫女真在长期的患难与共和不断迁徙的过程中,聚居在一起,逐渐形成一个强大的集团。由于他们经常到辽东和朝鲜地区进行掠夺人畜财物,所以他们经常遭到明军和朝鲜的袭击。因此,他们在鸭绿江以西、浑河以东之间,迁徙不定,成为明在东北统治的一个威胁。建州女真南迁到婆猪江和苏子河流域以后,一面辛勤劳动,一面积极吸取汉人的先进生产技术,又从辽东和朝鲜掠夺了大量的汉人和朝鲜人当奴隶,从事农业生产,并和辽东汉人以及朝鲜人进行频繁的经济文化交流,建州女真社会经济得到迅速的发展,为后来统一女真各部和满族的形成,以及后金的建立奠定了基础。

26.3　建州卫初置于何地的问题

26.3.1　建州卫初置于绥芬河流域的问题

笔者原来认为明于永乐元年十一月,设立的以阿哈出为指挥使的建州卫在今绥芬河流域的建州,认为从建州卫之名可知,建州卫应设在建州,而这一建州,是绥芬河流域的建州,而不是其他地方的建州[3]。这一看法的问题在于把"居建州、毛怜等处者为建州女真"的这一建州看成是明初置建州卫的所在地。建州卫初置于何地,应该首先看设卫当时,火儿阿部(兀良哈部、胡里改部)和斡朵里部在哪里,以兀良哈部的首领阿哈出(於虚出)为建州卫指挥使,以斡朵里部的首领猛哥贴木儿为建州卫指挥使,以兀良哈部的头目把儿逊、阿古车为毛怜卫指挥使的住地在哪里,不应该首先看建州在哪里,只求建州的方位,而不看设卫当时兀良哈部的头目阿哈出、把儿逊,斡朵里的头目猛哥帖木儿的住

[1]《李朝成宗实录》卷39,成宗五年二月戊寅。
[2]《李朝世宗实录》卷73,世宗十八年闰六月癸未。
[3]拙著《明代东北》,第71-94页,辽宁人民出版社1986年版。拙著《东北史地考略》,第215-220页,吉林文史出版社1986年版。

地在哪里,必然陷入主观推测。由于女真各部的互相侵扰和迁移,建州的所在地,不等于置建州卫的地址。

其次是明景泰七年(公元1456年)撰成的《寰宇通志》和明英宗天顺四年(公元1460年)撰成的《大明一统志》皆云"合兰河流经建州卫东南千里入于海","徒门河流经建州卫东南千里入于海","恤品河流经建州卫东南千五百里入于海"[1]。把这三条河流,理解为流经建州卫,从而认为这三条河流都在建州卫境内都是不正确的。这里所说的是这三条河流的地理位置在建州卫(指今吉林市的建州)东南千里或千五百里处。合兰河即今海兰江,徒门河即今图们江,恤品河即今绥芬河。从这三条河流的方位,以及同上书所说的"胡里改江,源出建州卫东南山下"的记载来看,这里所说的建州卫即建州在今吉林市。因此,上述记载不能作为恤品河(今绥芬河)也流经建州卫境内的根据。

26.3.2　建州卫初置于今吉林的问题

日本学者稻叶岩吉认为明代建州卫初置于元代的建州地方,即今吉林市一带[2]。他的论据是《辽东志》卷9,外志:"建州,东濒松花江,风土稍类开原,江上有河曰隐秃,深山多产松林,国朝征奴儿干,于此造船,乘流至海西,装载赏赉,浮江而下,直抵其地,有敕令兀者卫都指挥琐胜哥督守。"这里所说的建州即今吉林市,当时是海西女真的住地,是海西女真头目兀者卫都指挥琐胜哥的管辖范围,而不是建州女真居地,不是建州女真头目阿哈出的辖境。建州是明代的造船厂,是明朝经营奴儿干地方的基地。辽东都指挥刘清,"领导松花江造船运粮"之际,造船士兵,不堪其苦,逃往海西者达500多人。还有许多史料证明元、明时代的建州在今吉林市,今吉林市一带是海西女真居地。永乐十年,建州卫都指挥李显忠(释家奴,阿哈出之子)曾一度"悉挈家就建州居住"[3],这一建州即今吉林市松花江一带的建州。从前述《李朝实录》的大量史料可知,永乐元年建立的建州卫不在今吉林市一带的建

---

〔1〕《寰宇通志》卷116,女直、山川条;《大明一统志》卷89,女直、山川条。
〔2〕《满洲历史地理》第2卷,第558页。
〔3〕《明太宗实录》卷86,永乐十年十一月己酉。

·欧·亚·历·史·文·化·文·库·

州,而在今图们江流域。

26.3.3 建州卫初置于方州的问题

日本学者和田清认为建州卫初置于建州(今吉林市)附近的凤州,认为不是初在今延边,后移到凤州来的。他提出的论据是"建州房营、昔居房州"[1]。永乐二十二年(公元 1424 年),兀良哈沈指挥,即建州卫人说"吾等在前于奉州古城内居住二十余年"[2],建州女真"原住回波江方州等处"[3]。他认为回波江即今辉发江,房州、奉州、方州即凤州的异译。所谓二十余年前,即永乐初年,置建州卫的年代,建州卫众在永乐元年就在今辉发河流域的奉州(凤州、方州)古城内居住[4]。这一记载和论断,与前述建州卫人的初居地在今图们江流域的记载不符。所谓"前于建州卫奉州古城内居住二十余年","原居回波江方州等处",以及所谓"前在忽剌温地面方州"[5]等记载,是指建州女真迁到婆猪江前的住地,而不是建州卫人的最初居住地。如前述,建州女真人从朝鲜的东北部图们江流域迁到"回波江方州",当在永乐四年(公元 1406 年)以后,和永乐九年(公元 1411 年)猛哥帖木儿徙于凤州以前。迁到忽剌温地面方州,亦即回波江(今辉发河)方州一带居住的建州女真,因和鞑靼(达达)邻近,经常遭到鞑靼的侵扰,所以后来在永乐二十一年(公元 1423 年),得到明朝的批准后,李满住率领建州卫众迁到婆猪江(今浑江),猛哥帖木儿率领建州左卫人又回到原居地的阿木河(今朝鲜会宁)一带居住。建州卫初置于回波江方州,即忽剌温地面方州的看法,和前述《李朝实录》有关建州卫初置于图们江流域的大量文献记载并不相符。

---

[1]《辽东志》卷 7,韩斌辽东防守规划。
[2]《李朝世宗实录》卷 24,世宗六年四月辛未。
[3]《李朝世宗实录》卷 25,世宗六年七月乙亥。
[4]〔日〕和田清:《东北史研究》(满洲篇),第 481 – 483 页。
[5]《李朝世宗实录》卷 61,世宗十五年闰八月壬戌。

27   清代柳条边

柳条边亦称柳边或条子边,是我国东北地区的清代重要历史遗迹。它是从顺治到康熙年间在清朝东北的版图内修筑的一条边墙,它的修筑和废弃,标志着清代封禁政策的实施和废除。清朝为什么修筑柳条边?后来又为什么废弃?这都和当时国内、国际的斗争形势有密切的关系。清代柳条边和明代辽东边墙一样,都是为了防备国内各族之间的互相侵扰而修筑的。从清朝在柳条边内外设置的行政区划以及各路驿站都说明柳条边不是帝国主义者所说的是什么国界,而是一条封禁线,是一条满、蒙、汉各族居住区域的分界线,也是清代东北行政区划的分界线。搞清柳条边的兴废原因和经过,不但对研究东北史,而且对揭露帝国主义伪造我国边疆历史的反动面目也是有重要意义的。

27.1   为什么修筑柳条边

27.1.1   为了保护清朝的发祥重地

清朝入关后,把盛京、吉林[1]看成是清朝的发祥重地,即清朝统治者所说的"盛京、吉林为本朝龙兴之地"[2],"盛京、吉林均系国家根本之地"[3]等等。清朝入关后,面临极为复杂的斗争形势。在关内,阶级矛盾、民族矛盾交织在一起,反清斗争此起彼伏;在东北黑龙江流域有沙俄的入侵。为了保护和巩固后方根据地不使汉人、蒙古人占据开发,

---

〔1〕清初,盛京在柳条边(老边)边内,吉林在柳条边(老边)边外,新边边里(即以东)和第二松花江以东到海,以及黑龙江下游两岸以东到海的广大地区。

〔2〕《吉林通志》卷1,圣训志一,乾隆四十一年十二月丁巳,乾隆四十四年七月甲辰。

〔3〕《吉林通志》卷1,圣训志一,乾隆四十一年十二月丁巳,乾隆四十四年七月甲辰。

·欧·亚·历·史·文·化·文·库·

为了防止沙俄的侵略,一方面修筑柳条边,对清朝的盛京、吉林发祥重地实行封禁,一方面修筑各路驿站加强东北的防务。正如乾隆皇帝在《老边诗》中所说的"征战纵图进,根本亦须防"。可见清朝统治者已经认识到只是长驱深入是不行的,必须同时保护和巩固后方根据地。

清初,由于明清战争,辽东汉人大量逃亡,或迁入关内,或避居朝鲜,满族也大批入关。因此,顺治年间,"合河东、河西之腹里观之,荒城废堡,败瓦颓垣,沃野千里,有土无人,全无可恃,此内忧之甚者"[1]。清朝统治者面对战后辽东残破的局面,接受了奉天府尹张尚贤的"欲弭外患,必当筹画堤防;欲消内忧,必当充实根本,以图久远之策"[2]的建议,颁布了"辽东招民开垦条例",按招民的多寡,授以大小不同的官职,并发给移民耕牛、种子、口粮等,奖励关内农民出关开垦。所谓招民开垦,不是允许深入清朝发祥重地开垦,而是指在辽河流域,即原来汉族居住地区的开垦,所以清初的辽东招民开垦和修筑柳条边实行封禁两者并不矛盾,都是为了保护和巩固后方根据地的措施。清初的辽东招民开垦,虽然是有成绩的,但并没有继续下去。

27.1.2 为了防止满族"废骑射以效汉俗"

清朝统治者最担心的是"恐日后子孙忘旧制,废骑射以效汉俗"[3],削弱清军的战斗力。为了防止汉化,保持"国语骑射"的风尚,对满族居地,即清朝发祥地实行封禁,防止汉人进入开发。

27.1.3 为了保护清朝统治者独占东北特产的利益

盛京、吉林不但是清朝的发祥地,而且也是盛产人参、貂皮、鹿茸、东珠等物产的地方,清朝统治者为了独占这些地方特产,不使汉人、蒙古人占据开发和猎取,便用修筑柳条边、建立封堆、划分界限等办法加以封禁,不许汉人、蒙古人等进入。"柳条边外(按:指老边边外,即新边边里),山野江河产珠、人参、貂、獭、猞猁狲、雕、鹿、麖、鲟鳇鱼诸物。

[1]《清圣祖实录》卷2,第25-26页。
[2]《清圣祖实录》卷2,第25-26页。
[3]《清太宗圣谕》卷3。

设官督丁,每岁以时采捕,俱有定所、定额,核其多寡而赏罚之。或特遣大人监督,甚重其事。"[1]为了防止各族人民私自采捕,清政府在柳条边外,"每年四季由内外城守尉、防守尉、协领内按季各派一员,带领官兵巡查边之内外卡伦境界,查拿偷砍木植、私挖人参、偷打鹿茸贼犯"[2],还制定各种禁例和处罚办法,对私入围场打猎者给以流放乌鲁木齐或云南等地种地、为奴、充军等不同处罚,并且面刺"盗围场"字样[3]。

由上述可知,柳条边是清朝实行封禁政策的产物,它是为了保护清朝的"发祥重地",防止满族汉化,独占东北特产而修筑的一条封禁线。

"清起东北,蒙古内附,修边示限,使畜牧游猎之民知所止境,设门置守以资镇慑"[4],"插柳结绳,以界蒙古"[5]。由此可知,清代柳条边不但是一条封禁线,也是满族和蒙古族的分界线。

清朝在柳条边内外,设盛京、吉林、黑龙江三将军统辖东北全境[6]。老边以内亦即盛京边墙以内,是盛京将军辖境。老边边外,新边以东即新边边内以及第一松花江以东和黑龙江下游两岸及其以东到海的广大地区是清初吉林将军辖境。第一松花江以西,额尔古纳河以东,呼兰、齐齐哈尔、贝尔湖以北,外兴安岭以南的广大地区,是清初黑龙江将军的辖境。新边以西为内蒙哲里木盟辖境。内蒙哲里木盟各旗,由将军或都统监督,盛京将军监督哲里木盟的科尔沁六旗,吉林将军监督哲里木盟的郭尔罗斯前旗,黑龙江将军监督哲里木盟的杜尔伯特旗、札赉特旗及郭尔罗斯后旗、呼伦贝尔索伦八旗。由此可知,柳条边也是东北行政区划的分界线。

从柳条边修筑的原因和在柳条边内外设立的行政区划,以及东北各路驿站可知,柳条边内外都是清朝的领土,和所谓国界毫无联系。

---

[1]杨宾:《柳边纪略》卷3。
[2]《大清会典事例》卷722。
[3]《吉林外记》。
[4]《奉天通志》卷78。
[5]高士奇:《扈从东巡日录》。
[6]《中国历史地图集》第八册,图8-9,10-11,12-13。

27.2　柳条边的修筑和历史作用

柳条边是"插柳条为边,高者三、四尺,低者一、二尺,若中土(中原)之竹篱;而掘壕于其外,人呼为柳条边,又曰条子边"[1],或简称柳边。这种边墙是在 3 尺高、3 尺宽的土墙上,每隔一步约 5 尺,即种 3 棵柳树,各树之间再用两根柳枝横连起来,编成柳树帐子,所以叫柳条边,俗名边墙。在柳条边的外侧挖一条深 8 尺、底宽 5 尺、口宽 8 尺的土壕,在壕中引满了水,以阻挡汉人和蒙古人私自进入边里。

27.2.1　老边(盛京边墙)

清初顺治年间(公元 1644—1661 年),在今辽宁省修筑了一条自凤凰城经开原到山海关的边墙,这条边墙分东、西两段,东段自凤凰城(今辽宁省凤城)以南至海起,至开原东北的威远堡,西段自威远堡至山海关。老边即盛京边墙,基本上是沿袭了明代的辽东边墙而修筑的,即所谓"清因明时障塞,加以扩展,修浚边壕,沿壕植柳,谓之柳条边"[2],但清代的柳条边较明代的辽东边墙稍有扩大。如柳条边(老边)的东段,向北扩展了一些地方,清朝发祥地的赫图阿拉(兴京)和祖陵(永陵)所在地,在明代辽东边墙之外,到清代修筑柳条边时,把它置于柳条边以内。柳条边(老边)的西段,较明代辽东边墙(指辽河流域边墙这一部分)向外扩大了一部分。即明代的辽河流域边墙,把"濒河之地延袤八百余里","所在城堡,畏贼深入,遂将良田数千万顷弃而不佃"[3],到清代修筑柳条边时向外扩展,把明代辽河流域划为蒙古游牧地的肥沃土地都圈在柳条边以里。到康熙时,由于"归附益众",户口增多,边内旗田不够分配,为了扩大耕地面积,展边开垦,在康熙十四年(公元 1675 年)、二十五年(公元 1686 年)、三十六年(公元 1697 年),三次向外展边,又把一些农耕地圈在柳条边内。最后形成的柳条边

〔1〕杨宾:《柳边纪略》卷 1。

〔2〕《奉天通志》卷 78。

〔3〕《明孝宗实录》卷 72,弘治六年二月辛亥。

（老边），东段自凤凰城以南至海起，至开原东北威远堡边门止，中间置凤凰城、瑷阳、城厂、兴京、英额、威远堡6个边门；西段自威远堡至山海关，中间置鸣水堂、白石咀、梨树沟、新台、松岭子、九官台、清河、白土厂、彰武台、法库10个边门。东、西两段边墙全长为1900余里。这一边墙以内为盛京将军辖境，所以也叫"盛京边墙"，因为修筑的较早，所以后来吉林柳条边（新边）修筑以后，便称之为老边。老边的边外为吉林将军辖境。老边的修筑和三次展边是清朝统治者根据当时情况的变化和需要而一再向外扩展的，如果是所谓的国界，可以不受干涉而任意展边吗？

27.2.2 新边

清代的吉林地区是满族的故乡，是盛产人参、貂皮、鹿茸、东珠等贵重物产的地区。清朝统治者为了保护和独占这一地区的特产，防止蒙古人、汉人的流入，为了和蒙古科尔沁、郭尔罗斯诸部游牧区划分界线，从康熙九年到二十年（公元1670—1681年）又修筑了西南自开原威远堡，东北到法特哈东北亮子山止的一条边墙，全长690里。因为这条边墙的修筑，晚于盛京边墙（老边），所以也叫新边。这条边墙既是一条封禁线，也是一条满族和蒙古族的分界线。这条边墙到法特哈边门东北亮子山止，边墙已尽，遂以松花江为天然界限。所以新边和第一松花江以东都属于封禁区。新边的边墙经过现在的梨树、伊通、长春、九台、舒兰等市县。新边在老边的边外，新边以东为边里，主为满族居地，清朝划为围场、参山禁地。新边以西为边外，主为蒙古族游牧地，是清朝内蒙哲里木盟辖境。新边边墙共设有4个边门，一为法特哈边门，又名巴颜鄂佛罗边门，在今舒兰县境内，是当时通往伯都讷、黑龙江的要道。二为伊通边门，又名易屯门或一统门，在今长春市南郊新立城水库附近，原伊通县境内。今长春市在边外，清初还是郭尔罗斯前旗蒙古族游牧地。据公元1958年在长春市新立城水库三道壕附近的亲自调查访问，还能看到一二尺高的边墙遗迹。边墙和边壕的大部分早已垦为耕地，有的地方已不见边墙遗迹。三为赫尔苏边门，即克勒苏边门，在伊通县境内。四为布尔图库边门，旧名布尔图库苏巴尔罕，又名半拉山门,在今四平市东南半拉山门。"四边门防御各一员,兵各二十名,总领催各一名,台领催各七名,台丁各一百九十名"[1],其任务是管理边门的开闭,视察行人往来等事。出关人民须付原籍地及贸易地的州县印票,受关吏检验后方许通行,私自越界者必受重罚。沿边墙四个边门,共置 28 个边台,今九台县境内的三台、四台、五台、六台以及九台的地名,原来就是柳条边所置的边台。九台即二十八台中从北数起的第九个边台。台丁担当查边和设立栅壕的任务。清代吉林地区完全是封禁区,其中参山(长白山一带)、围场(今东丰、西丰、东辽、海龙、辉南、磐石、挟余、延吉等地都是清朝指定的围场范围)等封禁区,不但不许汉人进入,就是满洲旗人也不许自由进入。清朝在封禁区的"紧要隘口"皆安设卡伦(卡哨)或"设立封堆"以监视或阻挡汉人和蒙古人的进入。

盛京、吉林地区,从顺治到康熙二十年先后开始封禁,到咸丰十年(公元 1860 年)完全开放,一共封禁了 200 余年。由于封禁,东北大量肥沃土地任其荒废。据记载,仅伯都讷围场一处,就有 20 余万垧的肥沃土地任其荒废,不许汉人进入开发[2]。"计寻常之年,每垧可足三数人之食,丰年则过之。是其地开垦后,每年可益数十万人之食,若任其荒废,实为可惜。"[3]但是清朝统治者为了自己独占东北特产的利益,宁肯让大量的肥沃土地和富饶的自然资源任其荒废,也不肯让劳动人民开发。清朝统治者的反动封禁政策,不但推迟了东北地区的开发和经济的发展,而且也削弱了东北的边防力量。

27.3　封禁政策的废除和柳条边的废弃

康熙、雍正、乾隆三朝,在过去一向被封建统治阶级称为清代的"盛世",但是就在这个所谓"盛世"时期,封建地主阶级兼并了大量的

---

[1]《吉林外记》卷 4,第 16 页(渐西村舍本)。
[2]《吉林通志》卷 31 下,伯都讷屯田,第 48、50 页。
[3]《吉林通志》卷 31 下,伯都讷屯田,第 48、50 页。

土地,从农民身上榨取了大量的财富,尽情享受,而广大农民则从土地上被排挤出来,这些无地可耕、无以为生的破产农民,有的在中原参加起义斗争,有的走向有大量土地可耕的边疆地区进行开发。这就是乾隆以后,祖国的边疆地区得到迅速发展的原因之一,也是东北地区封禁政策被冲破的原因之一。清朝统治者虽然在乾、嘉时期屡颁禁令,励行封禁,但是这些倒行逆施的反动政策,无论如何一再重申禁令[1],也阻挡不了关内破产的农民涌向东北的洪流。同时东北地区的满洲旗人地主和蒙古王公,也缺乏劳动力,他们希望关内农民流入"借以广取租利,巧为护庇"[2],这也是封禁政策不能彻底实行的原因之一。乾隆五十六年(公元1791年),柳条边(新边)外郭尔罗斯札萨克(旗长)恭格拉布坦,为了增加收入,以其游牧之地,招民垦种,被清廷闻知后,在嘉庆四年(公元1799年)立即派吉林将军秀林前去查办,查得承垦汉民计有2330户,熟地计有265648亩。事已至此,如将汉人全部驱逐,不但影响蒙古王公的地租收入,遭到蒙古王公的反对,也必然遭到汉族人民的反抗,因此,清廷不得不承认既成事实,划出一定的区域准许开垦,土地所有权以及征租事务仍归蒙古王公。清朝为了管理流入这一地区的民人(汉人),于嘉庆五年(公元1800年),在长春堡东数里的地方筑城设治。因为这一地方在当时属于长春堡管辖,所以新设的政权机关,便沿用了长春这个名字叫长春厅。设理事通判、巡检各一员,掌管汉人的民政和司法等事务。而蒙古人民仍归蒙古王公管辖,满洲八旗则归吉林将军管辖。道光五年(公元1825年),移建衙署于宽城子(当时的村落名),即今长春市北大街一带。迁移后仍名长春厅,地处柳条边外的长春厅隶属于当时吉林将军管辖。在关内大批破产的农民流入关外的形势下,清朝于嘉庆八年(公元1803年),对东北的封禁不得不作有限度的让步。规定凡是单身劳力或遇荒年时,有地方官发给的证件,可

---

[1]《清高宗实录》卷356,第14页。乾隆十五年正月乙卯:"山海关、喜峰口等处,及九处边门,俱责该管章京及州县严禁。"乾隆二十七年(1762年)又定:"宁古塔等处禁止流民例。"《吉林通志》卷1,圣训志,乾隆四十一年十二月:"盛京、吉林为本朝龙兴之地……并令永行禁止流民勿许入境。"

[2]《清高宗实录》卷356,第14页,乾隆十五年正月乙卯。

·欧·亚·历·史·文·化·文·库·

以允许进入吉林封禁区。清朝的封禁开了这个口以后,虽然又继续颁布了一些禁令[1],但几同于废纸,流入东北的汉人日益增多。

嘉庆时期吉长地区民人流入情况

民人流入地区	查办流民的年代	查出流民的户数	资料来源
郭尔罗斯	嘉庆十一年七月	流民增至 3900 户	吉林通志卷 2 圣训
长春厅	嘉庆十三年五月	查出新来流民 3010 户	吉林通志卷 2 圣训
长春厅	嘉庆十五年十一月	查出新来流民 6953 户	吉林通志卷 2 圣训
长春厅	嘉庆十六年	流民增至 11781 户	吉林通志卷 2 圣训
吉林厅	嘉庆十五年十一月	查出新来流民 1459 户	吉林通志卷 2 圣训
拉林河西岸	嘉庆十二年十二月	查出新来流民 1000 户	仁宗实录卷 190

清朝的反动封禁政策,在关内破产农民涌向东北的洪流冲击下,它的失败和废除乃是必然的趋势,是任何力量也阻挡不了的。

公元 1840 年以后,国际、国内局势发生了巨大的变化,帝国主义列强相继侵入中国,中国沦为半封建半殖民地的国家。公元 1858 年签订中俄瑷珲条约,1860 年签订中俄北京条约;帝俄侵占了我国黑龙江以北,乌苏里江以东的大片领土,东北的边防形势日趋严重。这时,国内阶级矛盾也日趋锐尖化,破产的农民越来越多。清政府为了缓和国内阶级矛盾,为了加强东北的边防力量,在国内外斗争形势的逼迫下,不得不在咸丰十年(公元 1860 年),废除反动的封禁政策,实行移民实边。在东北设立垦务局,招民放荒,大事开垦。光绪四年(公元 1878年),吉林设立垦务局放荒开垦,尤其在公元 1905 年东清铁路通车以后,关内大量的破产农民以排山倒海之势涌向东北各地。吉林地区的居民,清初还是"满洲居者多,汉人居者少"的局面,但是道光以后,已经是"民户(汉户)多于旗户(满洲旗人)"[2]的局面了。

---

〔1〕光绪《大清会典事例》卷 158,户部户口,流寓异地。嘉庆十六年(1811 年)命吉林将军赛冲阿,"严饬各边门,关隘实力查禁,并饬该管官申明保甲之法……并通谕直隶、山东、山西各督抚转饬各关隘及登莱沿海一带地方,嗣后内地民人有私行出口者,各关务遵照定例实力查禁"。

〔2〕《吉林通志》卷 29,食货志二,田赋上,光绪九年吉林将军铭安奏言。

262

随着封禁政策的废除,柳条边也就随着丧失了它的作用,成为历史的陈迹。清代柳条边是在清朝版图内修筑的,它的兴废和历史作用,是十分清楚的,由于帝国主义者利用柳条边这一历史遗迹造谣惑众,不得不在这里费些笔墨阐明它的真相。

28　清代东北驿站

17 世纪中叶,沙俄乘清军南下,东北边防削弱的机会,侵入我黑龙江流域,窃据尼布楚、雅克萨等地。当时清朝把主要力量放在镇压关内汉族人民的反抗上,因此,不可能集中力量来加强东北的边防。直到康熙二十年(公元 1681 年)平定"三藩之乱",康熙二十二年(公元 1683年)攻下台湾,国内统治趋于巩固以后,清政府便把注意力转向东北,积极加强东北的边防,反击沙俄的侵略。康熙二十一年(公元 1682年),二十九岁的康熙曾巡游盛京(今沈阳)、吉林(今吉林市)一带,表面上以平定云南,奉告祖陵为理由,实际是与沙俄的不断南侵而引起的东北紧张局势有关。康熙二十一年三月,康熙到达吉林城(今吉林市),泛游松花江,并到大乌拉虞村(今乌拉街)一带巡游,视察这一带的山川地理形势。"细访其土地形胜,道路远近,及人物性情,以故酌定天时地利,运饷进兵机宜。"[1]四月七日,由吉林经叶赫、开原、奉天、辽阳、牛庄、锦州、山海关回北京。这次随行的有侍讲高士奇,著有《扈从东巡日录》。另外还有比利时人南怀仁[2]随行,著有《鞑靼旅行记》,都是研究清代东北历史的重要资料。

康熙认为"罗刹(沙俄)扰我黑龙江、松花江一带,三十余年,其所窃据,距我朝发祥之地甚近,不速加剪除,恐边徼之民不获宁息"[3]。因此,在巡游之后,积极筹划东北水陆运输,加强东北防务,以抗击沙俄的侵略。康熙总结了过去公元 1652 年和 1658 年两次抗击沙俄入侵

---

〔1〕《清圣祖实录》卷 121,第 12 页,康熙二十四年五月癸巳。
〔2〕南怀仁,比利时人,公元 1659 年来华,公元 1677—1688 年任北京钦天监,1688 年 1 月,卒于北京,墓地在北京阜成门外。
〔3〕《清圣祖实录》卷 121,第 11 页,康熙二十四年五月癸巳。

时，"明安达礼轻进，至粮饷不继，将军沙尔呼达、巴海等失计，半途而归，遂致罗刹骄恣"[1]的经验教训，认为根除沙俄的入侵，"不可轻率从事"[2]，"宜暂停攻取"[3]，不急与战，全力进行反沙俄侵略的准备。在瑷珲等地建城戍兵的同时，设立驿站，加强水陆运输。

水路竭力运用辽河与松花江的水运，取道于伊通河。第一兵站粮库设在新民屯巨流河畔的开城（清初筑小城子河上）。第二兵站粮库设在赫尔苏河（东辽河）上游的邓子村（在辽河水运尽处）。由邓子村舍舟陆运，凡100里而达伊通门（今长春市南郊新立城附近），在这里设立第三兵站。自伊通门再改用舟运下伊通河，出伊通河口到松花江。当时在辽河、伊通河使用的船只，都是50艘，每艘载重60石，在松花江则备有载重200石的大船80艘。由松花江载运上溯嫩江，以达墨尔根（今黑龙江省嫩江县），然后再转输于黑龙江上游的瑷珲城。其后，由于各镇开垦发展起来，八旗军饷能够自给自足，免除了运输之劳，运粮船便废弃不用[4]。

东北陆路交通最重要的是从山海关经奉天（今沈阳）、吉林而达黑龙江省城（瑷珲城）的一条干线。它是东北陆路交通的大动脉，负有军事、政治的重要使命。从山海关经奉天到吉林的这一段，是利用清初以来旧有的大道，而从吉林经伯都讷到黑龙江省城的这一段陆路，则是从康熙巡游吉林以后，为加强东北的防务而开辟的。从康熙二十二年，任命宁古塔副都统萨布素为镇守黑龙江等处将军，驻黑龙江城（瑷珲城）以后，才开辟这一条交通路线。

清代陆路交通驿站，在东北以盛京、吉林、黑龙江三将军驻地为中心通往各地，把柳条边内外东北各地联系在一起。从瑷珲经吉林、盛京到北京这条交通干线称为"御路"或"进贡路"，俗称大站，凡67站，4000余里。从雅克萨城至墨尔根增设的临时驿站至京师约5000余

---

〔1〕《清圣祖实录》卷121，第12页，康熙二十四年五月癸巳。
〔2〕《清圣祖实录》卷121，第12页，康熙二十四年五月癸巳。
〔3〕《清圣祖实录》卷106，第23页，康熙二十一年十一月庚子。
〔4〕乾隆元年本：《盛京通志》卷16，船舰。

里,这条驿道在雅克萨自卫反击战期间(公元 1685—1687 年)起了重要作用。

现将盛京、吉林、黑龙江将军辖境内的交通驿站分述如下。

28.1　盛京将军辖境内的驿站

(1)从奉天(今沈阳市)西南行到山海关的站道,这是盛京将军辖境内的主要交通干线。这条干线上的驿站和距离是:

奉天—60里—老边站(今沈阳西旧边驿)—40里—巨流河站(今新民)—70里—白旗堡站(今新民西)—50里—二道井站—50里—小黑山站(在北镇和新民之间)—70里—广宁站(今北镇)—80里—十三山站(今十三山)—54里—小凌河站—54里—高桥驿(今锦州和兴城之间)—62里—宁远站(今兴城)—62里—东关站(绥中)—63里—凉水河站(今老军屯)—75里—山海关[1]。

"以上共十三站,旧设关防官一员,康熙五十九年准于盛京五部司官内选能员管理,一年一换。雍正元年定例,三年一换。"[2]

(2)此外,还有奉天到兴京、奉天到凤凰城、奉天到吉林的站道。由盛京(奉天,今沈阳)到黑龙江城有三条驿道:一由盛京出威远堡边门,经吉林为东道。二由盛京出法库门,经蒙古草原为北道。三由盛京出法库门,经伯都讷(今扶余)为中道。东道称"御路",是清廷官用驿道。北道和中道是一般仕商、民人用的驿道。

"奉天共二十九站,每站驿丞一员,并系盛京兵部所辖,原设马一千三百七十五匹,于雍正四年,六年中,其裁马三百八十五匹,现存额马九百九十四,定例每十匹岁补三匹,每补马一匹给银九两。"[3]

28.2　吉林将军辖境内的驿站

主要有两条干线:一是从奉天到吉林,全程 760 里,其间共设 12 个

---

〔1〕乾隆元年本:《盛京通志》卷 17,驿站。参见杨宾:《柳边纪略》卷 2。

〔2〕乾隆元年本:《盛京通志》卷 17,驿站。参见杨宾:《柳边纪略》卷 2。

〔3〕乾隆元年本:《盛京通志》卷 17,驿站。

驿站。

奉天$\frac{70里}{}$懿路站(今铁岭西南懿路)$\frac{70里}{}$高丽屯站(在今中固和铁岭之间)$\frac{75里}{}$开原站(今开原东北开原站)$\frac{55里}{}$棉花街站(即蒙古和罗站,距威远堡边门外40里)$\frac{40里}{}$叶赫站(今梨树县东南叶赫乡)$\frac{80里}{}$克尔素站(今东辽河河源右岸赫尔苏边门里附近)$\frac{60里}{}$阿尔滩额墨勒(今伊通县大孤山站)$\frac{60里}{}$伊巴丹(一把单,今伊通县伊丹)$\frac{60里}{}$刷烟站(即苏干延,今双阳)$\frac{50里}{}$衣儿门站(伊勒门,今永吉县西南140里的伊尔门站)$\frac{70里}{}$蒐登站(今吉林市西70里的搜登站)$\frac{70里}{}$尼什哈站(今吉林市龙潭山站)[1]。

二是从吉林到伯都讷,到松花江隔江与黑龙江将军辖境内的茂兴站相接,为吉林、黑龙江两省的交通要道。

从吉林到伯都讷,全程540里,其间设有10个驿站。

尼什哈站(今吉林市龙潭山站)$\frac{50里}{}$哲松站(即金珠鄂佛罗站,今吉林市北乌拉街之东的金珠店)$\frac{60里}{}$舒兰河站(今舒兰县溪河乡的舒兰站)$\frac{45里}{}$发忒哈边站(即法特哈站,今舒兰县法特乡)$\frac{45里}{}$登尔者库(即腾额尔哲库站,今榆树县秀水甸子,从此通往三姓)$\frac{45里}{}$蒙古站(即猛古你必喇站,今榆树县五棵树)$\frac{50里}{}$陶赖洲站(即图赖昭站,今扶余县陶赖昭站)$\frac{45里}{}$孙查包站(即逊札布站,今扶余县五家站)$\frac{35里}{}$蒿子站(即浩色站,今扶余县新站)$\frac{60里}{}$舍利站(今扶余县社里站)$\frac{70里}{}$伯都讷站(今扶余县北25里的伯都乡)[2]。

"以上十站俱隶东路管站官,每站笔帖式一员,领催一名,壮丁三十名,马二十匹,牛三十头。"[3]

吉林将军辖境内的两条支线。

第一是从吉林到宁古塔,全程635里,其间共设有驿站7个。

吉林$\frac{80里}{}$额黑木站(吉林、拉法之间的天岗)$\frac{40里}{}$额伊虎站(即拉法站)$\frac{65里}{}$退屯站(即昂邦多洪站,退博站)$\frac{110里}{}$俄莫贺索落站(今敦化县额穆镇)$\frac{140里}{}$毕儿汉河站$\frac{70里}{}$沙兰站(今宁安县沙兰)$\frac{80里}{}$宁古塔(今黑龙江省

---

〔1〕乾隆元年本:《盛京通志》卷17,驿站。详见杨宾:《柳边纪略》卷2。
〔2〕乾隆元年本:《盛京通志》卷17,驿站。
〔3〕乾隆元年本:《盛京通志》卷17,驿站。

宁安县城)。[1] 对这条驿道,杨宾《柳边纪略》卷 2 的记载比较详细。

尼什哈站—30里—交密峰(今江蜜蜂)—40里—厄黑木站(今天岗)—10里—那木窝稽—30里—山神庙—50里—拉筏站—70里—退屯站—3里—色出窝稽—60里—朱伦多河—50里—俄莫贺索落站(今额穆)—140里—必儿汉必拉站—40里—德林—20里—沙兰站—40里—兰旗沟—40里—宁古塔。

第二是从吉林到三姓(依兰),全程 625 里,其间设有 11 个驿站。

以上各个驿站由将军任命驿吏处理驿站事务,其下配有一定的站丁,置所定的牛马车辆,担当驰送文报差使。

"尼什哈站即乌喇站,在城外十里,凡乌喇各站道皆从此起","从尼什哈站到棉花街站共九站,俱隶西路管站官,每站笔帖式一员,领催一名,乌喇壮丁(站丁)五十名,马五十匹、牛五十头。余八站壮丁牛马俱减五之一"[2]。各驿站的站丁大半皆为原来三藩的部下,他们皆隶汉军旗(新汉军),各拨以站地,令耕种自给。

28.3　黑龙江将军辖境内的驿站

为了抗击沙俄的侵略,康熙二十一年(公元 1682 年)十一月,清政府决定"调乌喇(吉林)、宁古塔兵一千五百,并置造船舰,发红衣炮、鸟枪及演习之人,于黑龙江、呼马尔二处建立木城,与之对垒,相机举行,所需军粮,取诸科尔沁十旗,及席北、乌喇之官屯,约可得一万二千石,可支三年,且我兵一至,即行耕种,不致匮乏"[3]。康熙二十二年(公元 1683 年)夏,"勘得黑龙江、呼玛尔之间,额苏里地方,可以藏船,且有田陇旧迹。即令大兵建立木城,于此驻扎"[4]。副都统萨布素率领宁古塔官兵一千人到达额苏里,并在康熙二十三年(公元 1684 年)萨布素率领宁古塔、吉林、达斡尔兵两千人在瑷珲(江东六十四屯内的旧瑷珲城)筑城屯田。康熙二十三年,"鄂罗斯(俄罗斯)平,于黑龙江筑城,设

---

[1]乾隆元年本:《盛京通志》卷 17,驿站。
[2]乾隆元年本:《盛京通志》卷 17,驿站。
[3]《清圣祖实录》卷 106,第 23－24 页,康熙二十一年十一月庚子。
[4]《清圣祖实录》卷 109,第 4 页。额苏里在瑷珲与呼玛尔之间,精奇里江口西北,法别拉屯对岸。

将军一员,副都统二员镇守"[1]。康熙二十四年(公元1685年),清政府鉴于旧瑷珲城僻处江东,与内地交通往来都有不便,因此,将黑龙江将军驻地迁到江西重新筑城,仍名瑷珲,也叫黑龙江城,或瑷珲新城,在今瑷珲县南的瑷珲乡。瑷珲城为抗击沙俄侵略的前哨基地,素有"东国屏藩,北国锁钥"之称。康熙二十九年,黑龙江将军移驻墨尔根,三十八年,将军移驻齐齐哈尔城。清廷在黑龙江建城的同时,并建立各路驿站。在黑龙江将军辖境内的各路驿站分南、北、西三路,其中最重要的是南北两路,即从瑷珲到茂兴的站道。从瑷珲到齐齐哈尔(卜奎)为北路,从齐齐哈尔到茂兴为南路。这条主要干线,从茂兴到墨尔根(今嫩江县)基本上是沿嫩江左岸北上,然后再由墨尔根东北行到瑷珲城。各站名称距离如下:

茂兴(今黑龙江省肇源县茂兴)$\frac{}{73里}$[2]古鲁村(今肇源县西北古鲁站)$\frac{}{67里}$塔尔哈站(他喇哈河摩,今黑龙江省杜尔伯特蒙古族自治县南200里的他拉哈)$\frac{}{75里}$多耐站(多克多力山咀,多鼐)$\frac{}{75里}$温托珲站(俄他浑俄摩)$\frac{}{55里}$特穆德赫站(亦书忒木德黑村,今齐齐哈尔市昂昂溪东南头站)$\frac{}{60里}$索伦总管布克村(卜奎[3],齐齐哈尔城,由此分南、北、西三路)$\frac{}{70里}$塔哈尔站(他力哈村,今富裕县西南塔哈)$\frac{}{80里}$宁年站(宁年俄摩,今富裕县城)$\frac{}{60里}$拉哈河站(拉哈站,今讷河县拉哈)$\frac{}{43里}$博尔多站(拨尔德站,今讷河县城)$\frac{}{42里}$喀末尼喀站(哈木尼哈山咀)$\frac{}{70里}$伊拉哈站(厢黄旗)$\frac{}{75里}$墨尔根(今嫩江县)$\frac{}{76里}$科洛尔站(今嫩江县科洛镇)$\frac{}{85里}$喀塔尔奚站(今嫩江县塔奚镇)$\frac{}{35里}$枯木站(今瑷珲县西南三站)$\frac{}{78里}$额雨尔站(今瑷珲县西南二站)黑龙江城(瑷珲,今黑河)[4]。

南路(从齐齐哈尔到茂兴)各站归驻在齐齐哈尔城的南路站官管辖。共额设站丁342名,车42乘、马320匹、牛338头[5]。

---

〔1〕乾隆元年本:《盛京通志》卷10。

〔2〕雍正五年(公元1727年),在茂兴与古鲁两站之间,增设乌兰诺尔站,即新站。

〔3〕康熙三十年在卜奎站十五里处建城,地名齐齐哈尔,建城后移站于城,城因站名,所以齐齐哈尔亦称卜奎。

〔4〕乾隆元年本:《盛京通志》卷17,驿站;《黑龙江述略》卷2。

〔5〕《黑龙江述略》卷2;《黑龙江外纪》卷2;《柳边纪略》卷2。

·欧·亚·历·史·文·化·文·库·

北路(从齐齐哈尔到瑷珲城)各站归驻在墨尔根城的北路站官管辖,共额设站丁 200 名,车 29 乘、马 200 匹、牛 270 头[1]。

西路是雍正十年(公元 1732 年)开辟的,是由齐齐哈尔到呼伦贝尔[2]的一条驿道,共 18 站。由呼伦贝尔副都统管辖,共额设站丁 200 名,车 29 乘、马 200 匹、牛 300 头[3]。西路各站是:

齐齐哈尔城—100里—希尔忒—85里—噶七起—70里—蒙古乌尔杵克起—70里—赫厄昂阿巴林—75里—雅尔博克托—80里—和洛起—70里—乌诺里—65里—札敦昂阿—80里—几拉木台—52里—哈克仆莫—60里—呼伦贝尔城(今海拉尔市)[4]。

这条路线上的驿站基本上是在今从齐齐哈尔到海拉尔市的铁路沿线,亦即雅鲁河和海拉尔河沿岸,这是一条自辽、金以来的古道。

"以上各台站原系齐齐哈尔、布特哈,呼伦贝尔三处拨兵值班。雍正十二年请于博尔多兵内每台站拨兵十名值班,各拨给官马十匹"[5]。

清朝对各路驿站都设有一定数额的官员、站丁、牛马、车辆。据《柳边纪略》载:"每站设笔帖式一、拨什库一(俗称千总)、壮头一、小头一、壮丁不限,大抵业农贾。小头者役于拨什库者也,壮头者管壮丁者也,拨什库专司应付,笔帖式登记档案。"据《奉天通志》载:"台丁、站丁之南人,系康熙间平定逆藩吴三桂俘虏,编管盛京兵部,拨往边台、驿站,充当苦差。""台丁、站丁等项旗人均系清初三藩降卒,当时由云南拨来八百八十四户,分布边台守边、挑壕,驿站传递文书。"可知东北各路驿站站丁多为原来三藩部下,他们皆隶汉军旗(新汉军)。清朝平定三藩后,遣往东北充当站丁,他们的职责是管养马、传送公文差役[6]。各站均有"台、站丁地",每户出一壮丁,叫站丁,官给田垦种。其后子孙渐多,加上驿站的官田招民开垦,各站人口逐年增多,"每站居人多

〔1〕《黑龙江述略》卷 2;《黑龙江外纪》卷 2;《柳边纪略》卷 2。
〔2〕《黑龙江述略》卷 2;《黑龙江外纪》卷 2;《柳边纪略》卷 2。
〔3〕乾隆元年本:《盛京通志》卷 10"雍正十年设统领大臣一员于呼伦布雨尔处驻劄"。
〔4〕乾隆元年本:《盛京通志》卷 17,驿站。
〔5〕乾隆元年本:《盛京通志》卷 17,驿站。
〔6〕《伊通县乡土志》。

者数百家,少者数十家"[1]。由于各路驿站人口逐渐增多,由于站丁和当地居民的辛勤劳动和长期的开发,沿路驿站的城镇逐渐发展起来,在东北出现了著名的"边外(即老边边外)七镇"——宁古塔、吉林、齐齐哈尔、墨尔根、伯都讷、瑷珲、依兰(三姓)。

清朝在东北柳条边内外设立的各路驿站,把东北各地和北京联系在一起,加强了中央和地方的联系,对抗击沙俄,巩固东北边防,促进东北各地经济的发展都起了重要作用。

---

[1]杨宾:《柳边纪略》卷3。

东北历史地理

29 公元前3—公元前2世纪 古朝鲜西部边界的探讨

关于古朝鲜领域的问题,过去中外史学界发表了许多论著,通说认为古朝鲜指箕子朝鲜和卫满朝鲜,在以今朝鲜平壤为中心的朝鲜半岛的北部(以下简称平壤说)。国外部分学者则认为古朝鲜在渤海北岸的辽宁地区(以下简称辽宁说)。

关于古朝鲜的位置,最早的文献记载是先秦古籍《山海经》。《山海经·海内北经》:"朝鲜在列阳,东海北,山南。列阳属燕。"《山海经·海内经》:"东海之内,北海之隅,有国名曰朝鲜、天毒。"通说(平壤说)和反对通说(辽宁说)者,对这两条记载的解释不同,因而结论也不同。

韩国尹乃铉据《山海经》的记载,认为古朝鲜不在朝鲜半岛的北部,《山海经》所说的东海即今黄海,朝鲜半岛在东海的外侧,不在东海的内侧。又据《方言》中的郭璞注"洌水在辽东"的记载,认为古朝鲜的中心在渤海的北部,其疆域西起今滦河,东到朝鲜清川江的广大地区[1]。

朝鲜学者则把燕、秦、汉初的辽水指今滦河,辽东指今滦河以东,列水指今辽河,沛水(浿水)即今大凌河。因此认为古朝鲜疆域在西起大凌河,南到礼成江一带的广大地区[2]。

---

〔1〕〔韩国〕尹乃铉:《民族のふゐさと、古朝鲜を行く》(上)(下),载于《アツァ公论》1987年7月号。原文载于《朝鲜日报》1986年11月5、7、8、12、13、14、15(上)、16、22、23、27、28、29、30,12月6日(下)。

〔2〕朝鲜社会科学院历史研究所著,李云铎译、顾铭学校:《朝鲜全史》卷2,第五章。载《历史与考古信息·东北亚》1994年1期。

·欧·亚·历·史·文·化·文·库·

由上述可知,如何理解《山海经》等文献所载有关古朝鲜境内的山川地理位置,是推定古朝鲜位置的关键。

从《山海经》所载古朝鲜周围的自然环境,以及郭璞注所说的"朝鲜,今乐浪县,箕子所封也。列,亦水名,今在带方,带方有列口县"的情况来看,当是指古朝鲜都城周围的自然环境,而不是指整个古朝鲜周围的自然环境。在《山海经》所载古朝鲜周围的山海河水中首先应搞清的是列阳的方位问题。

29.1 列阳是地名还是水名? 在辽东还是在带方(原乐浪郡内)?

在朝鲜和辽东,均无列阳的地名,而在朝鲜只有洌(列)水的河流名,因此,列阳当为列水之阳(北),而不是地名。从扬雄《方言》记载"燕之外鄙,朝鲜洌水之间",以及《史记·朝鲜列传》中的《裴骃集解》引三国魏人张晏所说"朝鲜有湿水、洌水、汕水,三水合为列水"等记载,可知洌(列)水在朝鲜境内,而不是在燕的辽东境内。这和郭璞关于列水今在带方,即原乐浪郡境内,亦即古朝鲜境内的注释是相符的。《后汉书·郡国志》也把"列水在辽东"的郭注放在乐浪郡列口县下,而不是放在辽东郡县之下,可知"列水在辽东"的注释是不可信的。郭璞注云:"《山海经》曰:列,水名,列水在辽东。"但《山海经》本文并无此言,而是误注。如果列阳是地名,当读为"在列阳东",如列水、列阳在辽东,则朝鲜当在辽东之东,也不是在辽东。

有的认为列水即今辽河,列口即辽河口[1],这是古朝鲜在辽宁说的根据之一。其提出的论据是《史记·朝鲜列传》:汉武帝元封二年(公元前 109 年),"天子募罪人击朝鲜。其秋,遣楼船将军杨仆从齐浮渤海;兵五万人,左将军荀彘出辽东,讨右渠。右渠发兵距险。左将军

〔1〕〔韩国〕尹乃铉:《民族のふるさと、古朝鲜を行く》(上)(下),载于《アヅァ公论》1987 年 7 月号。原文载于《朝鲜日报》1986 年 11 月 5、7、8、12、13、14、15(上)、16、22、23、27、28、29、30,12 月 6 日(下)。

卒正多率辽东兵先纵,败散,多还走,坐法斩。楼船将军将齐兵七千人先至王险。右渠城守,窥知楼船军少,即出城击楼船,楼船军败散走",“楼船将军亦坐兵至洌口,当待左将军,擅先纵,失亡多,当诛,赎为庶人”。

　　这一记载明确指出汉军分水陆两军进攻朝鲜的都城——王险城。楼船将军杨仆率齐兵,从齐(今山东)出发(并无向北航行的记载),渡渤海到达洌口进攻朝鲜。左将军荀彘率辽东兵出辽东,即从辽东出发进攻朝鲜的王险城。有的认为从水路进攻朝鲜的汉军,从今山东出发,“向北方的渤海进攻”,因此认为渡渤海到达的洌口必在渤海北岸,朝鲜的王险城当在辽水(今辽河)的入海口附近。从山东渡渤海到达的洌口,没有根据说洌口必在渤海北岸的辽河口,而不在朝鲜的大同江口。请注意原文是“从齐浮渤海”到洌口,并没有说“从齐(今山东)出发,向北方的渤海进攻”,这是在篡改原文的基础上为洌口在渤海的北岸(今辽宁)提出的所谓论据。还有原文是“左将军荀彘出辽东,讨右渠”,篡改为“出击辽东”。左将军荀彘所率领的军队,是在辽东征调来的兵,如果说出击辽东,就等于说在朝鲜的辽东境内征兵打朝鲜,这是说不通的。特别是洌水是西流入海,而今辽河则是南流入海,两水的流向不同,怎能以西流入海的洌水推定在南流入海的辽河呢? 由上述可知,以篡改《史记·朝鲜列传》的原文作为古朝鲜在辽东的论据是难以令人信服的。

　　从《史记·集解》引张晏所说的“朝鲜有湿水、洌水、汕水,三水合为洌水”的记载可知,洌水在朝鲜境内,是由洌水等三条河流汇合而成的,洌口即洌水等三条河流汇合后的入海口。关于洌水记载较详的是《汉书·地理志》乐浪郡吞列县下班固注:“分黎山,洌水所出,西至黏蝉入海,行八百二十里。”洌水流经带方、黏蝉、洌口三县。中外通说认为乐浪郡内的带方县的治所即后来带方郡的治所,在今朝鲜黄海道凤山郡土城内(唐土城、古唐城),乐浪郡的黏蝉县在今朝鲜平安南道龙冈郡西于乙洞古城,带方郡的洌口县在今朝鲜黄海道殷栗郡。上述三

277

县位置的推定[1],不但符合文献记载,而且也有可靠的考古资料证实,因此被中外史学界视为定说。带方、黏蝉、列口三县位置的推定,为列水当今何水提供了可靠的根据。如把列水推定在辽东即今辽宁境内,无论从文献记载,还是从考古资料方面,都找不到这三县的位置。从三水合为列水,列水在带方,以及列水"西至黏蝉入海"的记载来看,列水即今载宁江,而列口即今载宁江、大同江、黄州川三水合流后的入海口。因此,有的把列口推定在今大同江或载宁江的入海口都是正确的。但从列水在带方来看,列水当指今载宁江而不是大同江。浿水(西汉初指今清川江,汉初以后指今大同江)、列水(今载宁江)流域均在汉代乐浪郡的辖境内,汉式古城、古坟、遗迹、遗物较多,是古朝鲜经济文化的中心地区。

平壤市西南土城里土城,在大同江东岸,因大同江在这里是从东北向西南流,故亦称南岸。土城在今载宁江和大同江合流后入海的河流即列水之北,这和《山海经》所说的"朝鲜在列阳"的记载相符。土城东西约 710 米,南北约 600 米。土城附近有许多汉式墓葬,在土城和古墓内都出土过大量的有关汉代乐浪郡的遗物,特别是在土城内出土了二百多枚有关汉代乐浪郡及其所属各县的封泥。乐浪郡所属二十五县几乎所有的令、长、丞、尉等封泥,均有发现和出土。因此,中外史学界均认为土城里土城即汉代乐浪郡的郡治所在地。这一看法也和文献关于朝鲜的都城"王险城在乐浪郡浿水(这里所说浿水指今大同江)之东也"[2]的记载相符。

把列水推定在今太子河或辽河,把古朝鲜的中心推定在今辽河下游以东之地,这里迄未发现和古朝鲜王险城以及和乐浪郡县有关的遗迹、遗物。而且辽河下游是南北流向,和"朝鲜在列阳",即列水北的记载不符。辽河下游地区是一大平原,其南虽有海(渤海),而北却无山,和"朝鲜在列阳,东海北,山南"的记载也不相符。

---

[1]《〈中国历史地图集〉释文汇编(东北卷)》,第 37－39 页。
[2]《史记·朝鲜列传》《索隐》引"臣瓒云"。

29.2　朝鲜南临海、北依山，
当今何海、何山

如前述，《山海经》所载朝鲜周围的自然环境当是指古朝鲜都城周围的自然环境，而不是指整个古朝鲜周围的自然环境。《山海经》所说的"海北"、"东海北"当指今黄海的北部，山南当指今清川江南岸的妙香山和今平壤市北面的山。

《吕氏春秋》卷1，原道："非滨之东，夷秽之乡。"高诱注云："朝鲜，乐浪之县，箕子所封，滨于东海也。"《史记·秦始皇本纪》：秦"地东至海及朝鲜"。《史记·太史公自序》云：卫满"厥聚海东，以集真番，葆塞为外臣"。《汉书·天文志》："朝鲜在海中。"都说明古朝鲜在东海（今黄海）之滨。特别是《后汉书·王景传》所载，王景之祖王仲是琅玡不其人，公元前180年，吕后殁后发生内乱，"王仲恐祸及身，浮海东奔乐浪山中，因而家焉"。从今山东半岛南部沿海的琅玡浮海东奔，而不是北奔，当是今朝鲜半岛，而不是今辽宁地区。因为今辽宁地区在汉代并无乐浪的地名，只有在今平壤，在汉代才有乐浪的地名。这也是古朝鲜在今朝鲜半岛的北部而不在今辽宁地区的根据之一。

29.3　古朝鲜在辽东之东，
而不是在辽东

齐桓公问于管子曰"燕有辽东之煮"[1]，说明早在春秋时已有辽东的地名，并为燕的领地。又从燕"度辽东而攻朝鲜"[2]，而不是"攻辽东和朝鲜"的记载来看，说明早在燕攻朝鲜以前已据有辽东。《战国策·燕》苏秦北说燕文侯曰："燕东有朝鲜、辽东，北有林胡、楼烦，西有云中、九原，南有呼沱、易水，地方二千余里。"燕文侯时的燕国，在战国

---

〔1〕《管子·地数篇·轻重篇》。
〔2〕《盐铁论·伐功》。

279

七雄中还是弱国,这时尚未开疆扩土,这里所说的燕国的疆域四至,还不是燕昭王强盛时期的版图。所谓"燕东有朝鲜、辽东",绝不是说燕东先有朝鲜,而后才有辽东。从"燕度辽东而攻朝鲜"的记载可知,朝鲜在辽东之东,而不是在辽东,更不是在辽西。

有的把"燕东有朝鲜、辽东",断句读为"燕东有朝鲜之辽东"[1],把两个并列的地名读为"朝鲜之辽东",这是对原文的曲解,不符合原文前后的文法。从此曲解作为辽东属于朝鲜的依据,其错误是明显的。

也有的把《盐铁论·伐功》"度辽东而攻朝鲜",断句读为"度辽,东而攻朝鲜",认为"度辽,意即渡辽水,并非过辽东地区","如理解为过辽东,那么以满潘汗为界,取地二千余里就无着落了"[2]。尽人皆知,所谓"取地二千余里",是燕昭王遣将秦开,破东胡、攻朝鲜后,攻取土地的总数。所谓"至满潘汗为界",是燕昭王新开辟的疆界,它不是春秋或战国初期燕国辽东的东部边界。当然满潘汗(汉代在沛水流域的番汗县)以西之地,也不都是燕昭王以前的辽东辖境。《盐铁论·备胡》桑弘羊御史大夫曰:"往者四夷俱强,并为寇虐,朝鲜踰徼,劫燕之东地。"金毓黻先生说:"朝鲜盛时,斥地广远,必不能以鸭绿(江)限其西界,明甚。且燕欲东路之地,亦当指在鸭绿江西部而言。""在燕辟辽东以前,必有一部属于朝鲜。"[3]把燕的东界满潘汗推定在今鸭绿江下游之地,把沛水推定在今鸭绿江[4],都是不正确的。随着研究的深入和考古资料的新发现,中外史学界的通说皆以汉初的浿水(沛水)在今朝鲜的清川江,满潘汗在今清川江以西的大宁江流域的博川郡境内的博陵古城为正。因此,朝鲜盛时,必不能以清川江(不是鸭绿江)限其西界。燕昭王时东略之地,亦当指清川江以西的一部分土地而言。如果燕昭王未攻取朝鲜以前,其东界已到满潘汗,则无法理解燕昭王遣将

---

〔1〕〔韩国〕尹乃铉:《古朝鲜の位置とその境域》载《アゾァ公论》1987年,原文载《军史》第8号,1984年,149–178页。

〔2〕张博泉:《东北地方史稿》,第42页,第37页,第45页,吉林大学出版社1985年版。

〔3〕金毓黻:《东北通史》上编第55页、第59页,社会科学战线翻印本。

〔4〕金毓黻:《东北通史》上编第55页、第59页,社会科学战线翻印本。

秦开，"攻其西方，取地二千余里，至满潘汗为界，朝鲜遂弱"[1]的记载。

　　汉武帝灭朝鲜，置乐浪、玄菟、临屯、真番四郡。初置的四郡即古朝鲜的领域。从四郡中并无辽东的史实来看，辽东并不在朝鲜领内。又从"上谷至辽东，地广民希，数被胡寇，俗与赵、代相类，有渔盐枣栗之饶"，以及"玄菟、乐浪，武帝时置，皆朝鲜、涉貉、句丽蛮夷"[2]的记载可知，朝鲜、辽东两地的居民和风俗各不相同，也是辽东并非朝鲜领地的根据之一。

29.4　古代辽水即今辽河，而不是今滦河

　　有的认为西汉初的辽水即今滦河，是辽东西南部的边界，也是古朝鲜的西部边界。又认为，汉武帝灭朝鲜置四郡以后，西汉的疆域才到达今辽河，辽水的名称从今滦河转到今辽河，此即《汉书·地理志》所说的辽水[3]。这与古文献的明确记载是大相径庭的。

　　桓宽撰《盐铁论·险固》中，对战国全燕时东北的疆域有极为简要而准确的记载："燕塞碣石，绝邪谷，绕援辽。"燕国强盛时期的东北边界是由碣石、邪谷、援辽三部分形成。碣石、邪谷的位置详见后述。其中"援辽"的援是指戈的横刃，"援辽"是指东西横流的辽水，即"自塞北东流"[4]的辽水，亦即今辽河上游的西辽河和西拉木伦河。"援辽"不包括折而西南流的辽河。有的不理解"援辽"的本意，把"援辽"说成是辽水，又把辽水说成是指今滦河，都是错误的。今滦河东南流入海，没有在塞外东西横流的部分，即"援辽"的部分。这是早在战国时代的辽水不是指今滦河的有力证明。

　　刘安《淮南子·人间》关于秦长城"西属流沙，北击辽水，东结朝鲜"的记载，明确指出秦长城的东北部分北接辽水，今辽河上游东流的

---

〔1〕《魏略》。

〔2〕《汉书·地理志》下。

〔3〕〔韩国〕尹乃铉：《古朝鲜の位置とその境域》载《アゾァ公论》1987年，原文载《军史》第8号，1984年，149－178页。

〔4〕《淮南子·地形》后汉高诱注。

南部有东西走向的燕、秦、汉长城的遗迹(详见后述),证实了所谓秦长城的"北击辽水"也是指今辽河上游,即东西横流的部分。这些,都证实了燕、秦时代的辽水指今辽河,这是对所谓汉武帝以前的辽水指今滦河一说的有力否定。

辽水之名始见公元前 247 年秦吕不韦撰的《吕氏春秋·有始览》。关于辽水记载较详的是《山海经·海内东经》:"潦水出卫皋东,东南注渤海,入潦阳。"潦阳即辽阳,在今辽宁省辽中县茨榆坨乡浑河(小辽水)北岸的偏堡子汉代古城。关于辽水的流向和流经的郡县,记载最详的是《水经注》卷 14,大辽水条引《水经》云:"大辽水出塞外卫白平山,东南入塞,过辽东襄平县(今辽阳)西,又东南过房县(今辽宁省盘锦市大洼县清水农场小盐滩村汉代古城)西(当为东之误),又东过安市县(今辽宁省营口县汤池堡北英守沟汉城)西南入海。"《水经注》云:辽水"出砥石山,自塞外东流,直辽东之望平县故城(今辽宁省铁岭市南 30 里新台子战国、汉代古城)西……屈而西南流,迳襄平县故城西……又南迳辽队县故城(今辽宁省海城西 60 里西四方台汉代古城)西……辽水又南历县,有小辽水(今浑河)西南流注之"。从辽水流经的潦阳、望平、襄平等县来看,均在今辽河流域,而不在今滦河流域,这是古代辽水即今辽河,而不是今滦河的有力证明。

从辽水的流向来看,有"东南注渤海"(《山海经》)、"直至辽东之西南入海"(《吕氏春秋·有始览》高诱注)或云"南入海"(《淮南子·地形》高诱注)等不同流向的记载,和今辽河东流、东南流,又西南流、南流入海的流向完全相符。《山海经·海内东经》所谓辽水"东南注渤海",当为辽水东流,又屈而东南、西南、南流入海之意,不能理解为辽水从发源地一直东南流入海。有的认为《山海经》所说的辽水"东南注渤海"的流向和今滦河东南入海的流向相符,而和今辽河西南流入海的流向不符,因此认为古代文献所说的辽水是指今滦河,而不是指今辽河[1]，这种看法是片面的。如上述，辽水有"援辽"，即东西横流的部分，今辽河有东西横流部分，而滦河则无；辽水流经的辽东郡县均在今辽河流域，而在今滦河流域一个也找不到。只抓住了水"东南注渤海"这一点，而对辽水还有东流、东南流、西南流、南流的记载则视而不问，其结论当然是难以令人信服的。

以今滦河为辽水者提出的另一根据是认为"辽水出卫皋东"。卫皋是地名不是山名。卫皋即卫白平之误，而卫白平即右北平之音转。辽水从右北平流出，"流向东南，在碣石山附近注入渤海的辽水，只能是今天的滦河，而绝不可能是别的什么河流"[2]。

从辽水的发源地来看，有卫皋、卫白平、砥石山、碣石山的不同记载。砥石山即卫皋、卫白平的另一名称，右北平则是郡名。而碣石山在今滦河下游，不可能是辽水的发源地，也不是今滦河的发源地。所以辽水出碣石山即砥石山之误是可以肯定的。从辽水出塞外的记载来看，辽水的发源地卫皋、卫白平、砥石山均记载在塞外，而右北平则在塞内，两者不能混为一谈。而且辽水发源于右北平郡的塞外，今滦河则是发源于渔阳郡的塞外，怎能把辽水和今滦河混在一起呢？

主张辽水指今滦河者又说："《山海经》中所说的从卫皋东流出，流向东南，在碣石山附近注入渤海的辽水，只能是今天的滦河。"但是《山海经》只记载"辽水出卫皋东，东南注入渤海"，并没有说辽水"在碣石山附近注入渤海"，这是主张辽水指今滦河者后加的，以此作为辽水指今滦河的论据，其误可知。《水经注》卷14"濡水又东南至累县碣石山"，正是指今滦河而不是辽河。

主张以今滦河为辽水者提出的又一论据是《说苑》卷18《辨物篇》所载齐桓公北伐孤竹，经过所谓辽水的问题，认为这一辽水即今滦河。

〔1〕《朝鲜全史》卷2，第五章。〔韩国〕尹乃铉：《古朝鲜の位置とてその境域》，载《アツァ公论》1987年，原文载《军史》第8号，1984年，149－178页。〔朝鲜〕姜仁淑著，李云铎译：《燕辽东郡的位置》，载《东北亚历史与考古信息》1986年3期，译自朝鲜《历史科学》1985年2期。

〔2〕《朝鲜全史》卷2，第五章。〔韩国〕尹乃铉：《古朝鲜の位置とてその境域》，载《アツァ公论》1987年原文载《军史》第8号，1984年，149－178页。〔朝鲜〕姜仁淑著，李云铎译：《燕辽东郡的位置》，载《东北亚历史与考古信息》1986年3期，译自朝鲜《历史科学》1985年2期。

是否如此? 请看原文:"齐桓公北征孤竹,未至卑耳谿中十里,闯然而止,瞠然而视。有顷,奉矢未敢发也。喟然叹曰,事不济乎,有人长尺,冠冕,大人物具焉,左袪衣,走马前者。管仲曰:事必济,此人知道之神也,走马前者,导也,左袪衣者,前有水也。从左方渡行十里果有水,曰辽水表之,从左方渡至踝,从右方渡至膝,已渡,事果济。"有的认为"齐桓公到达孤竹之前,渡过流入卑耳溪谷中的河流叫辽水[1]"。但在《管子》卷 16《小问》等篇中,在记述春秋初期(公元前 7 世纪)的齐桓公北伐孤竹国,"未至卑耳之谿十里"时,并没有谈到有辽水的问题,到西汉刘向在其《说苑》中才补入辽水的河流名。因此,认为"从战国到西汉初,滦河称为辽水"[2],并说:"孤竹国在今河北省卢龙县,卢龙县在滦河下游东部沿岸。从这一地理关系可知,齐桓公征孤竹所说的辽水即今滦河"[3]。从齐都到孤竹,要经过许多河流,卑耳之谿当今何谷何水并不清楚,是否是滦河的支流也没有搞清。至于"从左方渡行十里有水曰辽水",这一辽水当今何地、何水,是否是今滦河或其支流均无法考知。就算是滦河的支流,也不能以其支流的名称来证实滦河也叫辽水。今滦河古称濡水,从无称辽水的记载,其支流也没有称辽水的记载。因此,以方位不明的卑耳之谿附近的小溪即所谓的辽水当今滦河,实属牵强附会。

有的说《水经注》载"围绕在肥如县附近的山上有关祠堂的传说,其附近有称为辽水的河流名。由此可知,《水经注》作者郦道元也以今滦河为辽水。肥如县在今滦河下游。因此,结论是今滦河,从战国初到

---

〔1〕《朝鲜全史》卷 2,第五章。〔韩国〕尹乃铉:《古朝鲜の位置とてその境域》,载《アヅァ公论》1987 年,原文载《军史》第 8 号,1984 年,149－178 页。〔朝鲜〕姜仁淑著,李云铎译:《燕辽东郡的位置》,载《东北亚历史与考古信息》1986 年 3 期,译自朝鲜《历史科学》1985 年 2 期。

〔2〕《朝鲜全史》卷 2,第五章。〔韩国〕尹乃铉:《古朝鲜の位置とてその境域》,载《アヅァ公论》1987 年,原文载《军史》第 8 号,1984 年,149－178 页。〔朝鲜〕姜仁淑著,李云铎译:《燕辽东郡的位置》,载《东北亚历史与考古信息》1986 年 3 期,译自朝鲜《历史科学》1985 年 2 期。

〔3〕《朝鲜全史》卷 2,第五章。〔韩国〕尹乃铉:《古朝鲜の位置とてその境域》,载《アヅァ公论》1987 年,原文载《军史》第 8 号,1984 年,149－178 页。〔朝鲜〕姜仁淑著,李云铎译:《燕辽东郡的位置》,载《东北亚历史与考古信息》1986 年 3 期,译自朝鲜《历史科学》1985 年 2 期。

汉初称为辽水,它是辽东西南部的边界线,正是古朝鲜的西部边界。"[1]但是在肥如县南孤竹城附近根本没有称为辽水的河流名,郦道元也没有以今滦河为辽水的记载。为了弄清事实真相,今将《水经注》的有关原文列出,供研究讨论。

《水经注》卷 14,濡水条:"《地理志》曰:'卢水南入玄'。玄水又西南,迳孤竹城北,西入濡水。故《地理志》曰:'玄水东入濡',盖自东而注也。《地理志》曰:'令支有孤竹城',故孤竹国也。《史记》曰:孤竹君之二子伯夷、叔齐让国于此,而饿死首阳。汉灵帝时,辽西太守廉翻梦人谓己曰:'余孤竹君之子,伯夷之弟,辽海漂吾棺椁,闻君仁善,愿见藏覆'。明日视之,水上有浮棺,吏嗤笑者,皆无疾而死,于是改葬之。《晋书·地道志》曰:'辽西人见辽水有浮棺,欲破之,语曰:我孤竹君子也,汝破我何为? 因为之立祠焉。'祠在山上,城在山侧,肥如县南十二里,水之会也。又东南,过海阳县西南入于海。"从这一记载可知,孤竹城附近有濡水的支流玄水(今青龙河)、卢水(今沙河),而无辽水。在孤竹城(玄水与濡水合流处,今河北卢龙县)山上建有叔齐的祠堂,是根据民间传说建立的。在传说中,一云后汉灵帝时,辽西太守梦见"辽海"上漂流着叔齐的棺椁,改葬之。一云"辽西人见辽水有浮棺",为孤竹君之子的棺椁,因立为祠堂。所谓辽海、辽水,都是辽西民间传说中的河流名称,不是史实。而且是辽海,还是辽水,也没有搞清,便把传说中的辽海、辽水推定今滦河,其论据牵强附会,难以令人信服。同时,如以今滦河为辽水,则和孤竹城在辽西令支县即今河北省迁安县在滦河东的记载不符。

由上述可知,以古代辽水当今滦河者提出的论据并不可靠。因此,以今滦河为从战国初到汉初的辽水,并认为这一辽水"是辽东西南部的边界线,正是古朝鲜的西部边界"的结论,是在错误论据的基础上作出的错误结论,故为史学界所不取。

---

[1]《朝鲜全史》卷 2,第五章。〔韩国〕尹乃铉:《古朝鲜の位置とてその境域》,载《アヅァ公论》1987 年,原文载《军史》第 8 号,1984 年,149 – 178 页。〔朝鲜〕姜仁淑著,李云铎译:《燕辽东郡的位置》,载《东北亚历史与考古信息》1986 年 3 期,译自朝鲜《历史科学》1985 年 2 期。

29.5　浿水是今清川江，
还是今大凌河或滦河

　　燕、秦和汉初，东与古朝鲜邻接，因此，燕、秦和汉初的东界，也就是古朝鲜的西界。战国燕强盛时期，东"至满潘汗为界"[1]，而满潘汗即汉代辽东郡的番汗县，在沛水流域[2]。秦统一全国后的东界"东绝沛水"[3]。汉初，东与古朝鲜的界河为浿水[4]。由此可知，搞清沛水、浿水当今哪一条河流，是搞清燕、秦和汉初东与古朝鲜的边界，以及古朝鲜方位的关键。

　　有的学者认为沛水当今朝鲜境内的大宁江，而汉初的浿水当今清川江，但从近年来朝鲜在大宁江流域的考古调查资料可知，在大宁江的东岸有燕、秦、汉长城（见后述），大宁江在这一长城之西，即塞内，而且基本上是东南流，最后才西南流入海，和"沛水出辽东番汗塞外，西南入海"[5]的记载不符。笔者认为燕、秦的沛水即汉初的浿水，是在长城番汗塞外，西南流入海的一条水。中外通说认为汉初的浿水指今清川江，汉武帝以后直到隋、唐时代的浿水则指今大同江，这是符合文献记载的。

　　推定汉初浿水（沛水）位置的可靠根据是《史记·朝鲜列传》。汉初，燕人卫满，自辽东"东走出塞，渡浿水"，到箕氏朝鲜。元封二年（公元前 109 年），汉使涉何从卫氏朝鲜的王险城西行，渡浿水后进入塞内。由此可知，浿水在燕、秦、汉长城塞外，亦即塞东，而且长城和浿水相距不远。又据《说文解字》载："沛水出辽东番汗塞外，西南入海。"沛水即汉初的浿水，而不是汉武帝以后在今大同江的浿水。番汗县即满潘汗，是在沛水流域的一座边界上的城镇。文献所载沛水（汉初的浿水）在

---

〔1〕《魏略》。
〔2〕《汉书·地理志》辽东郡番汗县班固注。
〔3〕《盐铁论·诛秦》。
〔4〕《史记·朝鲜列传》。
〔5〕许慎：《说文解字》卷 11。

塞外,即辽东郡番汗县附近的长城边塞的塞外,而不是其他地方的塞外。因此,推定满潘汗即番汗县的位置是推定沛水(汉初的浿水)当今哪一条河流的重要根据。近年来,朝鲜在大宁江东岸发现了一道总长120公里的长城[1]。这一长城和在鸭绿江西岸,从宽甸县到长甸口北部山区发现的燕、秦、汉古长城[2]东西相连,宽甸境内的长城和大宁江畔的长城,即燕、秦、汉长城的东段。通说认为满潘汗即番汗县在今朝鲜平安北道博川城南10里的博陵城。今清川江西南流入海,而且正是在这一长城的番汗塞外(塞东)。把汉初的浿水(沛水)推定在今大凌河或滦河者,首先是在这两条河流的西岸或不远外,迄未发现燕、秦、汉长城障塞的遗迹,而且这两条河都不是西南流入海。特别是在今辽河东西,即辽东、辽西的北部,以及朝鲜大宁江畔发现的燕、秦、汉长城和古城、古墓、古遗址,是否定以今大凌河或滦河为沛水即浿水这一说法的最有力的物证,今清川江南岸有东北西南走向的妙香山脉,江北岸有狄蹦山脉,清川江在两山间,是一条自东北向西南走向的斜谷,形势险要,自古以来的天然分界线。战国燕在东北的边界是"燕塞碣石,绝邪谷,绕援辽"[3],其中的斜谷(邪谷)即今清川江两岸的山谷。燕东与古朝鲜的边界就是以这一斜长的山谷隔绝着,古朝鲜就在今清川江以东之地。

29.6　燕、秦长城东端的碣石在哪里

通说认为燕、秦长城东端的碣石在乐浪郡遂城县境内,即平壤西南沿海的龙冈附近的山[4]。反对通说者则认为在辽东郡境内,即今山海

　〔1〕〔朝鲜〕孙永钟著,顾禹宁译:《关于大宁江畔的古长城》,载《博物馆研究》1990年1期,原文载朝鲜《历史科学》杂志1987年第2号。

　〔2〕王德柱:《鸭绿江畔发现燕、秦、汉长城东段遗迹》,载《中国文物报》1991年5月24日。

　〔3〕《盐铁论·险固》。

　〔4〕拙稿《秦长城东端的碣石考》,载李健才、刘素云主编《东北地区燕秦汉长城和郡县城的调查研究》(吉林文史出版社1997年出版)。冯家昇:《周秦时代中国经营东北考略》,载《禹贡》2卷,11期,1935年。顾祖禹:《读史方舆纪要》卷38"遂城废县在平壤南境"。《新增东国舆地胜览》第1册卷52,龙冈烽燧。

关附近[1],也有的认为在今河北省昌黎县境内的碣石山[2]。

《史记·朝鲜列传》载:"自始全燕时,尝略属真番、朝鲜,为置吏,筑障塞。秦灭燕,属辽东外徼。汉兴,为其远难守,复修辽东故塞,至浿水为界,属燕。"可知燕曾在朝鲜境内设置官吏、修筑障塞。秦灭燕以后,浿水以东的朝鲜属辽东外藩之地。朝鲜"自全秦时,内属为臣子"[3]。汉初,卫满"东走出塞,渡浿水,居秦故空地上下鄣"。"辽东太守即约满为外臣,保塞外蛮夷无使盗边;诸蛮夷君长欲入见天子,勿得禁止"[4]。满,即卫满,他亡命到箕氏朝鲜以后,就居住在秦时修筑的障塞之地。这说明燕、秦长城障塞,确曾到达朝鲜境内。

《史记·夏本纪》《索隐》引《大康地理志》云:"乐浪遂城县有碣石山,长城所起。"《通典》明确指出:"碣石山在汉乐浪郡遂城县,长城起于此山。今验长城,东截辽水而入高丽,遗迹犹存。"[5]可知秦长城到唐代在高丽(高句丽)境内还有遗迹可寻。

反对通说者认为秦长城东端的碣石在辽东,其根据是《史记·匈奴列传》载秦长城"起临洮,至辽东万余里"。《史记·蒙恬列传》亦载秦长城"起临洮,至辽东,延袤万余里"。又据《史记·秦始皇本纪》载:秦二世元年(公元前 209 年)春,派李斯等到碣石刻始皇功德碑,"遂至辽东而还"。根据这些记载认为秦长城东端的碣石在辽东,并认为这一碣石即今河北省昌黎县境内的碣石山[6],也有的认为这一碣石在今

〔1〕朝鲜社会科学院历史研究所著,李云铎译、顾铭学校:《朝鲜全史》卷 2,第五章,载《历史与考古信息·东北亚》1994 年 1 期。

〔2〕〔韩国〕尹乃铉:《民族のふゐさと、古朝鲜を行く》(上)(下),载于《アヅァ公论》1987 年 7 月号。原文载于《朝鲜日报》1986 年 11 月 5、7、8、12、13、14、15(上)、16、22、23、27、28、29、30,12 月 6 日(下)。

〔3〕《史记·律书》。

〔4〕《史记·朝鲜列传》。

〔5〕《通典》卷 186,边防 2,东夷高句丽。

〔6〕〔朝鲜〕姜仁淑著,李云铎译:《燕辽东郡的位置》,载《东北亚历史与考古信息》1986 年 3 期,译自朝鲜《历史科学》1985 年 2 期。〔韩国〕尹乃铉:《汉四郡的乐浪郡和平壤的乐浪》,载《历史与考古信息·东北亚》1990 年 2 期。

山海关附近[1]。

首先应该明确的是,在山海关附近的碣石是秦皇、汉武、曹操东巡的碣石,不是秦长城东端的碣石。

东巡的碣石在哪里虽然其说不一,但都不出今滦河下游以东到山海关之间的沿海一带。近年来通过考古发掘资料的证实,碣石在昌黎的旧说已为新说所取代,在新说中,一是认为东巡的碣石在今河北省北戴河的金山嘴一带[2],一是认为在与辽宁省绥中县万家乡墙子里秦、汉建筑群遗址中的石碑地、黑山头及其对面海中的礁石——龙门石、"姜女坟"[3]。这两说都有说服力,目前虽然还难以肯定一说,但东巡的碣石在北戴河、山海关这一带是可以肯定的。这一碣石(东巡的碣石)又是汉、魏以至隋、唐时代通往辽西、辽东的交通要道,即辽西傍海碣石道,因此,东巡的碣石频见于史册,但它不是秦长城东端的碣石。秦长城东端的碣石在乐浪郡遂城县境内,而东巡的碣石则在辽西郡而不是在辽东境内。

有的根据秦二世派李斯等到碣石刻始皇功德碑"遂至辽东而还"的记载,认为碣石在辽东。这一看法,和其他文献记载不符。汉武帝元封元年(公元前110年),东巡碣石,"自辽西,历北边九原,归于甘泉"。汉代文颖在碣石下注云:"在辽西累县,累县今罢,属临渝,此石著海旁。"《水经注》卷14:"濡水又东南至累县碣石山。"这是东巡碣石在汉代辽西郡的可靠证明。秦、汉的辽东、辽西两郡皆先后沿用,东巡的碣石在秦、汉时代都在辽西郡境内,而不在辽东郡境内。反对通说者以东巡的碣石当成秦长城东端的碣石,以在辽西的东巡碣石说成是在辽东,不但和文献记载不符,而且也和在东北发现的燕、秦、汉长城遗迹的考古调查资料不符。

东巡碣石之地,在秦、汉时代是内地,距匈奴较远,不是和匈奴接近

〔1〕朝鲜社会科学院历史研究所著,李云铎译、顾铭学校:《朝鲜全史》卷2,第五章,载《历史与考古信息·东北亚》1994年1期。
〔2〕河北省文物研究所等:《金山嘴秦代建筑遗址发掘报告》,载《文物春秋》1992年增刊。《河北省秦皇岛发现秦汉时期建筑遗址》,载《北方文物》1993年1期。
〔3〕陈大为:《碣石考证》,载《中国考古学会第六次年会论文集》(1987年)。

的边境地带,因此,东巡碣石之地,从无有关秦筑长城的记载,至今也未发现秦、汉长城的遗迹。根据文献记载和考古调查得知,在今山海关和河北省抚宁县的东北部,发现北周在大象初(公元 579 年),为防御故北齐营州刺史高宝宁的南犯,而修筑"西起雁门,东至碣石"[1]的土筑长城。从当时北周的辖境并未超出平州的管辖范围来看,这一平州境内的碣石当是东巡的碣石,而不是远在乐浪郡遂城县境内的秦长城东端的碣石。隋代,为了防御高宝宁和突厥的联合侵犯,在北周长城的基础上又继续补修了从今北京东北到山海关的这段长城[2]。山海关一带的砖筑长城,是明代为了防御蒙古而修筑的,因已有详细的调查报告[3],不再重述。北周和隋代的土筑长城,以及明代的砖筑长城,均较燕、秦、汉长城内移很多,两者不能混同。尤其不能以明代长城的东端,当成秦长城的东端。

新中国成立后,由于对东北的燕、秦、汉长城进行过多次调查[4],对辽西地区的燕、秦、汉长城的方位和走向,大体上可以说已经搞清。辽东地区近年来也进行了一些调查,在抚顺的浑河北岸调查发现二十余座汉代烽燧遗址[5]。在鸭绿江西岸,发现一段从宽甸到长甸口北部山区的燕、秦、汉长城遗迹[6],和在鸭绿江东岸即朝鲜大宁江东岸发现的古长城东西相连[7]。通过在辽西、辽东的长城考古调查可知,燕、秦、汉长城在东北的分布和走向是:"当由独石口北、滦河南的大滩一

〔1〕《周书·于翼传》。
〔2〕康群:《秦皇岛市境内古长城考》,载《辽海文物学刊》1990 年 2 期。
〔3〕罗哲文:《山海关长城的布局与建筑勘查记》,载《中国长城遗迹调查报告集》,文物出版社 1981 年版。罗哲文:《万里长城——山海关、居康关云台和八达岭、嘉峪关》,《文物》1977 年 8 期。
〔4〕载李健才、刘素云主编:《东北地区燕秦汉长城和郡县城的调查研究》(吉林文史出版社 1997 年出版)。
〔5〕孙守道:《汉代辽东长城烽燧遗址考——兼论辽东郡三部都尉治及若干近塞县的定点问题》,载《辽海文物学刊》1992 年 2 期。
〔6〕王德柱:《鸭绿江畔发现燕、秦、汉长城东段遗迹》,载《中国文物报》1991 年 5 月 24 日。
〔7〕〔朝鲜〕孙永钟著,顾禹宁译:《关于大宁江畔的古长城》,载《博物馆研究》1990 年 1 期,原文载朝鲜《历史科学》杂志 1987 年第 2 号。

带,东经围场、赤峰、敖汉,由奈曼、库伦南部,进入阜新,又经彰武、法库、开原一带,跨越辽河,再折而东南,经新宾、宽甸,向东至当时国境"[1],由宽甸东过鸭绿江与今朝鲜大宁江畔的长城相接。这一长城的走向和文献关于辽水"自塞北东流"[2]、"夫余在长城北"[3]、高句丽县(今辽宁省新宾县永陵东苏子河南岸的汉代古城)境内有小辽水(今浑河),"又有南苏水,西北经塞外"[4]的记载完全相符。

燕、秦、汉长城在东北的分布情况,更进一步证实,在辽西郡境内的东巡碣石不是秦长城的东端。

综合上述,关于列水、辽水、浿水(沛水)、碣石位置的推定可知,古朝鲜在辽东即今辽宁说并无可靠的根据,因此,为中外史学界所不取。

关于古朝鲜的都城在哪里的问题,现在朝鲜学者根据新的考古发掘资料提出新的认识,已经修改了过去认为古朝鲜的中心在今辽河下游的说法,认为"平壤是古代文化的中心","古朝鲜的首都和檀君的定都之地是平壤"。朝鲜学者认为,这一看法"可以说是实现于我们古代史领域中的一次事变"[5]。

〔1〕李文信:《中国长城沿革考》,载《辽宁省博物馆学术论文集》第1集(1949—1984年)。冯永谦:《东北古长城考辨》,载《东北历史与文化》,辽沈书社1991年版。
〔2〕《吕氏春秋·有始览》,高诱注。
〔3〕《三国志·魏书·东夷传·夫余》。
〔4〕《汉书·地理志》玄菟郡、高句丽县注。
〔5〕黎允夺译,孤鸣鹤校:《关于檀君陵的发掘》,载《历史与考古信息·东北亚》1994年1期,摘自1993年10月朝鲜《劳动新闻》。

30 评辽水、浿水、列水均指今滦河说

燕、秦、汉时代的辽水、浿水、列水当今何水,关系到古朝鲜(周代的箕氏朝鲜和汉初的卫氏朝鲜)的地理位置,及其西与燕、秦、汉的边界在哪里的问题。中外通说认为燕、秦、汉时代的辽水即今辽河,是辽东、辽西郡的分界线,而不是燕、秦、汉东与古朝鲜的分界线。[1] 燕、秦时代的沛水和汉初的浿水均指今朝鲜境内的清川江。汉初的浿水,后汉称萨水。后汉到隋、唐时代的浿水则指今大同江。汉代的列水一般均认为指今大同江,笔者认为指今朝鲜境内的载宁江,而不是大同江,更不是滦河。有的人认为"辽水、浿水、列水,是同一条河流的不同名称,均指今滦河",是古朝鲜西部与燕、秦、汉的界河。[2] 今将其说的论据、论点评述如下,请方家指正。

30.1 燕、秦、汉时代的辽水即今辽河,而不是今滦河

中外史学界的通说认为古朝鲜(箕氏朝鲜和卫氏朝鲜)在以今平壤为中心的朝鲜的西北部,而反对通说者则认为古朝鲜在辽东,即今辽宁省地区,其说和文献记载以及考古资料并不相符,因笔者已有另文发

---

〔1〕辽东、辽西基本上是指辽水以东、以西,但从辽东郡所属无虑、房、险渎三县均在辽河以西附近来看,辽东、辽西的实际分界线,当在辽水以西附近或医无闾山脉一带。故《周礼》卷8后汉郑玄注云:"医无闾在辽东。"

〔2〕〔韩国〕尹乃铉:《古朝鲜の位置とその境域》,载《アヅァ公论》1987年第80–84页,原文载《军史》第8号,1984年第149–178页。

表,不再重述[1]。

　　反对通说者认为有两个辽东,一是燕、秦和汉初的辽东,在今滦河下游东部沿岸,到今河北省昌黎县境内的碣石一带,一是古朝鲜的辽东,在今滦河中游到碣石这条线以东。其论据是《战国策·燕策》载苏秦北说燕文侯(公元前361—前332年)曰:"燕东有朝鲜、辽东,北有林胡、楼烦,西有云中、九原,南有呼沱、易水,地方二千余里。"把"燕东有朝鲜、辽东",解释为"燕东有朝鲜的辽东"[2],把两个并列的地名,同解为"朝鲜的辽东",以这一曲解为根据,制造出一个朝鲜的辽东来。因为燕、秦、汉时代的辽东在今辽河以东,有可靠的文献记载和考古资料而难以否认,便又想出一个汉初的辽东和汉武帝以后的辽东。反对通说者认为汉初以前的辽水指今滦河,汉武帝以后的辽水才指今辽河,企图以此证明,汉初以前的辽东是古朝鲜的领地。反对通说者说,为了推定古朝鲜的西部边界,有搞清当时的辽水当今何水的必要。但是古朝鲜的西部边界,史有明确记载,在燕时为满潘汗[3],而满潘汗即汉代的番汗县,在沛水流域[4],在秦时为沛水[5],在汉初为浿水[6]。和辽水无关,辽水从来也不是燕、秦和汉初与古朝鲜的界河。因此,在探讨古朝鲜的西部与燕、秦和汉初的边界时,首先要搞清的是满潘汗、沛水、浿水当今何地、何水的问题,而不是辽水当今何水的问题。

　　燕、秦和汉初的辽水是指今滦河,还是今辽河的问题,这主要看古代原始文献是怎样记载的,而有的人又是怎样曲解的。

　　辽水之名最早见于战国末秦国吕不韦撰成的《吕氏春秋》,其中记载说辽水是当时国内六大名川之一。关于辽水的发源地和流向,以及所经郡县,最早的记载是战国到汉初撰成的《山海经·海内东经》:"潦

---

〔1〕李健才:《关于古朝鲜和乐浪郡在辽东等地的记载的问题》,载《博物馆研究》1997年第2期。

〔2〕〔韩国〕尹乃铉:《古朝鮮の位置とその境域》,载《アヅァ公论》1987年第80 – 84页,原文载《军史》第8号,1984年第149 – 178页。

〔3〕鱼豢:《魏略》。

〔4〕《汉书·地理志》辽东郡番汗县班固注:"沛水出塞外,西南入海。"

〔5〕《盐铁论·诛秦》:秦的东界"东绝沛水"。

〔6〕《史记·朝鲜列传》。

水出卫皋东,东南注渤海,入潦阳。"汉初刘安撰成的《淮南子·地形》云:"辽出砥石。"后汉高诱在《吕氏春秋·有始览》中注云:"辽水出砥石山,自塞北东流,直至辽东之西南入海。"高诱在《淮南子·地形》"辽出砥石"本文之下亦注云:"砥石,山名,在塞外,辽水所出,南入海。"但在同书辽水之下又注云:"辽水出碣石山,自塞北东流,直辽东之西南入海。"关于辽水的流向和所经郡县,《水经注》卷14大辽水条有较详细的记载:"大辽水出塞外卫白平山,东南入塞,过辽东襄平县西。又东南过房县西。又东过安市县西南入于海。"北魏郦道元注云:"辽水亦言出砥石山,自塞外东流,直辽东之望平县西,王莽之长说也。屈而西南流,迳襄平县故城西。……又南迳辽队县故城西。……辽水又南历县,有小辽水西南流注之。"

从上述文献记载可知,辽水并没有汉初以前的辽水和汉武帝以后的辽水的区别,都是指今辽河,这从《山海经》等文献所载辽水的发源地、流向,以及流经的郡县可以得到证实。

关于辽水的发源地有卫皋、卫白平、砥石山、碣石山的不同记载。《水经注》中的卫白平,即《山海经》中的卫皋。白平当即皋字的一分为二。有学者认为"卫白平和右北平的发音完全相同,所以如果把卫皋、卫白平、右北平看做是经过了书写上的变形,那么就可把辽水看成是流向右北平一带的江"[1],认为现在的滦河正是流经燕、秦、汉时代右北平郡境内的一条河流。辽水发源于卫白平即右北平,发源于右北平的较大河流只有今滦河,因此认为发源于卫皋的辽水即今滦河。笔者认为这一推论是错误的,因为卫皋、卫白平是山名,在塞外,而右北平是郡名,在塞内,不能以卫白平和右北平的发音相近,而把两者混同起来。

关于辽水发源于砥石山还是碣山的问题,如上述,高诱即注云"辽水出砥石山",又注云"辽水出碣石山"。砥石山在塞外,而碣石山则在塞内,而且在今滦河下游入海处,不可能是今滦河的发源地,更不是辽

〔1〕〔朝鲜〕姜仁淑著,李云铎译:《燕辽东郡的位置》,载《东北亚历史与考古信息》1986年3期,原文载朝鲜《历史科学》1985年2期,科学·百科辞典出版社,平壤。

水的发源地,可知辽水发源于砥石山的记载和注释是正确的,发源于碣石山的注释是错误的。有的根据辽水发源于碣石山的误注,认为碣石山虽不是辽水的发源地,但从今滦河与碣石邻近来看,辽水"可以推定在今河北省东北部的滦河"。[1] 由此可知,其论据是错误的,其结论当然也是错误的。

从上述文献所载辽水的流向来看,是从塞北即塞外东流。今辽河正是在燕、秦、汉长城的北部即塞外东流,而今滦河则不是从塞外东流。辽水流到"辽东之望平县西,屈而西南流",今辽河正是从辽东郡之望平县(今辽宁省铁岭县新台子战国到汉代的古城)[2]西折而西南流,而今滦河则不是从望平县西折而西南流。又从上述文献所载辽水流经的郡县来看,有潦阳即辽阳(今辽宁省辽中县茨榆坨乡浑河北岸的偏堡子村的汉代古城)、襄平(今辽阳)、房县(今辽宁省盘锦市大洼县清水农场乡小盐滩村汉代遗址)、安市(今辽宁省营口县汤池堡北 5 里的英守沟汉代古城)各城,[3] 均在今辽河流域,而无一处在今滦河流域。从上述战国末到汉初的有关辽水的发源地、流向,以及流经郡县的记载可知,从战国到汉代的辽水指今辽河,而不是指今滦河。

主张汉初以前的辽水为今滦河者,以《山海经·海内东经》的"潦水出卫皋东,东南注渤海,入潦阳"的记载为根据,认为今滦河是东南流入海,而今辽河则是西南流入海,所以认为汉初以前的辽水指今滦河,而汉武帝以后的辽水则指今辽河。认为上述有关辽水的流向和流经的郡县都是汉武帝以后的记载,并不能说明汉初以前的辽水方位。我们认为辽水指今滦河说者既不符合《山海经》所说的辽水"入潦(辽)阳"的记载,也不符合下述文献记载。

前汉桓宽撰《盐铁论·险固》中对战国全燕时的东北疆域有极为简要可靠的记载:"燕塞碣石,绝邪谷,绕援辽。"有的认为:"从这一记

〔1〕〔韩国〕尹乃铉:《古朝鲜の位置とその境域》,载《アヅァ公论》1987 年第 80 – 84 页,原文载《军史》第 8 号,1984 年第 149 – 178 页。

〔2〕孙进己、冯永谦总纂:《东北历史地理》第 1 卷,第 226、278 – 280 页。

〔3〕孙进己、冯永谦总纂:《东北历史地理》第 1 卷,第 284 – 286、276、280 – 281、289 – 292 页。

·欧·亚·历·史·文·化·文·库·

载可知,碣石、邪谷和辽水共同构成燕国的国境。"[1]其错误在于把"援辽"解释为辽水。所说的"援辽"是指辽水的一部分,而不是辽水的全部。"援辽"即东西横流的这一部分辽水,即今西辽河,亦即文献所载辽水"自塞北(或书塞外)东流"这一段的辽水,构成燕国的北界。从汉初刘安的《淮南子》所载:秦筑长城,"西属流沙,北击辽水,东结朝鲜"来看,可知秦长城是"北击辽水"。特别从今西辽河以南的燕、秦、汉长城遗迹来看,文献所载"绕援辽"和"北击辽水",只能是指今西辽河,而不是今滦河,因为今滦河没有东西横流的一段构成燕、秦的北界。"绕援辽"和"北击辽水",证实了燕、秦和汉初以前的辽水指今辽河,而不是今滦河。

关于"燕塞碣石"的解释,有的认为这里所说的碣石,在今滦河下游东部沿岸,即今河北省昌黎县境内的碣石,并认为这一碣石即燕、秦长城东端的碣石。近年来经过考古调查和考古发掘资料的证实,这一碣石不是在今河北省昌黎县,而是在今河北省北戴河的金山咀和辽宁省绥中县万家乡的石碑地、黑山头及其对面海中的礁石——姜女坟,而且这一碣石不是燕、秦长城东端的碣石,而是秦皇、汉武、曹操"东临碣石,以观沧海"之地,也是汉、魏时期的交通要道——即傍海碣石道,因此,这一碣石常见于史册。这一碣石是秦皇、汉武、曹操东巡碣石之地,不是燕、秦长城东端的碣石。燕、秦长城东端的碣石,史有明确记载,不在今滦河下游以东碣石之地,而是在乐浪郡遂城县境内,即今朝鲜平安南道江西郡咸从里。今滦河下游以东的碣石,在燕、秦、汉时代是内地,不可能在这里筑长城,在辽西、辽东地区发现的燕、秦、汉长城以及古城就是明证。不能把历代皇帝东巡碣石之地,当成燕、秦长城东端的碣石,两处碣石史有明确记载,不应混同,因已有论著发表,不再详述。[2]

主张辽水滦河说者,并没有说明"邪谷"当今何地的问题。"邪谷"

---

〔1〕〔韩国〕尹乃铉:《古朝鲜の位置とその境域》,载《アヅァ公论》1987 年第 80 - 84 页,原文载《军史》第 8 号,1984 年第 149 - 178 页。

〔2〕李健才、刘素云主编:《东北地区燕秦汉长城和郡县城的调查研究》,第 364 - 419、453 - 465 页,吉林文史出版社 1997 年版。

即"斜谷",是一条斜长的河谷,是燕与箕氏朝鲜的分界线。所谓"绝邪谷",即燕与箕氏朝鲜有一条斜长的河谷隔绝着。从文献所载燕、秦、汉初,东与箕氏朝鲜和卫氏朝鲜的界河在沛水即汉初的浿水来看,这一"邪谷"即今清川江(见后述)。

《盐铁论·险固》关于战国燕的边境记载"燕塞碣石,绝邪谷,绕援辽",即燕国东以碣石为塞,有一条斜谷隔着,北有一条东西横流的辽水围绕着。这一记载和在今东北地区考古调查发现的燕、秦、汉长城、古城完全相符[1]。这就是对辽水指今滦河一说的有力否定。如果说箕氏朝鲜和卫氏朝鲜西与燕、秦、汉初的边界在今滦河,那么在今滦河以东发现的燕、秦、汉长城和古城如何解释呢?

主张以今滦河为辽水说者提出的又一论据是:前汉刘向(公元前82—前6年)撰《说苑》卷18《辨物篇》所载齐桓公北伐孤竹经过所谓辽水的问题。是否属实,请看原文:"齐桓公北征孤竹,未至卑耳谿中十里,阚然而止,瞠然而视。……前者水也。从左方渡行十里果有水,曰辽水表之,从左方渡至踝,从右方渡至膝,已渡,事果济。"有的认为"齐桓公在到达孤竹之前,渡过流入卑耳溪谷中的河流叫辽水"[2]。但在战国时代撰成的《管子》卷16《小问》等篇中,在记述春秋初期(公元前7世纪)的齐桓公北伐孤竹国,"未至卑耳之谿十里"时,并没有谈到有辽水的问题,到前汉刘向在其《说苑》中才补入辽水的河流名。因此,有的认为"从战国到前汉初,滦河称为辽水"[3],并说:"孤竹国在今河北省卢龙县,卢龙县在滦河下游东部沿岸。从这一地理关系可知,齐桓公征孤竹所过的辽水即今滦河"[4]。笔者认为从齐都到孤竹,要经过许多河流,卑耳之谿当今何谷何水不清楚,是否是今滦河的支流也

〔1〕李健才、刘素云主编:《东北地区燕秦汉长城和郡县城的调查研究》,第364–419、453–465页,吉林文史出版社1997年版。

〔2〕〔韩国〕尹乃铉:《古朝鲜の位置とその境域》,载《アツァ公论》1987年第80–84页,原文载《军史》第8号,1984年第149–178页。

〔3〕〔韩国〕尹乃铉:《古朝鲜の位置とその境域》,载《アツァ公论》1987年第80–84页,原文载《军史》第8号,1984年第149–178页。

〔4〕〔韩国〕尹乃铉:《古朝鲜の位置とその境域》,载《アツァ公论》1987年第80–84页,原文载《军史》第8号,1984年第149–178页。

没搞清。至于"从左方渡行十里有水曰辽水",这一辽水当今何地、何水,是否是今滦河或其支流,均无法考知。就算是今滦河的支流,也不能以其支流的名称来证实滦河也叫辽水。今滦河古称濡水,从无称辽水的记载,其支流也没有称辽水的记载。因此,以方位不明的卑耳之谿附近的小溪即所谓的辽水当今滦河,实属牵强附会,并无说服力,故中外史学界不采其说。

主张辽水即今滦河者提出的另一论据是:《水经注》载"围绕在肥如县附近的山上有关祠堂的传说,其附近有称为辽水的江名。由此可知,《水经注》作者郦道元也以今滦河为辽水。肥如县在今滦河下游。因此,结论是今滦河从战国到汉初称为辽水,它是辽东西南部的边界线,正是古朝鲜的西部边界"。[1] 但是在肥如县南孤竹城附近根本没有称为辽水的江名,郦道元也没有以今滦河为辽水的记载。为了弄清事实真相,今将《水经注》的有关原文列出,供研究讨论。

《水经注》卷14濡水条:"《地理志》曰:'卢水南入玄'。玄水又西南,迳孤竹城北,西入濡水,故《地理志》曰:'玄水东入濡',盖自东而注也。《地理志》曰:'令支有孤竹城',故孤竹国也。《史记》曰:孤竹君之二子伯夷、叔齐让国于此,而饿死首阳。汉灵帝时。辽西太守廉翻梦人谓己曰:'余孤竹君之子,伯夷之弟,辽海漂吾棺椁,闻君仁善,愿见藏覆'。明日视之,水上有浮棺,吏嗤笑者,皆无病而死,于是改葬之。《晋书·地道志》曰:'辽西人见辽水有浮棺,欲破之,语曰:我孤竹君子也,汝破我何为?因为立祠焉。'祠在山上,城在山侧,肥如县南十二里,水之会也。又东南,过海阳县西南,入于海。"从这一记载可知,孤竹城附近有濡水的支流玄水(今青龙河)、卢水(今沙河),而无辽水。在孤竹城(玄水与濡水合流处,今河北省卢龙县)山上建立的叔齐的祠堂是根据传说建立的。在传说中,一云后汉灵帝时,辽西太守梦见"辽海"上漂流着叔齐的棺椁,改葬之。一云"辽西人见辽水有浮棺",为孤

---

〔1〕〔韩国〕尹乃铉:《古朝鲜の位置とその境域》,载《アヅァ公论》1987年第80-84页,原文载《军史》第8号,1984年第149-178页。

竹君之子的棺椁,因之为祠堂。所谓辽海、辽水都是神话传说中的河流名称,不是史实。而且是辽海还是辽水,也没有考定清楚,便把神话传说中的辽海、辽水推定为今滦河,实属牵强附会,难以令人信服。

有的认为今滦河是前汉初的辽水,是辽东西南部的边界,也是古朝鲜的西部边界。元封三年(公元前 108 年),汉武帝灭朝鲜置四郡以后,前汉的疆域才到达今辽河,辽水之名称从今滦河转到今辽河。[1]但是如前述,中国古代文献明确记载:燕、秦、汉初与古朝鲜(箕氏朝鲜、卫氏朝鲜)的边界在满潘汗、沛水、浿水,而不是辽水。特别是前述《盐铁论》关于战国全燕时的东北有"援辽",即东西横流的辽水围绕着,以及秦长城"北击辽水"的记载可知,早在战国和秦代以及汉初的辽水即指今辽河,而不是在汉武帝以后今辽河才称为辽水。如果把从战国到汉初的古朝鲜推定在辽东即今辽宁地区,那么对在辽西、辽东发现的燕、秦、汉长城、古城如何解释呢? 可见所谓今滦河是汉初以前的辽水,是燕、秦和汉初与古朝鲜的界河一说,纯属臆断,和文献记载以及考古资料不相符。

30.2 汉初的浿水指今清川江,
而不是今滦河

据文献记载,战国全燕时,东"至满潘汗为界",[2]而满潘汗即汉代辽东郡的番汗县,在沛水流域。[3] 秦的东界"东绝沛水"。[4] 可知沛水是燕、秦东与箕氏朝鲜的界河。到汉初,东与卫氏朝鲜的界河为浿水。[5]《魏略》将浿水又书为溴水。汉初的浿水当今何水,据《史记·朝鲜列传》载:汉初,燕人卫满,自辽东到箕氏朝鲜,"东走出塞,渡浿

〔1〕〔韩国〕尹乃铉:《古朝鲜の位置とその境域》,载《アヅア公论》1987 年第 80 - 84 页,原文载《军史》第 8 号,1984 年第 149 - 178 页。

〔2〕鱼豢:《魏略》。

〔3〕《汉书·地理志》辽东郡番汗县班固注:"沛水出塞外,西南入海"。

〔4〕《盐铁论·诛秦》。

〔5〕《史记·朝鲜列传》。

水"。元封二年（公元前 109 年），汉使涉何从卫氏朝鲜的王险城西行，渡浿水后进入塞内。由此可知，浿水在燕、秦、汉长城塞外（塞东），这是推定浿水当今何水最可靠的根据。又据《说文解字》卷 11 载："沛，水出辽东番汗塞外，西南入海。"这说明沛水在塞外，而且是西南入海。据此可知，沛水和浿水均在塞外，这是推定沛水、浿水方位最重要可靠的根据。有的把浿水推定在今鸭绿江、大凌河、滦河，但这三条河，均不在塞外。这一塞外，不是其他地方的塞外，而是满潘汗即番汗县地方的塞外，满潘汗即番汗县，是燕、秦、汉东与古朝鲜（箕氏朝鲜和卫氏朝鲜）边境上的一座重要城镇，在今朝鲜平安北道博川郡坛山里古城，在这一古城内出土过战国时期燕国的半瓦当，和在内蒙长城附近发现的燕国半瓦的纹饰相同。[1] 在朝鲜大宁江东岸，发现了一道总长 120 公里的长城，此长城即燕、秦、汉长城的东段。[2] 今清川江正是在这一长城的塞外（塞东），而且是西南入海。有的把沛水推定在今大宁江，但是今大宁江在燕、秦、汉长城塞内（塞西），而且还是南流入海，和沛水在塞外（塞东），西南流入海的记载不符。燕、秦东与古朝鲜的界河——沛水，即汉初东与古朝鲜的界河——浿水。沛水即汉初的浿水（今清川江），但不是后汉到隋、唐时代的浿水（今大同江）。

有的认为浿水即今滦河，提出的论据是《汉书·地理志》番汗县注："沛水出塞外，西南入海。应劭曰：汗水出塞外，西南入海。"一般认为沛水即汗水。有的认为《水经注》濡水之支流中有汗水，濡水为今滦河之古名，认为沛水即浿水，亦即汗水，为今滦河的支流。有的认为这样可以确认满潘汗是在滦河流域的地名，是燕和古朝鲜的边界线。[3]

《水经注》载：濡水"又东北注难河。难河右则汗水入焉"，可见汗水（非汗水）是濡水（今滦河）支流中的小河流。有的把应劭所说的源

〔1〕李健才、刘素云：《东北地区燕秦汉长城和郡县城的调查研究》第 178 页，第 154－173 页，第 323－334 页。

〔2〕李健才、刘素云：《东北地区燕秦汉长城和郡县城的调查研究》第 178 页，第 154－173 页，第 323－334 页。

〔3〕〔韩国〕尹乃铉：《古朝鲜の位置とその境域》，载《アヅァ公论》1987 年第 80－84 页，原文载《军史》第 8 号，1984 年第 149－178 页。

出塞外的汗水,推定在塞内即今滦河支流的汗水,而且也不是西南入海,而是东南入海。难河是濡水(今滦河)的支流,而汗水又是难河的支流,可见汗水是濡水支流中的支流,是一条小河流,不可能是燕、秦、汉初东与古朝鲜的界河,而且濡水也从无汗水或汗水的名称。因此,把沛水、浿水和满潘汗推定在今滦河的论据是不可靠的。

30.3　列水指今载宁江,而不是大同江,
更不是滦河

　　关于列水(亦书洌水)当今何水的问题,历来众说纷纭,通说认为列水当今大同江,反对通说者认为列水指今滦河,此外还有的认为列水指今汉江,笔者认为列水指今载宁江。

　　通说认为列水指今大同江的根据是:《史记·朝鲜列传》载汉武帝派兵击朝鲜,"左将军破浿水上军,乃前至城下,围其西北。楼船亦往会,居城南,右渠遂坚守城。……楼船将军亦坐兵至洌口"。在这里所说的浿水指今清川江,而不是大同江。列水在王险城南,列口(洌口)指今大同江口,因此认为列水即今大同江。[1] 史学界多采其说。笔者认为列口指今大同江口是毫无疑问的,但是列水不是指今大同江,而是指今载宁江。因为列口是今载宁江西流和今大同江合流后的入海口,既是大同江的入海口,也是载宁江的入海口。列水在带方郡境内,即今朝鲜黄海道的中部和西部,带方郡的郡治即原乐浪郡带方县的所在地,在今黄海道凤山郡土城内。在带方郡内西流入海的正是今载宁江而不是大同江。《汉书·地理志》乐浪郡吞列县下班固注云:"分黎山,列水所出,西至黏蝉入海,行八百二十里。"这里明确指出列水在乐浪郡境内。《山海经·海内北经》东晋郭璞注云:"朝鲜,今乐浪县,箕子所封也。列,亦水名也,今在带方。带方有列口县。"《汉书·地理志》云:列水在乐浪郡境内,而《山海经·海内北经》郭璞注则云:列水"今在带

〔1〕《〈中国历史地图集〉释文汇编(东北卷)》第48页,第33－46页。

方"。这是因为后汉建安中(公元 176—220 年),"公孙康分屯有县以南荒地为带方郡"。三国及两晋时期,原乐浪郡所辖列口、带方等 7 县划归带方郡。所谓列水在乐浪郡,即后来的带方郡,所以郭璞注云:列水"今在带方"。又从列水"西至黏蝉入海",从黏蝉(在今大同江口的北岸)以及列口县(在今大同江口的南岸)的位置来看,列水当指今载宁江,而不是大同江。关于乐浪郡和带方郡所属各县的地理方位,因已有详尽的考证,不再赘述。[1] 带方郡是从原乐浪郡境内的南部划分出来的,列水在带方郡内,而大同江在乐浪郡的北部,不在南部的带方郡境内,所以列水不可能是指今大同江。

郭璞在《山海经》注中既云列水在带方,又在《方言》中注云"洌水在辽东",这一注文的问题在于把洌水推定在辽东。李贤在《后汉书·郡国志》乐浪郡列口条下注云:"郭璞注《山海经》曰,列,水名,列水在辽东。"因此,有的认为列水有二,一在带方,一在辽东。《方言》和《后汉书·郡国志》注均云列水在辽东。李贤注引郭璞注《山海经》曰"列,水名,在辽东",但是郭璞所说的"洌水在辽东",是在《方言》的注文中说的,不是在《山海经》中的注文中说的。郭璞在《山海经》的注文中并没有说列水在辽东,而是说"列,亦水名也,今在带方,带方有列口县"。可见李贤所引郭璞的注文是错误的,但唐代李贤所说的辽东,包括当时句丽全境,这和东晋郭璞所说的列水在带方有列口县的记载并不矛盾,因为带方列水在唐代是在高丽即辽东境内。

主张列水即今滦河者提出的论据是:《山海经·海内北经》载:"朝鲜在列阳东,海北,山南。列阳属燕。"据此认为列水是古朝鲜边境上的一条河流,并认为列水即今滦河。其论据是:《史记·朝鲜列传》《集解》引三国魏人张晏曰:"朝鲜有湿水、洌水、汕水,三水合为列水,疑乐浪、朝鲜取名于此也。"据此认为"在古朝鲜领域的河流中,有这样名称的三条支流者只有滦河,今滦河古称濡水"[2] 认为张晏所说的朝鲜

〔1〕《〈中国历史地图集〉释文汇编(东北卷)》第 48 页,第 33－46 页。
〔2〕〔韩国〕尹乃铉:《古朝鲜の位置とその境域》,载《アヅァ公论》1987 年第 80－84 页,原文载《军史》第 8 号,1984 年第 149－178 页。

境内的湿水、洌水、汕水,即《水经注》濡水支流的湿余水、武列水、龙鲜水。笔者认为这一看法的错误是今滦河流域是燕、秦、汉时代的属地,不在古朝鲜境内。朝鲜境内的湿水、洌水、汕水,三水合为列水,而湿余水、武列水、龙鲜水是濡水支流中的支流,是一条小河流,不是形成濡水的三大河流,更不是形成朝鲜洌水的三大河流。主张列水即今滦河者所说的湿余水是"和濡水合流的水有鲍立水,和鲍立水合流的水有沽河,流入沽河的水有湿余水,认为湿水即湿余水的简称"[1] 由此可知,主张列水即今滦河者,把燕、秦、汉境内的濡水支流中的小河水湿余水、武列水、龙鲜水和古朝鲜境内的湿水、洌水、汕水生拉硬扯在一起,把濡水的三条支流中的小河流,推定为古朝鲜境内的洌水、湿水、汕水,实属臆测。如果把今滦河推定为古朝鲜境内的列水,那么把周代的燕置于何地?

通过上述可知,那种认为"辽水、浿水、列水是滦河各个不同部分的名称,是古朝鲜西部的界河"的看法,[2]既不符合文献记载的原意,也不符考古资料的实际。

〔1〕〔韩国〕尹乃铉:《古朝鲜の位置とその境域》,载《アヅァ公论》1987 年第 80 – 84 页,原文载《军史》第 8 号,1984 年第 149 – 178 页。

〔2〕〔韩国〕尹乃铉:《古朝鲜の位置とその境域》,载《アヅァ公论》1987 年第 80 – 84 页,原文载《军史》第 8 号,1984 年第 149 – 178 页。

31 关于汉代辽东、乐浪两郡
地理位置问题的探讨

汉武帝在公元前108年灭卫氏朝鲜,于其地置乐浪、真番、临屯、玄菟四郡。汉代的辽东郡与乐浪郡东、西相邻,推定乐浪郡的方位时,必然涉及辽东郡的方位问题。过去,国内外学者关于辽东郡和乐浪郡的位置问题发表了许多论著,多数学者认为燕、秦、汉的辽东郡在今辽河以东到今朝鲜的清川江一带,郡治在今辽宁省的辽阳市;乐浪郡在今朝鲜的大同江流域,郡治在今朝鲜的平壤。

反对上述通说者认为从燕、秦到汉武帝置四郡以前的辽东郡在今河北省滦河下游以东到山海关地区,汉武帝置四郡以后,才迁到今辽河以东即今辽东半岛[1]。关于乐浪郡的位置问题,反对通说者认为"汉四郡位于今辽河以西的地方,汉四郡之一的乐浪郡也必然位于该地区之内",即"今河北省东北部的滦河东部沿岸,是以昌黎县的碣石为其西方境界",并认为在今朝鲜平壤地区建立的是乐浪国,而不是乐浪郡[2]。

从反对通说者提出的论据来看,还值得进一步商讨。今仅将其论点和论据以及有待商讨的问题分述如下。

30.1 汉武帝置四郡以前的辽东郡是否
在今滦河下游到山海关附近地区的问题

认为汉武帝置四郡以前的辽东郡在今滦河下游以东到山海关附

---

〔1〕〔朝鲜〕姜仁淑著、李云铎译:《燕辽东郡的位置》,载《东北亚历史与考古信息》1986年第3期(原文载朝鲜《历史科学》1985年第2期,科学·百科辞典出版社,平壤)。

〔2〕〔韩国〕尹乃铉著、顾铭学译:《汉四郡的乐浪郡和平壤的乐浪》,载《东北亚历史与考古信息》1990年第2期(原文载《韩国古代史新论》1989年版,一志社,汉城)。

近,持这种观点的学者其论据主要有以下五点:

(1)《史记·秦始皇本纪》载:公元前209年,秦二世东巡碣石回来后,即派人去碣石刻始皇功德碑,"遂至辽东而还"。以此认为"这说明了碣石山一带,秦时曾称作辽东"。同时,根据秦长城"起临洮,至辽东"[1]的记载,认为秦长城的东端在辽东。又根据《晋书·唐彬传》"复秦长城塞,自温城洎于碣石"的记载,认为"秦长城的东端就是碣石山",而碣石即位于滦河下游和山海关之间。

我们认为,这种看法值得商讨。第一,山海关附近的长城是明代长城,而不是燕、秦、汉长城的东端。燕、秦、汉修筑长城的目的是防御东胡或匈奴。从当时燕、秦、汉的疆域和东胡、匈奴的位置,以及在今辽河以西、以东发现的燕、秦、汉长城和古城址的分布(详见后述)来看,今滦河下游到山海关地区,在燕、秦、汉时代是内地,而不是边疆,不可能在其内地修筑长城,同时,这里亦无燕、秦、汉长城的遗迹。今山海关到北京八达岭以及至嘉峪关的长城,是明代为了防御蒙古而修筑的长城,它不是"起临洮,至辽东"的秦代长城。明代长城较燕、秦、汉长城内移了很多,二者不能混同。再从长城构筑的特点来看,从山海关到山西这段明代长城,完全是内为夯土版筑,外包以青砖,或底部包以石条的城墙。从山西到甘肃的一段,是夯土版筑的城墙,外面不用砖石包砌。而燕、秦、汉长城则多为土筑或石筑,外面不用砖石包砌。两者的位置、走向和构筑材料都有明显的区别。我国已故考古学家李文信先生说:"我们综合文献记载和考古观察的结果,认为赵、燕、秦、汉的北部长城,当是相沿使用的,它和现存明代长城相距很远,没有因袭的可能,也就是说现有明代长城和汉前古长城根本是两条线路,不能把西起嘉峪关,东到山海关的明代长城,当做秦始皇的万里长城。"[2]尤其不能以

〔1〕《史记·蒙恬列传》;《史记·匈奴列传》;鱼豢《魏略》。
〔2〕李文信:《中国北部长城沿革考》,载《社会科学辑刊》1979年创刊号,第2期。

明代长城的东端[1],当成秦、汉长城的东端。

第二,东巡碣石之地在辽西而不是辽东。东北郡县的建置始于燕,秦、汉多沿袭燕郡县之旧[2]。从东北发现的燕、秦、汉古城和长城,及其附近出土的文物来看,多数是燕、秦、汉三代文物共存,证实燕、秦、汉三代先后沿用。燕、秦在东北的郡县位置,由于缺乏记载,难以肯定,但是到了汉代,今滦河以东到山海关等地区是辽西郡的辖境,而不是辽东郡的辖境。前汉辽西郡辖有14个县,其中的絫县在今滦河下游到山海关地区,后汉时并入临渝。临渝,前汉在今辽宁朝阳东北义县境内,后汉迁到今山海关附近[3]。据《汉书·武帝本纪》载,元封元年(公元前110年),"行自泰山,复东巡海上,至碣石,自辽西,历北边,归于甘泉"。后汉文颖注曰:"碣石在辽西絫县,絫县今罢,属临渝,此碣石著海旁。"后汉高诱说:"碣石在辽西界,海水西畔。"[4]可知东巡碣石之地,在前汉属辽西郡絫县,后汉属辽西郡临渝县辖境。

秦皇、汉武,以及魏武帝曹操东巡的碣石当今何地?过去众说纷纭,近年来,由于考古调查[5]和考古发掘[6]资料的证实,把东巡碣石和观海行宫、望海台推定在今辽宁省绥中县海中立石"姜女坟"和北戴河的金山嘴,及其附近规模较大的秦、汉遗址最有说服力。有的认为在东巡碣石遗址西北10余公里的山海关西南古城子村的汉代城址,即为前汉辽西郡絫县,后汉临渝县城址[7],或河北省抚宁县的榆关。

---

〔1〕一般认为"东起山海关,西至嘉峪关",是明代长城的起止点,但这是指东、西两端的关口重镇而说的,不是指明代长城的起止点。明代长城的东端,实际是从山海关直到辽河以东的鸭绿江边,还有土筑或石筑的明代长城,即辽东边墙。明代长城的西端,实际是直到安西县境,向南直到祁连山。

〔2〕《水经注》卷14,濡水条引东汉应劭《地理风俗记》:"阳乐,故燕地,辽西郡治,秦始皇二十二年置。"

〔3〕谭其骧主编:《〈中国历史地图集〉释文汇编(东北卷)》,第5-6页、第46-48页,第11页;孙进己、冯永谦总纂:《东北历史地理》第1卷,第310-312页、第388页、第284-286页。

〔4〕《淮南子》卷5,时则"自碣石过朝鲜"高诱注。

〔5〕黄盛璋:《历史地理论集》,第556-561页。

〔6〕辽宁省文物考古研究所:《辽宁绥中县"姜女坟"秦、汉建筑遗址发掘简报》,载《文物》1986年第8期;河北省文物研究所等:《金山嘴秦代建筑遗址发掘报告》,载《文物春秋》1992年增刊。

〔7〕孙进己、冯永谦总纂:《东北历史地理》第1卷,第310-312页、第300-301页。

第三，秦、汉长城东端的碣石，史有明确记载，是在汉代乐浪郡的遂城县[1]，而不是在汉代辽西郡的絫县境内。两处碣石分属于不同的郡县，不能以东巡碣石当成秦、汉长城东端的碣石。关于遂城县碣石的位置，《通典》有较明确的记载："碣石山在汉乐浪郡遂城县，长城起于此山。今验长城，东截辽水而入高丽，遗迹犹存。"[2]这说明秦、汉长城东端的碣石在辽水以东的高句丽境内，这一长城在唐代还存有遗址。又从"东过碣石，以玄菟、乐浪为郡"[3]的记载可知，乐浪郡遂城县境内的碣石在东巡碣石之东，而不是在东巡碣石即今山海关附近。

关于东北地区燕、秦、汉长城的位置和走向，过去已经分段进行过多次调查[4]，其位置和走向，"当由独石口北，滦河南的大滩一带，东经围场、赤峰、敖汉，由奈曼、库伦南部，进入阜新。又经彰武、法库、开原一带，跨越辽河，再折而东南，经新宾、宽甸，向东至当时国境"[5]。据文献记载，燕的东界"至满潘汗为界"[6]，秦的东界"东绝沛水"[7]，汉的东界"至浿水为界"[8]。《说文解字》载："沛水出辽东番汗塞外，西南入海。"《汉书·地理志》："番汗，沛水出塞外，西南入海。"可知燕的满潘汗即汉代的番汗县，属辽东郡，在沛水流域。有的认为沛即浿的本字，从其"西南入海"的流向来看，沛水当即浿水。浿水当今哪一条河流？过去众说不一，有鸭绿江、大同江、大凌河等说。今以清川江为两汉时代的浿水，汉以后的浿水则指今大同江[9]的通说为准。燕、秦、汉的东界，虽有"至满潘汗"、"东绝沛水"、"至浿水"等不同记载，但实际

〔1〕《史记·夏本纪》《索隐》引《太康地理志》"乐浪遂城县有碣石山，长城所起"；《晋书·地理志》乐浪郡遂城县注云"秦筑长城之所起"；《水经注》：秦筑长城"起自临洮，至于碣石"。

〔2〕《通典》卷186，边防2，东夷高句丽。

〔3〕《汉书·贾捐之传》。

〔4〕中国社会科学院考古研究所编：《新中国的考古发现和研究》，第400－410页，文物出版社1984年出版。

〔5〕李文信：《中国北部长城沿革考》，载《社会科学辑刊》1979年创刊号，第2期。

〔6〕《魏略》。

〔7〕《盐铁论·诛秦》。

〔8〕《史记·朝鲜列传》。

〔9〕谭其骧主编：《〈中国历史地图集〉释文汇编（东北卷）》，第5－6页、第46－48页、第11页；孙进己、冯永谦总纂：《东北历史地理》第1卷，第310－312页、第388页、第284－286页。

是一致的,都以沛水即沸水(今清川县)为其东界。它和《通典》所说的汉长城"东截辽水而入高丽"的记载,以及考古调查所揭示的燕、秦、汉长城东端的方位均属相符。

(2)以今滦河下游以东到山海关地区为辽东郡者提出的另一根据是:汉初的"国名辽东国由来于地名辽东",认为辽东国是包括辽东在内的国家,辽东国的都城在无终(今河北玉田县北,蓟县东北境内),"并不在远离无终一千余里的辽东地方,而是在和无终邻近的山海关以南地区",并认为"它与燕、秦辽东郡位于碣石山附近的资料也是一致的"。

上述这一看法并不正确。公元前209年,韩广自立为燕王[1],都于无终。上谷、渔阳、右北平、辽西、辽东五郡之地,皆属燕国版图。到公元前206年,项羽自立为西楚霸王,封以前的燕将臧荼为燕王,都于蓟(今河北省蓟县),而"徙燕王韩广为辽东王"。当新任燕王臧荼赴任时,"因逐韩广之辽东,广弗听,荼击杀广无终,并王其地"[2]。说明韩广不听命,并未赴辽东就任,因此,不能把燕王韩广的都城无终,看做是辽东国的都城。无终不是辽东国的辖境,而是燕王韩广的都城和辖境。无终在汉代为右北平郡的一个属县,而山海关以南地区,则是前汉辽西郡的絫县,后汉辽西郡的临渝县所在地,都不是汉初辽东国的辖境。所以,不能以无终或其附近的山海关地区为汉初辽东国的辖境。

(3)按汉代礼制,设有高庙的地方,应为郡治所在地[3]。《汉书·地理志》辽东郡治所在地的襄平县条下,并无高庙的记载。有的据此认为"这说明公元前135年前后,辽东郡还没有在辽东半岛地区"[4]。笔者认为这一推论也不符合实际。前汉"凡祖宗高庙在郡国者六十八,合百六十七所"[5]。但《汉书·地理志》只见辽西郡且虑有高庙的

---

〔1〕《汉书·张耳、陈余传》。

〔2〕《史记·项羽本纪》;《史记·高祖本纪》;《汉书·高祖本纪》。

〔3〕《西汉会要》上册卷12,礼六,郡国庙。

〔4〕〔朝鲜〕姜仁淑著、李云铎译:《燕辽东郡的位置》,载《东北亚历史与考古信息》1986年第3期(原文载朝鲜《历史科学》1985年第2期,科学·百科辞典出版社,平壤)。

〔5〕《西汉会要》上册卷12,礼六,郡国庙。

记载,不见其他郡治有高庙的记载。所以,不能因襄平无高庙的记载,便认为汉初的辽东郡不在辽东半岛地区。反对通说者还提出"且虑县被认为是在山海关以南辽东县地方",这一推论也是值得研究的。因为在山海关附近,从来没有辽东县的记载,且虑也不在山海关附近,而是在今辽宁省朝阳市西北的召都巴乡召都巴村的前汉古城址[1]。且虑县是前汉辽西郡的首县,是郡治的所在地(后汉迁到阳乐),故建有高庙。且虑高庙在今朝阳市附近,而不在今山海关附近。因此,把辽西郡治的且虑高庙推定在今山海关附近,并认为是辽东郡治的所在地,都是不合实际的。

(4)反对通说者认为燕、秦和汉中期以前的辽水指今滦河,辽东郡"只能在现在的山海关附近寻找"。他们主要提出以下三点论据:第一,以公元前7世纪中叶,"齐桓公在征讨孤竹的途中曾渡过辽水"为根据,认为辽水是在齐国和孤竹中间的水,这只能是今滦河,而不是今辽河。但是齐桓公"北伐山戎,刜令支,斩孤竹,而南归"[2]的过程中,并无"曾渡过辽水"的记载。在其所提出的论据中,如《管子》中的《小匡》、《大匡》、《封禅》等篇,《吕氏春秋》卷8仲秋,以及《史记》中的《齐太公世家》、《燕召公世家》和《秦本纪》等书,在谈到齐桓公北伐孤竹、令支时,亦均无"曾渡过辽水"的记载。因此,以今滦河为辽水的推论是没有根据的。

第二,反对通说者以《盐铁论》的"燕塞碣石,绝邪谷绕援辽"为根据,认为当燕国版图还没有越过山海关一线的战国时期,碣石和辽水是燕国的边防要塞,碣石在今山海关附近,辽水是流向这一碣石山附近的江,这一江只能是今滦河。但是其所提出的论据和论点都是不符合实际的。这从在东北发现的燕、秦、汉长城和古城址、古墓葬来看(见后述),说明战国时燕的版图早已越过山海关一带。这里所说的"燕塞碣石",不是在今山海关附近的东巡碣石,而是在浿水(今清川江)以东,

〔1〕孙进己、冯永谦总纂:《东北历史地理》第1卷,第310-312页、第300-301页。
〔2〕《国语·齐语》。

燕、秦、汉长城所起的碣石,这一碣石在汉代乐浪郡遂城县境内,而不是在辽西郡絫县境内。如果把战国时期燕国的边境推定在今滦河下游和山海关一带,如何理解在今辽河以西、以东发现的燕国长城、古城和墓葬呢?

第三,以辽水为今滦河者,提出《山海经·海内东经》的"潦水出卫皋东,东南注渤海,入潦阳"的记载,作为汉中期以前的辽水在今滦河的根据,并认为滦河就是《水经注》中的濡水。事实上,发源于卫皋即卫白平山的潦水即大辽水,而不是濡水。《山海经》中的卫皋即《水经注》中的卫白平,白平即皋字一分为二之误。以卫白平与右北平音近为由,就认定卫白平即是右北平,这种看法也是错误的。因为"大辽水出塞外卫白平山",而右北平在塞内,所以塞外的卫白平山,不可能是塞内的右北平。关于辽水的流向,《吕氏春秋》卷13《有始篇》中,后汉高诱关于辽水的注云:"辽水出砥石山,自塞北东流(今辽河上游至入塞处,正是在燕、秦、汉长城之北,东流,而今滦河则不是在塞北东流)。直至辽东之西南入海。"特别是《山海经》所说的潦水"入潦阳",更值得重视,汉在今滦河下游无潦阳(辽阳)的地名,只有在今辽河下游才有辽阳的县名。辽阳是辽东郡的一个属县,后又改属玄菟郡。汉代的辽阳也不能和以后的辽阳,即辽代东京辽阳府的辽阳(今辽阳市)混同起来。汉代的辽阳在今沈阳和辽阳之间,"梁水(今太子河)、浑河交会之处"[1],即今辽宁省辽中县茨榆坨乡浑河北岸的偏堡子村的汉代古城[2]。汉代的辽阳在今辽河下游,而不在今滦河下游。因此,《山海经》关于潦水的发源地、流向、所经郡县的记载,并不能说明潦水(辽水)指今滦河。

(5)根据《汉书·武帝本纪》建元六年(公元前135年)"辽东高庙灾"以及辽东郡治襄平条下并无高庙的记载,认为"至少在公元前135年前后,还没有在辽东半岛存在过辽东郡"。这一推论和在今辽河以

---

〔1〕《嘉庆重修一统志》奉天府古迹,辽阳故城条。

〔2〕谭其骧主编:《〈中国历史地图集〉释文汇编(东北卷)》,第5-6页、第46-48页、第11页;孙进己、冯永谦总纂:《东北历史地理》第1卷,第310-312页、第388页、第284-286页。

东发现的燕、秦、汉时代的古城址和墓葬,以及出土文物并不相符。如在今辽阳"出土过战国虺纹大鼎、'中平城'款铜戈和大批襄平布……"[1],在辽阳北郊三道壕汉代村落遗址还发现红陶釜口部有线刻"昌平"的字款(辽东郡治襄平,在王莽时代曾改名为"昌平")。在辽宁地区的战国遗址还有抚顺莲花堡、鞍山羊草庄、宽甸双山子等。在今吉林省梨树县石岭乡二龙湖山村北 1.5 公里处发现一座土筑方形城,遗物大部分是战国的,部分是前汉的,是现已发现的最北的一座战国到汉初的城址[2]。在今辽河以东发现的战国、汉代城址、遗址、墓葬和出土文物可以证实辽东郡县址,在汉代中期以前就已在今辽河以东出现,不是在汉中期以后才迁到今辽河以东的。特别是从辽西发现的燕、秦、汉长城和城塞,以及从其附近出土的燕、秦、汉时代的文物[3],可以证实早在燕、秦和汉初,辽西、辽东就已归入燕、秦、汉的版图。

反对通说者还根据《汉书·昭帝本纪》元凤六年(公元前 75 年),"募郡国徒,筑辽东玄菟城",认为公元前 75 年,汉代辽东郡才扩展到辽河东岸,并在此设立郡县。

从上述文献记载和今辽阳市出土的燕、秦、汉时代文物可知,今辽阳市是燕、秦、汉辽东郡治的襄平故城,并不是在汉昭帝时代才修筑的城。到公元 402 年,高句丽占据辽东以后,襄平才改称辽东城。在此以前,一直称襄平,并无辽东城的名称。因此,汉昭帝时代,不是修筑辽东、玄菟两城,而是修筑辽东境内的玄菟城,玄菟城建成后,玄菟郡从沃沮城西迁到辽东境内,成为玄菟郡治的所在地。

〔1〕辽宁省博物馆 1962 年编:《辽宁史迹资料》;冯永谦、何溥滢编著:《辽宁省古长城》,第57 – 63 页。

〔2〕吉林省地方志编委会编:《吉林省志》卷 43,《文物志》,第 56 – 58 页,吉林人民出版社1991 年 10 月出版。

〔3〕中国社会科学院考古研究所编:《新中国的考古发现和研究》,第 400 – 410 页,文物出版社 1984 年出版。

31.2　乐浪郡在今滦河下游东部沿岸，
还是在今朝鲜大同江流域的问题

中外史学界的通说认为汉代乐浪郡在今朝鲜的大同江流域，郡治在今平壤。反对通说者则认为汉四郡在辽西，即从今滦河到辽河以西地区，而乐浪郡在今滦河下游东部沿岸地区。他们的根据是《太康地理志》关于"乐浪遂城县有碣石山，长城所起"的记载，认为碣石在今河北省昌黎县的碣石山，即今滦河东部沿岸。因此又认为，燕、秦和汉初的辽东郡在今滦河的东北部地区，而燕、秦、汉长城的东端也在这里。

如前所述，滦河下游东部沿岸和山海关附近是明代长城，而不是秦代长城的东端。其地的碣石，是秦皇、汉武和曹操东巡的碣石，而不是秦、汉长城东端的碣石，这一地区是前汉辽西郡絫县（后汉为临渝县）的辖境，而不是乐浪郡遂城县的辖境。因此，把秦、汉长城东端的碣石推定在没有秦、汉长城遗迹可寻的东巡碣石之地，其论据和论点都是难以令人信服的。

31.2.1　襄平是否即燕、秦、汉长城东端的问题

反对通说者根据《史记·匈奴列传》关于"燕亦筑长城，自造阳至襄平"的记载，认为襄平即长城的东端。又根据"襄平县，属辽东郡，故城在今平州卢龙县西南"[1]，认为襄平在今滦河的东部沿岸，并推定燕、秦、汉长城东端的襄平，是在碣石山地区或其附近。

上述看法存在的问题是，《史记·匈奴列传》绝不是说襄平城是燕长城的东端。正如李文信先生所说："东端若画到襄平西门，也不合于长城防御的本义。"这里所说的燕长城"至襄平"，是指辽东，和司马迁在《史记》中所说的秦长城"起临洮，至辽东"的意义相同。其次是，李贤注所说的襄平县"故城在今平州卢龙县西南"，是指襄平一再内迁后，侨置在卢龙县西南的襄平，而不是燕代在今辽阳的襄平。关于襄平

---

〔1〕《后汉书·袁绍、刘表列传》关于公孙度所据的襄平条中，引唐代李贤注。

的内迁和设废情况,除《魏书·地形志》[1]外,《太平寰宇记》卷 70 明确记载:"卢龙县,本汉肥如县也,属辽西郡。……唐武德三年,省临渝,移平州置此,仍改肥如县为卢龙县。"由此可知,唐代卢龙县即平州州治所在地,这里是汉代辽西郡肥如县的所在地,不是辽东郡襄平县的所在地。到唐代,辽东郡的襄平县早已被高句丽占据,并改称为辽东城。

31.2.2 在今平壤的是汉代乐浪郡,而不是乐浪国

反对通说者认为"有一个与汉四郡之乐浪郡不同的乐浪,存在于朝鲜半岛北部的大同江流域"[2]。他们称这一乐浪为乐浪国,其根据是《三国史记·高句丽本纪》大武神王十五年(东汉光武帝建武八年,公元 32 年)的记载:"夏四月,王子好童游于沃沮,乐浪王崔理出行,因见之,问曰:'观君颜色非常人,岂非北国神王之子乎?'遂同归,以女妻之。"以此他们认为崔理是乐浪国的国王,在高句丽的南方,当今大同江流域,而汉四郡之一的乐浪郡则在今滦河下游到山海关地区。

乐浪王崔理始见于公元 32 年,到公元 37 年(后汉建武十三年),"(高句丽)王袭乐浪,灭之"[3]。但这一记载难以说明此乐浪即是乐浪国,而不是乐浪郡。因为高句丽侵占乐浪后的第七年,后汉为了收复被高句丽占领的乐浪,"汉光武帝遣兵渡海,伐乐浪,取其地为郡县,萨水(今清川江)以南属汉"[4]。从所谓乐浪国存在的时间(公元 32—37 年)、地点(大同江流域)来看,此乐浪正是汉代乐浪郡的所在地。根据是:第一,汉代乐浪郡在单单大岭以西。公元前 75 年,玄菟郡治西迁到高句丽县(辽东玄菟城)后,"自单单大领(岭)以东,沃沮、涉貊悉属乐

---

[1]《魏书·地形志》:"辽东郡,秦置,后罢,正光中复。治固都镇。领县二,襄平……正光中复,有青山。"北魏的襄平侨置于青山,当在今辽宁义县、北票附近。

[2]〔韩国〕尹乃铉著、顾铭学译:《汉四郡的乐浪郡和平壤的乐浪》,载《东北亚历史与考古信息》1990 年第 2 期(原文载《韩国古代史新论》1989 年版,一志社,汉城)。

[3]《三国史记·高句丽本纪》大武神王二十年。

[4]《三国史记·高句丽本纪》大武神王二十七年。

·欧·亚·历·史·文·化·文·库·

浪"[1],"自单单大岭以西属乐浪"[2]。由此可知,前汉时,单单大岭(今朝鲜境内的剑山岭、阿虎飞岭等)为乐浪郡与沃沮、涉貊(岭东七县)的分界线。如果把汉代的乐浪郡推定在今滦河下游以东到山海关地区,不但和前汉乐浪郡在单单大岭以西的记载不符,而且也难以理解远在山海关附近的所谓乐浪郡怎能遥领一千公里以外的岭东沃沮、涉貊之地呢?

《后汉书·王景传》载:王景之祖王仲,是琅玡(今山东省东南沿海一带)不其人。公元前180年,吕后殁后,发生内乱,王仲恐祸及身,"乃浮海东奔乐浪山中,因而家焉"。从今山东"浮海东奔",而不是北奔、西奔,只能是今朝鲜半岛,而不是今滦河下游到山海关地区。同时,山海关附近也没有过乐浪郡的地名。王景之父王闳,在前汉末王莽时(公元9—22年),就是汉代乐浪郡的三老。可知,所谓乐浪国出现(公元32年)以前,在今朝鲜半岛已置有乐浪郡。

在今平壤西南大同江南岸的汉代古城及其附近的汉代墓群中,出土大量的有关汉代乐浪郡县的印章、封泥、铭砖等文物[3],却无一件有关乐浪国的遗迹、遗物。20世纪30年代,在平壤土城里附近发现许多汉代砖瓦,其中发现有"乐浪礼官"的文字。在船桥里附近发现一个汉代乐浪郡汉文帝庙中的铜钟,其腹部刻有"孝文庙铜钟容十升,重卅十斤,永光三年六月造"[4]的文字。永光,是前汉元帝的年号。按汉代礼制,郡治所在地均立有高庙,即汉高祖庙[5]。景帝即位(公元前156年),"诏郡国诸侯宜各为孝文皇帝立太宗之庙"[6]。在今平壤发现汉文帝庙中的铜钟,证明汉代乐浪郡立有文帝庙,这是今平壤为汉代乐浪

---

〔1〕《后汉书·东夷传·秽》。
〔2〕《三国志·魏书·东夷传·涉》。
〔3〕〔日〕原田淑人著:《乐浪郡发掘报告》;参见〔日〕三上次男著、常伟译、顾铭学校:《乐浪郡社会的统治结构》,载《东北亚历史与考古信息》1986年第1期;原田淑人作、明学译:《朝鲜乐浪郡治址发现的封泥》,载《东北亚历史与考古信息》1987年第1期;重要封泥有"乐浪太守章"、"朝鲜右尉"、"誧邯长印"等200多个封泥。
〔4〕〔日〕稻叶岩吉:《满洲国史通论》,第52页。
〔5〕《西汉会要》上册,卷12,礼六,郡国庙。
〔6〕《汉书·景帝本纪》元年冬十月诏。

郡郡治所在地的物证。

《水经注》卷14"浿水注"云："其地（王险城，今朝鲜平壤），今（北魏时）高句丽之国治，余访蕃使（高句丽使者）言：城（王险城）在浿水（汉以后指今大同江）之阳，其水西流，迳故乐浪朝鲜县，即乐浪郡治，汉武帝置。"北魏时代，高句丽使者的看法，有力地证实了今平壤即卫氏朝鲜的王险城，亦即汉武帝灭卫氏朝鲜后建置的乐浪郡治朝鲜县的所在地。

综合上述，关于汉代辽东、乐浪两郡的位置问题，反对通说者提出的看法和论据，从文献上难以解释通，在考古资料方面又缺乏物证，因此，难以取代通说。

32　评汉代乐浪郡
在今辽河以西说

　　汉四郡中的乐浪郡在哪里,关系到箕氏朝鲜、卫氏朝鲜,以及汉代的东北疆域在哪里的问题。中外通说认为汉代的乐浪郡在今清川江以东,朝鲜半岛的北部,即以今平壤为中心的大同江流域。这一通说,已为中朝古代文献记载和在平壤发掘出土的考古资料所证实。近年来,韩国尹乃铉先生在其《汉四郡的乐浪和平壤的乐浪》一文[1](以下简称尹文)中,提出与通说不同的看法,认为汉代的乐浪郡在今辽河的西方,在今平壤的乐浪是乐浪国,而不是汉代的乐浪郡。到后汉光武帝时,攻占了乐浪国之地,建立了军事基地,"置于辽河以西的乐浪郡管辖之下"。并认为"事实上存在着汉四郡之乐浪郡、崔理的乐浪国,后汉光武帝建置之乐浪等三个不同的乐浪"。中外史学界多不取其说,但也有少数人同意其说。其说是否正确,提出的论据是否可靠,对此进行深入探讨,还是有现实意义的。

32.1　汉代乐浪郡
是否在今辽河以西的问题

　　尹文提出汉代乐浪郡在今辽河以西的第一个根据是认为卫满朝鲜在今辽河以西。

　　尹文说:"如果认为卫满朝鲜位于现今辽河的地方,便必须确认汉四郡是位于哪个地区,尤其是必须明确认识乐浪郡的位置是在哪个地

---

　　[1][韩国]尹乃铉著、顾铭学译:《汉四郡的乐浪和平壤的乐浪》,载《历史与考古信息·东北亚》1990年第2期,译自尹乃铉著:《韩国古代史新论》1989年版,一志社,汉城。

区之内。"

笔者认为汉武帝灭卫氏朝鲜置四郡,则汉四郡必在卫氏朝鲜地区内求之,但卫氏朝鲜是否在今辽河的西方,这是推定汉四郡乐浪郡位置时,必须首先要搞清的问题。

要搞清卫氏朝鲜的方位,首先要搞清燕、秦和汉初的东界,亦即箕氏朝鲜和卫氏朝鲜的西界在哪里的问题。

据载:燕国强盛时期,东"至满潘汗为界"[1]。而满潘汗即汉代辽东郡的番汗县,在沛水之西长城塞内[2]。秦统一全国后的东界"东绝沛"[3]。汉初,东与卫氏朝鲜的界河为浿水[4]。由此可知,搞清沛水、浿水当今哪一条河流,是搞清燕、秦和汉初的东界,亦即箕氏朝鲜、卫氏朝鲜西界的关键。燕、秦的沛水即汉初的浿水[5],当今哪一条河流?尹文认为当今滦河,通说以为当今清川江。从"沛水出辽东番汗塞外,西南入海"[6]的记载可知,沛水即汉初的浿水,在燕、秦、汉长城边塞之外,即在汉代辽东郡番汗县附近的长城边塞之外。这一塞外的浿水,其流向是西南流入海。今滦河是东南流入海,和沛水即浿水的流向不符,而今清川江的流向和文献记载相符。又据《史记·朝鲜列传》载:汉初,燕人卫满自辽东到卫氏朝鲜,"东走出塞,渡浿水"。元封二年(公元前 109 年),汉使涉何,从卫氏朝鲜西行,渡浿水后,进入塞内。由此可知,浿水之西岸有长城边塞。浿水在塞东,即塞外。今滦河下游以西沿岸,在燕、秦、汉时代是内地,不是塞外的边境地带。因此,在这里迄未发现燕、秦、汉时代的长城遗迹,而在今清川江的西岸,则有燕、秦、汉的长城遗址和遗物[7]。清川江在塞外即塞东。这是推定今清川江为沛水即汉初浿水的可靠根据。

---

〔1〕《魏略辑本》卷 21,朝鲜。

〔2〕《汉书·地理志》辽东郡番汗县班固注:"沛水出塞外,西南入海。"

〔3〕《盐铁论·诛秦》。

〔4〕《史记·朝鲜列传》:"复修辽东故塞,至浿水为界。"

〔5〕《盐铁论校注本》:王启源曰"按沛水当即浿水"。

〔6〕《说文解字》卷 11 上;《汉书·地理志》辽东番汗县注。

〔7〕李健才、刘素云主编:《东北地区燕秦汉长城和郡县城的调查研究》,第 174－178,323－334 页,吉林文史出版社 1997 年版。

推定卫氏朝鲜和乐浪郡方位的可靠记载还有《后汉书·王景传》。王景祖辈三代居住在乐浪。王景的八世祖王仲,"本琅玡不其人……及济北王兴居反,欲委兵师仲,仲惧祸及,及浮海东奔乐浪山中,因而家焉"。公元前177年,汉高祖之孙,齐悼惠王肥之子刘兴居反时,王仲从琅玡不其(今山东省南部沿海的即墨县一带)地方,"浮海东奔乐浪山中"。由此可知,在汉武帝置四郡(公元前108年)以前,王仲已从今山东南部沿海一带浮海东奔乐浪。从今山东浮海东奔,而不北奔可知,这一乐浪当在今山东黄海以东的朝鲜,而不可能是在渤海的北岸,即尹文所说的在今辽河以西和今滦河下游以东之地。从这一记载可知,早在汉武帝置四郡以前,在今朝鲜平壤已有乐浪的地名,但在今辽河的西方和今滦河下游以东,汉初还没有乐浪地名的出现。直到北魏的正光末年(公元525年)才有复置即侨置的乐浪郡之名[1]。这是汉四郡中的乐浪郡在今平壤,而不是在今辽河以西、滦河以东的又一根据。

另外,如搞清箕氏朝鲜、卫氏朝鲜和乐浪郡的方位,还应该搞清辽东郡和辽西郡的方位。

辽东郡治的襄平,据《水经注》大辽水条:辽水(今辽河)"迳襄平县故城西"的记载可知,汉代襄平县故城即汉代辽东郡治所在地的襄平县城,在今辽河以东。通说认为辽东郡治的襄平在今辽阳市,不但和上述记载相符,而且还有出土文物的证实。在今辽阳市"出土过虺纹大鼎、'中平城'款铜戈和大批襄平布。到唐代,还保存着'耿夔播美于辽东'的颂扬辽东太守耿夔政绩的石碑"[2]。在今辽阳北郊三道壕汉代村落遗址中,出土大量的汉代文物和刻有"昌平"字款的陶釜[3]。西汉末,王莽改襄平为昌平。这是今辽阳市为汉代辽东郡治襄平、昌平所在地的有力物证。从"燕袭走东胡,辟地千里,度辽东而攻朝鲜"[4]的记

---

〔1〕《魏书·地形志》营州乐浪郡注。

〔2〕辽宁省博物馆编:《辽宁史迹资料》第45页。

〔3〕李健才、刘素云主编:《东北地区燕秦汉长城和郡县城的调查研究》第522－532页;王绵厚:《秦汉东北史》第30页、第276页;冯永谦、何溥滢编著:《辽宁省古长城》第57－65页;《辽阳三道壕村遗址出土陶文拓片》,载《考古学报》1957年第1期119页图一。

〔4〕《盐铁论·伐功》。

载来看,箕氏朝鲜及其后的卫氏朝鲜当在辽东之东。辽东郡的西安平县在今鸭绿江下游西岸,即今辽宁省丹东市东北15公里的瑷河尖汉代古城。在这一汉代古城内出土的"安平乐未央"的瓦当[1]就是可靠的物证,并且也和《汉书·地理志》玄菟郡西盖马县注"马訾水(今鸭绿江),西北入盐难水,西南至西安平入海"的记载相符。由此可知,燕、秦、汉初,东与古朝鲜的界河当在汉代辽东郡西安平(安平)县以东,亦即今鸭绿江以东,而不是今河北省的滦河以东。辽东郡最东部边境上的一个县是西安平县以东的番汗县,就在今鸭绿江以东,清川江以西的古长城塞内,即塞西,亦即在今朝鲜平安北道博川郡南的博陵城,当地出土过燕刀币和燕国半瓦当的坛山里[2]。由此可见,汉代辽东郡番汗县塞外,即塞东的浿水,即今清川江。

尹乃铉先生认为"辽水、浿水、列水即同一河流的不同名称,即今河北省东北部的滦河"[3],卫满朝鲜在今滦河以东、辽河以西之地。从文献所载辽水、浿水、列水的发源地和流向,以及流经的郡县来看,不可能是同一河流的不同名称,更不是指今滦河,因笔者对此还有论文发表[4],不再详述。

如上所述,辽东郡治的襄平和番汗县位置的确定,则辽西郡的大体方位也就清楚了。辽西郡必在辽东郡之西。《后汉书·郡国志》载:辽东郡在"洛阳东北三千六百里",辽西郡在"洛阳东北三千三百里"。可知辽西郡在辽东郡的西南三百里处,其地当今辽河以西的渤海北岸,这和《汉书·地理志》所载辽西郡各县,以及《后汉书·郡国志》所载辽西郡各县,辽东属国各县的方位相符。关于辽西郡各县地理位置和交通路线的考定因已有论著发表[5],不再赘述。其中有的县城方位,还难

〔1〕曹汛:《瑷河尖古城和汉安平瓦当》,载《考古》1980年第6期。
〔2〕李健才、刘素云主编:《东北地区燕秦汉长城和郡县城的调查研究》第174—178页。
〔3〕尹乃铉:《古朝鲜の位置とての境域》第83页,载日本《アヅァ公论》1987年,原文载《军史》第8号,1984年,第149—178页。
〔4〕李健才:《评辽水、浿水、列水均指今滦河说》,载《黑龙江民族丛刊》1999年第3期。
〔5〕孙进己、王绵厚主编:《东北历史地理》第1卷,第299—312页。王绵厚、李健才著:《东北古代交通》第14—105页(沈阳出版社1990年版)。王成生:《汉且虑县及相关陶铭考》,载《辽海文物学刊》1997年第2期。

以肯定,但辽西郡各县的大体方位可以肯定,即辽西郡在今辽河以西,滦河下游以东的渤海北岸一带。尹文把这一带视为汉代乐浪郡的辖境,不但和文献记载不符,而且也无考古资料的证实。如把汉代乐浪郡推定在这里,把辽东郡和辽西郡推定在哪里?恐无处可置。

尹文推定汉四郡在今辽河以西和今滦河下游以东的第一个根据,就是认为卫满朝鲜在今辽河的西方。但如上述,卫满朝鲜不在今辽河的西方,而在今清川江的东方。因此,尹文推定汉代乐浪郡方位的第一个根据就难以成立。

尹文认为乐浪郡所属的朝鲜县和遂城县,以及辽东郡治的襄平和秦长城东端的碣石均在今辽河以西的滦河下游以东之地,以此作为推定汉代乐浪郡在今辽河以西的第二个根据。其论据是否可靠,请看文献是如何记载的,而尹文又是如何理解的。

尹文认为《汉书·地理志》所载乐浪郡所辖朝鲜、遂城等 25 个县中,"如明确其中任何一县的位置,便可知道乐浪郡的大致位置"。

尹文认为乐浪郡治的朝鲜县在肥如,即今河北省卢龙县境内。其提出的根据是:《魏书·地形志》平州北平郡,领有朝鲜、新昌二县。在朝鲜县下注云:"二汉、晋属乐浪,后罢。延和元年,徙朝鲜县民于肥如,复置焉。"这里明确指出朝鲜县的变迁情况,二汉、晋属乐浪郡管辖。后来朝鲜县废掉。到延和元年(公元 432 年),把原来的朝鲜县民迁到肥如,复置朝鲜县。这一复置即侨置的朝鲜县,已不在原乐浪郡辖境内,而是在平州北平郡管辖下的一个县。这时的乐浪郡址也有变迁。《魏书·地形志》营州乐浪郡条载:北魏正光末年(公元 525 年)复置即侨置的乐浪郡治在连城。这一连城,即《水经注》卷 14,大辽水条所说的河连城,在辽西的白浪水,即今大凌河流域。《魏书·地形志》明确记载,北魏时代的乐浪郡和朝鲜县已分置于营州和平州两地,已不是原来汉、晋时代的乐浪郡治置于朝鲜县,二者同在一地。

西晋末以后,由于中原战乱不已,各族乘机兴起,边疆郡县和人民被迁往内地。《魏书·太武帝纪》载:北魏延和元年(公元 432 年)九月"徙营立、成周、辽东、乐浪、带方、玄菟六郡人民三万家于幽州,开仓以赈之"。北魏时,将西迁到内地的人民复置即侨置郡县加以管理。因此,北魏时的乐浪郡和朝鲜县已不是原来汉、晋时代的郡县所在地。

尹文把西迁到内地后复置即侨置的乐浪郡和朝鲜县的所在地,认为就是二汉到晋的乐浪郡和朝鲜县所在地,并说"其位置亦从未变更过"。从《魏书·地形志》所载:乐浪郡"后改罢,正光末复",和朝鲜县的"后罢"、"复置",以及朝鲜县初归乐浪郡,后归北平郡管辖的变化来看,尹文所谓朝鲜县"其位置亦从未变更过"的看法,这是对《魏书·地形志》内容的明显曲解。

尹文对汉代乐浪郡遂城县位置的推定也同样是错误的。请看尹文提出的论据。《晋书·地理志》平州乐浪郡遂城条注云:"秦筑长城之所起。"尹文认为"如果能确认是秦长城的东端,便可知道遂城县的位置。并且遂城县与朝鲜县同属乐浪郡,就会知道距遂城不太远的地方有朝鲜县,而包括遂城县与朝鲜县的地区便是乐浪郡"的所在地。找到秦长城的东端就能找到遂城县的位置,找到遂城县的位置,便能明确乐浪郡的大体方位,这是没有问题的,但是秦长城的东端在哪里?尹文认为秦长城的东端在辽东、在襄平。

尹文推定秦长城的东端在辽东的论据是:《史记·蒙恬列传》有关秦长城"起临洮,至辽东,延袤万余里"的记载,认为秦长城的东端在辽东。但这一辽东在哪里?通说认为在今辽河以东,尹文则认为"辽东指辽水的东北地区,但当时的辽水并非今辽河,而是现今中国河北省东北部的滦河。因此,当时的辽东并非今日辽河的东北地区,而是滦河的东北部地区"。尹文认为汉初以前的辽水指今滦河,汉初以后的辽水指今辽河流。

笔者认为战国、秦、汉以来,文献记载的辽水就是今日之辽河,并无汉初以前和汉初以后之分。辽水之名最早见于战国末秦国吕不韦撰成的《吕氏春秋》,其中说辽水是当时国内六大名川之一。汉初刘安的《淮南子·人间》载:秦长城"西属流沙(起陇西临洮),北击辽水,东结朝鲜"。前汉宣帝时的桓宽在其所撰《盐铁论·险固》中云:"燕塞碣石,绝邪谷,绕援辽。"从秦长城北接辽水,和燕有"援辽"即东西横流的

·欧·亚·历·史·文·化·文·库·

辽水围绕着的记载,以及在今西辽河的南部,今辽宁省的北部发现的燕、秦、汉长城遗迹,就是燕、秦和汉初的辽水指今辽河,而不是指今滦河的可靠证明。因为只有辽河才有"援辽",即东西横流的部分即西辽河,只有西辽河的南部才有燕、秦、汉古长城遗迹,而今滦河,则没有东西横流的部分,其南部也没有燕、秦、汉古长城遗迹。从燕的北部有辽水围绕和秦长城"北击辽水,东结朝鲜"的记载可确证燕、秦时的辽水指今辽河,秦长城的东端是"东结朝鲜",而不是东到辽东。因为尹文对辽水是当今哪一条河流的推定是错误的,所以对辽东方位和秦长城东端的推定也必然随之错误。关于辽水并没有汉初和汉初以后之分的问题,因笔者已有论文发表[1],不再详述。

尹文根据《史记·匈奴列传》关于"燕亦筑长城,自造阳至襄平"的记载,认为秦长城的东端在辽东郡的襄平。襄平在哪里?通说认为在今辽宁省的辽阳市,如前述,不但和文献记载相符,而且也有出土考古资料的证实,可谓已成定论。但尹文却认为汉代襄平在平州卢龙县西南,即东汉时代的肥如县地。尹文根据《魏书·地形志》营州辽东郡襄平县注中有关"二汉、晋属。后罢,正光中复,有青山",以及《后汉书·袁谭传》李贤注"襄平县属辽东郡,故城在今平州卢龙县西南"的记载,认为二汉到晋代的襄平在卢龙县西南,即东汉时代肥如县的所在地,亦即今河北省卢龙县境内。如前述,尹文既把二汉到晋代乐浪郡治的朝鲜县推定在肥如,又把辽东郡治的襄平县推定在卢龙县的西南,即东汉肥如之地。尹文把汉代乐浪郡治的朝鲜县和汉代辽东郡治的襄平县都推定在肥如,即卢龙县之地,其错误是明显的。《魏书·地形志》以及唐代李贤注所说的辽东郡和襄平县是北魏正光(公元 520—525 年)中复置即侨置的郡县,不是二汉到晋代的辽东郡和襄平县的所在地。北魏时代的辽东郡治在固都城,不是汉代的襄平城。北魏时代的襄平县境内有青山,而原来汉代的襄平(今辽阳)境内并没有所谓的青山。由此可知,二汉到晋代的辽东郡和襄平县,与北魏正光中复置的辽东郡和

〔1〕李健才:《评辽水、浿水、列水均指今滦河说》,载《黑龙江民族丛刊》1999 年第 3 期。

襄平县,名同地异,不能混为一谈。又据《汉书·地理志》载:前汉的辽东郡"户五万五千九百七十二,口二十七万二千五百三十九,县十八",而《北魏·地形志》所载:正光中复置的辽东郡"统县二,户一百三十一,口八百五十五"。从汉和北魏时代辽东郡的户口数和所领县数的变化情况来看,尹文所谓"襄平县,经西汉和东汉直到晋代无变化,后一度废止,北魏孝明帝正光年间又设。据此可知,襄平的位置至北魏时代一直无变化"的看法,是不符合《魏书·地形志》记载内容原意的。不能以汉至晋代的辽东郡治所在地的襄平没有变动的情况,来说明北魏时代辽东郡治襄平所在地已经发生变动的史实。特别是《后汉书·郡国志》关于辽东郡在"洛阳东北三千六百里",辽西郡"在洛阳东北三千三百里"的记载可知,汉代辽东郡在辽西郡东北 300 里处。如尹文所说,把汉代辽东郡置于"今滦河的东北部",把辽西郡置于何处? 恐无处可置。据《水经注》大辽水条,辽水"迳襄平县城故城西"的记载可知,汉代襄平县城即汉代辽东郡治的所在地,在今辽河的东部,今辽阳正当其地。尹文把汉代辽东郡治的襄平县置于北魏侨置在卢龙县西南(东汉肥如之地)和汉代辽东郡治的襄平在辽水(今辽河)以东的记载不符。侨置的襄平不在今辽河之东,而在今滦河之东。

由上述可知,尹文把北魏时代侨置的辽东郡和襄平县认为就是汉代的辽东郡和襄平县的所在地,又把秦长城的东端,推定在侨置的辽东郡和襄平的所在地。但是所谓燕、秦长城至辽东或至襄平,不是秦长城的东端,秦长城的东端在哪里?

《史记·夏本纪》《索隐》引西晋《太康地理志》云:"乐浪遂城县有碣石山,长城所起。"《晋书·地理志》平州乐浪郡遂城县注云:"秦筑长城之所起。"《通典》卷 186 云:"碣石山,在汉乐浪郡遂城县,长城起于此山,今验长城,东截辽水而入高丽,遗址犹存。"《水经注》卷 3:"始皇令太子扶苏与蒙恬筑长城,起自临洮,至于碣石。"这一碣石即在乐浪郡遂城县境内的碣石。以上这些记载都明确指出秦长城东端的碣石在汉代乐浪郡遂城县境内,而不是尹文所说的在辽东或襄平境内。在遂城县境内的长城遗迹,到唐代,在辽水(今辽河)以东的高丽(高句丽)

境内仍然可见。这是秦长城的东端在汉代乐浪郡遂城县境内的碣石山，而不是在尹文所说的在今滦河东部沿岸、渤海北岸的碣石山的证明。尹文说："燕长城东端存在着襄平的辽东，不在现今辽河的东北，而在滦河的东北。"从在辽西、辽东的地区对燕、秦、汉长城的考古调查可知，古长城的分布和走向[1]，可以说已经大体搞清。但在今滦河的东北，迄未发现燕、秦、汉长城遗迹。据考古调查和考古发掘资料可知，从今滦河下游东部到今山海关渤海沿岸一带，既有在海边的碣石，也有秦、汉时代的行宫遗址[2]。在这一带，虽有北周和隋代以及明代的长城遗迹[3]，但迄未发现燕、秦、汉时代的长城遗迹。在今北戴河到山海关一带，虽有碣石，但不是秦长城东端碣石。在今滦河下游东部沿海一带，在燕、秦、汉时代，是内地，距匈奴较远，不是和匈奴邻近的边境地带，燕、秦、汉在这里既无修筑长城的必要，也没有在这里修筑长城的记载。在渤海北部沿海一带，虽有碣石和秦、汉行宫遗址，但不是秦长城东端的碣石，而是秦皇、汉武以及魏武帝曹操东巡碣石，以观沧海之地，和燕、秦、汉长城联系不上。今渤海北岸的碣石一带，在汉、魏直到隋、唐时代，是从中原通往东北的主要交通道之一，即辽西傍海碣石道，故这一碣石之名频见于史册，但它和秦长城东端的碣石无关。据《史记·夏本纪》在"夹右碣石入于海"的注中云：盖碣石山有二，一是"碣石山在北平骊城县西南"，二是"乐浪遂城县有碣石山，长城所起"。在北平骊城县境内的碣石山，即今渤海北部沿岸的碣石山，此即秦皇、汉武、魏武帝曹操东巡碣石，以观沧海和辽西傍海碣石道之地。乐浪郡遂城县境内的碣石山，才是秦长城的东端。从《汉书·贾捐之传》关于"东过碣石，以玄菟、乐浪为郡"的记载可知，这一碣石即辽西傍海碣石道的碣石，亦即在今渤海北部从北戴河到秦皇岛沿海一带的碣石，而玄菟、乐浪两郡则在这一碣石之东，和这一傍海的碣石不在一地。文献记

〔1〕李健才、刘素云主编：《东北地区燕秦汉长城和郡县城的调查研究》第7－95页，第96－178页。

〔2〕李健才、刘素云主编：《东北地区燕秦汉长城和郡县城的调查研究》第364－422页。

〔3〕李健才、刘素云主编：《东北地区燕秦汉长城和郡县城的调查研究》第336－363页。

载明确指出秦长城东端的碣石山在乐浪郡的遂城县,而不是在辽西的碣石山。尹文把两处碣石混为一谈,把历代皇帝东巡碣石之地,当成秦长城东端的碣石。特别是在今滦河以东的渤海北岸,迄未发现燕、秦、汉长城遗迹来看,尹文所谓"秦长城的东端在今滦河东部沿岸的碣石"之说,便成为无稽之谈。如果把燕、秦、汉长城的东端推定在今渤海北岸,则对在今辽宁省的西部和北部发现的燕、秦、汉长城遗迹就无法解释。

32.2　今平壤在汉代是乐浪郡
还是乐浪国的问题

尹文说:"如果认为汉四郡的乐浪郡位于现今辽河的西方,即滦河下游东部沿岸,那么一直相信乐浪郡的平壤地区,存在着什么样的政治势力。"尹文认为今平壤地区在前汉时代,不是乐浪郡的所在地,而是乐浪国的所在地。在今平壤地区设立的乐浪郡,是后汉,而不是前汉设立的。是否如此,请看下述文献记载和尹文的理解与看法。

尹文认为今平壤地区的乐浪,在汉代是乐浪国而不是乐浪郡的论据是:《三国史记》卷14,高句丽本纪,大武神王(无恤)十五年(公元32年)夏四月,"王子好童,游于沃沮,乐浪王崔理出行,因见之,问曰:观君颜色,非常人,岂非北国神王之子乎?遂同归,以女妻之"。据此,尹文认为这一乐浪王即乐浪国的国王,在今平壤。尹文又根据大武神王二十年(公元37年):"王袭乐浪,灭之。"以及《三国史记》卷1,新罗本纪一:"儒理尼师今十四年(公元37年),高句丽王无恤(大武神王)袭乐浪,灭之。其国人五千来投,分居六部。"尹文根据这两条记载,认为大武神王灭的是乐浪国,而不是乐浪郡。但原文是灭乐浪,并没有说灭的是乐浪国,而不是乐浪郡。

笔者认为在《三国史记》中,对同一地的乐浪、带方,有时称国,如《三国史记》新罗本纪二,基临尼师今三年(公元300年):"乐浪、带方两国归服。"有时称郡,如同书百齐王本纪二,汾西王七年(公元304

325

年)，"春二月，潜师袭取乐浪西县。冬十月，王为乐浪太守所遣刺客贼害，薨"。同书，高句丽本纪五，美川王十四年(公元 313 年)，"冬十月，侵乐浪郡，虏获男女二千余口"，十五年(公元 314 年)，"秋九月，南侵带方郡"。从上述可知，《三国史记》所载新罗、百济、高句丽三方在争夺乐浪、带方两郡时，有时称乐浪、带方两国，有时称乐浪、带方两郡，有时称乐浪、带方。因此，不能认为有时书乐浪国，便认为是国，不是郡。《三国遗事》明确指出："乐浪国，前汉时，始置乐浪郡。应劭曰：故朝鲜国也。《新唐书》注云：平壤城，古汉之乐浪郡也。"这说明乐浪国即汉代的乐浪郡，在今平壤。又如《汉书·地理志》所载各郡，在《后汉书·郡国志》中则称为郡国，其中的"辽东属国"，即从辽东、辽西两郡中划分出来的六个县城，并非独立于郡县之外的国家。和郡一样，同属于汉代的地方政权组织。又如前汉景帝即位(公元前 156 年)，"诏郡国诸侯宜各为孝文皇帝，立太宗之庙"。这里所说的郡国，也不是独立的国家，而是和郡一样，都是汉代的地方政权组织。

在今平壤土城里附近发现许多汉瓦。在土城里土城内发掘出土大量的汉代乐浪郡所属各县的封泥，不但有后汉的，也有前汉的。但在尹文所说的汉代乐浪郡在辽河以西的地区内，并未发现有关汉代乐浪郡的有关遗物。这是汉代乐浪郡在今平壤，而不是在今辽河以西的证明。

20 世纪 30 年代，在平壤船桥里附近，发现汉钟一个，刻有"孝文庙铜钟容十升，重卅十斤，永光三年六月造"[1]。汉代孝文庙铜钟在平壤地区的发现，是乐浪郡立有太宗(孝文帝)庙以及乐浪郡在今平壤的重要物证。尹乃铉先生认为孝文庙铜钟，"它原本不是在平壤地区使用的，而是流传到平壤地区的"[2]。但并未提出令人信服的论据。特别从在今平壤地区出土的汉代遗迹、遗物，尹文说都是后汉，而无前汉的遗迹、遗物，这和出土遗物的实际并不相符。在平壤出土的汉代遗物，

---

〔1〕〔日〕稻叶岩吉：《满洲国史通论》第 52 页(日本评论社 1940 年)。

〔2〕尹乃铉著：《古朝鲜の位置とての境域》第 83 页，载日本《アヅァ公论》1987 年，原文载《军史》第 8 号，1984 年，第 149－178 页。

不但有后汉的,而且也有前汉的[1]。汉代乐浪郡在今平壤,不但有上述可靠的考古资料的证实,而且也和文献记载相符。《后汉书·王景传》载:王景是乐浪郡訷邯县人,在平壤土城里土城曾发掘出土过"訷邯左尉"封泥。王景之父王闳为乐浪郡三老(县下有乡,乡有三老),更始三年(公元 25 年),"更始败,土人王调杀郡守刘宪,自称大将军、乐浪太守。建武六年(公元 30 年),后汉武帝遣太守王遵将兵击之,至辽东,闳与郡决曹史扬邑等共杀调迎遵,皆封为列候"。从后汉光武帝派兵过辽东前往乐浪郡镇压据郡叛乱的王调来看,这一乐浪郡当在辽东郡之东,不可能在辽东郡之西,即今辽河以西之地。从文献记载可知,从中原到古朝鲜或乐浪郡,有水、陆两条路,水路从山东浮海东行,陆路从辽西过辽东到达古朝鲜或乐浪郡。从过辽东到乐浪郡来看,这一乐浪郡在今平壤,而不是在今辽河以西之地。由此可知,在尹文所说的乐浪国出现(公元 32 年)之前,今平壤已有乐浪郡的存在。这一乐浪郡,在公元 25 年被王调推翻,引起公元 30 年光武帝派兵镇压之事。尹文所谓平壤的乐浪国存在之时(公元 32 年),正是公元 30 年光武帝派王遵为乐浪太守以后的第二年出现的,亦即正是王遵在今平壤为乐浪太守之时。

尹文说:如果把汉代的乐浪郡推定在今平壤,则产生了和乐浪国同置于一地的矛盾。尹文认为乐浪国和乐浪郡不可能同在一地,以此作为汉代乐浪郡不在今平壤的根据之一。

笔者认为乐浪郡和乐浪王(国)不可能同在一地的说法,并不符合汉代历史的实际。

如:汉武帝元封二年(公元前 109 年),置益州郡,在派太守管理这一地区的同时,又赐滇王印,为其民之长。又如《三国志·魏书·东夷传·濊》载:"自单单大山领(岭)(在今朝鲜境内的剑山岭、阿虎飞岭等)以西属乐浪,自领(岭)以东七县,都尉主之,皆以濊为民。""后省都

────────────────

〔1〕李健才:《平壤地区是否只有后汉而无前汉时代的遗迹、遗物》,载《中国边疆史地研究》1998 年第 4 期。

尉,封其渠帅为侯。""正始六年(公元 245 年),乐浪太守刘茂、带方太守弓遵,以岭东濊属句丽,兴师伐之,不耐濊侯等举降。其八年(公元247 年),诣阙朝贡,诏更拜不耐濊王,居处杂在民间,四时诣郡朝谒。二郡有军征赋调,供给役使,遇之如民。"由此可知,不耐濊侯,不耐濊王不是独立于乐浪郡外的国,而是郡内的侯和王。从所载乐浪郡在单单大岭以西,亦即不耐濊之西可证汉代乐浪郡不可能如尹文所说在辽河以西。

又如:在平壤市贞柏里土圹墓中出土了"夫租薉君"银印。在同地附近的木椁墓中又出了一方"夫租长印"银印。这两座墓先后是前汉中、晚期的墓葬[1]。夫租亦作沃沮,薉亦作涉、秽,在今朝鲜咸镜南道的咸兴,先属玄菟,后归乐浪郡管辖。夫租薉族分布在单单大岭以东。"夫租薉君"银印和"夫租长印"银印的出土,说明西汉末,在夫租薉地,既置有汉人夫租长为夫租县长,又置有当地薉族首领夫租薉君为其族之长。

由上述可知,滇王和益州郡太守、濊王和乐浪郡东部都尉,夫租薉君和夫租长同在一地的史实,就是对尹文所说的乐浪郡和乐浪王(国)不可能同在一地看法的否定。

尹文所说的乐浪王崔理,仅在公元 32 年出现一次,在此前后均不见其王其事,这就是尹文所谓的乐浪国。《三国史记》高句丽本纪,大武神王十五年(公元 32 年)夏四月条载:乐浪王崔理在这一年把女儿嫁给高句丽大武神王之子好童以后,好童便回到高句丽。同年(公元32 年),"好童劝王袭乐浪",乐浪王崔理"遂杀女子出降"。此后,乐浪王崔理之名不再见于史册。尹文就是以这一所谓的乐浪国来否定汉在今平壤置乐浪郡的史实。

大武神王二十年(公元 37 年),"王袭乐浪,灭之"。尹文认为大武神王灭的是崔理的乐浪国,而不是汉代的乐浪郡。《三国史记》明明记

---

〔1〕佟柱臣:《"夫租薉君"银印考》,载《中国考古学会第六次年会论文集》(文物出版社 1990年版)。〔日〕冈崎敬著、常伟译、顾铭学校《有关"夫租薉君"银印问题》,载《东北亚历史与考古信息》1985 年第 4 期。

载乐浪王崔理早在大武神王十五年（公元32年）已经"出降"于高句丽，其后又无叛降的记载，大武神王二十年（公元37年），怎么还能袭取已经出降于高句丽的乐浪王崔理呢？由此可知，大武神王二十年，灭的是乐浪郡，而不是乐浪国，正因为如此，在乐浪郡被高句丽攻占七年以后，在大武神王二十七年（公元44年），"秋九月，汉光武帝，遣兵渡海，伐乐浪，取其地为郡县，萨水（今清川江）以南属汉"，恢复了乐浪郡的统治。

尹文又谓："如果说后汉光武帝伐的乐浪郡，就等于说光武帝派兵攻占自己的领土，这不是很矛盾吗？"

笔者认为汉代乐浪郡在公元37年，已被高句丽攻占，为了收复失地，出兵伐乐浪还有什么矛盾和不可理解的呢？从"后汉光武帝遣兵渡海伐乐浪"的记载可知，这一乐浪在今平壤，而不可能在今辽河以西之地。这一乐浪如在今辽河以西之地，后汉光武帝不可能渡海伐乐浪。如果光武帝遣兵渡海攻伐已经早在公元32年出降于高句丽的乐浪王崔理，即尹文所说的乐浪国，那才是前后矛盾和不可理解的呢。

32.3 《三国史记》的编者是否认为汉代乐浪郡不在今平壤的问题

尹文认为《三国史记》的编者并不认为汉代的乐浪郡在今平壤，请看尹文提出的论据能否说明这一问题。

（1）《三国史记》载：高句丽太祖大王六十九年（公元121年）十二月，"率马韩、秽貊一万余骑，进围玄菟城"。七十年（公元122年）："王与马韩、秽貊侵辽东。"

尹文认为："如在高句丽和马韩之间，有一个敌对势力（按指在今平壤的乐浪郡），高句丽怎有可能使用马韩的骑兵呢？"尹文认为这说明《三国史记》的编者并没有把乐浪郡看做在今平壤地区。

·欧·亚·历·史·文·化·文·库·

笔者认为马韩"汉时属乐浪郡,四时朝谒"[1]。如按尹文所说的乐浪郡在今辽河以西,马韩怎能隔着一个高句丽"四时(到乐浪郡)朝谒"呢?从马韩"汉时属乐浪郡","其北与乐浪接",以及"桓、灵之末,韩、涉强盛,郡县不能制,民多流入韩国"[2]的记载来看,汉代的乐浪郡当在和马韩为邻的今平壤地区,而不是在今辽河以西的地区。如按尹文所说,乐浪郡在今辽河以西的地区,"汉时属乐浪郡"的马韩,其北怎能与乐浪接呢?而乐浪郡县的人民怎能隔着一个高句丽流入韩国呢?

(2)《三国史记》载:高句丽太祖大王九十四年(公元 146 年)秋八月,"王遣将袭汉辽东西安平县,杀带方令,掠得乐浪太守妻子"。

尹文据此认为乐浪郡和带方县当在辽东郡附近,并说,如果乐浪郡和带方县远离辽东郡,在朝鲜半岛,怎能在进攻辽东郡西安平时杀带方令和掠得乐浪郡太守的妻子呢?

关于高句丽进攻辽东郡西安平县之事,据《三国志·魏书·东夷传·高句丽》载:"顺、桓之间,复犯辽东,寇新安、居乡,又攻西安平,于道上杀带方令,略得乐浪太守妻子。"由此可知,杀带方令,掠得乐浪太守妻子,是高句丽在进攻辽东西安平的途中发生的,而不是在进攻乐浪郡和带方县城时发生的,并不能证明乐浪、带方在辽东西安平附近。唐代李贤在《后汉书·东夷传·高句丽》中注云:"《郡国志》:西安平、带方,县,并属辽东郡。"在这里必须明确指出的是:隋、唐时代所说的辽东是指当时包括辽东在内的高丽(高句丽)全境,不仅仅是指汉代辽东郡的辖境[3]。因此,李贤注中关于"西安平、带方,县,并属辽东郡"的记载,不能误解为辽东郡的西安平县和乐浪郡的带方县,均在原汉代辽东郡的辖境内,而应是西安平、带方两县,在唐代所说的辽东(当时指高丽全境)境内。因此,李贤注并不能成为乐浪带方在原来汉代辽东郡辖境内的根据。

---

〔1〕《三国志·魏书·东夷传·韩》。
〔2〕《三国志·魏书·东夷传·韩》。
〔3〕李健才:《关于古朝鲜和乐浪郡在辽东等地的记载和问题》,载《博物馆研究》1997 年第 3 期。

（3）尹文认为高句丽美川王连年进攻玄菟（公元 302 年）、辽东的西安平（公元 311 年）、乐浪郡（公元 313 年）、带方郡（公元 314 年）[1]。如果按通说，乐浪、带方两郡在高句丽之南，辽东、玄菟两郡在高句丽之西，这样，高句丽在战略上怎样如此无谋，在其西、南两方面作战呢？ 这样能行得通吗？ 尹文认为这一记载说明高句丽进攻的上述各郡县，互相连接，都在高句丽的西方。高句丽不是在向南方和西方两方面作战，而是向西一个方面作战。

尹文的这一推论和《三国史记》的记载内容并不相符。《三国史记》明明记载：高句丽美川王十五年（公元 314 年）秋九月，"南侵带方郡"，说明带方郡在高句丽的南方，而不是在其西方。带方郡是从乐浪郡分出去的，因此，乐浪郡也必在高句丽的南方，而不是在其西方。

由上述三点可知，尹文所说的《三国史记》的编者并不认为汉代乐浪郡在今平壤的看法，并不符合原文内容的实际，而是主观推论。

---

〔1〕《三国史记》高句丽本纪，美川王三年、十二年、十四年、十五年。

33　玄菟郡的建立和迁移

关于玄菟郡的建置年代、初置于何地、迁至何地及其辖境的问题，这是中外史学界长期以来争论较大和迄无定论的问题。今提出以下几点看法，以就正于方家。

33.1　玄菟郡的建置年代

关于玄菟郡的建置年代，有元封二年[1]、三年[2]、四年[3]的不同记载，一般均采三年说。考元封二年（公元前 109 年），既不是灭朝鲜的年代，也不是置四郡的年代，而是汉武帝出兵进攻朝鲜的年代[4]。灭朝鲜，置乐浪、临屯、玄菟、真番四郡一般均采《汉书·武帝纪》元封三年说。但从《汉书·五行志》和《地理志》玄菟郡注的记载[5]来看，置玄菟郡当在元封四年（公元前 107 年），置乐浪、临屯、真番三郡为元封三年。

33.2　玄菟郡初置于何地

玄菟郡初置，史学界一般均以为在沃沮，郡治沃沮城（今朝鲜咸镜南道咸兴）。《三国志·魏书·东夷传》东沃沮条载："汉武帝元封二

---

〔1〕《三国志》卷 30，《魏书·东夷传·沃沮》。

〔2〕《汉书》卷 6，《武帝纪》。

〔3〕《汉书》卷 28，《地理志》下，玄菟郡。

〔4〕《汉书》卷 6，《武帝纪》。

〔5〕《汉书》卷 27，《五行志》："先是两将军征朝鲜，开三郡。"《地理志》下，玄菟郡条注云："武帝元封四年开。"

年,伐朝鲜,杀满孙右渠,分其地为四郡,以沃沮城为玄菟郡。后为夷貊所侵,徙郡句丽西北,今所谓玄菟故府是也。沃沮还属乐浪。"《后汉书·东夷传》东沃沮条载:"武帝灭朝鲜,以沃沮地为玄菟郡,后为夷貊所侵,徙郡于高句丽西北,更以沃沮为县,属乐浪东部都尉。"《后汉书·东夷传》秽条载:"至元封三年,灭朝鲜,分置乐浪、临屯、玄菟、真番四郡。至昭帝始元五年,罢临屯、真番以并乐浪、玄菟。玄菟复徙居句丽。自单单大岭以东,沃沮、秽貊悉属乐浪。"从西迁后的玄菟郡在高句丽西北,即今辽宁新宾汉代古城的事实(见后述)可知,"徙郡于高句丽西北"的记载是正确的。三处记载,都明确指出玄菟郡初置地在沃沮,迁居地在高句丽西北,以及迁移的原因,为夷貊所侵。这是主张玄菟郡初置于沃沮地的可靠根据。这里所说的沃沮即东沃沮,包括南、北沃沮,其地"在高句丽盖马大山之东,滨大海而居,其地形东北狭,西南长,可千里,北与挹娄、夫余,南与秽貊接,户五千"[1],此即玄菟郡(亦即所说第一玄菟郡)初置时的辖境,约当今朝鲜咸镜南、北道和中国珲春等地。郡治沃沮城,有朝鲜咸兴府东北、镜城、咸兴等说,今以朝鲜咸镜南道的咸兴为是[2]。沃沮领地狭小,仅有"户五千",初置沃沮的玄菟郡,并无有关领县的明确记载。从上述记载可知,初置玄菟郡并不包括西迁后在高句丽西北建置的高句丽、上殷台、西盖马三县(详见后述)。西迁后,改为沃沮县,划归乐浪郡管辖。

有人认为上述三处记载不可信,认为初置在高句丽或高句丽县。

朝鲜李丙焘认为《汉书·地理志》玄菟郡条原注中之所以有"高句丽,莽曰下句丽"一句,是因为元封四年(公元前 107 年)在高句丽设置了玄菟郡,而且丸都恐为玄菟的音转,玄菟郡当置于高句丽,即今集安。而沃沮乃临屯郡属县,亦即乐浪郡的夫租。《三国志·魏书·东夷传》东沃沮条所说的沃沮属玄菟郡纯系某种误解[3]。日本和田清也认为

〔1〕《三国志》卷30,《魏书·东夷传·沃沮》。
〔2〕中央民族学院编:《〈中国历史地图集〉释文汇编(东北卷)》,第19页。
〔3〕〔日〕首藤丸毛著,兴国、云铎译,顾铭学校:《玄菟、临屯、真番三郡之我见》,载《东北亚历史与考古信息》1986年第1期。

初置于高句丽(今集安),不同的是,沃沮不是玄菟郡郡治的所在,而是玄菟郡的属县,后划归乐浪郡[1]。

从上述《三国志·东夷传》和《后汉书·东夷传》东沃沮以及秽条的三处记载可知,汉代玄菟郡郡治初置沃沮城,后迁高句丽西北。主张郡治初置于高句丽(今集安)者,并未提出能够否定上述文献记载的有力根据。从文献看,汉代并无在今集安一带建城的记载。今集安最早出现的地名是国内、尉那岩,既不是丸都,也不是玄菟郡及其所属三县的地名。从考古看,在今集安出土过燕刀币、汉五铢、汉代铁铧等文物,并在国内城石墙的底部发现土墙。有人认为这是汉代土城墙[2],但在集安从未发现过一片汉代砖瓦块和陶片,是石墙内部的城基,还是汉城,目前还难以肯定。因此,汉代玄菟郡初置高句丽(今集安)的说法,同文献记载以及考古资料不相符合。又从高句丽在公元前3年迁都国内、尉那岩(今集安)以及在公元14年进兵袭取汉高句丽的记载[3]可知玄菟郡的郡治和高句丽的都城不可能在同一地点。如果玄菟郡在高句丽(今集安),则公元前3年,高句丽绝不可能迁都到国内、尉那岩,即今集安,更不可能发生高句丽在公元14年又袭取汉高句丽县之事。据《三国志·魏书·东夷传》高句丽条载:"汉时赐鼓吹伎人,常从玄菟郡受朝服、衣帻,高句丽令主其名籍。后稍骄恣,不复诣郡,于东界筑小城,置朝服、衣帻其中,岁时来取之,今胡犹名此城为帻沟溇。沟溇者,句丽名城也。"所谓东界小城,显然是在玄菟郡之东,与高句丽接界之处。这里所说的玄菟郡,只能是指高句丽的西北,即今辽宁省新宾县永陵镇的汉代古城,亦即所谓第二玄菟郡。高句丽"常从玄菟郡受朝服、衣帻"的记载,就是对玄菟郡初置于高句丽即今集安说法的否定。

有的学者认为《汉书·地理志》中的玄菟郡,即所谓第二玄菟郡

---

〔1〕〔日〕和田清:《东亚史研究》(满洲篇),第7-16页。

〔2〕魏存成:《高句丽初、中期的都城》,载《北方文物》1985年第2期;见《集安文物志》,第64页。

〔3〕《三国史记》卷1,琉璃明王二十二年冬十月条;同书,三十三年秋八月条。

(今新宾县永陵镇汉城)"才可能是最初的玄菟郡"[1]。其论据为《汉书·地理志》玄菟郡条,以及《汉书·昭帝纪》中关于元凤六年(公元前75年),"募郡国徒筑辽东玄菟城"两处记载,没有一句涉及玄菟郡迁移之事,从而推论《三国志》和《后汉书》关于"以沃沮城为玄菟郡,后为夷貊所侵,徙郡句丽西北"的记载是错误的和不足为据的。

但上述《汉书·地理志》玄菟郡,以及《汉书·昭帝纪》两条材料,并不能证明玄菟郡没有迁移。如前所述,《三国志》和《后汉书》有三处都明确提到了玄菟郡的迁移、迁移原因和地址,没有有力论据,是难以否定的。又如,从第二玄菟郡迁到第三玄菟郡,《汉书·地理志》和《后汉书·郡国志》也没有记载,但据有关记载确已迁移(见后述)。因此,史学界多不从其说。

关于初置玄菟郡的属县和辖境问题。

史学界一般多认为玄菟郡初置时的辖境和属县,包括沃沮和辽东郡以东到滨海的广大地区。其属县除沃沮以外,还包括《汉书·地理志》所载高句丽、上殷台、西盖马三县。笔者认为初置于沃沮地的玄菟郡,辖境较小,仅限于沃沮地,不包括高句丽等三县之地。《后汉书·东夷传》高句丽条:"武帝灭朝鲜,以高句丽为县,使属玄菟,赐鼓吹伎人。"好像汉武帝一灭朝鲜就建置了高句丽县。实际是玄菟郡初置于沃沮城(今朝鲜咸镜南道咸兴)时,当时属县并没有明确记载。高句丽县在今辽宁省新宾县永陵镇汉代古城已成定论,东距沃沮城(第一玄菟郡)千有余里,从汉代各个郡县的辖境来看,难有在郡治千里之外设县的可能。特别是《三国志·魏书·东夷传》和《后汉书·东夷传》东沃沮条都记玄菟郡"徙郡于高句丽西北",而不是高句丽县。如果早有高句丽县,则应具体指出而不应概指"西北"。从《汉书·地理志》仅记有乐浪、玄菟两郡,不是四郡,以及玄菟郡的首县是高句丽县,而不是沃沮城等事实可知,这是"至昭帝始元五年,罢临屯、真番,以并乐浪、玄

〔1〕〔日〕首藤丸毛著,兴国、云铎译,顾铭学校:《玄菟、临屯、真番三郡之我见》,载《东北亚历史与考古信息》1986年第1期。

菟"[1]以后建置的郡县,亦即玄菟郡西迁后建立的郡县,不是汉武帝初置玄菟郡于沃沮城时的属县。而《三国志·魏书·东夷传》高句丽条所载"汉时赐鼓吹伎人"之事,并非汉武帝时代。《北史·高句丽传》记载为"汉昭赐衣帻、朝服、鼓吹,常从玄菟郡受之",汉昭是汉时之误还是汉昭帝时代?但从高句丽之名始见于汉昭帝始元五年(公元前82年),以及赐衣物从玄菟郡受之的记载来看,当是在汉昭帝始元五年玄菟郡西迁以后。从高句丽"后稍骄恣,不复诣郡,于东界筑小城,置朝服、衣帻其中,岁时来取之"的记载来看,当在公元前37年高句丽建国以后之事。由此可知,高句丽县的设立,以及"赐鼓吹伎人"之事,并不是在汉武帝时代。因此,认为高句丽县是在汉武帝时建置的说法,并不可取。

33.3　第二玄菟郡
及其所属三县的方位问题

《三国志·魏书·东夷传》东沃沮条载:汉武帝灭朝鲜,"分其地为四郡,以沃沮城为玄菟郡。后为夷貊所侵,徙郡句丽西北,今所谓玄菟故府是也"。所谓"徙郡句丽西北",或"徙郡于高句丽西北",是指徙郡于高句丽部族居地的西北。从高句丽早期墓葬分布比较集中的地区来看,高句丽部族原住在今鸭绿江中游和浑江中下游一带,其中心在今桓仁、集安一带。第二玄菟郡(今新宾县永陵镇汉城)正在高句丽居地的西北。汉昭帝元凤六年(公元前75年),"春正月,募郡国徙筑辽东玄菟城"[2]。汉代辽东郡的郡治襄平(今辽阳市),是沿用燕、秦辽东郡的郡治襄平故城,并不是在汉昭帝时代才修筑的城,直到公元404年,高句丽占据辽东以后,才改称辽东城。因此,所谓"筑辽东玄菟城",不是修筑辽东、玄菟两城,而是修筑辽东地区的玄菟城,即玄菟郡西迁前,这里是辽东郡的辖境。这一玄菟城即史学界所说的第二玄菟

---

〔1〕《后汉书》卷85,《东夷传》,秽条。

〔2〕《汉书》卷7,《昭帝纪》。

郡的郡治所在地,亦即所谓玄菟"故府",而"今府"当然就是再次迁移的第三玄菟郡的郡治了。

33.3.1　玄菟城和高句丽县城遗址

今辽宁省新宾县永陵镇,苏子河南岸、老城之西3里,旧老城之北5里处,有南北两座汉代古城。北者较小,城址尚存,周长仅有1里,其南200米处,今砖厂附近,又有一座汉代古城,较大,中外史学界一致认为这两座汉代古城,大者为玄菟城,小者为高句丽县城,已成定论,不再赘论。

33.3.2　西盖马县

《汉书·地理志》玄菟郡所属西盖马县原注云:"马訾水,西北(从河水流向看,当为西南,或因西北有盐难水而误)入盐难水。西南至西安平入海,过郡二,行二千一百里。莽曰玄菟亭。"郡二,指辽东、玄菟,二千一百里约当今一千五百里。则马訾水即今鸭绿江[1],盐难水即今浑江,西安平即安平,今丹东市叆河尖古城[2]。由此可知,西盖马县当在今鸭绿江上游一带。《东图文献备考》卷13,舆地考,玄菟郡条也记为"(西盖马)县在盖马大山之西,鸭绿江之上游"。但由于缺乏考古资料,具体地址难以确指。有的推定在今朝鲜境内鸭绿江上游左岸的楚山附近[3];有的推定在今吉林省集安县和辽宁省桓仁县交界处的集安县大路乡古马岭村[4];也有的推定在今集安县城[5]和今朝鲜慈江道江界地方[6],但都没有汉代古城资料的证实。西盖马县到王莽时,由县降为亭,即玄菟亭,成为第二玄菟郡辖境内的一个重要驿站。从辽东郡或玄菟郡通往沃沮城和不耐城的交通路线来看,把第二玄菟郡的西盖马县推定在今集安或朝鲜的江界地方比较符合实际。

---

〔1〕《翰苑·蕃夷记》引高句丽佚文云"马訾水……今名鸭绿水";杜佑:《通典》卷186,高句丽下亦云:"马訾水,一名鸭绿水。"

〔2〕曹汛:《叆河尖古城和汉安平瓦当》,载《考古》1980年第6期。

〔3〕中央民族学院编:《〈中国历史地图集〉释文汇编(东北卷)》,第21、22页。

〔4〕中央民族学院编:《〈中国历史地图集〉释文汇编(东北卷)》,第21、22页。

〔5〕王健群:《玄菟郡的西迁与高句丽的发展》,载《社会科学战线》1987年第2期。

〔6〕〔日〕和田清:《东亚史研究》(满洲篇),第9页。

·欧·亚·历·史·文·化·文·库·

33.3.3　上殷台县

上殷台的方位及其境内的山川史无记载,只能根据汉代古城和古道的分布情况推定。过去的推定不和汉代古城、古道结合起来,难以令人信服。从《汉书·地理志》关于高句丽、上殷台、西盖马三县的排列顺序,以及高句丽县和西盖马县的方位来看,上殷台当在高句丽县和西盖马县之间的古道上。在今新宾县永陵镇汉代古城以东到鸭绿江上游集安之间,有南北两条古道,两座汉代古城,一是新宾县白旗堡汉代古城,二是吉林省通化县(县治在快大茂子)赤柏松汉代古城。这两座汉代古城都在第二玄菟郡与高句丽初期边界的西北,并在从第二玄菟郡通往高句丽的古道附近。新宾县红升乡白旗堡西一里苏子河畔的汉代古城,周长1里,出土有汉代绳纹瓦、卷云纹瓦当、汉五铢钱等,在永陵汉城(第二玄菟郡)之东50里。有的推定为上殷台县的城址[1]。前面提到《三国志·魏书·东夷传》高句丽条记载的玄菟郡以东的小城"帻沟溇",和北沃沮的置沟溇(买沟)不能混淆,两者不在一地。今白旗堡汉城在第二玄菟郡(今新宾县永陵镇汉城)之东50里,在沸流水(今富尔江)之西40里,与当时高句丽初期的西部边界邻近。因此,推定白旗堡汉城当为后汉时期的帻沟溇。

从汉代古城和古代交通的分布情况来看,今通化县城(快大茂子)西南大都岭河西岸的赤柏松村西的汉代古城当为汉代上殷台县城故址,这里南距浑江50里。1987年5月笔者曾亲临考古调查,城内至今还有大量的灰色和红褐色的汉代绳纹瓦块,有的绳纹板瓦上端还有凸起弦纹,都是汉代古城中常见到的瓦片纹饰。城内还采集到灰色、黑色、红褐色夹砂陶器耳、石球等。古城附近还出土过三角形汉代铜镞和青铜矛。从这些文物看,可以肯定是汉代古城。它正处在高句丽初期边界之北,南距盐难水(今浑江)约50里,并在从辽东郡或第二玄菟郡通往高句丽的通道上。古城建筑在高台地上,周长2里,北依山,南临约二三十米的高土崖,土崖之下(古城下),即现在南到集安,西到新宾

────────

〔1〕徐家国:《汉玄菟郡二迁址考略》,载《社会科学辑刊》1984年第3期。

的公路。这条公路也是一条古道,即高句丽南北道中的北道。

《奉天通志》推定通化县境为汉时玄菟郡上殷台故地。通化县城即今通化市,而今通化县城当时称快大茂子,在今县城西端的赤柏松汉城在当时的通化县境内。也有的认为上殷台为今赤柏松汉城之东 40 里,通化市内的自安山城(在哈泥河与浑江汇流处),但在 1987 年 5 月的调查中,山城内没有发现一片汉代瓦块和陶片。《通化市文物志》没有记载自安山城出土过汉代文物,但却有桥状耳陶片等,是为高句丽文物,当为高句丽山城。也有的把上殷台县推定在今吉林市。吉林市龙潭山到东团山一带,虽出土过汉代文物,但无汉代古城,是夫余前期王城的所在地[1]。夫余"在玄菟北千里",虽归玄菟郡管辖[2],但不是玄菟郡直辖县的所在地。因此,上殷台县不可能置于此地。

第二玄菟郡置于高句丽县,即今辽宁省新宾县永陵镇汉城,领有高句丽、上殷台、西盖马三县,"户四万五千六,口二十二万一千八百四十五"[3]。其辖境较一、三玄菟郡的辖境都大,户口也多,是汉代玄菟郡的最盛时期。当时的夫余和高句丽也归玄菟郡管辖,但非直辖县。第二玄菟郡于汉代所置四郡中领县最少,领地最小。其所辖县境约当今鸭绿江上游和浑江中游,以及苏子河和浑河上游一带。

33.4 第三玄菟郡及其所辖县城的位置

西汉末到东汉年间,汉在东北的势力日趋削弱,高句丽则建国后日益强大,不断向西扩张,第二玄菟郡县之地,后来大部被高句丽占据,不得不再度西迁。有的认为《后汉书·郡国志》玄菟郡条并没有迁移的记载,因此认为玄菟郡迁至高句丽西北以后再没有迁移过,第三玄菟郡之说有重新考虑的必要[4]。但从其他记载看是的确再度迁移过的。

---

〔1〕拙著《东北史地考略》,第 17 - 25 页。

〔2〕《三国志》卷 30,《魏书·东夷传·夫余》。

〔3〕《汉书》卷 28,《地理志》下。

〔4〕〔日〕首藤丸毛著,兴国、云铎译,顾铭学校:《玄菟、临屯、真番三郡之我见》,载《东北亚历史与考古信息》1986 年第 1 期。

《三国志·魏书·东夷传》东沃沮条所载:玄菟郡沃沮城"徙郡句丽西北,今所谓玄菟故府是也"。所谓"故府"即第二玄菟郡,"今府"则必为第三玄菟郡。《后汉书·郡国志》玄菟郡注说玄菟郡在"洛阳东北四千里"。从其首县高句丽县有"辽山,辽水出"的记载可知,高句丽县即第二玄菟郡的郡治所在地,而不是第三玄菟郡的郡治所在地。又从《后汉书·郡国志》所载:辽东郡(今辽阳市)在"洛阳东北三千六百里",可知辽东郡距第二玄菟郡(高句丽县)为"四百里",约当今 280 里,还是从今辽阳到新宾县永陵镇汉城的里数,这也是推定第二玄菟郡在今新宾县永陵镇汉城的重要根据。《三国志·吴书·孙权传》裴注引《吴书》云"玄菟郡在辽东北,相去二百里",当今 140 里。玄菟郡距辽东郡一书"四百里"一书"二百里",显然是前后两个玄菟郡的不同距离。这后一玄菟郡到辽东郡(今辽阳市)的距离为"二百里",当今 140 里,正当今沈阳市东北 30 里的上柏官屯汉、魏古城。《后汉书·郡国志》载玄菟郡领有"六城"。所谓六城,即除原有高句丽、上殷台、西盖马以外,在东汉安帝即位的永初元年(公元 107 年),又从辽东郡划出高显、候城、辽阳三县来属玄菟郡[1]。说明原有高句丽、上殷台、西盖马三县已被高句丽占据,内迁到今浑河中上游,成为侨置县。高句丽县迁到今上柏官屯汉、魏古城;上殷台西迁地址不详;西盖马已西迁到今抚顺市劳动公园汉代古城。从辽东郡划归玄菟郡的三县,高显县,有的推定在今铁岭县境[2];候城,有的推定在今沈阳市苏家屯区沙河乡魏家楼子古城遗址[3];辽阳,在今太子河与浑河汇流处附近,即今辽中县茨榆坨乡偏堡子古城[4]。从辽东郡划出三县归玄菟郡管辖的记载来看,玄菟郡再度西迁的年代,当在永初元年,即公元 107 年以前,或同时。

第三玄菟郡的郡治所在目前主要有两说:一为今沈阳市东30里的

〔1〕《后汉书》卷23,《郡国志》玄菟郡。
〔2〕中央民族学院编:《〈中国历史地图集〉释文汇编(东北卷)》,第 11－12 页、第 22 页。
〔3〕阎万章:《沈阳历史沿革及有关问题》,载《辽宁省博物馆学术论文集》第一辑,第 409 页。
〔4〕中央民族学院编:《〈中国历史地图集〉释文汇编(东北卷)》,第 11 页。

上柏官屯汉、魏古城[1];二为今抚顺市劳动公园的汉代古城[2]。据《三国志·吴书·孙权传》裴注引《吴书》,第三玄菟郡"在辽东北,相去二百里",从辽东郡(今辽阳)沿小辽水(今浑河)北行到玄菟郡,是汉、魏时代经常通行的大道,相距 200 里,约当今 140 里,正当今沈阳市东 30 里的上柏官屯汉、魏古城。而抚顺市劳动公园汉代古城,距辽阳今为 200 里,约当汉、魏 280 里,与记载不符。上述第二玄菟郡(今新宾县永陵镇汉城)到辽东郡(今辽阳市)为"四百里",第三玄菟郡到辽东郡为"二百里",由此可知,第二玄菟郡到第三玄菟郡的距离为 200 里,当今 140 里。把第三玄菟郡推定在今上柏官屯汉、魏古城正与这一距离里数相符。其次,新城在今抚顺市浑河北岸四里山上,即今高尔山城。而劳动公园汉代古城,则在抚顺市浑河南岸三里山上,隔浑河南北相对。第三玄菟郡是东汉安帝永初元年(公元 107 年)以后控制东方高句丽的军事重镇,而新城则是在 3 世纪末以前,直到 7 世纪,高句丽西部的边防重镇。两座军事重镇同在今抚顺市内,而且隔河相距仅七里,是不可能的。从文献记载[3]和考古发掘资料来看,新城在今抚顺市高尔山城殆已定论[4],则第三玄菟郡不应推定在今抚顺市的劳动公园汉代古城。今抚顺市劳动公园汉代古城当为后汉西盖马县(再度西迁后的西盖县)的所在地。到三国魏时,因被高句丽占据而废掉。到唐代为古盖牟(在安东都护府即今辽阳市的东北,盖牟当为盖马的音转)城的所在地[5]。

---

〔1〕陈连开:《唐代辽东若干地名考释》,载《社会科学辑刊》1981 年第 3 期;《满洲历史地理》第 1 卷,第 96–98 页,推定在今沈阳附近。

〔2〕〔日〕和田清:《东亚史研究》(满洲篇),第 7–8 页。

〔3〕《资治通鉴》卷 182,隋大业九年四月条,新城条下胡三省注云:"新城在南苏之西。"南苏在新城之东、木底之西,南苏在今新宾县上吏河乡五龙村高句丽山城,南苏西之新城正当今抚顺市高尔山城。

〔4〕徐家国、孙力:《辽宁抚顺高尔山城发掘简报》,载《辽海文物学刊》1987 年第 2 期。

〔5〕陈连开:《唐代辽东若干地各考释》,载《社会科学辑刊》1981 年第 3 期;《满洲历史地理》第 1 卷,第 96–98 页,推定在今沈阳附近。

34 真番郡考评述

汉武帝元封三年(公元前108年)灭卫氏朝鲜置四郡,即在朝鲜本地置乐浪郡,在其属领的玄菟[1]、临屯、真番之地[2]置玄菟、临屯、真番三郡。初置这四郡之地即卫氏朝鲜的领域。关于这四郡的地理方位问题,中、朝、日史学家在过去发表了许多论文,其中关于乐浪、玄菟、临屯三郡的地理位置问题,各说基本上已趋于一致,唯有真番郡的方位问题,历来众说不一。综合真番考的各种论点,主要有真番在朝鲜之南和在朝鲜之北两说。置四郡以后,即真番郡在乐浪郡之南和在乐浪郡之北两说,简称在南、在北两说。而在北说中又分为在玄菟(指鸭绿江上游)和在肃慎(指今宁安一带)两种不同意见。究以何说为是,这主要看哪一说提出的论据符合文献记载和考古资料的实际。今将两说争论的要点和提出的论据评述如下,以就正于方家。

34.1 真番在朝鲜之南,
还是在北的问题

笔者认为要搞清这一问题,首先要搞清汉置四郡以前与卫氏朝鲜的边界在浿水[3]的地理位置问题,浿水是推定真番在南还是在北的重要根据。浿水是卫氏朝鲜的西界亦云北界[4]。把真番推定在浿水之东还是西,即南还是北,是判断其说正确与否的关键所在。

---

〔1〕《后汉书·东夷传·沃沮》。
〔2〕《史记·朝鲜列传》。
〔3〕《史记·朝鲜列传》;《魏略》。
〔4〕因为浿水是从东北向西南的流向,故浿水以西亦云以北,以东亦云以南。

汉初的浿水当今哪一条河流？过去中、朝、日史学家发表了许多论文,主要有鸭绿江、大同江、清川江三说。由于中外史学家多年来的深入探讨和考古资料的新发现,逐渐澄清了许多有争论的问题。如弄清了浿水在西汉时指今清川江,后汉至隋、唐则指今大同江。在鸭绿江下游丹东市九连城瑷河尖汉代古城内发现"安平乐未央"五字的圆瓦当以后,汉代辽东郡的西安平在今瑷河尖汉代古城,马訾水当今鸭绿江已成定论,浿水当今鸭绿江的旧说已被否定。特别是近年来,朝鲜在大宁江畔发现古长城以后,浿水在长城塞外(塞东)的这一塞外的位置也就明确了。大宁江畔的古长城即燕、秦、汉长城的东段[1],大宁江和鸭绿江皆在这一长城东段的塞内,而今清川江则在塞外,即塞东。又从燕人卫满"东走出塞,渡浿水"[2],以及元封二年(公元前109年),汉使涉何从王险城(今朝鲜平壤)西行,渡浿水以后,进入塞内[3]的记载可知,汉初与卫氏朝鲜分界的浿水当在塞外即塞东,即今大同江以西,鸭绿江和大宁江以东的清川江。经过中外史学界长期的论证,汉初的浿水当今清川江说,可谓已成定论。因此,卫氏朝鲜领内的真番必在今清川江以东之地求之,这也和汉初的燕"东绾秽貊、朝鲜、真番之利"[4]的记载相符。

主张真番在朝鲜以北者,把真番推定在西迁后的玄菟郡境内,即今鸭绿江上游[5],或推定在肃慎之地,即今宁安一带[6]。但这是在汉初,是高句丽和肃慎之地,特别是这一地区在浿水(今朝鲜清川江)以西,

〔1〕〔朝鲜〕孙永钟著、顾禹宁译:《关于大宁江畔的古长城》(载《博物馆研究》1990年第1期),原文载朝鲜《历史科学》杂志1987年第2号,原作者认为大宁江畔的古长城是(王建)高丽为防御契(辽)而修筑的,系误,当为燕、秦、汉长城的东段;参见《中国历史地图集》第1册,图35～36。

〔2〕《史记·朝鲜列传》。

〔3〕《史记·朝鲜列传》。

〔4〕《史记·货殖列传》。

〔5〕丁谦:《史记·朝鲜列传笺证》认为真番郡"在今奉天兴京厅边外,东南至鸭绿江地";〔朝鲜〕丁若镛:《大韩疆域考》卷1,玄菟考,认为在鸭绿江上游的盖马;《满洲历史地理》卷1,第3－12页,认为真番郡在今鸭绿江及佟佳江流域。

〔6〕《增补东国文献备考》卷13,引安鼎福《东史考异·真番考》;吴廷燮:《真番郡说》,载《学海月刊》卷1,第2期。

并非卫氏朝鲜的领地。鸭绿江上游和浑江一带,虽是西迁后的玄菟郡辖境,但不是初置玄菟郡时的辖境,西迁后的玄菟郡并非卫氏朝鲜的领地(详后述)。卫氏朝鲜领内的真番不应在浿水以西,即不应在卫氏朝鲜境外之地求之。在北说的问题是没有搞清卫氏朝鲜的西界,把西迁后的玄菟郡也划归卫氏朝鲜领内。其所提出的论据多属臆测,与史实并不相符。如认为真番郡与苍海郡有密切关系,二者同在一地。认为苍海郡在辽东外徼之地,即今鸭绿江上游及佟佳江(今浑江)流域,真番郡亦当在此。提出的论据是《汉书·食货志》:"彭吴穿秽貊、朝鲜,置苍海郡。"认为苍海郡是夺取了属于朝鲜及秽貊的领土而建置的,认为这里所说的秽貊不是在今朝鲜江原道的秽貊,而是在今鸭绿江流域的秽貊,这都是正确的,但认为苍海郡置于这一地区(即鸭绿江上游)则是错误的。因为苍海郡是"穿秽貊、朝鲜"而置,不是"穿秽貊"而置,即是不在今鸭绿江流域的秽貊建置的,而是通过秽貊、朝鲜之后建立的。苍海郡当邻大海,在北说者认为是渤海。但鸭绿江上游,不邻渤海。史学界多数认为苍海郡在今朝鲜江原道内,这海是日本海。因已有较为可靠的论证[1],不再赘述。从所提出的论据来看,苍海郡在今朝鲜江原道说较鸭绿江上游说更为可靠可信。

主张真番郡在鸭绿江上游者又提出《史记·朝鲜列传》真番注《索隐》引应劭说"玄菟本真番国"作为论据。但这一注文是错误的(见后述),不能成为真番郡在玄菟郡即今鸭绿江上游的可靠根据。提出的其他论据和论断也多属臆测。如认为苍海郡和真番郡同在一地,都在辽东外徼之地,即今鸭绿江上游。但辽东外徼之地,不在今鸭绿江上游,而在浿水以东和王险城以西的边境地带。在北说者提出的其他论据多属似是而非,都在卫氏朝鲜西界(浿水)之外。

真番在南说者[2]的主要论据是:《史记·朝鲜列传》"真番旁众

---

〔1〕《〈中国历史地图集〉释文汇编(东北卷)》,第49－50页。

〔2〕杨守敬:《晦明轩稿》;汪士铎:《汉志释地驳议》;〔朝鲜〕李丙焘:《真番郡考》,载《史学杂志》,第40编,第5号;周一良译文载《禹贡半月刊》,第2卷,第7期和第10期;〔日〕稻叶岩吉著、杨成能译:《满洲发达史》,第28页;《〈中国历史地图集〉释文汇编(东北卷)》,第50－51页;周振鹤:《汉武帝四郡考》,载《历史地理》,第4辑。

国,欲上书见天子,又拥阏不通"。《汉书·朝鲜传》作"真番、辰国欲上书见天子,又雍阏阋弗通"。史学界多以辰国为正[1]。真番与辰国邻近,还见于《魏略》"辰国亦与朝鲜、贡蕃(真番)不相往来"。在南说者据上述文献记载认为辰国在朝鲜半岛的南端,则在其附近的真番必在朝鲜之南,即在朝鲜与辰国之间,这样,真番、辰国的通汉才能受到朝鲜的阻隔。真番在朝鲜之南的论据,较在北说的论据更为可靠可信,因此,中外史学界多取在南说。

34.2 真番郡并入乐浪郡
还是并入玄菟郡的问题

主张真番郡在乐浪郡以北的玄菟郡者,其主要论据是《后汉书·东夷传·秽》:"昭帝始元五年,罢临屯、真番,以并乐浪、玄菟。玄菟复徙居句丽。"据此认为临屯并入乐浪,真番并入玄菟,因此,真番郡当在玄菟境内,即今鸭绿江上游一带。

在北说者提出的这一论据,从表面形式上看似无问题,但实际并非如此。因为在罢临屯、真番以后,"玄菟复徙居句丽"。即最初(武帝元封四年)在沃沮地建立的玄菟郡,"后为夷貊所侵,徙郡句丽西北"[2]或书"徙郡于高句丽西北"[3],即今辽宁省新宾县永陵镇汉代古城,此即第二玄菟郡址的所在地。西迁后的玄菟郡在浿水以西,或云以北,不是卫氏朝鲜的领地。初置于沃沮的玄菟郡才是卫氏朝鲜的领地。

史学界一般多认为玄菟郡初置时的辖境和县,包括沃沮和辽东郡以东到海的广大地区。其属县除沃沮外,还包括《汉书·地理志》所载高句丽、上殷台、西盖马三县。笔者认为初置于沃沮的玄菟郡,辖境较小,仅限于沃沮一地,不包括高句丽等三县之地[4]。《后汉书·东夷

---

[1]张文虎:《校刊史记·集解、索隐、正义札记》,宋本"众"作"辰"。
[2]《三国志·魏书·东夷传·沃沮》。
[3]《后汉书·东夷传·沃沮》。
[4]拙稿《玄菟郡的建立和迁移》,载《东北地方史研究》1990年第1期。

传·高句丽》载:"武帝灭朝鲜,以高句丽为县,使属玄菟,赐鼓吹伎人。"好像汉武帝灭朝鲜初置玄菟郡时就置有高句丽县和赐鼓吹伎人之事,实际并非如此。玄菟郡初置于沃沮城(今朝鲜咸镜南道咸兴)时,当时的属县并没有明确记载。高句丽县在今辽宁省新宾县永陵镇,东距沃沮城(第一玄菟郡治)千有余里,从汉代各个郡县的辖境来看,还没有发现在郡治千里之外设县的例证。特别是《三国志·魏书·东夷传》和《后汉书·东夷传》沃沮条均载玄菟郡"徙郡于高句丽西北",而不是徙郡于高句丽县。如果初置玄菟郡时就有高句丽县,则应具体指出从沃沮徙郡于高句丽县,而不应是"徙郡于高句丽西北"。从"徙郡于高句丽西北",而不是"徙郡于高句丽县",可知,初置的玄菟郡并无高句丽县。从《汉书·地理志》仅记有乐浪、玄菟两郡,而不是四郡,以及玄菟郡的首县是高句丽县,而不是沃沮城等事实可知,这是至"昭帝始元五年,罢临屯、真番,以并乐浪、玄菟。玄菟复徙居句丽"[1]。以后建置的郡县,不是汉武帝时元封四年初置玄菟郡于沃沮城时的属县。《三国志·魏书·东夷传》高句丽条载"汉时赐鼓吹伎人"之事,而《北史·高句丽传》则记载为"汉昭赐衣帻、朝服、鼓吹,常从玄菟受之"。这说明赐鼓吹伎人之事是在汉时或汉昭帝时代。从高句丽之名始见于汉昭帝始元五年(公元前 82 年),以及赐衣物常从玄菟郡受之的记载来看,当在公元前 37 年高句丽建国以后之事。由此可知,高句丽县的设立,以及"赐鼓吹、伎人"之事,不是在汉武帝时代,而是在汉昭帝时代。从形式上而不是从实质上理解分析文献记载,便认为高句丽县是在汉武帝时代建置的说法,并不符合文献记载的实际。

真番郡在北说者把初置的玄菟郡和西迁后的玄菟郡混同起来,认为都是卫氏朝鲜的领地,把真番郡推定在浿水以西,即朝鲜之北,亦即卫氏朝鲜辖境之外,这都是明显的错误。

主张真番在北说者提出的另一论据是《史记·朝鲜列传》真番下的两条注文。一是《集解》引徐广说:"辽东有番汗县者,据《地理志》而

---

〔1〕《后汉书·东夷传·秽》。

知也。"意即以真番郡当辽东的番汗县。二是《索隐》引应劭说："玄菟本真番国。"在北说者据此认为真番郡当在玄菟郡境内,不应在乐浪郡以南之地求之。这两条注文都是根据对"罢临屯、真番,以并乐浪、玄菟。玄菟复徙居句丽"这一本文的误解,而做出的错误注文(见后述)。特别是徐广所说的真番为辽东郡的番汗县更是明显的错误。因为汉代辽东郡的番汗县在浿水之西,即朝鲜之北,在辽东郡东部的边界上,不是真番郡的所在地。《索隐》引应劭所说"玄菟本真番国",即《汉书·地理志》玄菟郡条下应劭原文的玄菟郡"故真番、朝鲜胡国",略去朝鲜二字,改为"玄菟本真番国"。以这样不确切的注文为论据,必然得出错误的结论。所谓玄菟郡"故真番、朝鲜胡国",显然不是玄菟郡本真番国之意,而当是玄菟郡本真番、朝鲜一类胡国之意。真番在北说者,从形式上而不是从实质上来研究分析理解上述本文和注文,便引以为据,当然难以做出正确的结论。

主张真番在朝鲜之南说者杨守敬等根据"自单单大岭以东,沃沮、秽貊悉属乐浪"的记载,认为《汉书·地理志》所载乐浪郡的 25 个县,不是初置乐浪郡时的属县,而是"罢临屯、真番,以并乐浪、玄菟"以后的属县。杨守敬等在南说者认为真番郡并入乐浪,而不是并入玄菟。杨守敬发现乐浪郡 25 县,除去岭东 7 县,还有 18 县,他又与《晋书·地理志》对照,发现带方郡属县中有 7 县为乐浪旧属,推测这 7 县就是始元五年并入乐浪郡的真番故县。他说:"魏分屯有以南置带方郡,以晋志昭之,疑带方、列口、吞列(后汉更名乐都,当为乐浪郡属县)、长岑、提奚、含资、海冥 7 县,亦真番故县也。其余屯有、浑弥、遂成、镂方、驷望、黏蝉、增地、訥邯,当本乐浪旧属,以晋志昭之,亦约略可睹。"杨守敬的这一发现,中外史学界均认为是精当之论。由于他的考证,明确了《汉书·地理志》乐浪郡所领 25 县,实际是乐浪(11 县)、真番(7 县)、临屯(7 县)三个地区的联合体。真番郡属县始元五年以后,改属乐浪,后隶南部都尉。建安中,又由乐浪郡分出成立带方郡。因此,真番在南说者认为真番郡并入乐浪,而不是并入玄菟。认为《后汉书·东夷传·秽》所载:"罢临屯、真番,以并乐浪、玄菟。玄菟复徙居句丽。"前

·欧·亚·历·史·文·化·文·库·

玄菟二字当为衍文,应是"罢临屯、真番,以并乐浪。玄菟复徙居句丽"之误。从上述真番郡并入玄菟,还是并入乐浪的问题,笔者认为在南说提出的论据比较可靠可信,在北说的论据多是从表面的理解,而不是实质上进行对比研究来论证其论据是否可靠,和其他记载有无矛盾。

34.3 真番在北说和《茂陵书》的记载有矛盾

《汉书·武帝纪》颜师古注引臣瓒曰:"茂陵书临屯郡治东暆县,去长安六千一百三十八里,十五县。真番郡治暆县,去长安七千六百四十里,十五县。"临屯郡在今朝鲜的江原道已成通论,真番郡距长安比临屯郡还远 1500 里。真番郡在北说者把真番郡推定在今鸭绿江上游之地,比临屯郡距长安还近,真番郡在北说和《茂陵书》的记载不符。因此,有的朝鲜学者又把真番郡推定在今宁安一带,说"真番远于临屯,则我国界内不可得,似在今宁古塔近处矣"[1],认为只有在玄菟郡的东北,才能置下比临屯远 1500 里的真番,今宁安一带正当其地。这里是肃慎之地,认为真番是肃慎之异称。笔者认为这完全是臆测,并无可靠的论据,今宁安一带,从来没有与卫氏朝鲜的真番有关联的记载。

关于真番通汉受阻于朝鲜的问题,在北说者认为,卫氏朝鲜曾经控制了在今吉林省南部,亦即鸭绿江上游的秽貊,认为彭吴穿秽貊,秽君南闾率二十八万人降汉,汉置苍海郡始复归汉。认为在今宁安一带的真番通向汉朝,正好受到在其南部朝鲜的阻隔,认为并非只有真番在朝鲜之南才能为其所阻。实际是,如前所述,卫氏朝鲜的西界在浿水,今鸭绿江上游,吉林省的南部,曾是第二玄菟郡的辖境,但不是第一玄菟郡,更不是卫氏朝鲜的辖境。真番郡在北说者提出的种种论据和论点的错误在于没有搞清卫氏朝鲜的领域四至,特别是对卫氏朝鲜的西界没有明确的认识,以至把西迁后的玄菟郡也当成卫氏朝鲜的领域,把真番郡推定在浿水以西,即卫氏朝鲜领域之外,都是明显的错误。

---

〔1〕《东国文献备考》引金伦说;《增补文献备考》卷 13,引安鼎福:《东史考异·真番考》。

35　松花江名称的演变

松花江发源于长白山天池,流经吉、黑两省,注入黑龙江,全长1840公里。它宛若游龙,丽如素带,点缀在祖国东北土地之上,使祖国东北大地显得更加生气勃勃。松花江流域,不但给我们提供了丰富的资源,还给我们提供了舟楫和灌溉之利。在松花江流域发现的许多古代文化遗址和古城址,证实了我国东北古代各族人民很早以来就劳动、生息、繁殖在这块土地之上,自古以来就是各族人民进行经济、文化交流的水路干线。随着历史的变迁,朝代的更替,民族的迁徙,人们给它以不同的名称。松花江这一名称,经历了复杂的演变过程。它是我国各族人民经过长期的历史选择而确定下来的。搞清它的演变过程,对研究和了解我国东北古代各族的历史疆界和重要州城的位置都有重要的意义。

35.1　汉、魏、晋时代的弱水

弱水之名始见于《尚书·禹贡》:"导弱水至于合黎,余波入于流沙。"于其他文献记载,以弱水为名的江河是很多的[1],但都不是指汉、魏、晋时代夫余和挹娄北部的弱水。《后汉书·夫余传》载:夫余"北有弱水";《晋书》卷97,《东夷传》,"肃慎氏一名挹娄","北极弱水"。这里所说的弱水是当今东北哪一条河流? 中外史学界有不同的看法,有

---

〔1〕〔日〕白鸟库吉:《弱水考》,见《史学杂志》第7编,第11号。

的认为这里所说的弱水是指今黑龙江[1],有的认为是指今第一松花江,即东流松花江[2]。笔者认为弱水当指今第一松花江和黑龙江下游(和松花江合流后的一段)。如把弱水推定在今黑龙江,则汉、魏时代夫余的北界为今黑龙江。这和文献所载夫余的辖境不符。夫余"在玄菟北千里",是指从玄菟郡的郡治(今沈阳市附近的上柏官屯汉代古城)到夫余王城(前期王城在今吉林市龙潭山城)[3]的距离。汉、魏时代的1000里,约当今700里,和从今沈阳市到吉林市的距离相符。如从今吉林市再往北1000里,也达不到今黑龙江。夫余的版图"方可二千里"[4]。汉、魏时代,夫余的南界在今浑河和辉发河两河上游的分水岭一带[5]。如以方圆2000里计算,汉、魏时代,夫余的北界,无论如何也达不到今黑龙江流域。同时,如以今黑龙江为夫余的北界,则"挹娄在夫余东北千余里"[6],把挹娄置于何地? 到晋代,挹娄"东滨大海,西接寇漫汗国"[7]。寇漫汗即豆莫娄或达末娄,约当今第一松花江下游以西,嫩江以东,嫩江下游和第一松花江(那河)之北。这是旧北夫余的一部分人,由于高句丽的侵袭,北渡那河(今嫩江、第一松花江)以后建立的国家,并不是汉、魏以来北夫余的原住地。南北朝时期,北魏延兴(公元471—476年)以前,勿吉还居住在难河下游,距太沵河(今洮儿河)十八日程的地方[8],约当今第一松花江下游。由此可知,汉、魏时代,尤其是晋到北魏时代,夫余的北界不在今黑龙江。如把弱水推定在今第一松花江,即东流松花江,则挹娄不是"北极弱水",而是"西极弱水",和文献所说挹娄"北极弱水"的记载不符。由此可知,把弱水推

---

〔1〕白鸟库吉:《弱水考》,见《史学杂志》第7编,第11号。

〔2〕冯家昇:《述肃慎系之民族》,见《禹贡半月刊》3卷,7期。〔日〕池内宏:《夫余考》,见《满洲地理历史研究报告》第13册,第84页载:"弱水即东流松花江"。见本书《夫余的疆域和王城》。

〔3〕见本书《夫余的疆域和王城》。

〔4〕《三国志》卷30,《魏志·东夷夫余传》。

〔5〕见本书《夫余的疆域和王城》。

〔6〕《三国志》卷30,《魏志·东夷挹娄传》。

〔7〕《晋书》卷97,《四夷传·肃慎氏》(一名挹娄)。

〔8〕《魏书》卷100,《勿吉传》,自太鲁水"又东北行十八日到其国","初发其国,乘船泝难河西上,至太沵河"(此处的太鲁水,太沵河指今洮儿河)。

定在今黑龙江或第一松花江,解释不通夫余"北有弱水",和挹娄"北极弱水"的有关记载。夫余和挹娄的北部都是弱水,因此,弱水绝不是仅仅指今第一松花江或黑龙江,而应是指今第一松花江和黑龙江下游(和第一松花江合流后的一部分)而言。

35.2　北魏时代的难河

据《魏书》卷100,《乌洛侯传》载:"其国西北有完水,东北流合于难水,其地小水皆注于难,东入于海。"完水即今额尔古纳河、黑龙江,所谓"东北流合于难水",系指今黑龙江合于今第一松花江。"其地小水皆注于难,东入于海",是指乌洛侯所在地(今嫩江中游,齐齐哈尔西部一带)的小水皆注于今嫩江。"东入于海",即连同今第一松花江、黑龙江下游东入于海。这一记载,已为最近发现的嘎仙洞鲜卑石室所证实[1]。又据《魏书》卷100,《勿吉传》:延兴中(公元471—476年),居住在难河下游(今第一松花江下游)的勿吉,遣使赴北魏进贡时,从勿吉出发,"乘船泝难河西上,至太渎河"。很明显这里所说的"泝难河西上",是指溯今第一松花江、嫩江下游西上至今洮儿河。由上述可知,北魏时代的难水(难河)包括今嫩江、第一松花江以及黑龙江下游。

35.3　唐代的那河、粟末河(速末水)

《魏书》卷100,《失韦传》载:失韦地方"有大水从北而来,广四里余,名捺水"。这里所说的捺水即后来的纳水、那水(那河),亦即今嫩江。又据《旧唐书》卷199下,《室韦传》载:望建河(或书室建河,今黑龙江上游额尔古纳河)屈曲东流,经室韦各部,"又东流与那河、忽汗河合"[2],又东流经黑水靺鞨之地,"东注于海"。可知望建河与那河合,指和今第一松花江合。又据《新唐书》卷220,《流鬼传》达末娄条载:

───────────────

〔1〕米文平:《鲜卑石室的发现与初步研究》,见《文物》1981年2期。
〔2〕忽汗河为今牡丹江已成定论,故此处所谓望建河屈曲东流,与"忽汗河合"当为误记。

·欧·亚·历·史·文·化·文·库·

那河"或曰他漏河,东北流入黑水"。以上记载说明,那河包括今嫩江和第一松花江。到唐代,第一松花江和今黑龙江合流以后的一段称黑水,是黑水靺鞨族的居地。所谓那河"或曰他漏河",是指今嫩江下游(和今洮儿河合流后的一段)和第一松花江而言。根据《新唐书》卷219,《黑水靺鞨传》所说,粟末部"依粟末水以居,水源子山(今长白山),西北注入它漏河"[1]。这是确定唐代的粟末水为今第二松花江的可靠根据。粟末水之名始见于《魏书·勿吉传》:"国有大水,阔三里余,名速末水"。速末水即粟末水。因为今第一松花江在汉、魏时代称弱水,北魏时代称难河,唐代称那河,已有明确的记载,从没有称速末水(粟末水)的记载。据考今第二松花江乃古代涉貊故地,速末乃涉貊音转,后为渤海涑州(今吉林市)辖境。由此可知,《魏书·勿吉传》所说的速末水,只能指今第二松花江。又考《魏书》系北齐天保二年(公元551年)魏收奉敕撰,天保五年(公元554年)成书。勿吉的历史写到东魏孝静帝武定年间(公元543—549年)。494年以前,"夫余为勿吉所逐",494年,夫余王率众逃亡到高句丽[2]。勿吉南迁,进入夫余故地。汉、魏时代的挹娄,还是"南与北沃沮接"[3],到北魏时代的勿吉,已将其南界推进到徒太山(太白山,今长白山)[4]一带。今第二松花江流域已被勿吉占据,成为勿吉国内的大水。到隋、唐时代,又成为粟末靺鞨部的居地[5]。故所谓勿吉国内有大水,名速末水,是指今第二松花江。如速末水(粟末水)也指今第一松花江,则《新唐书·黑水靺鞨传》不会出现粟末水"西北注它漏河"的记载。《吉林通志》卷22,《舆地志》10,山川条谓"唐时粟末之称,仅至嫩江而止",是正确的。所以说,把速末水(粟末水)推定在今第一松花江[6]是不符合文献记载的。

---

〔1〕1974年中华书局标点本,此处标点。"水源于山西,北注它漏河。"

〔2〕《三国史记》卷19,《高句丽本纪》,文咨明王三年(北魏孝文帝太和十八年,公元494年)二月,"扶余王及妻孥,以国来降"。

〔3〕《后汉书》卷85,《东夷传·挹娄》。

〔4〕《魏书》卷100,《勿吉传》,"国南有徒太山"。

〔5〕《隋书》卷81,《靺鞨传》:"其一,号粟(粟)末部,与高丽相接。"《新唐书》卷219,《黑水靺鞨传》:"其著者曰粟末部,居最南,抵太白山,亦曰徒太山,与高丽接。"

〔6〕顾颉刚等编:《中国历史地图集》15图,《唐帝国和四邻图》,把粟末水划在第一松花江。

35.4 辽、金时代的混同江、鸭子河

《契丹国志》卷 27,长白山条:"旧云粟末河,太宗破晋(公元 946 年)改为混同江。"可知到辽太宗时(公元 946 年),粟末河(今第二松花江)又改称混同江,混同江之名始见于此。据《金史》卷 1,世纪载:"生女直地有混同江、长白山,混同江亦号黑龙江,所谓白山、黑水是也。"这里所说的"混同江亦号黑龙江",系指今第一、二松花江和黑龙江下游。从粟末水(粟末河)"西北注它漏河"[1],以及"踏弩河(它漏河)……东流入鸭子河"[2]的记载可知,鸭子河当指今第一松花江。从《金史·地理志》上京路境内有混同江、宋瓦江、鸭子河等河流的记载可知,鸭子河当指今第一松花江的一部分,即第一松花江的西段而言。有的认为踏弩河(它漏河)指今洮儿河,东流入鸭子河,指今东流入今嫩江,并认为鸭子河即今嫩江[3]。这一推断,和文献记载并不相符。

(1)辽圣宗统和十七年(公元 999 年),"迁兀惹户,置刺史于鸭子、混同二水之间"[4],是在东京道、宾州境内,指今第一、二松花江之间,当今吉林省扶余县境内。如把鸭子河推定在今嫩江,则不在东京道、宾州境内,而在上京道、长春州境内,和记载不符。

(2)辽圣宗太平四年(公元 1024 年),"诏改鸭子河曰混同江,挞鲁河曰长春河"[5]。到这时(公元 1024 年),才把今第一、二松花江看做一条河流,而统称之为混同江。在这以前,一直是把嫩江和第一松花江看做一条河流,而统称之为难河、那河。如把鸭子河推定在今嫩江,则今嫩江亦改称混同江,其误甚明。有的认为鸭子河指今嫩江和第一松花江,"诏改鸭子河曰混同江"是指今第一松花江改称混同江,而嫩江仍称鸭子河。这一推断也和文献记载不符。公元1024 年"改鸭子河曰

---

〔1〕《新唐书》卷 219,《黑水靺鞨传》。

〔2〕《武经总要》前集,卷 22,蕃界有名山川。

〔3〕中国历史地图集编辑组编辑,《中国历史地图集》第六册(宋、辽、金)9—10,辽东京道图。

〔4〕《辽史》卷 38,《地理志》二,东京道、宾州条。

〔5〕《辽史》卷 16,《圣宗本纪》,太平四年二月己未朔。

混同江"以后出现的鸭子河,仍然指今第一松花江,而不是指今嫩江。如辽道宗清宁四年(公元 1058 年),"城鸭子、混同二水间"[1],是指在今第一、二松花江之间,即今吉林省扶余县境内筑城的事,而不是指在今嫩江和松花江之间筑城的事。

(3)公元 1114 年,辽和女真两军在出河店(今黑龙江省肇东县八里城)隔江对垒,同一江名,《辽史》用新名,称混同江[2],而《金史》仍沿用旧名,而称鸭子河[3]。辽代的出河店即金代的肇州所在地,在鸭子河北 5 里[4],即今第一松花江北五里的肇东县八里城。如把鸭子河推定在今嫩江,和辽代出河店(金代肇州)所在地的记载不符。这里"诏改鸭子河曰混同江"以后出现的鸭子河,仍指今第一松花江,而不是指今嫩江的记载。

(4)关于鸭子河的位置,《武经总要》前集卷 22,蕃界有名山川条,有比较明确的记载"鸭子河在大水泊之东,黄龙府之西,是雁鸭生育之处",又载"大水泊周围三百里"。今洮儿河和嫩江下游两岸湖泊最多,其中最大的为今查干泡,现周长约为 200 余里,此外,没有堪称为大水泊者。大水泊以东,当指今查干泡以东,黄龙府以西,当今农安、扶余县东部(为黄龙府辖境)以西。在其间的河流有第一、二松花江。第二松花江不是鸭子河已如上述,只有指今第一松花江而言。如把鸭子河推定在今嫩江,则在大水泊(查干泡)之北,长春州(今吉林省前郭尔罗斯蒙古族自治县创业乡北上台子屯他虎城)之西,和"鸭子河在大水泊之东,黄龙府之西"的记载不符。

(5)公元 1024 年"诏改鸭子河曰混同江"以后,仍然不断出现辽代皇帝到鸭子河等地进行春猎的记载。这里所说的鸭子河,仍然是指今第一松花江,而不是嫩江。今洮儿河和嫩江下游,在辽代称挞鲁(挞鲁古)河,即长春河。辽圣宗太平二年及三年正月,先后有两次"如纳水

---

〔1〕《辽史》卷 98,《耶律俨传》。
〔2〕《辽史》卷 27,《天祚帝本纪》1,天庆四年冬十月壬寅朔。
〔3〕《金史》卷 2,《太祖本纪》2,太祖二年十一月。
〔4〕《金史》卷 128,《屹石烈德传》:"鸭子河去肇州五里。"

钩鱼"[1]的记载,这里所说的纳水是指嫩江下游,而不是嫩江上游。因为嫩江下游以及嫩江和第一、二松花江汇合处,自古以来就是盛产鱼类的地方,至今也是东北著名的渔场。纳水即那河,"或曰它漏河",是今嫩江下游及第一松花江而言。因为嫩江上游从没有称过它漏河,今洮儿河也从没有称过那河的记载,所以那河"或曰它漏河"既不包括嫩江上游,也不包括今洮儿河。因为纳水即那河,其下游即它漏河、挞鲁(挞鲁古)河,所以在太平四年(公元1024年)诏改挞鲁河曰长春河以后,直到辽亡,不再见辽帝到纳水渔猎的记载。唐、宋时代的那河或他漏河,都包括今嫩江下游和第一松花江。如果它漏河(他漏河)、挞鲁河(挞鲁古河)只指今洮儿河,则和上述那河"或曰它漏河,东北流入黑水",粟末水"西北注它漏河","踏弩河……东流入鸭子河"的记载完全不符。而且今洮儿河也不是著名的产鱼区,辽代皇帝到挞鲁河(长春河)进行渔猎之地,应指盛产鱼类的挞鲁河,即今嫩江下游地方。

(6)《金史》卷24,地理志上,上京路境内有"按出虎水、混同江、来流河、宋瓦江、鸭子河",可知鸭子河在金代上京路境内。如以今鸭子河指今嫩江,则不在金代上京路境内,而应在北京路境内。《金史》卷24,地理志上,北京路泰州条,长春县境内有"挞鲁古河、鸭子河"。金代长春县即辽代长春州,在今吉林省前郭尔罗斯蒙古族自治县创业乡北上台子屯他虎城,他虎城东距嫩江8里,东距第一、二松花江曲折处40里,今嫩江下游和今吉林省扶余县西部的第一、二松花江,正在辽代长春州附近。和金代长春县(辽代长春州)境内有"挞鲁古河、鸭子河"的记载相符。因挞鲁河(挞鲁古河,即今洮儿河和嫩江下游)在长春州(今他虎城)附近,可能是太平四年(公元1024年)"诏改挞鲁河曰长春河"的原因。如以今洮儿河为挞鲁河,嫩江为鸭子河,则和这一记载也不相符。

综上所述,辽代鸭子河指今第一松花江的西段,而不是指今嫩江。辽代挞鲁河指今洮儿河和嫩江下游。今第二松花江原称粟末水,辽太

---

〔1〕《辽史》卷16,《圣宗本纪》七,太平二年春正月,太平三年春正月。

宗(公元946年)改称混同江,第一松花江的西段辽初称鸭子河,太平四年(公元1024年)改称混同江,从公元1024年以后,才把今第一、二松花江看成一条河,而统称之为混同江。混同江流域(今第一、二松花江)在辽代为东京道、金代为上京路辖境。混同江下游(今第一松花江下游)是辽代的五国部,金代的五国城的所在地。混同江是辽代通往五国部、金代通往五国城、吉列迷的交通古道。

35.5 元代的宋瓦江、混同江

宋瓦江之名始见于《金史》卷24,地理志上,上京路条。金代上京路辖境内有混同江、宋瓦江、鸭子河等河流,可知金代的宋瓦江当指今松花江的一部分。据《大元大一统志》辑本二(辽海丛书本)载"混同江俗呼宋瓦江",可知到了元代,宋瓦江、混同江同时并用。据《元史》卷50,《五行志》:"仁宗皇庆元年(公元1312年)元月,大宁、水达达路水,宋瓦江溢,民避居亦母儿乞岭。"《元史》卷34,《文宗本纪》,至顺元年(公元1330年)九月丁未:"辽阳行省水达达路自去夏霖雨,黑龙、宋瓦二江水溢,民无鱼为食,至是,末鲁孙一十五狗驿,狗多饿死,赈粮两月,狗死者给钞补市之。"宋瓦江流域在元代为开元路辖境,至元二十一年(公元1285年)到至顺元年(公元1330年)间,割出开元路的东北部而置水达达路,其辖境包括今黑龙江下游和第一松花江下游。以上所谓宋瓦江指今第一松花江无疑。又据《元史》卷59,地理志二,合兰府水达达等路条,"元初设军民万户府五,抚镇北边","分领混同江南北之地。其居民皆水达达、女真之人"。此处所谓水达达、女真,即指在松花江下游和黑龙江下游居住的女真人,此处所谓混同江即今第一松花江。由上述可知,今第一松花江,在元代称宋瓦江或混同江。又据朝鲜李朝世宗二十九年(明正统十年,公元1447年)撰写的《龙飞御天歌》卷7,第53章记载:"斡朵里,地名,在海西江(今松花江)东,火儿阿江(今牡丹江)之西。"可知元、明时代的海西江,当指流经海西地区的松花江。元朝曾置"辽东海西道提刑按察司"[1]、"海西右丞"[2]等行政机构和官职。元代为了加强对宋瓦江、黑龙江流域的统治,在宋瓦江(混同江)、黑龙江下游两岸设立许多驿站和狗站,是元代通往弩儿哥(奴儿干)、东征元帅府的重要交通路线。

35.6 明代的松花江

到明代才正式出现松花江之名。《明史》卷129,《冯胜传》:洪武二十年(公元1387年)出现"松花河"之名,到宣德四年(公元1429年)以后频见松花江之名。据《明宣宗实录》卷90,宣德七年(公元1432年)五月丙寅载:"遣中官亦失哈等,往使奴儿干等处,令都指挥刘清领军松花江造船运粮。"明代松花江流域为海西女真居地,明在这里设立许多卫所,归明代奴儿干都司管辖。明朝为了加强对东北的经营管理,在元朝驿站的基础上,沿松花江、黑龙江下游两岸,设立四十五个驿站,即明代有名的"海西东水陆城站"。陆路从底失卜站(今黑龙江省双城县兰陵乡石家崴子古城,拉林河北岸)出发,沿松花江、黑龙江下游到亨滚河口北岸的终点站——满泾站。水陆从今吉林市(明代造船厂)出发,顺江而下,直抵奴儿干都司。这条水陆交通线,是明朝经营东北的重要交通干线,也是松花江、黑龙江流域的海西女真、野人女真各卫所头目进京朝贡的路线。

据《大明一统志》卷89,松花江"至海西合混同江,东流入海"。又据同书:黑龙江"南流入松花江"。《全辽志》卷1,山川条所载亦同。由此可知,今第一松花江明代亦称混同江或松花江。

35.7 清代的松阿哩乌拉

到清代,松花江满语称松阿哩乌拉。据《吉林通志》卷22,《舆地

---

〔1〕《元史》卷15,《世祖本纪》十二,至元二十五年(公元1288年)二月壬戌。
〔2〕《明太祖实录》卷153,洪武十六年夏四月己亥。

志》10,山川条:"国语(满语)天河也。"〔1〕又云:"今之松花、混同二名,实为上下游之通称。然取发源高远之义,则自长白山以下宜定名曰松花江(松阿哩乌拉)。论其受三江(嫩江、乌苏里江、黑龙江)之大,则自嫩江以下,宜称混同江。"因清代,对松、黑两江还不能定何为经流,所以今黑龙江下游在清代也称混同江〔2〕。今松花江流域、黑龙江下游,在清代为吉林将军辖境。今吉林市松花江北岸为清代的造船厂,故吉林旧名船厂。

---

〔1〕"粟末河为白河之意,松花江为白江之意,满语松戛里从女真语来为白色之意,天河只是清朝对其所作的褒美之词,形象的政治称谓,即使称之为天河,也含有银河、银白之意"。见《地名知识》1981 年 4、5 合刊。

〔2〕曹廷杰:《伯利探路记》,在"庙尔(前苏联境内黑龙江口的尼古拉耶夫斯克)上 250 里,混同江东岸"发现明代永宁寺碑两座。由此可知,黑龙江下游在清代亦称混同江。

36 白山黑水考

白山、黑水之名同时出现,始见于《金史·世纪》:"生女直地有混同江、长白山,混同江亦号黑龙江,所谓白山、黑水是也。"白山、黑水是我国名山大川之一,是我国东北古代居民——肃慎及其后裔挹娄、勿吉、靺鞨、女真、满族的故乡和兴王之地。

36.1 长白山在汉以前到晋代
称为不咸山

早在战国和西汉初成书的我国最早的地理书《山海经》就记载了我国东北古代的名山和居民。《山海经·大荒北经》云:"东北海之外……大荒之中有山名曰不咸,有肃慎氏之国。"由此可知,早在西汉以前,东北名山——不咸山就闻名于中原了。《山海经·海外西经》云:"肃慎之国在白民北。"《后汉书·东夷传》云:挹娄即肃慎在北沃沮北[1]。《晋书·四夷传》云:"肃慎氏一名挹娄,在不咸山北。"白民即涉貊民,北沃沮属涉貊族系,所以在白民北和北沃沮北的记载是一致的。北沃沮在今吉林省延边珲春、汪清,和绥芬河流域,则肃慎当在今延边和绥芬河流域以北。所谓肃慎"在不咸山北",是概指,更确切些说还是在北沃沮北的记载是比较具体可靠的。从肃慎(挹娄)"在不咸山北"的记载可知不咸山即今长白山。同时从《晋书·四夷传》尚称不咸山的记载可知,从西汉以前,直到晋代仍名不咸山,并没有改称它名。

过去《吉林通志》等地方志皆谓汉以前称不咸山,"汉曰单单大

---

[1]《后汉书·东夷传·挹娄》载:挹娄"南与北沃沮接"。

·欧·亚·历·史·文·化·文·库·

岭","魏曰盖马大山"[1]。后人多从其说,实系以讹传讹。《三国志·东夷传》,涉"自单单大岭以西属乐浪,自岭以东七县,都尉主之,皆以涉为民;封其渠帅为侯,今不耐涉皆其种也"。从不耐涉和乐浪的方位,以及它们在单单大岭东、西的记载可知,单单大岭绝不指今长白山。单单大岭是当今哪一座山,诸家考证其说不一,但皆认为在今朝鲜境内,而不认为指今长白山[2]。《三国志·东夷传》云:"东沃沮在高句丽盖马大山之东,滨大海而居。其地形东北狭,西南长,可千里。"东沃沮在今朝鲜咸镜南、北两道和两江道,盖马大山在东沃沮之西,可知盖马大山也不可能指今长白山,而应指今朝鲜镜内的狼林山脉[3]。今朝鲜狼林山脉以东仍名盖马高原,这是盖马大山不是今长白山的又一个佐证。

36.2　长白山后魏
称为"徒太山"、"太皇山"

《魏书·勿吉传》:"勿吉国南有徒太山,魏言大白。"从勿吉国南有徒太山显然指今长白山。《北史》卷 94,《勿吉传》载:勿吉"国南有从太山者,华言太皇,俗甚敬畏之"。《魏书·勿吉传》和《隋书·鞨鞨传》[4]皆作"徒太山",因此《北史·勿吉传》所书"从太山"当为"徒太山"之误。

36.3　长白山唐称太白山

《新唐书·黑水鞨鞨传》载:粟末部"居最南,抵太白山,亦曰徒太山,与高丽接,依粟末水以居,水源于山,西北注它漏河"。从粟末水(今第二松花江)源于山(长白山)的记载可知,太白山、徒太山即今长

---

〔1〕《吉林通志》卷 18,山川条。
〔2〕详见中央民族学院编:《〈中国历史地图集〉东北地区资料汇编》,第 52－53 页。
〔3〕详见中央民族学院编:《〈中国历史地图集〉东北地区资料汇编》,第 26 页。
〔4〕《隋书》卷 81,《鞨鞨传》载:"有徒太山者,俗甚敬畏之。"

白山。《新唐书·渤海传》载:靺鞨及高丽余众东走,"渡辽水,保太白山之东北,阻奥娄河,树壁自固"。这里所说的太白山指今长白山无疑。

36.4　长白山之名从金代开始,
一直沿用至今

长白山之名从金代开始[1],一直沿用至今。虽然早在隋、唐时代,靺鞨七部中有白山部,辽代女真各部中有长白山部,但这是以部族名而非以山名出现的。虽然白山部和长白山部都在今长白山一带,但以山名出现的长白山还是从金代开始。

金代统治者认为"长白山在兴王之地,礼合尊崇议封爵,建庙宇"[2]。因此,在大定十二年(公元 1172 年)十二月,封长白山为"兴国灵应王,即其山北地建庙宇"。大定十五年三月,奏定封册仪物,每年春秋二仲择日致祭。明昌四年(公元 1193 年)十月,"复册为开天弘圣帝"[3]。

到清代,长白山满语称为果勒敏(长)珊延(白)阿林(山)。清朝以长白山为其发祥地,康熙十六年(公元 1677 年),特命大臣觉罗武木纳前往长白山拜谒,回京奏疏,议封长白山神,每年遣使致祭。康熙二十一年(公元 1682 年),康熙东巡到吉林时,在吉林市松花江畔对长白山举行望祭,这就是后来在今吉林市小白山修建望祭殿的原因和根据。从此以后,每年春秋两季由将军、副都统率领官员在小白山望祭殿代表皇帝对长白山举行望祭。乾隆十九年(公元 1754 年),乾隆东巡到吉林时,亲至小白山望祭殿对长白山举行望祭,这是清朝皇帝第一次亲临望祭殿举行望祭。

〔1〕《金史》卷1,世纪。
〔2〕《金史》卷35,《礼志》八,诸神杂祠。
〔3〕《金史》卷35,《礼志》八,诸神杂祠。

36.5 金代所说的黑水指今第一、二松花江和黑龙江下游

黑水之名始见于《新唐书·流鬼传》或新旧唐书《室韦传》[1]。

《吉林通志》等地方志均认为黑水指今黑龙江,并谓《金史》等书所谓"混同江亦号黑龙江"是错误的。我认为这是误解。唐代黑水原指黑龙江下游,即和松花江合流后到入海口的一段而说的,是唐代黑水靺鞨的故乡,唐开元十三年(公元725年)置黑水军于黑水靺鞨地,次年更置黑水都督府,任命当地部族的首领为都督和所领诸州的刺史,并派内地官吏前往黑水靺鞨地任长史,管理黑水即今黑龙江下游一带的黑水靺鞨。辽、金时代女真人所说的黑水则指今第一、二松花江和黑龙江下游(今黑龙江和松花江合流后的一段)。《金史》等书所谓"混同江亦号黑龙江",或云黑水发源于长白山的记载不是误记,而是如实地记载了当时女真人对河流的主流、支流,以及河源的看法。

南北朝时期的勿吉,唐代的黑水靺鞨,辽代的生女真和金代的女真各部逐渐南下,来到长白山一带,隋、唐时代,靺鞨七部中有白山部,辽代女真各部中有长白山部,金封长白山并遣使致祭,从北方黑龙江下游南迁的黑水靺鞨和生女真,他们有机会了解到长白山是三江发源地,他们认为其故乡的黑水发源于长白山。因此,他们把今第一、二松花江和黑龙江下游看成一条河流。所以《契丹国志》卷26,嗢热者国条云:"宾州,州近混同江,即古之粟末河、黑水也。"《契丹国志》卷27,长白山条:"黑水发源于此,旧云粟末河,太宗破晋,改为混同江。"《大金国志》卷18谓:"长白山,黑水发源于此,旧名粟末河,契丹目为混同江。"《松漠纪闻》云:"黑水,掬之微黑,契丹目为混同江。"《金史·世纪》明确指出:"混同江亦号黑龙江。"这些记载皆谓,粟末河、混同江即黑水、黑龙江,黑水发源于长白山。这是当时人们对河流主流、支流以及河源的看

---

〔1〕《山海经·海内经》中所说的黑水有多条,但都不是指东北地区的黑水。

法和今天不同。如汉、魏、晋时代,把今第一松花江和黑龙江下游看做一条河流,而统称之为弱水;北魏时代以今嫩江、第一松花江和黑龙江下游为一条河流而统称之为难河,唐代则称为那河。唐代所说的粟末水仅指今第二松花江,即从长白山发源到和嫩江合流为止的这一段而说的。到辽代才把今第一、二松花江看成一条河流,而统称之为混同江。金代人们对河流主流、支流、河源的看法和今天不同。因此,认为《金史》等书所记"混同江亦号黑龙江","黑水发源于长白山",黑水"旧云粟末水"等记载是错误的看法应该纠正。屠寄《蒙兀儿史记》卷63,洪福源传注云:"今吉林伯都讷城北,嫩江、松花江会流之三叉口以下一段之江,土人尚称黑龙江。(屠)寄乙未岁(公元1895年)十月,奉使过此,亲问土人知之。故《金史》云:混同江亦号黑龙江也。"由此可知,直到清末,当地人还称今第一松花江为黑龙江。搞清金代所谓黑水、黑龙江包括今第一、二松花江和黑龙江下游这一事实以后,对下述文献记载才能得出正确的理解。《金史》卷24,《地理志》,上京路条载:肇州所辖始兴县境内有鸭子河、黑龙江,很明显这也不是什么误记,从金肇州的位置[1]可知,这里所说的黑龙江、鸭子河都是指混同江,即今第一松花江的一部分。又《满洲实录》卷1载"辉发国本姓益克得哩,原系萨哈连乌拉江尼马察部人",原注云"萨哈连即混同江,一说黑龙江是也,此源从长白山发出"。从辉发部先世的故乡在今第一松花江下游[2],以及原注所云"萨哈连即混同江"的记载可知,萨哈连乌拉包括今第一、二松花江和黑龙江下游,但这里所说的辉发部先世的故乡萨哈连乌拉,不是指今黑龙江,而是指今第一松花江下游。很明显,清代沿用金代的传统看法,把今第一、二松花江和黑龙江看成一条河流而统之为混同江或黑龙江。

由上述可知,金代所谓白山即今长白山,黑水指今第一、二松花江和黑龙江下游,认为金代所谓黑水仅指今黑龙江是不正确的。

---

〔1〕见《吉、黑两省西部地区四座辽、金古城考》。

〔2〕见《明代建伦四部》。

索　引

·欧·亚·历·史·文·化·文·库·

·欧·亚·历·史·文·化·文·库·

W

丸都城　45,47,51,52,54,55,58,
66,67,71

王城　3 - 10,27,33,34,37 - 40,
43,44,46,54,75 - 78,80,
81,83 - 85,87,91 - 94,98,
105,106,108,176,339,350

王险城　56,277,278,286,300,
301,314,343,344

尉那岩城　45,50,51,55

慰礼城　13,59

沃沮　6,13 - 15,27 - 31,42,43,
49,53,57,58,77,89,94,
311,313,325,328,332 -
337,340,342,345 - 347

乌拉　79,82,93,131,139,140,
145,147,158,176,182,210,
214,215,218 - 221,264,
267,363

乌苏里江　19,112,242,262,358

兀良哈　197,200,204,207,210,
223 - 230,235,236,
238 - 240,245,247 -
249,252,254

勿吉　5,6,16,17,19,20,22,26,
34,37 - 40,75 - 78,81,
83 - 85,88,89,91 - 95,98,

186,350 - 352,359,360,362

X

西盖马县　47,56,319,337,338,
341

西喇木伦河　5

鲜卑　3 - 6,17,28,29,33,34,42,
91,223,228,351

显德府　100,101,103 - 106,110,
199

显州　104,105,108 - 110,168

襄平　3,282,294,295,308 - 313,
318 - 324,336

新城　39,58,59,61 - 68,71,106,
149,213,269,341

玄菟　3 - 6,8,15,17,18,28 - 30,
32,33,39,43,47,48,50,
55 - 60,62 - 66,68,69,71,
83,84,86,89,91,98,176,
281,291,304,307,310,311,
313,319,320,324,328,329,
331 - 348,350

Y

鸭子河　121 - 123,127,133,138,
139,146,148,153 - 156,
164,165,167,184 - 188,
190,236,352 - 356,363

373

欧亚历史文化文库

已经出版

林悟殊著:《中古夷教华化丛考》　　　　　　　　　　　定价:66.00 元

赵俪生著:《弇兹集》　　　　　　　　　　　　　　　　定价:69.00 元

华喆著:《阴山鸣镝——匈奴在北方草原上的兴衰》　　　定价:48.00 元

杨军编著:《走向陌生的地方——内陆欧亚移民史话》　　定价:38.00 元

贺菊莲著:《天山家宴——西域饮食文化纵横谈》　　　　定价:64.00 元

陈鹏著:《路途漫漫丝貂情——明清东北亚丝绸之路研究》

　　　　　　　　　　　　　　　　　　　　　　　　　　定价:62.00 元

王颋著:《内陆亚洲史地求索》　　　　　　　　　　　　定价:83.00 元

〔日〕堀敏一著,韩昇、刘建英编译:《隋唐帝国与东亚》　定价:38.00 元

〔印度〕艾哈默得·辛哈著,周翔翼译,徐百永校:《入藏四年》

　　　　　　　　　　　　　　　　　　　　　　　　　　定价:35.00 元

〔意〕伯戴克著,张云译:《中部西藏与蒙古人

　　——元代西藏历史》(增订本)　　　　　　　　　　定价:38.00 元

陈高华著:《元朝史事新证》　　　　　　　　　　　　　定价:74.00 元

王永兴著:《唐代经营西北研究》　　　　　　　　　　　定价:94.00 元

王炳华著:《西域考古文存》　　　　　　　　　　　　　定价:108.00 元

李健才著:《东北亚史地论集》　　　　　　　　　　　　定价:73.00 元

孟凡人著:《新疆考古论集》　　　　　　　　　　　　　定价:98.00 元

周伟洲著:《藏史论考》　　　　　　　　　　　　　　　定价:55.00 元

刘文锁著:《丝绸之路——内陆欧亚考古与历史》　　　　定价:88.00 元

张博泉著:《甫白文存》　　　　　　　　　　　　　　　定价:62.00 元

孙玉良著:《史林遗痕》　　　　　　　　　　　　　　　定价:85.00 元

马健著:《匈奴葬仪的考古学探索》　　　　　　　　　　定价:76.00 元

〔俄〕柯兹洛夫著,王希隆、丁淑琴译:

　　《蒙古、安多和死城哈喇浩特》(完整版)　　　　　定价:82.00 元

乌云高娃著:《元朝与高丽关系研究》　　　　　　　　　定价:67.00 元

杨军著:《夫余史研究》　　　　　　　　　　　　　　　定价:40.00 元

梁俊艳著:《英国与中国西藏(1774—1904)》　　　　　定价:88.00 元

〔乌兹别克斯坦〕艾哈迈多夫著,陈远光译:

　　《16—18 世纪中亚历史地理文献》(修订版)　　　定价:85.00 元

成一农著:《空间与形态——三至七世纪中国历史城市地理研究》

　　　　　　　　　　　　　　　　　　　　　　　　　　定价:76.00 元

杨铭著:《唐代吐蕃与西北民族关系史研究》　　　　　定价:86.00 元

殷小平著:《元代也里可温考述》　　　　　　　　　　定价:50.00 元

耿世民著:《西域文史论稿》　　　　　　　　　　　　定价:100.00 元

殷晴著:《丝绸之路经济史研究》　　　　定价:135.00 元(上、下册)

余大钧译:《北方民族史与蒙古史译文集》　定价:160.00 元(上、下册)

韩儒林著:《蒙元史与内陆亚洲史研究》　　　　　　　定价:58.00 元

〔美〕查尔斯·林霍尔姆著,张士东、杨军译:

　　《伊斯兰中东——传统与变迁》　　　　　　　　　定价:88.00 元

〔美〕J.G.马勒著,王欣译:《唐代塑像中的西域人》　定价:58.00 元

顾世宝著:《蒙元时代的蒙古族文学家》　　　　　　　定价:42.00 元

杨铭编:《国外敦煌学、藏学研究——翻译与评述》　　定价:78.00 元

牛汝极等著:《新疆文化的现代化转向》　　　　　　　定价:76.00 元

周伟洲:《西域史地论集》　　　　　　　　　　　　　定价:82.00 元

周晶著:《纷扰的雪山——20 世纪前半叶西藏社会生活研究》

　　　　　　　　　　　　　　　　　　　　　　　　　　定价:75.00 元

蓝琪著:《16—19 世纪中亚各国与俄国关系论述》　　 定价:58.00 元

许序雅著:《唐朝与中亚九姓胡关系史研究》　　　　　定价:65.00 元

汪受宽著:《骊轩梦断——古罗马军团东归伪史辨识》　定价:96.00 元

刘雪飞著:《上古欧洲斯基泰文化巡礼》　　　　　　　定价:32.00 元

〔俄〕Т.Б.巴尔采娃著,张良仁、李明华译:

　　《斯基泰时期的有色金属加工业——第聂伯河左岸森林草原带》

　　　　　　　　　　　　　　　　　　　　　　　　　　定价:44.00 元

叶德荣著:《汉晋胡汉佛教论稿》　　　　　　　　　　定价:60.00 元

王颋著:《内陆亚洲史地求索(续)》　　　　　　　　 定价:86.00 元

尚永琪著:

　　《胡僧东来——汉唐时期的佛经翻译家和传播人》　定价:52.00 元

桂宝丽著:《可萨突厥》　　　　　　　　　　　　　　定价:30.00 元

375

·欧·亚·历·史·文·化·文·库·

篠原典生著：《西天伽蓝记》　　　　　　　　　　　定价：48.00 元

〔德〕施林洛甫著，刘震、孟瑜译：

　　《叙事和图画——欧洲和印度艺术中的情节展现》　　定价：35.00 元

马小鹤著：《光明的使者——摩尼和摩尼教》　　　　定价：120.00 元

李鸣飞著：《蒙元时期的宗教变迁》　　　　　　　　定价：54.00 元

〔苏联〕伊·亚·兹拉特金著，马曼丽译：

　　《准噶尔汗国史》（修订版）　　　　　　　　　　定价：86.00 元

〔苏联〕巴托尔德著，张丽译：《中亚历史——巴托尔德文集

　　第 2 卷第 1 册第 1 部分》　　　　　定价：200.00 元（上、下册）

〔俄〕格·尼·波塔宁著，〔苏联〕В.В.奥布鲁切夫编，吴吉康、吴立珺译：

　　《蒙古纪行》　　　　　　　　　　　　　　　　　定价：96.00 元

张文德著：《朝贡与入附——明代西域人来华研究》　定价：52.00 元

张小贵著：《祆教史考论与述评》　　　　　　　　　定价：55.00 元

〔苏联〕К.А.阿奇舍夫、Г.А.库沙耶夫著，孙危译：

　　《伊犁河流域塞人和乌孙的古代文明》　　　　　　定价：60.00 元

陈明著：《文本与语言——出土文献与早期佛经词汇研究》

　　　　　　　　　　　　　　　　　　　　　　　　定价：78.00 元

李映洲著：《敦煌壁画艺术论》　　　　定价：148.00 元（上、下册）

敬请期待

许全胜著：《黑鞑事略汇校集注》

贾丛江著：《汉代西域汉人和汉文化》

王永兴著：《敦煌吐鲁番出土唐代军事文书考释》

薛宗正著：《汉唐西域史汇考》

徐文堪编：《梅维恒内陆欧亚研究文选》

徐文堪著：《欧亚大陆语言及其研究说略》

刘迎胜著：《小儿锦文字释读与研究》

李锦绣编：《20 世纪内陆欧亚历史文化研究论文选粹》

李锦绣、余太山编：《古代内陆欧亚史纲》

郑炳林著：《敦煌占卜文献叙录》

李锦绣著：《裴矩〈西域图记〉辑考》

李艳玲著：《公元前 2 世纪至公元 7 世纪前期西域绿洲农业研究》

许全胜、刘震编：《内陆欧亚历史语言论集——徐文堪先生古稀纪念》

张小贵编:《三夷教论集——林悟殊先生古稀纪念》

李鸣飞著:《横跨欧亚——中世纪旅行者眼中的世界》

杨林坤著:《西风万里交河道——明代西域丝路上的使者与商旅》

杜斗城著:《杜撰集》

林悟殊著:《华化摩尼教补说》

王媛媛著:《摩尼教艺术及其华化考述》

李花子著:《长白山踏查记》

芮传明著:《摩尼教敦煌吐鲁番文书校注与译释研究》

马小鹤著:《霞浦文书研究》

段海蓉著:《萨都剌传》

〔德〕梅塔著,刘震译:《从弃绝到解脱》

郭物著:《欧亚游牧社会的重器——鍑》

王邦维著:《玄奘》

芮传明著:《内陆欧亚中古风云录》

李锦绣著:《北阿富汗的巴克特里亚文献》

孙昊著:《辽代女真社会研究》

赵现海著:《长城时代的开启
　　——长城社会史视野下明中期榆林长城修筑研究》

华喆著:《帝国的背影——公元 14 世纪以后的蒙古》

杨建新著:《民族边疆论集》

王永兴著:《唐代土地制度研究——以敦煌吐鲁番田制文书为中心》

〔苏联〕伊·亚·兹拉特金等著,马曼丽、胡尚哲译:
　　《俄蒙关系档案文献集(1607—1654)》

〔俄〕柯兹洛夫著,丁淑琴译:《蒙古与喀木》

马曼丽著:《马曼丽内陆欧亚自选集》

韩中义著:《欧亚与西北研究辑》

刘迎胜著:《蒙元史考论》

尚永琪:《古代欧亚草原上的马——在汉唐帝国视域内的考察》

石云涛著:《丝绸与汗血马——早期中西交通与外来文明》

青格力等著《内蒙古土默特金氏蒙古家族契约文书整理研究》

尚永琪著:《鸠摩罗什及其时代》

石云涛著:《魏晋南北朝时期的外来文明》

欧·亚·历·史·文·化·文·库·